穷人能攒钱吗：
个人发展账户中的储蓄与资产建设

〔美〕马克·施赖纳　迈克尔·谢若登　著

孙艳艳　译

高鉴国　校

2017年·北京

Written by
Mark Schreiner & Michael Sherraden
**Can the Poor Save: Saving & Asset Building
in Individual Development Accounts**
© Transaction Publishers 2007
（根据交流出版社 2007 年平装本译出）

This edition is an authorized translation from the English
language edition published by Transaction Publishers,
35 Berrue Circle, Piscataway, New Jersey 08854.
All rights reserved.

中文版序一

我们非常荣幸地看到《穷人能攒钱吗》一书翻译成中文。感谢高鉴国教授和孙艳艳博士的努力工作使之成为可能。多年来，他们一直是我们很重要的同事。之前，他们将《资产与穷人》一书翻译成中文，并且激发了大量的政策关注、创新和研究，为国际化的研究和政策做出了有意义的贡献。

将《穷人能攒钱吗》一书置于历史脉络之下会很有帮助。1991年，我提出将资产建设作为一项普遍的、累进的并且终生的政策策略，并为此目标提出一种新的政策机制，即个人发展账户。和大多数情况一样，个人发展账户并没有按照设计启动。政策创新不可避免地要适应现状和机会。个人发展账户并没有成为一项普遍的、终生的政策，而是仅在一段时间内（通常是3~5年）限于低收入家庭。这也成为本书的目标，即美国和其他几个国家已经实验的个人发展账户短期版本。

《穷人能攒钱吗》一书是根据美国个人发展账户项目非常综合性的数据集所做出的报告。这些数据是"常规性的"并且非常准确，来自于储蓄和资产积累的银行记录。利用这一庞大的数据集，详细地记录资产积累模式、个人发展账户项目和参与者特征与资产积累结果之间的联系便具备了可能性。这一研究始于个人发展账户研究相对早期的阶段，是在获得实验数据之前进行的。

尽管如此，《穷人能攒钱吗》一书中所记录的思想和观点已被证明是信息丰富的并且有影响力的。就政策发展而言，主要的问题——穷人能攒钱吗？其答案是肯定的，并且超出很多观察者的预期。在此研究之前，对资产建设政策的一个普遍批评是穷人不能攒钱。但是这一研究之后，这一问题更加清晰：在政策框架和补贴下，很多低收入者确实能够以住房、教育和其他生活目标的形式储蓄和建设资产。

这些发现有什么含义？显然，当前这种工业时代的几乎完全强调收入支持的社会政策，在很多国家都面临着压力。虽然收入支持政策是非常可取的，但是资产建设政策也能够在家庭保障和发展中发挥作用。本书代表了引导这一可能性的重要一步。

每一个国家会自己决定对哪些政策策略进行实验和实施。目前，已经出现了对中国大陆资产建设政策的研究项目和初始实验。在中国台湾和香港地区，以及亚洲的其他国家和地区也有其他的例子。所有这些将在未来对资产建设政策领域及其潜力增加知识和贡献。这一工作正在持续，并且在全球化不断加剧的世界里，我们将相互学习。

迈克尔·谢若登美国华盛顿大学（圣路易斯）

2017 年 6 月

中文版序二

美国迈克尔·谢若登(Michael Sherraden)教授的《资产与穷人》(1991年)一书是关于资产建设政策的开拓性代表著作。我本人有幸翻译该书中文版,并由商务印书馆出版(2005年)。在2007年访问华盛顿大学(圣路易斯)期间,我得到迈克尔·谢若登教授赠送的马克·施赖纳(Mark Schreiner)研究员与他合著的新作《穷人能攒钱吗:个人发展账户中的储蓄与资产建设》(以下简称为《穷人能攒钱吗》),便立即想到继续在中国翻译出版的重要性。谢若登教授在《资产与穷人》中系统阐述了资产为基础的福利政策理论,并提出一种可能的政策工具:个人发展账户。谢若登教授同时指出资产建设政策和个人发展账户的有效性需要经过后续实验研究的验证。《穷人能攒钱吗》一书便是在谢若登教授的研究团队所进行的个人发展账户示范项目——美国梦示范项目数据基础上完成的。研究者通过七年的追踪研究(1997~2003年),综合使用了多种研究方法,形成了该书成果。《穷人能攒钱吗》作为包容性资产政策的实验研究成果,可被视为《资产与穷人》一书的"姊妹篇"。该研究不仅为评估制度特征、个体特征对穷人储蓄的影响提供了宝贵的数据资料,也为其他示范性评估项目提供了分析工具和方法参照,是社会政策循证研究的一个范例。

《资产与穷人》和《穷人能攒钱吗》代表着两种相互统一的研究模式。《资产与穷人》提出穷人能储蓄的概念模型,即认为储蓄作为一种基本功能,取决于多种因素,包括:家庭的社会经济和人口特征,家庭成员的经历、预期和动机,满足家庭需求的资源条件或机会,以及储蓄运作的制度环境等。《穷人能攒钱吗》则将以上概念模型引入经验模型的讨论和建构,检验了穷人通过个人发展账户攒钱和积累资产的可能程度(与不同特征的参与者之间的联系)和具体条件(如支票转账、配款率和理财教育等），尤其是证明了个人发展账户的制度或政策特征与储蓄结果之间存在的强关联性，并发现了对个人发展账户设计进行改进的具体方向和措施。

迈克尔·谢若登教授及其团队和合作方对资产社会政策所开展的持续性和系列化研究、示范（实验）和倡导是一个值得称赞的典范。迈克尔·谢若登教授及其所主持的华盛顿大学（圣路易斯）社会发展研究中心从1997年启动针对低收入者资产建设的"美国梦"示范项目；2003年在全国范围内开展为新生儿童设立儿童发展账户的"种子"（SEED, Saving for Education, Entrepreneurship and Downpayment）实验，并于2007年在俄克拉何马州开展"种子"项目（SEED OK）对照实验；到2012年又启动美国迄今最大的储蓄实验——税收时间储蓄（Tax-time saving）或退税储蓄（Refund to Saving, R2S），探讨通过特波税务软件系统（Turbo Tax）促进美国低收入和中等收入家庭储蓄等等。迈克尔·谢若登教授及其团队始终不渝地围绕资产建设政策议题，开展实验项目，改进政策工具，协调各方研究者、政策制订者、项目资助者、社区组织和其他主要利益相关者共同交流研究发现，探索制度创新。这说明真正重要的政策议题具有持久的生命力，能够汇聚众多有识之士为之终生奋斗。感谢商务印书馆在出版《资产与穷人》后继续出版《穷人能攒钱吗》一书。无疑这些著作将对中国资产社会政策研究和项目实践提供有益的指引和参照。

高鉴国
山东大学
2017年6月

目 录

中文版序一
中文版序二
前言与致谢
  一、政策转变的环境 // 001
  二、目前的研究 // 002
  三、学术背景 // 004
  四、支持与指导 // 005
  五、示范项目 // 006
  六、软件、数据搜集、研究支持 // 007
  七、谁会发现本书有用？ // 008
  八、本研究的贡献 // 008

第一章 穷人攒钱与资产积累的原因

  一、资产、发展和公共政策 // 002
  二、迈向包容的以资产为基础的政策 // 003
  三、穷人能否在个人发展账户中攒钱？ // 005
  四、迈向个人发展账户储蓄和资产积累的理论 // 005
  五、迈向"资产效应"的理论 // 006
  六、美国梦示范项目 // 007
  七、美国梦示范项目的主要发现 // 008
  八、政策意涵 // 010
  九、总体结果及其意涵 // 012

十、本书的计划 // 013

第二章 个人发展账户中穷人储蓄与资产建设的理论

一、资产与穷人 // 018

二、为什么要有资产？贫困持续存在的原因模型 // 020

三、资产效应理论 // 022

四、穷人的个人发展账户、储蓄与资产积累 // 030

五、个人发展账户与其他财产审查转移支付项目的差异 // 039

六、个人发展账户与资产补贴的政治经济学 // 041

七、为什么不积累资产？ // 044

八、小结 // 047

九、本书计划 // 048

第三章 美国梦示范项目

一、对美国梦示范项目的研究 // 049

二、主办组织、项目与项目点 // 051

三、参与者 // 053

四、美国梦示范项目与独立资产法 // 054

五、个人发展账户设计 // 055

六、来自于个人发展账户管理信息系统的数据 // 070

七、美国梦示范项目中的主办组织与个人发展账户项目设计 // 076

第四章 美国梦示范项目的参与者

一、参与者注册情况 // 089

二、参与者特征 // 090

三、美国梦示范项目参与者与普通低收入人口 // 125

四、美国梦示范项目中的单亲母亲与普通低收入人口中的
单亲母亲 // 128

五、小结 // 130

第五章 美国梦示范项目的储蓄结果

一、作为随时间推移而移动的资源的储蓄框架：存入、持
有和取出 // 133

二、对有补贴账户中储蓄的测量 // 137

三、有配款取款的用途 // 170

四、应为哪些用途提供配款 // 183

五、本章小结及展望 // 199

第六章 个人发展账户设计、项目结构与储蓄结果

一、分析策略和统计模型 // 203

二、配款率 // 219

三、配款上限（储蓄目标） // 229

四、配款上限结构 // 234

五、自动转账的使用 // 239

六、有资格进行可获得配款存款的月份 // 242

七、理财教育 // 246

八、美国梦示范项目中的理财教育 // 251

九、取款限制（独立资产法规则） // 258

十、与特定项目相关的遗漏特征 // 259

十一、本章总结 // 260

第七章 参与者特征与个人发展账户储蓄结果

一、回归分析 // 265

二、有配款取款的规划用途 // 266
三、性别、婚姻状况和家庭（住户）构成 // 270
四、居住地点 // 277
五、年龄 // 278
六、种族/民族 // 282
七、教育 // 291
八、就业 // 292
九、公共救助 // 293
十、收入 // 295
十一、银行账户中的流动资产 // 299
十二、非流动资产 // 302
十三、负债 // 307
十四、保险承保范围 // 310
十五、注册特征 // 311
十六、针对有风险参与者的记分卡 // 313
十七、本章小结 // 316

第八章　迈向包容性的以资产为基础的政策

一、美国梦示范项目的储蓄结果 // 321
二、项目特征与储蓄结果 // 329
三、参与者特征与储蓄结果 // 333
四、政策议题 // 342
五、迈向包容性的以资产为基础的政策 // 344

参考文献 // 348

索　引 // 368

译后记 // 398

前言与致谢

本书是关于个人发展账户示范项目中储蓄与资产积累的研究。在本示范项目中，个人发展账户是针对收入较低、财产较低个体的有配款储蓄账户。个人发展账户中的储蓄用于住房所有权、接受高等教育、开办小企业以及其他发展目标。这一有关个人发展账户的研究是不断发展的关于资产与社会政策理论与经验成果体系的一部分。

一、政策转变的环境

15年前，在美国或其他工业国家，几乎无人会问穷人是否能够、甚至是否应该攒钱及积累资产。穷人的资产建设并不是讨论的要点。相反，通常假设穷人在任何无法从劳动力市场中获得收入的时候，都要求获得收入支持。收入支持政策的目的是支持工业化时代的劳动力市场，其特征是要求人力资本保持比较稳定水平，以实现相对长期、稳定的就业。收入支持包括对失业者、有未成年子女的单亲母亲、残障人士以及退休者的收入转移支付。主要（几乎是唯一）强调收入是20世纪福利国家的标志。收入用于支持家庭与减少严重的困境，收入也用来缓解工业资本主义的社会与政治紧张。

在20世纪90年代，关于社会政策与福祉的讨论开始转变，这在很大程度上是由于信息时代的到来以及不断变化的劳动力市场。随着之前普遍存在的长期、稳定的工业雇佣关系日益少见，越来越明显的是，以收入支持为基础的传统社会政策已远远不够。信息时代劳动力市场需要更高水平的人力资本。为了适应对技能快速变化的需求，人们必须在一生中持续发展他们的人力资本。拥有资产为此提供了更大的机会和灵活性。同时，随着劳动力作为生产要素的作用下降，显而易见的是，资产收入应该补充劳动收入，以便提高所有人的福祉。

目前，全球范围内针对社会政策的替代选择存在着大量的、多元化的讨论。事实上，似乎我们正处在社会政策的重大转变之中，即从几乎完全建立在收入支持基础上的福利国家转向其他某种形式。"其他形式"将会是什么样的？目前并不清晰，而且在未来几十年可能都不会清晰。尽管如此，新型社会政策的主要支柱将可能是个人账户形式的资产建设。这一趋势已在美国及其他一些国家启动。

随着新的以资产为基础的政策逐渐成形，主要的一个议题是：这一政策是否包容所有人？在我们看来，这是我们这一时代中最为关键的社会政策问题。因此，在过去十年中，我们已经针对资产为基础政策的包容性开展了一个研究项目，主要包括理论构想、经验研究以及政策设计。我们希望这一工作将有助于形成与推广更具有包容性的政策。

二、目前的研究

如前所述，本书关注个人发展账户中穷人的储蓄。本书分析的主要依据是个体参与者月度银行结算表独特的数据体系。一些关于储蓄结果的测量是前所未有的。例如，测量强调随时间推移如何进行储蓄（并且，将**储蓄**界定为随时间推移移动的资源）。而且强调了攒钱如何在几个阶段内实现以及在任何一个阶段中问题与／或强化因素（facilitation）是如何产生的。

这一研究中的政策涵义可能远远超出穷人的个人发展账户与攒钱。例如，个人发展账户储蓄结果与配款率之间的经验关系，将有助于指导其他有补贴储蓄政策的设计，如个人退休账户及401（k）计划。同样，个人发展账户中理财教育的成果有助于指导成人理财教育课程的设计。在过去十年中，这些课程已变得越来越普遍，这在一定程度上得益于个人发展账户的扩张。个人发展账户中理财教育的要求不仅形成对理财教育更强的意识，而且也有助于发展出对高质量理财教育课程更大的需求。

从学术上讲，这一研究的详细数据以及对制度特征与穷人储蓄结果之间关系的分析，还有助于指导关于攒钱的理论。让我们简要地介绍一下这一视角。

目前，行为、制度、发展以及政策方面经济学者在储蓄理论领域正在发动一场近似革命的运动（如 Choi、Laibson and Madrian, 2004; Ashral, et al., 2003; Mullainathan and Thaler, 2000; Rutherford, 2000; Owens and Wisniwiski, 1999）。在这一快速发展的研究体系中，理论界主要关注个体，包括他们在思维上总找捷径、视野狭窄、对未来的错误判断、不甚理性的决定、惰性的趋势等等，所有这些都可以看作是总结了新古典经济学中"理性选择"所包含的极端假设。从本质上看，这一研究议程更多的是将人类复杂性提上分析议程（Thaler, 2000）。

我们的方法与这一研究体系是一致的，但是着眼点不同。在政策设计方面，我们并不关注个体，而是主要关注制度本身。这或许可视为对新古典经济学"约束"（constraints）概念的详细说明。我们的目的在于将更多关于储蓄结构与激励因素的复杂性提上分析日程（Sherraden, 1991; Beverly and Sherraden, 1997; Schreiner et al., 2001; Sherraden, Schreiner and Beverly, 2003; Sherraden and Barr, 2004），我们采用这一方法是因为我们有理由相信制度特征与储蓄结果之间存在联系，而且目前的研究也证实了这点。简言之，我们对个体特征不太感兴趣，而是更多关注政策与项目的特征，因为我们认为，这些是储蓄结果最重要的"真相"。如果用一个不需要回答的提问来说明，那就是，如果没有401（k）计划，退休储蓄将会是多少呢？①

而且，我们认为，从制度角度来看，理论与实证资料提供了更为直接的政策启示。如果我们进行试验并且发现在储蓄结果与自动转账、配款率的水平或理财教育之间存在一种联系，那么就朝向政策设计的启示迈出了一小步。具体来说，如果在储蓄结果以及自动转账的使用之间存在联系，并且如果这种联系是因果性的，那么，增加使用自动转账的机会（一种并不需要太大代价的干预）就可能会极大改善储蓄

---

① 401（k）计划是美国由雇员、雇主共同缴费建立起来的完全基金式的养老保险制度。这里强调该制度对退休储蓄的影响巨大。——译注

结果。例如，一些现有的提议允许纳税人选择以支票的形式获取部分税收退款（其中针对穷人的很多来自于所挣收入税收抵免），另一部分自动转账到储蓄账户中。如果配款率越高，参与者越多，那么要提高包容性，就可以通过提高配款率来实现。最后，如果理财教育增加了储蓄结果，那么可以使理财教育在学校和社区组织中更容易获取。

三、学术背景

没有任何学术研究能够独立存在。本书依赖于在过去20年中所完成的理论、经验及政策研究。森（Sen）关于能力的著作，如《以自由看待发展》（1999）构建了更大的讨论框架，在这一框架内以资产为基础的理论与政策代表了特定的应用。在《起始公平：消除国家新贫困的一项平等机会项目》中，哈夫曼（Haveman）提议从福利目的出发为青少年建立账户；在《作为阶梯的安全网：转移支付与经济发展》（1988），弗里德曼（Friedman）建议公共救助不仅应该提供消费支持（一种"施舍"）而且应提供发展支持（一种"帮助"）。在《资产与穷人：一项新的美国福利政策》（1991），谢若登（Sherraden）介绍了"以资产为基础的政策"，概括了以资产为基础的福利理论并且提出通过个人发展账户为穷人攒钱提供配款。奥利弗与夏皮罗（Oliver and Shapiro）在《黑人财产/白人财产：种族不平等的新视角》（1995）中，以财产形式界定了种族不平等，解释了这种不平等如何形成以及不平等持续的原因。阿克曼与沃斯托特（Ackerman and Alstott）在《股本占有者社会》（1999）中建议为每一个18岁的公民提供"公民补贴"（citizenship grants）；在《身为黑人、负债生活：美国的种族、财产和社会政策》（1999）中，康利（Conley）系统地论证了在当今社会，经济地位、尤其是财产在比种族本身更重要。夏皮罗和沃尔夫（Shapiro and Wolff）编辑的论文集《穷人资产：扩展拥有资产的收益》（2001），主要研究资产分配并关注政策。在《主要的负担：美国逐渐增加的财产不平等与解决方法》（2002），沃尔夫和莱昂内（Wolff and Leone）描述了美国的财产不平等并提出政策建议。在《身为黑人隐藏着的代价》（2004），夏皮罗（Shapiro）详细介绍了通过种族进行资产积累的动力机制以及"可转化资产"（transformative assets）在生命历程特定危机时刻的潜在作用。在《美国梦的包容性：资产、贫困和公共政策》(2005)，谢若登（Sherraden）编辑了一组关于资产建设研究和政策的最新论文。

主要的学术成果包括森（Sen）重构了福祉与全球发展的含义；沃尔夫（Wolff）在美国的财产分配成为一个热点之前对这一问题进行了多年的追踪研究；奥利弗、夏皮罗和康利（Oliver, Shapiro and Conley）用深刻的理论和经验调查阐述了财产在美国种族不平等中的作用；谢若登（Sherraden）命名了以资产为基础的政策，提出了关于储蓄制度和拥有资产的效应理论，并且建议用一种简单的、在政治上切实可行的方式将穷人包含在资产建设中。

以上的出版物共同将资产建设中的包容性观念提到政策议程。问题不再是穷人是否应该攒钱和建设资产，而是如何帮助他们这样做。在本书中，我们着手回答这一问题。我们分析了来自于个人发展账户的实证资料，这是一项正在实施中的独特的、具体的政策提议，检验了储蓄结果如何同时与参与者的特征以及项目和个人发展账户设计的特征产生联系，主要关注构成政策和项目设计的制度特征。本书是应用社会科学的一个范例；我们通过一次示范项目的数据来检验理论建构，以发现一项储蓄政策如何运作以及如何改进。

四、支持与指导

本研究获得了曾经资助美国梦示范项目（ADD）的基金会的支持。它们是福特（Ford）基金会、查尔斯·斯图尔特·莫特（Charles Stewart Mott）基金会、乔伊斯（Joyce）基金会、F.B.赫伦（F.B. Heron）基金会、约翰·D.与凯瑟·T.麦克阿瑟（John D. and Catherine T. MacArthur）基金会、花旗银行（Citigroup）基金会、范妮·梅（Fannie Mae）基金会、利瓦伊·斯特劳斯（Levi Strauss）基金会、尤因·玛丽昂·考夫曼（Ewing Marion Kauffman）基金会、洛克菲勒（Rockefeller）基金会、大都市生活（Metropolitan Life）基金会以及莫利亚（Moriah）基金会。福特基金会以及查尔斯·斯图尔特·莫特基金会又为本书提供了额外的支持。这些基金会有许多无法一一提及的优秀领导者和项目工作人员，我们尤其要感谢福特基金会的梅尔文·奥利弗（Melvin Oliver）、罗纳德·敏希（Ronald Mincy）、莉萨·门萨（Lisa Mensah）以及弗兰克·德乔瓦尼（Frank DeGiovanni）；感谢F.B.赫伦基金会的莎伦·金（Sharon King）以及凯特·斯塔尔（Kate Starr）；感谢查尔斯·斯图尔特·莫特基金会贝妮塔·梅尔顿（Benita Melton）；感谢尤因·玛丽昂·考夫曼基金会的安德烈斯·多明格斯（Andrés Dominguez）；感谢大都市生活基金会的西比尔·雅各布森（Sibyl Jacobson）对本研究所做出的特殊而显著的贡献。大众咨询基金会（The Common Counsel Foundation）在梅萨庇护所提供了一个安静的场所来写作；迈克尔·谢若登（Micheal Sherraden）非常感谢彼得·巴恩斯（Peter Barnes）使之成为可能。慈善事业是美国的重要力量之一。我们希望美国梦示范项目反映了美国慈善事业中最优秀的一面：即支持一个创新的观念、全面地去检验它，并且在合理的实证数据基础之上形成政策和项目设计。

美国梦示范项目中的研究同样也得到了专业的评估建议委员会（Evaluation Advisory Commitee）的指导。主要成员是玛格利特·克拉克（Margaret Clark）、克劳迪娅·库尔顿（Claudia Coulton）、凯瑟琳·埃丁（Kathryn Edin）、约翰·埃尔斯（John Else）、罗伯特·弗里德曼（Robert Friedman）、欧文·加芬克尔（Irving Garfinkel）、卡伦·霍尔登（Karen Holden）、劳伦斯·克特里考夫（Laurence Kotlikoff）、罗伯特·普洛特尼克（Robert Plotnick）、萨洛米·拉希姆（Salome Raheim）、玛格利特·鲁宾逊（Marguerite Robinson）、克莱门特·鲁伊斯·杜兰（Clemente Ruíz Durán）以及托马斯·夏皮罗（Thomas Shapiro）。我们感谢他们在研究设计、分析和报告的回顾和评论上所做的工作。

五、示范项目

我们要感谢构思了美国梦示范项目的企业发展公司创始人及主席鲍勃·弗里德曼（Bob Friedman）。我们同样感谢企业发展公司的布赖恩·格罗斯曼（Brian Grossman）、勒内·布赖斯·拉波特（René Bryce-Laporte）以及其他工作人员在美国梦示范项目实施过程中的工作以及与本研究的合作。企业发展公司与社会发展中心富有成效的工作关系对个人发展账户以及以资产为基础政策的创新与知识建构发挥了重要作用。

我们尤其要感谢美国梦示范项目的主办组织以及运行个人发展账户项目的工作人员。从一开始，他们就致力于美国梦示范项目的研究。在本研究中，项目工作人员运行了个人发展账户管理信息系统（MIS IDA），并且与社会发展中心的工作人员一起花费大量时间检验与纠正数据。他们投入的时间和努力使美国梦示范项目的这一研究成为可能。

六、软件、数据搜集、研究支持

据我们所知，这是第一次开发出一种软件来追踪一项政策示范中的所有参与者，并且将软件作为一种管理信息系统。这需要大量投资来开发和升级个人发展账户管理信息系统软件、提供支持、为数据搜集提供便利，使数据尽可能地准确，并随后进行分析。在过去九年中，社会发展中心的庞大研究团队使之成为可能，在这里，不可能对团队中的每一个成员都致以谢意。我们尤其要感谢莉萨·约翰逊（Lissa Johnson）管理美国梦示范项目研究并领导了个人发展账户管理信息系统的开发与改良；玛格丽特·克兰西（Margaret Clancy）在个人发展账户管理信息系统（MIS IDA QC）的数据搜集中创新和运用了质量管理，并且在项目地点花费了大量时间以确保数据的精确性；感谢丹·凯莉（Dan Kelley）为最近的个人发展账户管理信息系统升级编写代码，并且管理个人发展账户管理信息系统技术支持线。这一研究团队中的其他重要成员包括展敏（Min Zhan）、杰米·柯利（Jami Curley）以及迈克尔·格林斯坦－维斯（Michal Grinstein-Weiss）。社会发展中心更大的一个团队参与了其他美国梦示范项目研究方法和管理支持，在整个研究中也做出了难以估量的贡献。

我们感谢华盛顿(圣路易斯)大学社会工作乔治·沃伦·布朗(George Warren Brown)学院的管理职员。尤其要感谢尚蒂·肯塔克（Shanti Khinduka）院长和马克·赖顿（Mark Wrighton）校长持续支持社会发展中心对资产建设的研究。

七、谁会发现本书有用？

《穷人能攒钱吗：个人发展账户中的储蓄与资产建设》可能对以下成员有用：研究储蓄结果和家庭（住户）理论的经济学者；研究代际社会阶级和经济不平等转移机制的社会学者；研究社会政策和贫困之间相互作用的社会工作者和政策分析者；寻求长期发展项目以补充短期救助项目的联邦、州和地方的政策制定者；社区发展和社会服务机构中为穷人设计储蓄项目的工作者；寻求帮助提高家庭（住户）储蓄实用方法的家庭与消费经济学者及推广机构；与社会政策和社会问题有关课程的教师与学生；讨论社会保障及其他领域中个人账户的美国一般民众；寻找储蓄和投资服务新市场的金融专业人员以及正开始资产建设政策的其他国家的政策制定者等。

八、本研究的贡献

对美国梦示范项目中储蓄结果的研究已经指导了个人发展账户及其他累进性储蓄策略的联邦以及州层面的政策发展。从政策目的来看，对个人发展账户中一些穷人能够攒钱这一简单事实的证明非常重要。例如，美国梦示范项目数据直接影响了三十多个州的个人发展账户政策、联邦独立资产法、克林顿（Clinton）总统对全民储蓄账户的建议、布什（Bush）总统对个人发展账户的支持、托尼·布莱尔（Tony Blair）的新儿童信托基金（为英国每一个新生儿提供的资产建设账户）、加拿大的个人发展账户政策示范、中国台湾的家庭发展账户、澳大利亚的有配款储蓄计划以及乌干达和其他地区的个人发展账户计划。应用社会研究并不总是有如此广泛的影响。

随着以资产为基础政策的学术和应用探讨不断发展，理论、经验证据和政策模型将逐渐变得更为具体。本书有幸为这一更大的成就做出贡献。在本研究中，我们试图改善储蓄的测量、整合关于攒钱和资产积累的理论、提出由理论引发的问题、将这些问题带进示范项目的实地、搜集详细数据,并且使数据能够解决这些问题。虽然有许多问题仍然没有答案,但是我们希望本书能够有助于有关储蓄的理论、储蓄的经验证据(尤其在穷人中)以及有以资产为基础的政策设计。

马克·施赖纳(Mark Schreiner),高级学者
迈克尔·谢若登(Michael Sherraden),主任
圣路易斯华盛顿大学社会发展中心
2004年6月

第一章　穷人攒钱与资产积累的原因

大多数美国人都认为托马斯·杰弗逊（Thomas Jefferson）的观点不证自明，即资产所有权对于个人、家庭、社区和整个社会来说都是有益的，并且大量研究也支持了这一观点。事实上，在《独立宣言》中，"对财产的追求"被奉为不可剥夺的权利。不幸的是，杰弗逊关于应该拥有资产的观点只限于白人。21世纪需要一种新的、扩展到所有人的资产建设视角。不论是在美国还是在其他地方，资产建设都应该具有包容性（inclusive）。

我们认为个人发展账户（IDA）能够成为资产建设政策迈向更大包容性的一步。个人发展账户是有补贴的储蓄账户，与其他有补贴储蓄账户（如个人退休账户或401（k）计划）不同的是，其目标群体是穷人，通过配款而非税收减免（tax breaks）提供补贴，并要求参与者参加理财教育。随着参与者不断积攒能增加其长期福祉和金融自足的资产，其配款也会自动增加。典型的配款用途有住房购买、高等教育和小企业。账户可以在参与者一出生就建立，并可终生持有。资金可来源于公共或私人资源，也可以利用不同资源合作进行资助。个人发展账户是一个在概念上非常简单的社区发展和公共政策工具，可以被广泛应用并适用于不同情况。

本书是一种科学的尝试，试图探讨美国梦示范项目中关于个人发展账户的实证资料是否支持这样一种观点，即以资产为基础的政策能包容所有人。最重要的问题是，当穷人有机会进入储蓄结构和激励机制时，他们是否能够攒钱并建设资产。我们也想知道个人发展账户的设计如何与个人发展账户储蓄结果发生联系。我们希望通过本书为设计一种具有包容性的资产建设政策提供信息和指导。

一、资产、发展和公共政策

最好的社会政策旨在通过森（Sen, 1985 and 1999）所称的"能力"（capicity）来提高穷人的福祉，而非通过单纯的消费来实现。提高能力通常需要攒钱和资产积累。本书主要关注对住房、高等教育、小企业及其他发展目的所进行的攒钱和资产积累。其目的并不在于为自身利益积累财富，而是要促进人类、社会和经济的发展。

虽然攒钱对于任何人来说都不容易，但对穷人来说尤为困难，因为他们在购置了生活必需品之后所剩无几，而且由于资源稀缺以及由此对他们经验所造成的限制，也使他们的世界观里鲜有攒钱的想法。正如刘易斯（Lewis, 1966）所指出，如果穷人看起来投资期限都是短期的，这在很大程度上是因为他们仅有维持生存的生活必需品和贫困的环境。

然而贫困本身并不是穷人资产积累的唯一障碍，甚至也并不必然是最重要的障碍。虽然美国政府帮助非穷人攒钱和建设资产，但是也为穷人设置了障碍，即几乎没有为他们提供获得资产建设补贴的机会，即使穷人有这种机会，补贴也较少。最突出的例子是大多数美国人用以保存大部分财产的三种资产，即退休账户、住房所有权和人力资本。退休账户的税收减免对于高税率的高收入人群比低税率的低收入人群更多，并且进行缴费的自动机制在很大程度上也只提供给非穷人劳动者。对住房所有权的补贴随着抵押规模和增值水平的增加而增加，但是穷人不太可能有房子，即使有房子抵押也很小，并且不太可能从增值中受益（对贫困的非裔美国人来说尤其如此；参见 Katz Reid, 2004, and Oliver and Shapiro, 1995）。在人力资本方面，学校财政支持政策将最大量的补贴导向非穷人，这一结构被十分微妙的而又普遍存在的先赋特权与社会关系等体系所强化，而这些体系中的居住隔离与种族歧视最为明显。最终，联邦政府对于住房所有权和退休账户的支持中，超过90%（每年超过2,000亿美元）进入了年收入超过50,000美元的家庭（住户）手中，并且他们大多为白人。如果政府要加大资产建设的补贴力度，那么平等地包容所有人才会公平。

政策不仅没有给穷人进入攒钱激励机制的机会，而且还给他们设置了抑制因素；如果资产超过了特定的限制，那么他们就会失去财产审查（means-tested）类公共救助的资格。如对有需要家庭的临时救助（"福利"）、食品券和医疗补助等。总之，过去三十年，随着公共政策越来越以资产为基础，对穷人也就变得越来越没有包容性（Sherraden, 1991 and 2001a）。事实上，美国的资产建设政策是双重的，为非穷人提供激励而对穷人进行抑制。这种双重政策不仅不公平，而且也没有认识到资产是发展的基础，是摆脱贫困的唯一可靠道路。更大程度的公平通常会提高整个社会的福祉，所以如果目标是整个社会的福祉并且难以证明其他目标合理的话，那么发展就是中心议题。同时，相对于双重资产建设政策，将所有人都包容进来会更有意义。作为最低标准，每人都应该有相同水平的补贴。并且，因为发展可能的正向回报，所以为穷人提供更高的资产建设补贴才会更有意义。

二、迈向包容的以资产为基础的政策

公共政策如何能推动所有人攒钱和资产积累？个人发展账户是一种被设计为解决既存的约束条件并提高穷人进入推动攒钱和资产积累制度机会的政策战略（Sherraden, 1988 and 1991）。个人发展账户的短期目标是为了进行政策示范，即表明如果为穷人提供了攒钱和积累资产的机会，他们是可以做到的。其长期目标则是引导形成一种将所有人都包容进来，并为穷人提供同等或更高补贴的以资产为基础的政策，不管这种政策的名称是普遍的个人发展账户〔正如谢若登（Sherraden）在 1991 年所提出的〕、普遍的 401（k）计划、包容所有人的联邦节俭储蓄计划（the federal Thrift Saving Plan）的一种扩展形式；还是其他的某种政策设计。

20 世纪 90 年代，很多以社区为基础的组织都实施了个人发展账户，最初资金都来源于慈善基金会。写本书时美国已有几百个个人发展账户项目。大多数州都有某种类型的个人发展账户政策，并且联邦立法也为个人发展账户项目提供了法律结构和资助机制。作为政策创新，这是一个很好的开始。然而作为一项政策，个人发展账户在其覆盖范围上仍然不具有普遍性。美国有几千万穷人，但只有几万人有机会进入个人发展账户。

在美国，为穷人制订有意义的社会政策具有很大的挑战性。对于非穷人来说，国会很容易制订大规模的资产建设项目，如401（k）计划和个人退休账户，争议很少，两党也强力支持。这些以资产为基础的政策通过税收体系分配了大量的公共补贴，但穷人受益很少。这些政策制订时，立法并没有要求对其有效性进行示范验证。国会没有强制要求开展研究以探讨美国人能否在这些政策中攒钱，也没有探讨这些储蓄是否是"新"储蓄而非"重组"资产。相反，制订这些政策，仅仅是因为在大多数立法者看来它是个好的想法。但当涉及到穷人，这些政治辩论和立法的假设就不同了。将穷人包容进现存政策难免要进行一场艰难的斗争，而如果要制订一项新的、大规模的和包容性的以资产为基础的政策，则将会面临更大挑战。为什么会如此呢？从好的方面看，政策制订者只是忽略了一个事实，即像每个人一样，穷人也需要实现长期发展的资产。而从坏的方面看，却是他们怀疑穷人不值得或没有能力获得资产并利用其实现发展。因为这些原因，个人发展账户目前还仅限于小规模项目和示范性项目。

更确切地来说，问题不在于穷人需要特殊的社会政策，而在于针对穷人的社会政策被置于一种不同的政治标准之下。针对非穷人的储蓄补贴或多或少是不经审查就被批准，随之他们立即并且持续地获得数千亿美元的补贴。相反，对预算影响较小但对社会福祉影响较大的针对穷人的储蓄补贴，则需要辩论、示范、试验和政治争论。在本书看来，很可能是针对非穷人的政策审议太少，而非针对穷人的政策审议太多。无论如何，标准是不一样的。因此，本书是基于一个示范项目的报告，而非基于一项普遍性、永久性政策的第一个五年期所做的研究报告。这就是政策现实。它使我们想到哈鲁夫（Haruf，1999）的小说《单声圣歌》（*Plainsong*）中的一句话：当东部科罗拉多一个小镇上的年轻主人公希望自己能到别的什么地方时，有人告诉她："你现在在这里，亲爱的；这就是你在的地方"。在个人发展账户的政策方面，我们在这里；这就是我们在的地方。我们研究这个示范项目，因为我们希望这会有助于指导形成一项更有包容性的以资产为基础的政策。

这项研究出现在一个十分重要的时代，因为关于社会保障、医疗保健、教育、职业培训和社会政策的其他领域中个人账户价值的争论愈演愈烈。向以资产为基础政策的转变或许是我们这个时代的最大的社会政策转型，但很少被讨论（Sherraden，1997 and 2003）。出于各种社会目的的资产账户变得一年比一年普遍，但是穷人在很大程度上被排除在外。个人发展账户是一次让穷人与非穷人有同等机会进入资产建设政策的尝试。本书中的研究提供了来自个人发展账户首个主要示范项目的政策经验。

三、穷人能否在个人发展账户中攒钱？

这一研究的主要问题为：穷人能否在个人发展账户中攒钱？如果能，是否所有穷人都能攒钱？哪些穷人能攒钱？他们能攒多少？个人发展账户设计如何与储蓄结果产生联系？我们能有把握地从中得到哪些经验，还存在什么问题？

本书中，我们通过美国梦示范项目个人发展账户参与者来分析储蓄。美国梦示范项目是对个人发展账户或所有类别穷人有配款储蓄项目的第一个详细、系统的研究。其关于储蓄结果的数据非常详细、准确并能进行大范围的广度和深度分析。据我们所知，这是第一个关于所有人的储蓄（穷人或非穷人）、利用月度银行结算表数据的大规模研究。[5]

四、迈向个人发展账户储蓄和资产积累的理论

个人发展账户的目的并不只是向穷人转移资源。如果仅仅是因为资源能被转化为消费的话，有资源当然很好。然而，利用个人发展账户，制度结构很明显传达了这样一种期望，即转移的资源应该攒起来而非用于消费。当然，标准的福利转移支付也能攒起来，那么个人发展账户有什么不同呢？正如本书中提出的理论所指出的，个人发展账户制度特征设计的目的是推动攒钱和资产积累。个人发展账户项目明确要求和期望参与者将转移支付存起来，并以住房、人力资本或开办小企业等不太可能被快速消费并能促进长期发展的形式来积累资产。

个人发展账户的一整套制度设计很重要，因为人并不是经济学理论中所假设的理性的、无所不知的存在。人容易受到建议的影响，并

对公共政策所要求、推动和制定清晰（worn smooth）的各种"选择"模式做出回应。与想象所有可能的选择并进而衡量各种可能的后果相比较而言，这样的选择花费的精力要少的多。制度理论表明，个人发展账户的结构鼓励穷人把攒钱看做一项容易选择、并可能产生积极结果的选项。该理论提出以下命题：

1. 个人发展账户的存在建立了一种社会模式，因为它传递了穷人能攒钱的信息；

2. 个人发展账户为穷人提供了进入攒钱路径的机会；

3. 配款提高了攒钱的回报，增加了既定储蓄水平下的资产积累，并吸引人们参与个人发展账户；

4. 个人发展账户要求参与者参加理财教育，它能提供关于如何攒钱的知识和关于攒钱回报的信息；

5. 在参与者的头脑中，他们可能会将配款上限（在技术上是一种限制）转化为目标；

6. 月度结算表会提供反馈并表明目标完成的进展情况；

7. 项目工作人员和同伴会提供非正式的鼓励，强调成功使攒钱更容易；

8. 个人发展账户项目要求每月都存钱，这有助于使攒钱成为习惯；

9. 通过预算、目标和计划，个人发展账户帮助参与者关注未来并增强未来取向；

10. 个人发展账户指出了人们可能自己无法看到（或不认为有价值）的目标（如住房所有权或者高等教育）；

11. 对无配款取款的适度而非正式的限制有助于抑制动用储蓄。

此研究分析了个人发展账户的制度特征与美国梦示范项目中储蓄结果之间的联系（既有理论上的也有经验上的）。由此产生的政策启示并不限于对个人发展账户有指导意义。制度理论和实证资料是本书在知识和实践上的主要贡献。

五、迈向"资产效应"的理论

谢若登（Sherraden，1991）提出了**资产效应**的概念，并将其界定为资产所有权所产生的不同于使用资产的影响。人通常是向前看的，并且当前的福祉部分依赖于预期的未来福祉。当下拥有较多资产的人期望未来有更多的资源。因此，出于纯粹的经济原因，他们期望更幸福。资产效应是指拥有某项资产提高了预期的未来福祉，并在心理上提高了当前的福祉。不仅拥有资产者自己的思维发生变化，别人也会以不同的方式对待他们。资产所有权所产生的社会和政治效应甚至可能比个体的经济效应更重要。多项研究均发现，拥有资产与大量各种不同的积极结果之间存在正相关，但是缺乏对因果关系的证明，有的情况下是因为资产效应的理论仍不完善，但通常是因为数据不完整，而且缺少不依赖于拥有者行为的资产所有权本身的变动情况。这一议程中最重要的工作仍未完成。

作为具有包容性的以资产为基础的政策的主要原理，资产效应至关重要。如果这些效应存在，并且假设其收益大于政策成本的话，那么这将是针对所有人的资产建设政策的一个强有力的案例。遗憾的是，本研究没有直接解决这些关键问题。

六、美国梦示范项目

本书检验了美国梦示范项目中的储蓄和资产积累，该项目是个人发展账户在美国全国范围内14个项目中的一个示范项目。美国梦示范项目的第一个个人发展账户于1997年9月建立，并且在所有的项目中（只有一个除外），只有在2003年12月31日之前的存款可以获得配款。

数据来源于个人发展账户管理信息系统（MIS IDA），这是一个软件包，提供了项目管理和评估的工具（Johnson, Hinterlong, and Sherraden, 2001）。个人发展账户管理信息系统的数据由项目工作人员收集，可能是在搜集穷人高频次储蓄数据上做得最好的。特别说明的是，对个人发展账户中的现金流动记录来源于银行结算表。

基于这些独特的数据，我们开发出几种对储蓄结果新的测量方式，不仅涵盖了最后余额，还获得了存款的频次、整个项目期间资源的流动、取款（有配款和无配款）的发生以及为购买资产的有配款取款的用途。总之，这些测量代表了对储蓄结果的非常详尽的认识。

之前依托美国梦示范项目个人发展账户管理信息系统数据所作的研究报告包括："启动评估报告"（Sherraden et al., 1999），考察了 1998 年 6 月 30 日之前美国梦示范项目启动期的情况；"个人发展账户项目中的储蓄模式"（Sherraden et al., 2000），涵盖了 1999 年 6 月 30 日之前的项目、参与者和储蓄模式；"个人发展账户的储蓄和资产积累"（Schreiner et al., 2001），深入分析了 2000 年 6 月 30 日之前的储蓄结果；"美国梦示范项目的储蓄成就"（Schreiner, Clancy and Sherraden, 2002），对 2001 年 12 月 31 日之前的储蓄结果进行了简要总结。本书以这些报告为基础，但使用了最新数据，而且改善了对储蓄结果的测量，并进行了更详细的分析，更加关注制度特征，并且更深入讨论了政策经验。

七、美国梦示范项目的主要发现

主要的统计分析利用了两阶段"Heckit"回归法。对于所有参与者而言，第一步回归主要考察项目、参与者特征与成为"储户"可能性之间的联系。对于"储户"而言，第二步回归主要考察其特征与月个人发展账户净储蓄水平之间的联系。

个人发展账户有用吗？对个人发展账户管理信息系统数据的政策兴趣几乎是专门关注这一问题。在美国梦示范项目中，穷人参与者确实在个人发展账户中攒钱和积累资产。储蓄结果包括：

1. 有资格进行可获得配款存款的月个人发展账户净储蓄为 16.60 美元；

2. 参与者实际上攒的钱，约占配款上限的 42%；

3. 个人发展账户开户后，参与者会每隔两个月存款一次；

4. 当平均配款率为 1.88 : 1 时，参与者平均在个人发展账户中攒 1,609 美元，相当于每年有 576 美元存款有资格获得配款；

5. 约有 52% 的参与者成为"储户"，其个人发展账户净储蓄为 100 美元或以上；

6. 美国梦示范项目个人发展账户储蓄占收入的比率约为 1.1%；

7. 随着时间的推移，参与者平均的移动资源为 1,090 美元 – 年度；

8. 净存款会在税季显著增加，很明显地，个人发展账户参与者会攒下一部分税收退款（大部分来自所挣收入税收抵免）。

如果穷人在美国梦示范项目中攒钱，哪些参与者和项目特征可能对这些结果产生影响？社会科学研究很少宣称能查明原因并排除所有看似合理但互相冲突的解释，这通常是因为不能控制所有相关的因素。然而统计相关能够与预测到的因果模型保持一致（或不一致），并且因为分析控制了越来越多的因素，在相关关系与因果关系之间越来越倾向于因果关系。

我们先来看参与者特征。控制了大量的参与者和项目特征之后，本研究中的回归分析表明：

1. 收入与成为"储户"之间没有强关系，与"储户"的个人发展账户净储蓄水平之间也没有强关系。

2. 与收入较高的穷人参与者相比较，收入较低的穷人参与者攒下的钱相对于他们的收入而言要更多。

3. 拥有住房、汽车、土地或地产、金融投资或小企业的穷人参与者比没有这些资产的穷人参与者更有可能成为"储户"。

4. 因为个体特征与回归中遗漏的种族/民族相关，所以不同群体的储蓄结果有所不同。

5. 女性比男性更有可能成为"储户"。在"储户"中，性别与月个人发展账户月净储蓄水平之间没有关系。

6. 已婚参与者比从未结婚的参与者更有可能成为"储户"。

7. 从14岁到20岁之间每增加一岁，成为"储户"的可能性降低，并且月个人发展账户净储蓄水平下降。而在20岁之后每增加一岁，两种储蓄结果都随之增加。

8. 具有大学文化程度的参与者更有可能成为"储户"，并且攒钱也更多。

9. 在注册时计划买房的个人发展账户参与者最不可能成为"储户"。然而在"储户"中，这一群体的月个人发展账户净储蓄最高。

10. 对领取财产审查现金转移支付（"福利"）者的大多数测量与储蓄结果之间没有联系（领取食品券的"储户"，其月个人发展账户净储蓄往往更低。）。

11. 家庭中成人与未成年子女的数量与储蓄结果之间没有联系。

12. 居住地（城市或农村）与储蓄结果之间没有联系。

13. 就业状况与储蓄结果之间在统计上没有联系。

尤其值得一提的是，储蓄结果与收入、就业状况和大多数对领取福利者的测量之间的联系很弱。回归分析中，在控制了其他因素之后，美国梦示范项目中即使是很穷的、失业的以及以前或当前领取福利者都与其他人有几乎相同的储蓄结果。

如果许多个人特征与储蓄结果之间仅仅是微弱的联系，还可以考虑哪些其他因素？正如上文所指出，本书的理论观点认为，制度特征可能会影响储蓄结果。因此我们接下来看这些因素：

1. 配款率越高，成为"储户"的可能性越高。然而对于"储户"来说，2∶1的配款率比起1∶1的配款率，月个人发展账户净储蓄水平反而越低。

2. 配款上限（可获得配款资格的存款额度）每增加1美元，个人发展账户净储蓄增加0.57美元。

3. 与存期配款上限相比，年度配款上限增加了成为"储户"的可能性，但月个人发展账户净储蓄更低。

4. 自动转账的使用导致了成为"储户"的可能性大幅度增加，但是对于"储户"来说，与月个人发展账户净储蓄之间没有联系。

5. 参与者进行可获得配款存款的时间越长，他们越有可能成为"储户"。对于"储户"而言，时间越长，月个人发展账户净储蓄越低。

6. 参加一般理财教育（最高到10小时）使月个人发展账户净储蓄大幅度增加。

总之，个人发展账户项目的结构特征与储蓄结果之间有一定的联系。这表明政策能够通过制度设计影响储蓄结果。

八、政策意涵

我们能从这些结果中得出什么经验？有些政策意涵可能与美国梦示范项目中测量的储蓄结果相联系，而其他的则与制度特征相联系。

1. 穷人能够在有补贴的储蓄结构中攒钱，并且这种个人发展账户或其他类似项目是迈向包容性、以资产为基础政策的重要一步。

2. 多种类别的穷人都可以在个人发展账户中攒钱。例如，在美国梦示范项目中收入与储蓄之间的关系较弱。事实上，相对于收入来说，与那些不太贫困的参与者相比，收入最低的参与者攒钱更多。此外，领取福利（食品券除外）与储蓄结果之间并没有联系。就业状况与储蓄结果之间也没有联系。基于这些结果，将个人发展账户参与仅仅限定于有工作的穷人或只限于收入较高的穷人是没有研究基础的。

3. 同时，一开始有较多资产的人更有可能最终成为"储户"。这表明在个人发展账户中攒钱对于穷人来说并不容易，并且开始时财务状况较好的人更有能力坚持下去。

4. 美国梦示范项目中的大多数参与者为女性，并且女性更有可能成为"储户"。我们不知道这是否与性别本身有关（例如，当提到家庭福祉时，女性可能是更好的长期规划者）或是与回归分析中遗漏的、有可能与性别和引起储蓄结果的原因同时相关的因素有关。无论如何，这很好的实现了贫困单身母亲资产建设的可能性。

5. 所有种族和民族群体都在个人发展账户中攒钱。因此，没有经验上的理由认为个人发展账户对某一群体"不起作用"。

6. 然而，储蓄结果却与种族或民族之间存在联系。当然，并不是种族或民族本身造成结果差异，而是社会（不是遗传）产生了与种族有关但被回归遗漏的因素，因而导致了结果的差异。例如，某个种族人群的居住地点可能离储蓄机构较远，或者他们的社会网络往往会将其得到的资源消耗殆尽。然而不同种族的储蓄结果差异仍然让人困惑，因此需要更多研究来探讨这些结果的原因，并且政策设计也应该减少和根除这种差异。

7. 配款率越高，成为"储户"的可能性越大。对既定的储蓄水平来说，更高的配款额增加了资产积累。然而，美国梦示范项目中配款率越高，"储户"的月个人发展账户净储蓄水平却越低，这可能是因为他们允许参与者以较少的储蓄实现既定目标。这表明了配款率政策与个人发展账户包容性、储蓄和资产积累三个目标之间可能存在张力。

8. 很明显，美国梦示范项目个人发展账户参与者将配款上限转化为目标，因为配款上限越高，个人发展账户净储蓄越高。同时，高配款上限通常与低配额率进行组合，所以个人发展账户政策必须要考虑如何平衡高配额率引起的参与增加以及高配款上限引起的储蓄增加之间的关系。

9. 在美国梦示范项目中，时间上限越长，成为"储户"可能性越大，但对"储户"来说，月个人发展账户净储蓄越低。我们推测，在一个永久政策中，存期对每位有资格者在储蓄和资产积累上的效应要高于如美国梦示范项目等短期项目。

10. 使用自动转账向个人发展账户存钱的人有可能成为"储户"。像非穷人一样，如果将每月是否攒钱的选择从自己手中交出，穷人显然也能很好地攒钱。

11. 个人发展账户存款在三四月份有一个急剧增长，这与收入所得税退款有关（许多美国梦示范项目参与者通过所挣收入税收抵免增加了款项）。在税季，穷人手头的现金最多（因此可能最有能力攒钱）。推动使用自动转账将税收退款存到个人发展账户中，将有助于建设资产。

12. 像非穷人一样，穷人的攒钱通常也不连贯，并且大多数个人发展账户参与者，即使是最终进行有配款取款的人，也可能进行无配款取款。这表明短期项目和严格的攒钱指导并不理想。如果目标是提高穷人的长期福祉，个人发展账户应该具有普遍性和永久性，自动为每个人注册，即使余额为零也为其保留账户，允许进行无配款取款，并且对存款或有配款取款不强加截止日期。

13. 理财教育的时间增加后（最高到 10 小时），个人发展账户净储蓄也随之增加。同时，课程也是有成本的（Schreiner, Clancy, and Sherraden, 2002；Schreiner, 2004a）。要了解长期利益是否能证明成本的合理性则需要进行更多研究。准确地把握谁从理财教育中受益也有助于使资源供给更有针对性。

九、总体结果及其意涵

以上总结的多种发现和政策经验可归结为两点。首先，虽然许多参与者特征与储蓄结果之间有联系，但本研究的结果并没有表明非常贫困的、无工作的和依赖福利的人不能在个人发展账户中攒钱和建设资产。

第二，制度特征，如结构、规则和储蓄项目的实行，与储蓄结果有联系。例如，配款率既与成为"储户"的可能性有关，对"储户"来说，也与个人发展账户净储蓄水平相联系。如果期待参与者攒更多的钱，或者说对参与者的存款上限没有太严格的限制，事实上也确实能攒更多的钱，这可能是因为他们将限制转化为目标。使用自动转账的参与者更有可能成为"储户"。理财教育（在一定程度上）也与较高的储蓄结果相联系。

可见，一些参与者特征并不像预想的那样重要，但是几项制度特征却很重要。这两点共同表明，如果重点不在于改变人而是注重改变政策，那么将所有美国人（甚至是穷人）包容到资产建设中将是最富有成效的。

虽然本研究提供了许多关于穷人能够在个人发展账户中攒钱和积累资产的经验，但仍有很多有待了解。例如，数据无法告诉我们穷人在个人发展账户中攒钱的原因（why）和方式（how），也不能告诉我们穷人在个人发展账户中攒钱是否比在其他制度中攒得更多。然而，本书仍然是了解穷人攒钱和积累资产的重要一步。一般公众和政策制定者通常认为穷人不能（或不愿）攒钱。但是美国梦示范项目表明，穷人很有可能攒钱，尤其是当他们获得与非穷人相似的储蓄激励因素和结构的情况下。

十、本书的计划

本章中我们讨论了本研究的动机，并对主要储蓄结果和政策经验进行简要地总结。第二章详细描述了理论视角，以解释为什么我们预期个人发展账户能鼓励穷人攒钱和资产积累。第三章描述美国梦示范项目的启动及美国梦示范项目中个人发展账户的设计特征。

第四章是对美国梦示范项目参与者的描述。总体来说，参与者主要来自"有工作的穷人"，因为大多数美国梦示范项目将他们作为目标群体。在"有工作的穷人"中，参与者较为弱势，因为他们大多是女性、非裔美国人和从未结婚者。

第五章讨论了美国梦示范项目中的储蓄结果。个人发展账户中储蓄的增加源于多种因素。存款和利息使余额增加；手续费和取款（无论是有配款还是无配款）使余额降低。配款率影响积累总和。攒钱和资产积累的过程可分为三个阶段："存入"、"持有"和"取出"。因为之前没有研究利用来自银行结算表的月度现金流数据，本章提出了几项新的对项目期间储蓄结果进行综合测量（summary measures）的方式。本章也讨论了税季的存款年度峰值以及个人发展账户有配款或无配款的取款。探讨了项目是否应该允许进行无配款取款，以及如何允许在紧急情况下进行无配款取款同时又将其对资产积累的影响降到最小。我们也讨论了美国梦示范项目参与者如何使用有配款取款和个人发展账户"应该"对哪些类型资产提供配款的规范问题。本章报告的总储蓄结果之所以重要，不仅是因为它们表明人们如何在个人发展账户中攒钱，而且因为它们推动扩展进入个人发展账户机会的努力。例如，运行个人发展账户的金融中介想知道存款和取款的可能数目、频率和规模。同样，新的个人发展账户项目也能利用这些数字制订计划和设立标准。

第六章和第七章讨论来自两阶段"Heckit"回归的估计参数，每一步都控制了大量各种不同的项目和参与者特征。第一步估计参与者成为"储户"（拥有100美元或以上的个人发展账户净储蓄）的可能性。第二步估计"储户"的个人发展账户净储蓄水平。这两步程序控制了那些既与成为"储户"的可能性有联系、也与个人发展账户净储蓄水平有联系的一些遗漏特征。

第六章检验了储蓄结果与个人发展账户设计主要特征之间的联系，这些特征包括配款率、配款上限、配款上限结构、自动转账的使用、时间上限、理财教育和对无配款取款所进行的限制。这些关系非常重要，原因表现在三方面。首先，个人发展账户设计受项目控制并因此受政策影响。第二，这些潜在的政策杠杆与储蓄结果之间的经验关系在很大程度上是未知的，不论是对个人发展账户中穷人参与者而言还是对在其他有补贴储蓄结构如个人退休账户或401（k）计划中的非穷人参与者来说，都是如此。第三，谢若登（Sherraden，1991）、贝弗利和谢若登（Beverly and Sherraden，1999）与施赖纳等人（Schreiner et al.，2001）的"储蓄制度理论"提出，不仅参与者特征对储蓄结果非常重要，制度特征对储蓄结果亦同样重要。

第七章检验了美国梦示范项目中储蓄结果与参与者特征之间的联系，主要结果在上文已经总结过。虽然政策很少能影响个人特征，但了解储蓄结果如何与个人特征的联系却能指导政策设计。例如，如果拉丁美洲的移民在个人发展账户攒钱较少（但是本研究没有提供相关证据），那么政策可以明确地为西班牙裔居民提供外展服务。

第八章总结并评论了对美国梦示范项目中穷人攒钱和资产积累进行分析所得出的主要经验。主要结论为穷人能在个人发展账户中攒钱，并且穷人攒钱的可能性不能被忽视。最后一章也回顾了个人发展账户政策设计的经验并讨论了一些关于以资产为基础政策的一些广泛议题。

第二章　个人发展账户中穷人储蓄与资产建设的理论

要稳定地提升长期福祉，最可靠的方式就是积累资产。如果无法控制随时间推移存在的资源，人们通常就没有办法过自己想要的生活。不管资产是以人力资本（如教育或经验）、物质资本（如住房或汽车）、社会资本（如朋友网络或公民权利）还是金融资本（如银行账户里的余额）的形式存在，这一点都成立的。

传统的观点更多地是以收入而非资产来认识发展和福祉。然而，这一关注点通常反映出评估方面的困难，并且错误地强调消费而非能力。就评估而言，资产比收入更难测量。例如，虽然出于税收的目的，每年必须测量收入，但那些构成大部分人财产主体的非金融资产（人力资本和住房）却很少以市场价值来计算。

此外，因为一些原因，收入经常被错误地等同于福祉。首先，大多数人将绝大部分现有收入都消费掉了，因此，消费（至少在短期内）将随着收入增加而上升，或随着收入减少而下降。第二，传统经济模型认为，福祉仅仅来自于消费，并不来源于生产、精打细算、参与、随时间推移资产的存在以及具备一系列生活选择。

以消费为基础的福祉观产生了以收入为基础的发展观。相反，以能力为基础的福祉观产生了以资产为基础的发展观。与消费范式相比，能力范式更能把握福祉，因为如果人们认为某事有价值，就会做得更好（Sen，1999）。

当然，资产与收入相联系，因此也与消费产生联系。毕竟，大多数人利用资产（尤其是劳动力市场中的人力资本）赚取其大部分收入，并且大多数人将现有收入的绝大部分用来消费。消费、收入和资产便两两相关但是却截然不同：虽然福祉并不等同于消费，但是福祉的确需要消费；虽然收入不等同于消费，但是收入提供了可供消费的资源；

虽然资产并非收入，但是资产的使用产生了收入。

这些区分非常重要，因为相对于以收入为基础或以消费为基础的福利观，以资产为基础或以能力为基础的福利观带来了不同的政策启示。例如，以消费为基础的观念产生了为消费提供补贴的政策（如针对穷人的食品券或针对老年人的社会保障）。与此相反，以资产为基础的观念产生了为资产积累提供补贴的政策（如对住房抵押或学生贷款利息的税收减免、或对退休账户中储蓄的税收减免）。

支持消费的政策是社会安全网的重要部分。但是它们过早止步，仅仅提供最低生活标准而没有进一步支持发展。在美国，我们不希望人们仅仅勉强度日，我们希望他们茁壮成长、提高、实现他们的梦想并且成为一个参与社会的公民。虽然美国有很多资产建设政策，但是它们往往主要使那些已经拥有资产的非穷人受益。另一方面，支持消费的政策，只有在穷人拥有极少或没有资产的情况下才为他们提供帮助。这样，公共政策难以帮助穷人建设资产，在一些情况下，公共政策甚至会使穷人的资产积累更加困难。

因为资产的匮乏阻碍了发展，个人发展账户试图帮助穷人建设资产。个人发展账户是有补贴的储蓄账户。与其他如个人退休账户（IRAs）或401（k）计划等有补贴储蓄账户不同，个人发展账户以穷人为目标群体，通过配款而非税收减免给予补贴，并且要求参与者参加理财教育。当参与者为建设资产而攒钱，以增加长期福利及金融自足时，便会获得配款。个人发展账户最常见的用途有买房、高等教育以及小企业。原则上，个人发展账户可以在出生时开户并且终生持有。配款资金可以来源于公共或私人资源，并且合作资助的方式很常见。个人发展账户在概念上是一个简单的发展与公共政策工具，可以适用于各种应用及情境。个人发展账户一旦开户，几乎所有主体（政府、雇主及发展组织）都能通过提供配款来介入。从这个意义上来看，个人发展账户为资产建设提供了一个制度框架，这可能是资产建设政策最重要的方面（Goldberg and Cohen, 2000）。

谢若登（Sherradern, 1991）提议将个人发展账户作为政策转向资产与发展的一个尝试。个人发展账户鼓励参与者攒钱，同时，个人发展账户也帮助参与者攒钱。个人发展账户通过配款进行资源的转移支付,并且明确要求资源应用于建设资产(住房所有权、高等教育及小企业),这些均与长期发展、福祉提升及"美国梦"有很强的联系。

这是一个十分艰巨的挑战。毕竟,即使是在个人发展账户中,资产积累是要求攒钱的,如果攒钱很容易的话,几乎没有人会陷入贫困。即使对非穷人,攒钱也有困难,因为它意味着在当前使用很少的资源,也就是说攒钱意味着牺牲。当然,攒钱要求穷人做出更大牺牲,因为与非穷人相比,在满足最低生活要求之后,他们可用于攒钱的资源更少。而且,穷人缺少进入一些公共政策机制的机会,对于非穷人来说,这些机制提高了攒钱这一选择的显著性,并且减少了攒钱的现有成本。最后,资源匮乏与缺少进入激励攒钱政策的机会,在一定程度上使攒钱在穷人的世界观里变得模糊;他们甚至从未有攒钱及建设资产的想法。

穷人资产积累障碍的本质是什么?个人发展账户如何解决这些问题?本章提出了一个主要以行为与制度经济学为基础的理论框架。在这一理论框架中,穷人储蓄很少并且资产积累很低,这不仅仅由初始资源基础低与个体选择所导致,而且也是由公共政策与制度界定的约束、机会、成本及回报所引起的。也就是说,理论表明,穷人几乎没有资产,不仅是因为他们几乎没有资源来攒钱以及他们可能选择只攒下一小部分资源,而且也是因为制度与公共政策无法推动他们攒钱。并不是说选择不重要。但是政策与制度同样重要,因为它们影响选择的成本与结果。在一些情况下,例如工资的自动存款,制度可能在攒钱行为中做出大部分的"选择"。人类并不是传统经济模型里被奉为无所不知的、有把握地计算、向前看、自律的超人(Mullainathan and Thaler, 2000; Kahneman and Tversky, 1979)。人们往往跟随政策"制订清晰"的生活路径,并且更关注那些由制度所强调的选择。最后,这是一个充满希望的视角,如果制度与政策是这一问题的部分原因,那么更好的制度与政策能帮助推动穷人的资产积累。

一、资产与穷人

在索希尔(Sawhill)1988年的经典论文《美国的贫困:为什么

会继续存在》一文中指出，"我们仍然对贫困的基本原因知之甚少"（p.1113）。这一知识的缺乏，以及随之而来的反贫困的失败，取决于"研究中的一个根本问题……缺少收入产生过程的基本结构模型"（p.1112）。本章提出一个有关收入产生过程的理论，也就是一个基本的结构模型。在这一过程中，资产在生产中的使用产生了收入，贫困持续存在的原因是缺少资产。该理论同样讨论了个人发展账户如何成为一种有助于打破恶性循环的方法。

这一模型并不新颖。资产积累一直是非工业化国家发展研究的一个中心议题（例如，Rutherford，2000；Attanasio and Szekely，1999；Lipton and Ravaillon，1995；Besley，1992；Deaton，1992a；Gersovitz，1988）。同样，许多关于工业化国家中非穷人的研究也强调储蓄（Bernheim，2002；Browning and Lusardi，1996；Hubbard，Skinner and Zeldes，1995；Deaton，1992b），并且在几乎所有古典经济增长模型中，决策制定者面对的主要选择是攒下多少资源。然而，工业化国家中穷人的资产积累在某种程度上被忽视了（Sherraden，1991）。公共救助的目标是满足短期内最低生活标准的要求，但是其转移支付的数量与形式却远远不能帮助人们从长期来摆脱贫困。

1988年，在工业化国家里开始了将穷人包容到促进资产积累政策的运动。弗里德曼（Friedman）的《作为阶梯的安全网》提出转变公共救助的结构，这样能在仅仅维持最低生活标准之上鼓励发展。哈夫曼的（Haveman）《生而平等》宣称"转移支付是必需的但远远不够"（p.149），并号召增加对人力资本的投资及为青年人设置由公共资助、限制用途的账户。谢若登（Sherraden）《反思社会福利：朝向资产》一文批判了对维持生存政策的绝对依赖，并将个人发展账户作为迈向发展政策的重要一步。

在过去十年里，这一运动得到了学术界推动（Shapiro and Wolff，2001；Ackerman and Alstott，1999；Conley，1999；Stoesz and Saunders，1999；Gates，1998；Oliver and Shapiro，1995）。同时也吸引了来自政界各个党派的支持，例如，曾在担任阿肯瑟州州长时为弗里德曼（Friedman）的《作为阶梯的安全网》写过前言的比尔·克林顿（Bill Clinton），在他1992年的竞选中支持个人发展账户，之后提议推动一项大规模的有配款储蓄项目（Wayne, 1999; Clinton, 1999）。乔治·W. 布什（George W. Bush）（Bush, 2000）和阿尔·戈尔（Al Gore）（Kessler, 2000）都在他们的政纲中包含数十亿美元的个人发展账户计划，并且都提出为退休人员建立某种形式的个人资产账户：布什提出在社会保障体系中建立一个个人账户的累退体系，戈尔提出在社会保障体系之外建立一个累进体系。大约在34个州有个人发展账户立法（Edwards and Mason, 2003），并且1998年的独立资产法批准了2.5亿美元用于1999~2009年的个人发展账户。同时，如果《劳动家庭储蓄法》通过的话，将为30万个人发展账户在10年间提供4.5亿美元。除了美国，中国台湾有一个类似于个人发展账户的示范项目，加拿大已资助了一项随机的个人发展账户实验。在英国，储蓄通道类似于个人发展账户（Kempson, McKay and Collard, 2003），并且新儿童信托基金将为每个新生儿提供一个账户和一笔存款，对贫困家庭儿童提供的存款要更多一些（H. M. Treasury, 2003）。

二、为什么要有资产？贫困持续存在的原因模型

贫困是一种资产匮乏的困境。为了建立一个理论模型来更精确地解释这一问题，有必要先界定几个概念。**收入**是指一段时间内资源的流入（不包括来自于贷款的补偿资金流入），**资产**是指一段时期内持有的资源。资产（人力、物质、社会或金融）的使用产生收入，更多收入要求更多的生产进而要求更多的资产。

储蓄是指一段时期内所持有资源的增加，也就是说储蓄是资产的增加。攒钱的行动产生了储蓄（资产）。

消费消耗资源。**动用储蓄**（dissaving）即消费资产。当一段时期内储蓄超过了动用储蓄，即为**资产积累**。因为收入增加要求增加生产进而增加资产，而且更多的资产积累要求攒钱，因此收入增加需要储蓄增加。

当人们想起资产时，他们通常想到的是金融资产，如银行账户中的储蓄余额。然而，实际上，资产远不止银行余额中的金融资产，对大部分人（包括穷人或非穷人）来说，主要的资产是他们的人力资本，

主要表现为时间、精力与技能的特定组合。大多数人通过出卖他们人力资本，即劳动力产生了大部分收入。就像银行账户中金融资本的积累是储蓄的结果一样，一个人的人力资本的积累也是不断储蓄的结果。要获得技能，人们从闲暇中挤出时间进行学习（教育）或工作（经验）。在过去时间内技能积累得越多，当前完成某一特定任务所需要的时间与精力越少。因此，人力资本来源于一种资源（时间）的储蓄，这种储蓄是通过在工作或学习中使用而非在闲暇时消费这一资源（时间）来实现的。以人力资本的形式进行储蓄增加了未来的生产力。

在产生收入的过程中，资产是投入。不管资产是工厂中使用的机械与设备，还是劳动力市场中雇佣的人力资本，这一点都是成立的。甚至金融资本也是生产性的。例如，债券产生了合同规定利率；股票产生分红及价格变动（产品可能是负的）。现金作为一段时期内储存资源的方式，今天是一美元，明天还是一美元。

非金融性资产对许多生产类型（不管是在市场中还是在家庭中）也都非常重要。家可以提供住房服务，所产生的收入与租赁相同服务所需资源大体相当。冰箱、拖把与传世珠宝也是资产。当它们与人力资本结合在一起的时候，产生出诸如烹饪食品、扫地及珍贵回忆等家政服务。被界定为网络、规范及信任的社会资本能产生信息、减少交易成本、减缓冲击以及抚慰心灵。在一个种族主义与性别歧视的社会，种族与性别同样是持续存在的资源，并且也像资产一样发挥作用。谢若登（Sherraden，1991，p.100）描绘了资产的类型及它们的回报。

在某一时间点上，人们必须在生产（即储蓄）与消费之间分配资产（资源）。二者之间通常会此消彼长，即当前消费越多意味着储蓄、生产及未来可在消费与生产之间分配的收入越少。这种此消彼长的权衡对穷人来说最为严峻，因为一旦他们满足最低生活标准的需求，他们可用来攒钱的资源就更少。对穷人来说，牺牲目前消费的高额代价将会抑制当前的储蓄，并因此抑制未来的生产、未来的收入及未来的消费。资产会不断产生资产，穷人因为开始时资产很少，因此他们将一直处于贫困状态。从本质上看，如何摆脱贫困的问题即为如何攒钱和积累资产的问题。

例如，假设某人的人力资本水平较低，其收入仅够支付食品与庇护。这个人不可能参加课程学习以积累更多的人力资本，因为学校学习会带来附加的支出，如书本及往返交通。如果这个人能攒钱并积累一些金融资产，便可以在一段时间内利用这些资源承担学习的支出。通过接受更多教育并有更多的人力资本，这个人的收入便可能增加，那么这个人在当前就可以有更多的消费并且有更多的储蓄（以进一步增加生产力并以此增加未来收入）。

三、资产效应理论

到目前为止，关于资产在生产与消费中作用的讨论使用的是传统的"经济"框架，即将人们视为消费者，他们只是因为储蓄能增加他们的未来消费而攒钱，而且只有当他们消费储蓄成果时才从攒钱这一行为中受益。谢若登（1991）引入了**资产效应**的概念，将其界定为资产所有权在仅维持消费之外所产生的经济、社会与心理效应。"简言之，人们在积累资产时会产生不同的思想和行为，社会也会对人们产生不同的回应"（Sherraden，1991，p.148）。

由于经济理论已经解释了大多数的经济效应（由约束与机会所导致的理性反应的变化），本章重点关注资产所有权的"非经济"（或社会与心理）效应理论。这并不是要表明社会及心理效应比经济效应更重要（或更不重要）。恰恰相反，它只不过承认资产所有权所产生效应的经济理论已经发展得很完备。相比之下，还没有人充分解释资产具有社会与心理效应的"原因"（why）或"方式"（how）。

建立一种资产效应的社会与心理学理论非常重要，因为个人发展账户的吸引力主要在于资产激发希望并改变人们思想与行为这一主张。例如，谢若登（Sherraden，1991）经常被引用的一个陈述是"收入只能填饱人们的肚子，资产则能改变人们的头脑"（p.6）。同样，谢若登（Sherraden, p.155）认为资产是"具体形式的希望"。与此类似的是，"个人发展账户项目的目标不仅是产生储蓄，而是要产生储户"（Sherraden，2000，p.6）。

个人发展账户可以转移资源，因此，从直接的经济理由来看，个人发展账户提升了穷人的福祉，这一点不足为奇。然而，更为激进的主张是资产效应远远超出了经济影响。

本章中的理论描述了资产如何不仅影响收入，而且还会影响希望、思维模式及社会关系。如果个人发展账户激发希望（并且如果这一希望不是虚幻的），那么事实将是，在没有个人发展账户的情况下，穷人过于悲观。这一理论试图解释这一悲观主义如何产生及资产如何可能将悲观转化成乐观。

同样，如果个人发展账户改善了世界观，并且如果这一改善使世界观与现实更加趋于一致，那么必定是穷人消极地建构了其世界观。在不借助于缺陷或道德懒惰的概念时，本章的理论解释了穷人如何会相信这个世界及他们在其中的机会比实际情况要更差。这一理论同样也表明资产如何帮助调整观念以与现实世界更贴近。当然，同样的理论表明了非穷人可以积极地建构其世界观（Mischel，1977）。

政策领域工作的个人发展账户倡导者认为，这一理论的提出看起来有些风险，因为这一理论认为穷人缺少希望并且/或者缺少正确的世界观，这些倡导者担心一些读者将这一理论视为支持穷人是懒惰的或愚蠢的。事实上，这一理论明确地将那些假定为穷人所特有的沮丧的希望与消极建构的世界观归因为运气或对人类理性通常所具有的局限性的结果。在这两个因素上穷人和非穷人是相同的。这一理论解释了一些穷人有改善的空间，以及这一改善空间是如何由不受他们控制的力量所引起。当然，一些人由于他们自身的错误陷入贫困或消极建构了世界观。尽管如此，贫困儿童丝毫不能因为他们的身份及他们对这个世界的认知而受到指责，当然许多贫困成年人从小便陷入贫困。通常，《了不起的盖茨比》一书的讲述者尼克·卡罗威（Nick Carraway）从他父亲那里得到的一句话非常有益："在任何你想要批评别人的时候，要记住并不是世界上所有人都已经具备了你所拥有的所有优势"（Fitzgerald，1925，p.1）。非常清晰的是，个人发展账户能够帮助穷人，但是，即便穷人使用了一些帮助也并非意味他们有过错。

也有另外一个风险，即认为资产社会与心理效应理论的提出，表明经济效应并不重要，或者经济效应不如社会或心理效应重要。这样的解释是错误的。这一理论包含经济与社会—心理效应，并且理论进一步表明经济与社会—心理效应二者之间相互促进。虽然理论在这里重点关注社会与心理效应，但同样表明经济效应的重要性以及它们如何发生作用。

（一）心理效应

人们通常着眼于未来，他们目前的福祉部分地依赖于他们对未来福祉的期望（Frederick, Loewenstein and O'Donoghue, 2002）。假设有两个人，在其他条件都相同的情况下，如果一个人计划明天去参加一个聚会而另一个人计划明天去参加一个葬礼，那么他们今天的感受是不同的。同样的，两个人在其他条件完全相同的情况下，如果一个人在储蓄账户中有 10,000 美元而另一个人有 10 美元，他们也将有不同的感受，进而有不同的行为发生。一些实证资料以及一些反思都支持了这一观点，即人们喜欢考虑未来的幸福，但是却害怕考虑未来时的代价或困难（Prelec and Loewenstein, 1998）。

在其他情况不变的条件下，当前拥有更多资产的人非常理智地期望在未来拥有更多的资源。因此，仅仅从经济原因来看，他们希望更快乐，并且有更大的能力去行动及成为他们认为有价值的人。对于个体来说，"资产效应"是拥有资产的经济效应提升了预期的未来经济福祉，并因此由于心理原因而提升了现有的福祉。资产效应并非是贪婪或对金钱本身的热爱；它们来自于现有福祉的提升，而这种提升来源于仔细考虑资源未来可能的、合理的使用。当人们有储蓄可以依赖时，他们会少一些恐惧而多一些希望。

在忽视资产社会及心理效应的传统经济模型中，在储蓄被消费之前没有任何目的，而且储蓄只有被消费掉才会产生出某种目的。例如，考虑一下下面两个人的生活，第一个人在出生时中了彩票，并且把所有 10 万美元都存到一个没有利息的银行账户里，而第二个人在他去世前一天中了 10 万美元彩票，之前没有任何储蓄，除此之外他们完全相同。在他们最后一天，两个人将 10 万美元掷于传统有关储蓄与消费经济模型经常假设的"冥日派对"上。在他们的一生中，两个人有同样的消费，但是考虑到资产所有权的社会与心理收益，从出生就在银行有 10 万美元的那个人可能有更高的福祉，因为她更快乐、对未来更有信心、受到同伴更好地对待等等。

在资产效应的心理模型中，仅仅储蓄的所有权能够带来机会的想法便为储户带来了收益,即使任何一个机会都未实现过。相反,在经济模型中,资产只有在使用时才发生作用。在心理模型中,不考虑到使用,所有权本身就已经发生作用,因为人们向前看,并且很享受规划储蓄的用途时所产生的经济效应。

虽然关于资产所有权带来社会与心理效应的观点看起来是常识,但正式的科学实证资料却很少。几乎所有的研究都发现资产所有权与一系列的积极结果相关。然而,资产所有权与资产使用高度相关,并且几乎没有研究仔细区分**资产使用**的经济效应以及**资产所有权**所产生的非经济效应。当然,资产使用具有积极效应,这一点不足为奇;主流经济理论验证了这一观点。挑战是阐明并检验那些在资产使用之外,仅仅是资产所有导致积极结果的理论。

同样,很少有研究考虑到在可观察到的资产所有权与未观察到的一些因素之间可能的相关性,这些因素或许导致资产所有权以及独立于资产所有权之外的更多的积极结果。例如,资产所有权能产生积极的结果,这不仅是因为一想起持续所有权的可能性(可能性很大)使房主更幸福,并且更乐观地看待未来(心理效应),而且因为在其他情况不变时,房主比租房者享受到更好的庇护(经济效应)。此外,对于那些容易产生积极结果的人来说,往往会成为房主(不管他们是否已经有房子)。这对于区分哪些积极结果单纯是由住房所有权本身产生的、哪些是由于首先引起了住房所有权的因素产生的造成了一定阻碍。然而,大多数研究将积极结果与资产之间的所有相关关系归结为资产所有权的结果,即使大多数相关关系可归结为资产使用或未观察到的与资产和积极结果同时相关的因素。

一项关于资产所有权效应(与资产使用效应相反)的富有说服力的实验,需要一批已经有资产所有权但不能(至少一段时间内)使用资产的研究对象。因为资产未被使用,在结果中的任何变化可以清晰地与所有权相联系。谢若登(Sherraden,1991,p.152)介绍了这样一个实验:在市中心贫民区小学的贫困儿童得到一个承诺,如果他们高中毕业,将得到全额大学奖学金。实际上,大学教育的承诺是这些儿童拥有但当前不能使用的资产。在他们能够"消费"这些承诺的奖学金之前的几年里,在这些儿童身上仍然得到了不寻常的积极结果。这完全是资产所有权的社会心理效应,并非资产使用的经济效应。

同样,个人发展账户为储蓄提供配款,并因此增加了资产所有。而且,个人发展账户的规则通常要求参与者在进行有配款取款之前要等待一段时间。因此,在参与者拥有配款却无法使用的这段时间里,即使不可能有使用的效应,但是很可能产生所有权本身的效应。

(二) 社会与政治效应

资产效应不仅限于个体拥有者的心理,因为他人会以不同的方式对待拥有者与非拥有者。所有权的这些社会与政治效应与个体的经济与心理效应一样是真实存在的,并且更为重要。

通常,财产的一些社会与政治效应可归结为资源的使用。例如,非穷人可能收买朋友以及政治同盟。他们也可能享有非常大的政治影响,并且有机会获得公共服务。

然而,一些社会与政治效应来自于所有权及资源的潜在使用(与实际使用相反)。例如,非穷人可能得到别人更好的对待,因为他们更可能有能力进行回报,不管事实上他们是否真正地回报过。并且,从清教徒时代开始,一些美国人将财富视为善的标志(并将贫困视为恶的标志),同时产生一种隐含的或明确的社会判断,即穷人理应受到更坏的对待。

可以从"炫耀性拥有"中找到将财产的社会价值视为一种标志的证据:一些人(不管是穷人还是非穷人)在资产上投资(如服装、汽车、房屋或精心布置的前庭花园),仅仅是因为,与银行账户余额不同,这些资源的形式是肉眼可见的。

人体外在美的社会重要性提供了所有权具有社会价值的又一证据。一般来说,与相貌平平或长相丑的人相比,帅的人或漂亮的人往往会受到他人更好地对待。在劳动力市场中,哈默梅什与比德尔(Hammermesh and Biddle, 1993)发现,长相好的人收入更多。当然,外貌在人力资本中根本没有"使用"价值;它的价值仅仅来自于他人如何社会性地对其进行反应。并且,经过一段时间,一个一直被他人友好对待的长相好的人开始相信,他/她是优秀的并且有能力的人。反过来,这增加了个体以积极方式思维和行动的可能性,在结果与资产所有权之间建立了一个反馈回路。

(三) 反馈效应

从广义上讲，结果取决于三个因素：选择、努力与运气。人们决定要做的事情、为他们所选择的活动付出努力并依靠自身的运气，在这里"运气"是指不受个体控制并影响结果的所有因素的简称，而且在做出选择并付出努力后，这些因素的解决方法是不确定的。本章的理论讨论了资产所有权通过增加决策时可获得的信息、减少付出努力的心理代价，并且帮助人们通过改善社会关系等方面来"决定自己的运气"。

人们在对可能结果的机会（也就是说，概率或可能性）进行判断的基础上，选择要做的事情和决定付出多少努力。当然，这并不是说选择是不受约束的；所有的选择都受到可获得资源的限制及现行政策与制度的限制。与传统经济模型中理想的决策制定者不同的是，现实中的个体在考虑决策时通常会有三种错误。第一，他们错误地判断实现不同可能结果的机会，也就是说，他们可能过于悲观或过于乐观。第二，他们意识不到一些可能的结果。比如一个有潜力的储户在考虑是否开一个银行账户时，可能难以想象有一天她可以积累足够的资金来支付住房的首付。第三，人们错误地判断他们已经考虑的选择可能带来的结果，即代价与回报。例如，低估或高估了住房所有权的喜悦。

谢若登（Sherraden, 1991）讨论了资产所有权减少了这些错误并带来更好的结果。即资产所有权使人们更乐观、更现实（因为他们意识到更多的可供选择的结果）并且更能明白那些需要付出一些努力、牺牲短期利益但能带来长期巨大回报的选择的真正价值。"未来取向部分开始于资产，它反过来形成机会结构，并很快使其内化"（p152）。资产不仅通过影响实现不同结果的机会，而且通过影响人们对选择、机会与结果的观念来对选择产生作用。

资产效应的反馈理论与埃瑟（Esser, 1993）一文论述的艾尔弗雷德·舒茨（Alfred Schütz）的社会学理论有许多相似之处。"经济"理性选择范式并不必然地与"社会学"范式相矛盾，在社会学范式中人们遵循惯例，按照经验法则行动，并做出选择以强化他们目前关于世界运作方式的认识。所需要的是将主观的期望、不完整的评估、不完美的信息、风险、不确定性及昂贵的决策制定都包含进去。这正是这里所要去做的。

资产如何产生这些效应？非常重要的一个因素是资产的使用提高了产生积极结果的机会。例如，一个有储蓄（或家里有储蓄）但成绩不太好的学生能买到更好的书、雇一个家庭教师或者辞掉兼职以有更多的时间学习。简单地说，资产的使用增加了学业成功的机会。

成功的机会也依赖于努力；更多的努力意味着更多成功的机会。然而，努力需要心理代价。而且，如果一个人相信成功机会较大或回报较大时，努力的精神代价会减少，即工作更简单。例如，一个学生知道她的储蓄可以帮助其摆脱学业下降时，就可以更轻松地学习，因为她可以预期努力最终会有回报。同样，一个学生如果知道一些人毕业后找到好工作，将比一个缺少这一角色榜样的学生对学业成功的回报有更好的认识。一个没有储蓄的学生如果知道她在没有收益的情况下学习，因此对成功没太抱有希望，这增加了努力的精神代价，并且在一些情况下，这一代价非常高，以至于贫困学生理智地从其消极建构的观念立场出发，最终选择退出。同样，那些没有成功角色榜样的学生的世界观里，可能没有对学位或者学历的认识。当然，这使学习更为困难。毕竟，如果成功是遥不可及的或你认识的人里没有人成功过，何必去努力呢？非常清晰的一点是，努力与预期的成功形成了一个反馈回路。资产所有权能从积极的方向推动这一回路，因为通过资产使用所产生的可能性，资产所有权使成功更为可能并且努力的代价更少。这也是资产使恶性循环变成良性循环的方式。

最后，社会效应意味着资产能"决定自己的运气"。例如，设想两个学生，一个学生的服装、背包、汽车与住房反映了财产，另一个人可见的所有物品反映出几乎没有财产。在其他情况不变时，其他学生(甚至老师)往往更重视富有的学生，一方面因为富有学生不太可能因辍学而中断这种关系，另一方面这个学生的资源使她更有能力帮助朋友。然而，对于表面上看起来贫困的学生来说，他们的同学可能避免与他们联系，因为这些人把贫困学生看作是虽然还未完全沉陷，但是几乎不可能抵御风暴的船只。

最终，资产将强化改善某一特定选择成功机会的反馈回路，减少付出努力的精神代价，并通过加强社会关系来改善运气。重要的是，这一理论解释了穷人为什么会做出在他人看来是"很差"的选择。对穷人来说，选择是有意义的。他们并不懒惰或愚蠢，相反，他们以他们认为最好的方式对世界做出反应（Lewis，1966）。因为个人发展账户帮助建设资产，他们有潜力改变穷人所看到的世界，并因此改变选择，启动正向的反馈回路。正如谢若登（Sherraden，1991，p.152）所言："即使最贫困和处于劣势的年轻人，当未来可能的机会存在时，他们也会产生具有建设性的反应"。

（四）财产与世界观的遗赠

当父母去世时，一些儿童会继承到财产。然而，对大多数儿童来说，更重要的是，在其父母在世时得到的促进人力资本投资的"生者之间的"遗赠。儿童出生时是无助的、没有资产，只有他人为其提供维持最低生活资料以获得时间和精力来长身体、接受教育、培训与经验，才能获得人力资本。因为对大多数家庭预算来说，住所是最大的组成部分。贫困家庭往往住在廉价的房屋中。由于地方学校财政资助是以财产税为基础，贫困者的子女往往只能到资助较少、质量较低的学校。因此，贫困家庭中儿童往往只能建设较低的人力资本。在成年期，低人力资本意味着低收入。反过来，这阻碍了他们的子女获得人力资本的机会，使其进入到恶性循环中。这一逻辑表明，对穷人来说，因为攒钱在他们的视野之外，因此也就没有攒钱的想法。

在一定程度上，儿童也会继承世界观。**世界观**是指一系列关于哪些生活要素受到选择的影响、有哪些可能的结果及对可能结果的机会（概率）的主观判断。选择、机会及结果具有客观现实性，但必要的是，人们必须将他们的主观世界观建立在他们的想象、经验及所认识的人的经验基础之上。

例如，人们可以选择是否读大学。一些人将读大学视为一种选择，并在完全了解此选择的情况下进行决策。对其他人来说，读大学并不是一个真正的选择：他们从未想象过他们读（或不读）大学的世界。在那些相信大学是一种选择的人当中，有些人设想在一定的努力水平下，得到一个学位的机会是较低的，并且学位的回报很小。而其他人可能更乐观。这些信念影响到努力的精神代价。反过来，努力的代价影响到努力的水平，并因此影响到客观机会与结果。

本部分中的理论试图表明资产具有经济、社会与心理效应的原因与方式。这些效应由资产的使用与资产所有权（不同于使用）同时导致。社会与心理效应并非由精神或道德弱点而产生，而是由努力的代价与人类不可避免的关于选择、机会与结果不完整的认知所造成的。这一理论不仅适用于穷人同样也适用于非穷人。既然可以解释个人发展账户激发希望或改善世界观的原因与方式、由此改善结果与长期福祉，这一理论便是重要的。

四、穷人的个人发展账户、储蓄与资产积累

在穷人与资产积累之间有三个障碍：相对于最低生活标准而言的资源匮乏、缺乏进入补贴资产公共政策的机会以及不正确的储蓄观。个人发展账户试图解决所有三个问题。

（一）相对于最低生活标准的资源匮乏

大多数穷人收入很低，因为他们的人力资本低，因而在劳动力市场的回报很少。因此，增加穷人可用来攒钱的资源数量的最好方式是改善公立学校并帮助穷人增强人力资本以得到更多的收入。然而，学校改革是缓慢的，并且对许多穷人来说为时已晚。而且，即使穷人到好的公立小学及好的公立高中，但大学仍然是昂贵的，虽然大学同样能得到大量资助。

宏观经济的水平与波动也影响收入。而且，当经济一有波动，穷人首先受其影响；失业周期使穷人的收入发生巨大的变动。

当然，个人发展账户并不直接影响学校质量，也不会影响宏观经济。然而，从长期来看，它们确实能解决一些降低收入的限制因素，并且的确也在试图创造能够帮助穷人积累足够储蓄的制度与激励机制，以实现重大的生活改善。

在个人发展账户的配款用途中，包含高等教育与职业培训。因此，个人发展账户可用来补贴人力资本投资。这将从长期提高收入及攒钱能力。正因为如此，柯利与谢若登（Curley and Sherraden, 2000）认为个人发展账户对儿童和青年的影响最大。对小企业所有权提供的配款也能增加收入，对买房提供的配款可以减少居住支出，因此增加可

用来攒钱的资源。同样，对计算机或汽车的配款也可以影响市场与家庭中的生产力。

从广义看，个人发展账户中的配款以三种形式增加了一定收入或储蓄水平下的资产积累。第一，配款吸引人们加入个人发展账户，可以激励他们开始攒钱或攒更多钱。第二，配款增加了储蓄的回报，在一定意义上，配款类似于非常高的利率或非常大的税收抵免（tax credit）。第三，配款提高了积累的资源数量，因此，相对较少量的储蓄额能变成大额资产，如住房或大学教育，这足以转变生命历程。在特定资产积累的目标下，配款在一定程度上代替了储蓄，因此间接代替了其他来源的收入。

当然，至少在短期内，个人发展账户不能增加穷人可用来攒钱的资源。然而，一旦穷人攒钱，个人发展账户便能增加攒钱的回报。在住房所有权、高等教育或小企业等用途上进行的有配款取款也可以增加长期生产力并因此增加未来收入与未来攒钱能力。

（二）进入资产补贴的机会

在美国，很多资产积累是有补贴的（Seidman，2001；Howard，1997；Sherraden，1991）。最大的、最广泛的且最重要的资产补贴政策是从小学到大学的公共教育。利息减免与低于市场利率的学生贷款也是对大学教育的补贴。而且，抵押利息减免是对住房所有权的补贴，是中产阶级的基石，也是穷人第二重要的资产。最后，税收优惠退休账户，如个人退休账户或401（k）计划是大多数人退休养老金的核心。事实上，几种重要的资产积累形式都有高额补贴。这些普遍的资产补贴政策的效应类似于消费税的效应。

与非穷人相比，穷人从这些资产补贴中的受益要少得多，因为这些政策直接或间接地要求参与者已经拥有资产。例如，以财产税为基础的地方学校财政支持政策，通常将受资助最好的公立学校设置在富裕社区中，税收优惠退休账户将补贴与之前的人力资本积累相联系，因为税收减免对那些有高收入（由他们的高人力资本所产生）、并进入到较高税级的人来说是最有价值的。529大学储蓄账户也是如此（Clancy，2003）。当然，将资产补贴与现有财产联系起来没有什么特殊的理由，例如《宅地法（Homestead Act）》（Williams，2003）与《退伍军人权利法案（G. I. Bill）》中体现了历史上存在有利于穷人的历史性资产建设政策。

对买房或高等教育借贷提供补贴间接地与现有财产相联系，因为贷款只能资助住房或学位所需总费用的一部分，同时也因为出借方通常将现有财产视为信贷价值的标志之一。例如，有希望的买房者必须积累两种类型的资产：首付的金融资产和在一段时期内获得抵押还款所需收入的足够的人力资本。同样，学生贷款者必须有储蓄（或父母较为富裕，或有兼职工作时间）以支持大学学费与书本费以外的生活费。最后，即使小企业主能够完全用有补贴的借贷为生产资料提供资金，也要求公司在进入正轨之前至少有一些储蓄来资助企业运营与生活支出（Berger and Udell, 1998；Bates, 1997）。如果没有储蓄，大多数新的、小型的风险尝试将在羽翼丰满之前彻底失败（Schreiner, 2004b）。

资产积累的税收减免［如个人退休账户的税收延缓（tax deferment）、401（k）计划或529大学储蓄账户及学生贷款或住房抵押利息税收减免］对穷人的激励较弱，因为穷人处于低（或零）税级中。而且，穷人为退休攒钱较少，对社会保障的依赖更大，因此他们在所积累的退休储蓄上得到的补贴更少一些。同样，贷款越多也意味着补贴越多，因此将补贴与借贷相联系，意味着穷人得到的补贴更少，因为他们所上大学学费较低、买的住房不是很贵。当然，将资产补贴与现有财产（及之前的储蓄）、贷款及税收体系相联系是出于管理、定位与激励的原因，但是这些联系同样意味着目前的资产补贴体系对穷人的作用要比非穷人少得多。

要增加穷人进入资产补贴的机会，个人发展账户从现有财产、贷款与税收中分离出一种转移支付机制。参与者在银行存折储蓄账户中存入税后收入。如果为住房所有权、高等教育或小企业所有权进行取款便会获得配款（有时，其他资产建设用途也会有配款）。个人发展账户项目参与者同样得到项目工作人员的理财教育与鼓励。总体来看，除了其补贴是一种现金配款而非税收减免之外，个人发展账户在某种程度上类似于罗斯个人退休账户（Roth IRAs）。

（三）储蓄观

即使有可用来攒钱的资源并且有获得资产补贴的机会，穷人必须将攒钱视为一种他们可以做出的选择并且将其视为具有积极结果的一种选择。个人发展账户的制度结构鼓励这样的世界观。

1. **制度**。在这里，**制度**一词是指有目的地建立的政策、项目、产品与服务，它们能够形成机会、约束与结果。这些有目的的制度通常也会形成社会模式。例如，收入税制度影响劳动力市场中时间与精力的回报。同样，银行存折储蓄账户的利率制影响攒钱的现有成本与已有储蓄未来收益之间的权衡关系。反盗窃的法律也是建立了犯罪结果的制度。个人发展账户的制度特征包含申请资格要求、理财教育要求、配款率、配款上限、时间上限、注册与有配款取款之间的等待期、利率、账户费用及同辈与项目工作人员的支持模式。

在社会科学中，"制度"这个词的使用更为广义，但是这里的关注点与公共政策相同，即狭义地定义为"有目的地设置的状态"。虽然政策与制度如何产生是一个有趣的问题，但是这里只关注它们的本质。这一理论立场反映出一种应用性的兴趣，这种应用性的兴趣是由如下问题所导出的，即："什么样的理论建构与经验证据能够指导通过为储蓄提供补贴的政策来提升社会福祉的行动"？

制度影响世界观，并因此影响行动，因为它们会形成约束与结果，并使人们获得关于机会与选择的知识。例如，反盗窃的法律之所以重要，不仅因为使人们权衡盗窃的收益与代价，而且由于有限的时间、精力、知识与认知，人们可以直接跳过对收益与代价进行计算，仅仅由法律的存在而推导出盗窃的净收益只能是负的。

标准经济理论中，制度并不影响世界观。**经济人**是理性的，知晓所有可能的选择、了解所有可能的结果与实现它们的可能性。并且以这点知识为前提，有时间与精力去做出最好的选择。事实上，**经济人**很少是理性的，也并非是无所不知的，必须经过考虑做出选择（Thaler, 2000）。用塞勒与桑斯坦（Thaler and Sunstein, 2003, pp.176~177）的话来说，这些决策制定的代价意味着"现有的不管是由私人制度还是由政府设立的安排，往往是稳定的……任何现状的改变需要时间与精力，许多人似乎更愿意避免付出时间与精力"。个人发展账户储蓄制度设计的潜在效应将随后进行讨论

2. **文化的制度特征**。文化的一些特征，即共同的信仰与选择模式，

可被视为塑造关于选择观以及对可能结果概率的信念的制度。标准经济学往往忽视文化的作用，并假想每一个选择都从零开始，但是这要花费太多的时间与精力，因此人们通常从周围人的行为中推论选择、机会与结果（Mischel，1977）。文化有地域差异，因为人们可以用极小的成本观察他们周围的事物，以及自然机会与约束上的地理差异，使适合不同地区的最佳选择也不同。

文化制度影响资产积累。例如，住房所有权是美国梦的一部分，一方面，若在一个人的成长过程中，周围人都有自己的房子，那么他就会假设这是一个自然规律，在成年后，他们更有可能自己买房，甚至他们从未考虑过不买房。如果他们确实将住房所有权视为他们可以或不可以做出的选择，那么，如果他们选择租房，他们会感到比别人差或者有失败感。另一方面，若一个人成长过程中，周围都是租房者，他们可能没有意识到自己能选择买房，或者，如果他们考虑这样一个选择，可能低估正向结果发生的概率。

文化塑造世界观，因为人类的想象力是有限的；人们不会过多考虑他们可以做但从未做过、也没有见过别人做过的事情。而且，脱离社会模式的选择要求额外的心理付出来解释，并对选择者和他人证明其合理性。选择很少人走的道路是困难的。制度形成了经验法则，并且对那些经济理论不能预言的行为来说是非常重要的，因为完全理性选择过程的代价很大。马德里安与谢伊（Madrian and Shea，2001）论证了规范与建议影响储蓄选择。

3. 个人发展账户的制度特征。制度对机会、约束与结果产生"经济效应"，并且对世界观产生"非经济"（社会—心理）效应。因为经济理论已经描述非心理效应，本书用**制度效应**一词仅用来描述超出经济理论范畴的社会—心理效应。虽然政策通常只关注经济效应，非经济效应也是真实存在的。政策几乎在任何情况下都具有非经济效应，而且有时比经济效应更重要。

个人发展账户制度结构的设计同时考虑到了经济效应与制度效应。例如，配款是个人发展账户为穷人资产积累提供经济补贴的制度特征；而税收减免则是较弱的激励因素。同时，个人发展账户其他结构因素的目标在于推动攒钱与资产积累世界观的形成。其中一些观点是来自于攒钱的社会—心理与行为理论（Sherraden, et al., 2000；Beverly and Sherraden, 1999；Bernheim, 1997；Caskey, 1997）。

第一点也是最重要的一点，仅仅是个人发展账户的存在就已经传递了一个信息，即穷人能够并且应该攒钱（Sherraden, et al., 2000）。个人发展账户的出现创造了一种社会模式，由于个人发展账户的存在，穷人不必做太多考虑就能看到他们能够从攒钱这一选择中受益。现有的资产补贴政策已经为非穷人做了很多这方面的工作（Sherraden, 1991, p.127）："中产阶级积累财产主要不是通过高超的个人投资，而是通过在很多方面很难有任何损失的结构性、制度化安排……这不是一种进行超常选择的事情，而是社会政策所设计的一项**优先**选择，人们步入已经设立的轨道"。塞勒与桑斯坦（Thaler and Sunstein, 2003, p.177）发现在401(k)计划参与者中也反映出这一点："在攒钱这一问题上，指定的默认计划（default plan）明显地为许多雇员传递了一定的合法性，因为它是经过有意识的思考哪些方式对大多数人都有意义之后才产生的。"伯恩海姆（Bernheim, 1997, p.30）阐述了类似的观点："当有了攒钱的刺激因素时，有限理性个体更有可能意识到，其他人将攒钱收益视为重要的。支持攒钱政策的存在就已经表明，'权威者'已经意识到需要更加节省"。在这种意义上，制度理论表明如果建立了制度，他们自然会进入制度。

第二，个人发展账户与理财教育联系在一起。在标准经济学理论中，理财教育是没有必要的。因为人们已经了解所要知晓的一切知识。然而在现实生活中，了解如何攒钱将使攒钱变得更加容易。例如，制定家庭（住房）预算使人们更明白他们的金融选择，并且也更明白这些选择的结果。反过来，这增加了人们不要忘记考虑攒钱的可能性（相反，经济模型中的人从未忘记做对自己最为有利的事情）。"优先支付给自己"（pay yourself firt）如果鼓励人们不是先设立一个消费目标再将剩余部分攒起来、而是先设立一个储蓄目标再将剩余部分消费掉，那么这一常见的忠告有可能会促进积累。

第三，个人发展账户设立目标。从技术方面来看，个人发展账户的配款上限是一个限制，并约束了可以得到配款的最大储蓄额度。然而，在个人发展账户参与者的头脑中，配款上限可以转化成目标，制度理论应用到个人发展账户中一个非常关键的假设是：人们努力朝向已经为他们设立的目标攒钱。配款上限潜在地设立了一个心理规则，因此更高的额度可以激发更多地储蓄，这不仅是因为更高的额度允许更多有配款储蓄，而且因为人们如果遵守了规则，他们会感觉更好，同时更高的规则使他们更努力地去满足规则要求。例如，如果两个完全相同的个人发展账户参与者都攒了 500 美元，年度配款上限为 500 美元将比年度配款上限为 750 美元的参与者更有成功感，因此可用更高的配款上限来激发参与者做出更大的努力来攒更多的钱。

第四，个人发展账户给予反馈。月度个人发展账户结算表显示了资产积累目标的进度。这些持续性的提示有助于防止个人发展账户成为"眼不见，心不想"的事情。这一点类似于美国政府通过发放预计社会保障支出年度结算表来推动退休储蓄，这样，即将退休者就不太可能忘记他们应该用自己的储蓄来补充社会保障。而且，个人发展账户项目中的工作人员与同伴可以提供非正式鼓励。积极的强化有助于人们思考正向的结果（Mischel，1977）。这样就减少了努力的代价，增加了正向结果的显著性，并因此增加储蓄。在主流经济学中，反馈没有什么地位，因为人们被认为是已经知晓他们自己的行为表现。

第五，一些个人发展账户项目明确要求参与者每月存入一定款项，即使数额较少亦是如此。其目的是让参与者形成定期进行个人发展账户存款的常规或与习惯，而且这种习惯将减少攒钱的心理代价。在一定意义上，形成每月存款的预期同样为穷人提供了坚持攒钱的机会（Maital and Maital，1994；Thaler，1994；Maital，1986）。这样一种承诺机制（commitment device）是有用的，因为穷人通常缺乏机会进入其他持续攒钱的途径，如收入直接存款、住房抵押每月偿还款及银行账户的自动减免。在某种程度上，每月存款的预期是一种承诺机制，它要求参与者在开户时，便将他们的双手与未来绑定在一起。参与者注册时便知道有每月存款的预期。因此，如果他们无法实现，他们将会感到失败或者有负罪感。虽然他们在一些需要额外牺牲才能存钱的月份或他们因为没有存款而感到低落的月份中，会后悔接受了这一期望，但是他们仍同意这一安排，因为他们意识到对他们短期选择的约束将鼓励资产积累并因此提升他们的长期福祉（Hoch and

Loewenstein，1991；Ainslie，1984）。每月存款的预期也可以增加储蓄，因为在非正式储蓄安排中，它为个人发展账户参与者提供了一个社会接受的借口，来拒绝他们社会网络中其他成员索取礼物，以避免增加额外的现金支出（Ashraf，et al.，2003；Anderson and Baland，2002；Rutherford，2000；Owens and Wisniwiski，1999）。

第六，做预算、攒钱并规划储蓄用途可以增加个人发展账户参与者思考当前选择未来结果的频次，而这种未来取向的增强可以增加储蓄。同样，个人理财规划的课程可以使人们参与设立长期目标的实践，进一步鼓励未来取向。而且，事情做过一次后（如做预算）会改变行为，因为它减少了再次做这件事情的代价。

第七，理财教育有助于更为准确地了解实现攒钱各种可能结果的机会（概率）。例如，一些穷人会认为，他们无法攒足够的金额来产生重大的改变，但是课程能够表明，经过一段时间，小额但持续的存款如何不断地实现积累。课程也可以帮助参与者了解大学学位如何与一生中的收入相联系、小企业所有权成功的可能性及住房所有权的成本与回报等。简言之，理财教育有助于纠正消极建构的世界观。

第八，对有配款取款用途的限制可以强调人们自己可能不会考虑的选择。例如，对买房提供配款可以表明这样的一种期待，即住房所有权对穷人来说，既是值得的也是可能的。同样，对小企业所有权及高等教育提供的配款表明穷人能够（并且应该）读大学或者开办他们自己的小企业。通过为购买某一资产形式提供配款，个人发展账户使拥有这些资产在参与者的头脑中更为显著。

第九，将配款限制在非流动资产（住房、高等教育与小企业）可以抑制消费资产（动用储蓄）的欲望。原则上，参与者能够在个人发展账户中存款、进行有配款取款、出售资产进而把现金收益放到自己的口袋里或挥霍掉。实际上，个人发展账户规则传递了这样一个信息，即符合配款条件的资产是值得持有的。而且，个人发展账户将流动形式的资源（在银行存折储蓄账户中的现金储蓄）变成难以转换为消费的非流动形式的资源（用于买房、高等教育与小企业的有配款取款）。在时间、精力与交易成本（类似于摩擦力）的影响下，任何一种形式的资源可转换为消费或其他形式的资源。**流动**资源很容易转换；**非流**

动资源具有较高的转换成本。现金的流动性最高，因为它几乎可以转换为任何其他形式（如住房）。住房与小企业是非流动的，因为他们难以出售并且难以转换成现金。人力资本（如通过高等教育发展的技能）可能是流动性最差的资源，只有通过时间与精力才能转换为其他形式，并且不能立刻完全转换。通过工资，人力资本可以转换为住房。实际上，不同的**资源**形式可以根据它们转换为所需形式的容易程度来分类。**垃圾**的定义特征便缺乏这种转换性。

第十，对无配款取款的非正式限制可以抑制动用储蓄的诱惑。在无配款取款后，个人发展账户项目会劝告、电话跟进、未在个人发展账户中存款一个月后发提示信息，并且在理财教育课程上讨论以下问题：如果配款率是 2∶1，在个人发展账户中以无配款形式取出的 1 美元相当于参与者损失了 2 美元的配款。强调这些代价提高了它们对参与者的显著性并因此减少了无配款取款。当然，因为穷人容易受到频繁的无法预料的对收入与支出的冲击，无配款取款通常也是必要的，因此对无配款取款进行正式限制是不明智的。然而，非正式限制具有塞勒与桑斯坦（Thaler and Sunstein, 2003）称之为"自由主义的家长制"的特征：非正式限制使那些在短期内很有吸引力、但长期内却有消极结果的选择来说，代价很小。参与者仍然能够进行无配款取款，但是这种具有一定难度的限制有助于防止做出轻率的决定。

第十一，个人发展账户项目要求"新"储蓄。原则上，个人发展账户中的存款可以来自新储蓄（即在其他情况下不可能发生并且由收入与消费之间差额的增加而产生的储蓄）或者转移的资源（即已经以其他形式积累的资产，如支票账户中的余额）。例如，个人发展账户课程可以传授如何在生活用品购买中省钱或者如何寻找比较便宜的出借方（以减少消费）。而且，工作人员为参与者提供就业广告资源（以增加收入）。个人发展账户也要求在注册与有配款取款中间有一段等待期，这为制度效应的渗透提供了时间，并且它阻止了试图基于已经积攒的资产（甚至是从借贷资源中产生的储蓄）快速进行有配款取款。很难确保个人发展账户的存款都来自于新储蓄，然而，因为个人发展账户工作人员要求参与者通过多赚钱并/或减少消费来攒钱，相对于没有人开始时提出要求而言，参与者更有可能进行新储蓄。

总之，制度理论表明，个人发展账户传递了信息，即穷人能够攒钱。而且，个人发展账户的制度结构有助于增加理财知识、设立目标、提供反馈、建立规则、增强未来取向、阻止动用储蓄并强调攒钱的选择、机会与结果。在被主流经济学理论程式化的世界中，制度不会具有这些效应，因为人们已经具备了做出最优选择所需的一切条件。然而在现实世界中，人们确实从教育中学习；人们会在短期内做一些损害长期福祉的事情；人们确实会忘记或偏离计划；实践确实有助于完善；人们容易听取建议而规则亦确实会影响心理代价。通过利用这些现实，嵌入到个人发展账户制度结构中的信息、预期与规则将鼓励攒钱与资产积累。

五、个人发展账户与其他财产审查转移支付项目的差异

在谢若登（Sherraden）1991年《资产与穷人》一书的序言中，尼尔·吉尔伯特（Neil Gilbert, p.xiv）提出了一个关于个人发展账户以及以资产为基础福祉观的一个经典问题："如果社会打算增加对穷人的社会转移支付的话，为什么要采取刺激未来资产积累的福利形式，而不是通过直接现金支持来立即提高生活消费标准"？

谢若登（Sherraden, 1991）认为个人发展账户转移支付的是资产而收入审查（income-tested）公共转移支付项目（如食品券或有需要家庭临时救助）转移支付的是收入。然而，收入/资产的区分取决于测量的时间框架而非转移支付的资源本身。任何一种资源都可以用来消费，而且任何资源都可以攒起来。从个人发展账户参与者来看，当进行支出时，配款便成为收入（也就是说，配款是在既定时间框架中的资源流）。同样，进入到有需要家庭临时救助支票中的资源如果被攒起来，就成为资产（也就是说，在一段时间内持有的资源）。那么，个人发展账户与其他转移支付项目有何不同？

有需要家庭临时救助转移支付的是流动的现金，个人发展账户转移支付的是非流动的房产（通过买房）、非流动的人力资本（通过高等教育）与非流动的商业资产（通过小企业所有权）。当然，非流动资源也可以用来消费，但是转换成本比现金要大的多。因此，相对于有需

要家庭临时救助，人们更可能将个人发展账户转移支付的资源攒起来。当然，即使个人发展账户资源更有可能被攒起来，个人发展账户并不必然增加总的资产积累，因为人们可能通过转化已积攒的资产或借贷来在个人发展账户中存钱。甚至个人发展账户有可能减少总资产积累，即便可能性不大。而且，从整体来看，标准收入审查转移支付项目鼓励使用资源，而个人发展账户鼓励资源所有权。个人发展账户试图转移支付住房、高等教育与有竞争力的小企业而非现金。

此外，标准收入审查转移支付项目的设计初衷仅仅是满足最低生活标准，并且它们的制度结构传递了这样一个信息，即资源转移支付不是用来攒钱而是用来消费的。尤其是，当资产价值超过既定界限时便取消所有者资格的规定，抑制了领取公共救助者将转移支付中一部分攒起来的行为。例如，鲍尔斯（Powers, 1998）发现资产限制不仅减少了那些目前领取收入审查公共转移支付者的储蓄，而且减少了那些濒临领取收入审查公共转移支付者（如果他们遭遇挫折，如疾病或失业）的储蓄。同样，哈伯德、斯金纳与泽尔德兹（Hubbard, Skinner and Zeldes, 1995）发现资产限制可以解释许多贫困的美国家庭缺乏金融资产的原因（亦见 Orszag, 2001。Hurst and Ziliak, 2004 与 Ziliak, 2003，认为资产限制不会影响穷人攒钱）。对非穷人来说，费尔德斯坦（Feldstein, 1995）发现，对大学经济救助资格的资产限制抑制了攒钱。虽然对收入审查转移支付的资产限制在20世纪90年代有所松动，似乎很少有穷人意识到这一点（Hogarth and Lee, 2000）。虽然，将收入审查公共转移支付消费掉，至少在一定程度上是针对规则做出的深思熟虑的反应，即将资格限定于几乎没有资产的人当中，但这一回应也具有重要的心理要素。例如，一些人可能由资产限制的存在而进行推断（或者听说过别人因攒钱而失去收益的故事）：攒钱是要受到惩罚的。这些人因此形成了不攒钱的经验规则，即使他们可能发现，如果解决了细节问题，攒钱即使在短期内使生活更艰难，但从长期来看将提升他们的福祉。

与标准收入审查转移支付相反，个人发展账户转移支付具有一种制度结构的形式，表明长期福祉依赖于资产积累。正如上面所讨论的，与个人发展账户相联系的理财教育有助于首先转变无法认识到攒钱选择重要性的世界观，其次转变那些低估攒钱回报的世界观。而且，一旦资源被存进个人发展账户中，参与者可能就忘记这些资源可被提取及消费，或者参与者将资源分配到一个"心理账户"中，这个账户被标记为"为长期目标而设立"（Sherraden et al., 2004；Moore, et al., 2000；Thaler, 1992 and 1990；Shefrin and Thaler, 1988）。最重要的是，个人发展账户的存在表明穷人能够（并且应该）攒钱。

最后，以资产为基础的福祉观之所以重要，有两个原因。首先，被消费的转移支付只有通过巨大的、持续时间足够长的消费（并非通过精打细算）才能增加福祉。小额的、临时的以消费为基础的转移支付，获得的政治支持很薄弱；大额的、长期的以消费为基础的转移支付不管从政治上还是从财政上都是不可行的。其次，穷人的福祉不仅对当前重要，而且对未来也非常重要。正如在本章所言，收入来源于生产中资产的使用、资产来源于储蓄，而储蓄通过不消费收入实现。如果所有的收入都被消费掉（正如现有收入审查公共转移支付结构所鼓励的那样），那么，穷人就不太可能积累足够的资产来支持未来收入的增加，并且这一循环会重复下去。对大多数穷人来说，只有资产积累才能提高长期福祉。

六、个人发展账户与资产补贴的政治经济学

个人发展账户中的配款是一笔巨大的补贴。这是否公平？它是否有先例？事实上，几乎所有资产类型都有高额补贴。在任何情况下，如果没有大量非劳动所得的帮助，没有人能够积累起大量财产。个人发展账户中的高额补贴除了针对穷人这一点外，并没有任何新颖之处。

如前所述，以人力资本形式的储蓄增加了未来生产力。如此看来，儿童比其他群体攒钱的利率都要高，因为他们花费大量的时间来建设人力资本。当然，只有他人（通常是他们的父母及当地校区的纳税人）以最低生活标准和学校的形式为儿童提供"补贴"，儿童才有能力将他们的时间投资到资产积累中（而不是投资到工作中以产生用于消费的收入）。事实上，全球有数百万的儿童在非常小的年龄就陷入到贫困中，因为他们无法在学校里建设人力资本。确切地说，由于他们的父母不

能为他们提供最基本的生活水平,他们必须去工作。

通常,补贴对所有资产建设形式来说都是重要的。主要的一项补贴由父母转移到子女,以帮助其建设人力资本。但是,资产补贴具有远超出家庭范围的普遍性。之所以这样说,可首先考虑以下问题:资产来自于储蓄、储蓄来自于未消费收入以及收入有四种可能的来源:私人馈赠、劳动所得、公共转移支付与盗窃。

当考虑私人馈赠与资产积累时,大多数研究主要关注遗产。从广义上看,这一研究的结论,或者是遗产不能太多解释代际之间存在的财产差异(因为少数人接受的仅仅是象征性的遗产),或者遗产确实能解释代际之间存在的财产差异(因为极少数遗产是巨额的)(Bowles and Gintis, 2002)。换言之,遗产对少数富有者来说非常重要,但对大多数人(尤其是对穷人来说),其作用很小。然而,整个争论忽略了更为常见(可能更有价值)的在不同财产水平(wealth spectrum)的所有家庭中实现的生者之间的转移,它在儿童出生之前很长时间就已经开始,通常持续到成年时期。如果没有时间、物品或服务等非劳动所得的馈赠,婴儿很容易死亡(或者至少不会发展太多的人力资本)。在这意义上说,生命本身就是一种非劳动所得的资产。

可以用来攒钱并转化为资产的收入的第二个来源是**劳动所得**(earnings),即生产中使用资产的回报。对于那些不需要工作的有闲阶级中的富人来说,劳动所得来自于将他们的金融与物质资本与他人劳动的结合。对大多数人来说,尤其是对穷人来说,劳动所得来自于劳动中所使用的人力资本。然而,对富人与穷人来说,劳动所得资产至少部分是非劳动所得并且是在补贴的帮助下建设起来的。这些补贴或是来自遗产,或是来自持续的、长期的、低水平的生者之间的转移。工作包含时间、精力与技能(即人力资本)[山人(mountain men)或霍雷肖·阿尔杰(Horatio Alger)[①]作品中的英雄除外]。而且大多数人将其劳动所得仅仅归结为他们自身时间与精力的付出而忽视帮助他们自身建设人力资本的补贴。虽然几乎没有人能意识到,但是大多数人

[①] 霍雷肖·阿尔杰(Horatio Alger Jr., 1834~1899年),美国儿童小说作家。作品有 130 部左右,大都是讲穷孩子如何通过勤奋和诚实获得财富和社会成功。——译注

劳动所得中，至少有一部分是由那些不依赖于拥有者的汗水所得到的资产所产生的。

由公共转移支付获得的收入也为资产积累提供补贴。除了帮助维持生活（及人力资本）而实行的以消费为基础的转移支付，如食品券或社会保障，公共转移支付也补贴了一系列的资产，最有名的是通过税收优惠账户对退休储蓄［如401（k）计划］的补贴，以及通过对抵押贷款利息减免对住房所有权进行的补贴。最重要的资产积累政策（尤其是对那些主要资产是人力资本的穷人来说）是小学、高中与大学中的公共教育。当然，居住隔离与地方学校财政资助政策意味着，与非穷人相比，穷人得到的补贴更少。总之，公共转移支付大幅度补贴了三种最重要的资产形式：人力资本、住房与退休储蓄。

最后一种可能被攒起来的收入来自于盗窃。虽然已不再普遍，但在历史上，对那些统治殖民地或赢得战争的国家来说，盗窃成为获得非劳动所得资产的主要来源。例如，美国原始资产基础中很多来自于从土著居民盗来的土地或从奴隶身上盗来的人力资本（Feagan，2000）。即使目前活着的人中没有人将其他人驱除出土地或拥有奴隶，在人力资本发展中生前"遗产"的重要性表明：当前美国许多富裕的白人受益于其祖先获得的廉价土地（例如，通过宅地法（Homestead Act），Williams，2003）或者受益于劳动力市场及其他社会领域中一直存在的相对于土著美国人、非裔美国人、女性及其他当前以及历史上受压迫群体而言的非劳动所得优势。

这一讨论的要点很简单：不管被攒起来的收入的来源如何，大部分资产积累得到大量补贴。几乎没有人能宣称完全由他们自己挣得所有财产。

这对个人发展账户来说意味着什么呢？第一，高额资产补贴，如那些隐含在个人发展账户配款中的补贴没有什么新颖之处，只是它们很少惠及穷人。第二，个人发展账户中的配款以穷人为目标群体，几乎不会被认为是不公平的，因为甚至是工作最辛苦的中产阶级亦从非劳动所得资产中受益。第三，美国同时具有罕见的经济成就与大量的资产补贴，这一点可能并非偶然；可能资产补贴是合理的经济政策（普遍的资产补贴可以像消费税，尽管目前的形式是累退的，但有长期的积极效应，见 Frank，1999）。第四，考虑到美国公众强烈支持了现存的资产补贴，也可能会支持个人发展账户。

七、为什么不积累资产？

长期的发展与福祉依赖于资产。在其他条件不变的情况下，资源越多越好，并且很少有人会反对资产积累。然而，对公共政策来说，其他所有因素并非是不变的，而且关键问题并非是资产是否越多越好。相反，问题在于，如果资产进一步产生资产，政策如何建立制度来帮助穷人建设资产，以及如何为这些制度支付资金？

攒钱要求通过减少消费并/或增加工作来做出当前的牺牲。一些人非常贫困，以至于一旦满足了最低生活标准的要求，几乎没有可用来攒钱的资源。这也是个人发展账户是自愿参加、允许在几个月内不进行存款及如果他们愿意也可进行无配款取款的原因。

虽然人们一直不承认，但攒钱确实是有风险的。未来的回报是不确定的。对一些人来说可能英年早逝，对另外一些人来说，未来并没有按照他们预期的方式实现。虽然美国已经是一个建设资产的极其安全地区，但是金融储蓄可能受到通货膨胀、银行破产或市场下滑的威胁。在经济衰退中人力资本失去其价值，并且大多数小企业在三年内倒闭。对他们来说，住房是有可能贬值的、具有高额负债的非多样化的投资。贬值在少数族裔社区中一直是一个现实的威胁，并且随着婴儿潮出生者开始老龄化并出售他们资产以支付退休消费，越来越成为一个普遍的风险（Bernheim，1995）。资产积累的理论必须意识到，攒钱有其阴暗面；拥有者享受到资产所有权的效应，但是一些人也会遭受损失。

对非穷人来说，关于资产补贴价值的争论一直集中在政策是吸引新的储蓄还是仅仅让参与者重组现有储蓄以利用税收减免政策（Attanasio and DeLeire，2002；Engelhardt，1996；Bernheim and Scholz，1993）。对个人发展账户来说，参与者可以将储蓄从现有储蓄账户中直接转入个人发展账户中，在不降低消费且不增加收入的情况下取得配款。当然，穷人比非穷人可转换的资产要更少一些，并且个人发展账户传递出强烈的制度信息，即储蓄应该是新的。然而，最终结果还有待分晓。即使个人发展账户存款中很大份额是转移而来，如果它们以其他方式（如帮助人们更多地考虑攒钱与资产积累，并因此增加买房、高等教育与小企业中的自雇）创造出巨大的净收益，那么个人发展账户仍然是有价值的。

一些为穷人进行倡导的人担心，以资产为基础的发展范式将排挤以消费为基础的最低生活标准范式（Schwartz, 2001）。这是完全不可能的；对资产建设的支持是消费支持的一种补充而不是替代。与此相关的另一个担忧是，对穷人中最贫困者来说，攒钱会意味着挨饿（Johnson, 2000）。但是没有人打算利用资产建设范式来取消对穷人保护的安全网。谢若登（Sherraden, 1991, p.215）指出："显然，以收入为基础的政策将继续在美国的福利中发挥作用，甚至是主要作用。"

其他人担忧个人发展账户中的配款对穷人是一个非常强的刺激因素，以至于穷人参与者攒钱过多而忽视了看病或者吃劣质食物。确实，个人发展账户提高了攒钱的回报，并相信人们能够判断这种回报是否值得做出牺牲。然而，重要的一点是个人发展账户是自愿的；没有参与者被强迫去攒钱，并且大多数参与者可能并不会攒太多的钱。而且，项目一直都允许进行无配款取款。

另一方面，一些评论者担心个人发展账户不会走得太远。其主张是，即使在很多年都为储蓄提供配款，穷人也不可能积累足够的积蓄以实现改变（Bernstein, 2003）。相关的一个顾虑是，大多数个人发展账户项目迄今为止还没有为汽车或计算机的购买提供配款（Iskander, 2003），这些资产在参与劳动力市场中发挥关键作用。但是问题并不在于个人发展账户是否是一副灵丹妙药；它们不是万能的，而且任何东西都不是万能的。问题在于个人发展账户是否有帮助，是否它们比其他措施更有帮助。迄今为止，美国梦示范项目中个人发展账户的数据表明，至少一些穷人能够利用个人发展账户去买房、读大学及投资小企业。

对资产的补贴可以具有社会收益，但是它们肯定也有社会成本。一个人得到的补贴是另外一个人的纳税。除了配款的成本，项目运作也产生成本。当非经济效应不存在时，补贴也会干扰市场。当然，任何事物都有成本；问题是成本是否超过收益。美国梦示范项目实验性设计部分试图测量收益（Schreiner，2000a；Sherraden，et al.，1995）。事实上，成本已经被全面测量并讨论（Schreiner，2004a，2002a，and 2000b；Schreiner，Ng，and Sherraden，2003；Sherraden，2000；Ng，2001），这已经不同凡响；新政策提议经常会有"无知不吃亏"（it pays to be ignorant）的动机（Pritchett，2002），引导支持者最好不去测量成本与收益。

像所有的反贫困政策一样，个人发展账户实现了从非穷人到穷人的再分配。由于这些个人发展账户转移支付是非常明确的，使它们易遭受攻击；隐藏在税收减免中的资产补贴（如每年流向非穷人的超过3,000亿美元）遇到的责难要少一些。同样，一些人将税收视为政府的盗窃，因此并不将税收减免看作是补贴，而看作是减少盗窃。从这一观点来看，给那些纳税少的人以补贴是不公平的。当然，这一看法是站不住脚的，因为它忽视了非穷人比穷人更大程度上使用了税收提供的服务与收益。这一观点同样假设任何人现有的地位都是应得的，因为是他们通过某种方式得到的，但是正如前面所讨论的，事实上并非如此。而且，缺乏效率也同样令人担忧，但是更大程度的公平提升社会福祉（Atkinson，1992），并且更大程度的公平也可以很好地提高效率。

对资产的财产审查补贴扩展了福利国家，并且像所有财产审查转移支付一样，降低了那些预期可以获得财产审查转移支付资格者的工作动机（Moffitt，1986）。而且，像所有正逐步取消的转移支付一样，一旦他们开始接受财产审查转移支付，随着收入及/或财产的增加，减少配款率或减少进入个人发展账户的机会都会降低人们的工作动机。然而，当人们拥有个人发展账户时，如果参与者维持消费水平，但同时要增加储蓄，工作动机就可能会增强。

虽然个人发展账户迄今为止没有丑闻，但所有公共项目中发生过的诈骗与滥用也确实发生过。个人发展账户制度设计中的几个特征，如年度配款上限、理财教育、直接向卖方支付配款基金以及存款与有配款取款之间的等待期，都可防止滥用。

个人发展账户不是一副灵丹妙药。它们不能替代维持最低生活标准的现金转移支付；它们并不是没有成本的；它们所吸引的不都是新储蓄；并且它们不能避免滥用。它们不会使穷人很快变得富有。确切地说，个人发展账户是推动一些贫困者迈向另一种路径的方式，这种路径通过一定的时间和精力，可以实现发展和长期福祉的提升。本书对美国梦示范项目的研究是评估个人发展账户的最初尝试之一。

八、小结

本章详细论述了个人发展账户经济、社会与心理效应的理论背景。个人发展账户的目的不仅仅是向穷人转移支付资源。当然，如果仅仅因为资源能够转化为消费，那么资源是值得拥有的。然而，个人发展账户期望，它们转移支付的资源能够被攒起来而不是被消费掉。但是标准的福利转移支付也能够被攒起来。个人发展账户有什么不同？

谢若登（Sherraden, 1991）用制度理论给出了一个答案。个人发展账户包含一个制度结构，明确要求并期望参与者以不可能立刻消费掉的形式（如住房、人力资本或小企业）来将他们的转移支付攒起来。相反，标准的福利传递的信息是，福利转移支付被严格限定在消费。

制度设计之所以重要，因为人们并不是经济理论中假设的理性的、无所不知的存在。人们容易受到建议的影响，并且他们对公共政策已经"制订清晰"的选择模式做出回应，因为这比起设想新的选择、紧接着去衡量可能的结果所付出的精力要少得多。

谢若登（Sherraden, 1991）介绍了资产效应的概念，将其界定为资产所有权所产生的效应，并且与使用资产所产生的效应不同。人是向前看的，而且当前的福祉部分依赖于对未来福祉的预期。目前拥有更多资产的人期望在未来拥有更多的资源。因此，仅仅从经济原因，他们期望以后会更幸福。当所有权提升了预期的未来福祉，并从社会—心理原因上也提升了目前的福祉时，"资产效应"就发生了。所有者与非所有者不仅在思维上有差异，而且他人对待他们的方式也不同。所有权的社会与政治效应比经济效应更重要。

九、本书计划

本书其余部分内容如下。第三章大体上介绍个人发展账户、美国梦示范项目中的个人发展账户项目以及个人发展账户的制度特征。第四章描述美国梦示范项目参与者的特征，以及这些特征与储蓄结果之间的联系。第五章提出美国梦示范项目中个人发展账户攒钱的方法，解释"存入"（存款）、"持有"（整个期间维持的余额）及"取出"（有配款或无配款取款）。第六章用多变量回归（multivariate regression）考察个人发展账户特征与储蓄结果之间的联系。第七章继续进行回归分析，重点在参与者的特征。回归分析首先将项目与参与者的特征与成为"储户"（个人发展账户净储蓄在100美元或以上）的可能性联系起来，其次与"储户"月净储蓄水平联系起来。第八章总结了前面的分析以及对政策、项目与研究的意涵。

第三章 美国梦示范项目

个人发展账户第一个大规模示范项目是美国梦政策示范首期项目（即"美国梦示范项目"）。本章描述了美国梦示范项目的研究目标及本书提出的问题。同时介绍了美国梦示范项目主办组织的特征，并概括了个人发展账户项目的制度特征。在第四章分析了这些数据，以了解制度特征与储蓄结果之间的联系。从政策视角来看，个人发展账户项目特征非常重要。其原因是，虽然很难改变个人发展账户参与者的特征，但政策在调整项目特征上有一些余地。

在本书其他部分中，主要以个人发展账户的管理信息系统（MIS IDA）的数据为经验分析的基础。本章描述了个人发展账户管理信息系统，以及所搜集的关于储蓄结果、项目特征和参与者特征的数据。本章将为接下来几章的经验分析提供基础。

一、对美国梦示范项目的研究

对美国梦示范项目研究的目的首先是探讨个人发展账户的结果，其次考察这些结果与项目的制度特征、参与者的社会—经济特征之间的联系。个人发展账户是一项新的政策提议，因此有很多方面需要了解。对美国梦示范项目来说研究是很重要的，并且研究目标形成了很多美国梦示范项目设计。

对美国梦示范项目的研究是多方面的，或许是一项社会或经济政策示范最全面的调查研究之一。研究项目使用多种方法，并由社会发展中心在专业的评估建议委员会（Evaluation Advisory Commitee）指导下进行设计（Sherraden, et. al., 1995）。在七年间（1997~2003）使用多种方法，目的是从多个视角来考察美国梦示范项目，并随着示范项目的发展搜集最新的数据以指导个人发展账户政策的持续发展及美国梦示范项目之外的个人发展账户项目。实际上，对美国梦示范项目的研究影响了加拿大、中国台湾（Cheng，2003）与英国（Kempson, McKay, and Collard, 2003；H.M. Treasury, 2003 and 2001）以资产为基础储蓄政策的启动与设计。美国梦示范项目研究设计尽可能地遵循了理论表述、检验一些明确寻找替代性解释的假设，而且允许出现意料之外的发现。研究方法包括：（1）对项目启动与实施的评估（Page-Adams，2002）；（2）监测储蓄结果（Sherraden et al., 1999；Sherraden et al., 2000；Schreiner et al., 2001；and Schreiner, Clancy and Sherraden, 2002）；（3）参与者个案研究（Sherraden, Moore, and Hong, 2000；Beverly, McBride, and Schreiner, 2003）；（4）参与者横向研究（Moore, et al., 2001）；（5）参与者深度访谈（Sherraden et al, 2003a and 2003b；McBride et al., 2003）；（6）对某个个人发展账户项目实验中的随机抽样与追踪性调查（randomized assignment and longitudinal surveys）；（7）社区层面的结果评估（Emshoff et al., 2002）；（8）成本分析（Schreiner, 2004a, 2002a, and 2000b）。

总之，美国梦示范项目的研究试图在四个主要领域了解到以下经验：（1）回答最基本的问题：个人发展账户有作用吗？即穷人能否通过个人发展账户攒钱并积累资产；（2）储蓄结果与个人发展账户制度特征之间的联系；（3）能总结出来的并用于指导州与联邦个人发展账户政策的项目模式；（4）穷人攒钱与资产积累模式的知识。

美国梦示范项目研究寻求以下问题的答案（Sherraden，1999a）：（1）成功的个人发展账户项目启动与实施的限制因素或推动因素是什么；（2）个人发展账户对资产积累与生活目标（如住房所有权、高等教育、小企业等）的影响是什么；（3）资产所有权对个人发展账户参与者及其家庭的社会、心理与金融效应是什么；（4）个人发展账户对参与者以及社会的金融净回报是什么；（5）个人发展账户项目在社区层面的效应是什么；（6）对个人发展账户项目来说，什么样的设计特征有用；（7）可以从中观察到个人发展账户的参与者的储蓄模式是什么；（8）个人发展账户中的制度特征与储蓄结果之间如何发生联系；（9）个人发展账户中参与者特征如何与储蓄结果之间发生联系；(10) 个人发展账户参与者用他们的储蓄积累了哪些类型的资产？本书将主要集中在第六到第十个问题。

二、主办组织、项目与项目点

美国梦示范项目始于 1997 年 9 月，通常，2001 年 12 月 31 日之前完成的存款有资格获得配款。通过竞争，从美国全国范围内遴选了 13 个主办组织来设计、实施与运营 14 个个人发展账户**项目**（其中 1 个主办组织运营了两个项目）。除此之外，美国梦示范项目中许多个人发展账户项目不止一个项目点（site），而且一个项目的不同地点都有不同的资助者并且/或者不同的账户设计。主办组织的详细信息及每个项目与项目点的特征将在本章最后进行讨论。

美国梦示范项目中所有的个人发展账户都是有息（interest-bearing）账户，并且是在银行或信用合作社（credit unions）等受到调控、有担保的储蓄机构中开户。配款基金放到一个独立的账户中，不与参与者的储蓄混合在一起。配款基金可以通过支票支付给卖方（例如出售住房的一方或大学），或者在为兴办小企业或维修房屋进行有配款取款时，凭收据或第三方承包商的估价付给参与者。

所有的项目都能收到储蓄机构月度账户结算表。账户结算表中有关现金流动的数据随后进入到个人发展账户管理信息系统。个人发展账户管理信息系统接着形成一份月度结算表，由项目方邮寄给参与者。（储蓄机构每个月或者每个季度将他们自己的结算表邮寄给参与者）个人发展账户管理信息系统的月度结算表显示了个人发展账户中的余额、可获得配款的余额、相应的配款及可获得配款的余额加上配款的总和（如果储蓄超过配款上限的话，个人发展账户的余额可能超过可获得配款的余额）。因此，参与者每月都能定期收到月度结算表，可以追踪实现目标的进度。这些月度结算表有助于提醒参与者持续攒钱，同样也在他们头脑中强化了个人发展账户储蓄的重要性与价值。

美国梦示范项目中所有的个人发展账户项目为买房、高等教育及小企业这三种普遍用途提供配款。一些项目也为职业培训/技术教育、房屋维修或改建、罗斯个人退休账户退休储蓄提供配款（表 3.1）。

此外，美国梦示范项目以外的一些个人发展账户项目（这里不做讨论）为购买汽车或计算机提供配款。

表 3.1　美国梦示范项目中可获得配款的用途

可获得配款的用途	项目数量
买房	14
高等教育	14
小企业	14
职业培训/技术教育	11
房屋维修或改建	8
退休	4

美国梦示范项目其中的一个项目（塔尔萨的社区行动计划大规模项目）在很多方面上都是一个例外。首先，它有456个参与者，是美国梦示范项目中最大的一个项目。第二，2001年12月31日后，社区行动计划大规模项目仍有少数参与者有资格存款，而且这些存款可获得配款。因此，虽然美国梦示范项目中其他所有项目的数据是截止到2001年12月31日，但是社区行动计划大规模项目的数据截止到2003年10月31日。第三，社区行动计划是美国梦示范项目中两个项目的主办组织（戏称为"小规模"与"大规模"项目）。社区行动计划小规模项目先产生，正如其名称所示，比大规模项目的参与者要少（163）。社区行动计划的工作人员认为，一般而言，小规模项目中的参与者比大规模项目的参与者动机更强并且更能够攒钱。可能是因为在个人发展账户最初引入到塔尔萨时，最愿意并能够攒钱的人最有可能成为最先报名参加的人。第四，社区行动计划大规模项目有一个实验性的设计；通过随机选择，有资格的申请者中大约有一半的人允许开户，而另一半人不允许开户。能够开户的实验组与不能够开户的对照组成员，在随机分组前访谈一次，接着分别在分组后的18个月与48个月时再访谈一次。其他研究将利用这一调查资料，试图发现有资格的申请者，如果获得个人发展账户的开户机会的话，对社会、政治与金融结果所

产生的一系列影响。社区行动计划大规模项目同样是一项详细的成本研究的对象（Schreiner, 2004a）。

三、参与者

参与者是指在个人发展账户管理信息系统记录中至少有一个个人发展账户结算单的注册者。美国梦示范项目有 2,350 名参与者。从 1997 年 7 月开始注册，计划在 1999 年 12 月 31 日结束（一些项目允许少数参与者在截止日期后进行注册）。这个数字不包括那些在美国梦示范项目中注册但从未开户的人以及净储蓄被限定为零的那些人。受限者包括那些被发现不符合条件、同时在芝加哥美国梦示范项目两个个人发展账户项目中开设账户、未进行有配款取款便死亡以及因搬迁迫不得已在没有任何配款的情况下取出所有余额后销户的人。

对大多数参与者来说，只有在 2001 年 12 月 31 日前的存款才有可能获得配款，只有一小部分参与者的时间上限稍早或者稍晚一些。

美国梦示范项目的数据只与参与者有关，即那些有选择参与的自由并且能行使这一选择自由的人。尤其要注意的是，美国梦示范项目的数据并不覆盖**有资格者**，也就是那些有选择参与的自由但并未行使这种选择的人。因此，这里描述的结果只涉及那些注册个人发展账户项目并开设一个账户的自愿选择者。

最有可能的情况是，自愿选择的参与者与有资格的非参与者在很多主要方面上可能都有所差异。尤其是，与非参与者相比，参与者可能更多是那些期望从个人发展账户获得更大净收益的人。因为这种自愿选择，参与者平均比有资格者（假设他们参与美国梦示范项目的话）攒钱更多、结果更好。从政策目的来看，有必要评估对参与者进行干预所产生的结果，但更为有益的是对有资格者进行这样的评估（Ravaillon, 2001；Plotnick and Deppman, 1999）。然而，因为美国梦示范项目只收集关于参与者的资料，这一研究只能探讨对参与者进行干预的结果。

平均来看，美国梦示范项目参与者不可能完全与有资格者相类似，不仅仅因为他们是自愿选择的，而且因为他们也是项目选择的。美国梦示范项目中的个人发展账户项目通常以特定群体为目标，如有工作的穷人、女性以及/或者有色人种。而且，他们经常在接受主办组织提供的其他服务的群体中，推动个人发展账户参与。项目选择导致的参与结果比在没有项目选择的情况下，有资格者平均所产生的结果是更好还是更坏？这一问题尚无定论。

四、美国梦示范项目与独立资产法

企业发展公司（The Corporation for Enterprise Development）对美国梦示范项目进行管理，并将从11个私人基金会募集到的资金分配给美国梦示范项目中的14个个人发展账户项目。美国梦示范项目启动后，一些主办组织与美国卫生与人类服务署通过《独立资产法（AFIA）》签定了合同。因此，美国梦示范项目中的一些配款与管理费用通过独立资产法进行资助。

因为独立资产法规定的账户设计与美国梦示范项目已经实施的账户不同，因此接受独立资产法资助的项目参与者主要集中在几个项目点，其中一个地点采用的是初始账户设计，第二个地点是新的独立资产法设计。这里的数据包括两种地点类型。一些主办组织也在美国梦示范项目之外的地点运营个人发展账户项目，但是这里的分析没有涉及这些非美国梦示范项目地点的数据。

大体上，初始项目点中的账户设计比新独立资产法项目点中要宽松一些。例如，初始项目点允许参与者独有账户，或者参与者与项目共有账户。而且，初始项目点对无配款取款不做正式限制。最后，独立资产法项目点除了允许住房所有权、高等教育与小企业这三种"基础性"用途外，一些初始项目点也允许将有配款取款用于如房屋维修、退休储蓄或职业培训等用途上。

与初始项目点不同的是，新独立资产法项目点要求项目与参与者共有账户，因此项目工作人员必须在所有取款上（包括有配款与无配款取款）签字。表面上看，无配款取款只限于"紧急情况下"，但实际上，似乎项目工作人员（这值得赞赏）在所有的无配款取款上都签了字。同时，新独立资产法项目点只允许为买房、高等教育以及小企业这三种"基础性"用途进行有配款取款。而且，新独立资产法项目点的资格限制在收入处于或低于贫困线 1.5 倍的人中，而初始项目点有时把截止标准定在贫困线的 2 倍。新独立资产法项目点要求在注册与第一次有配款取款之间有 6 个月的等待期，一些初始项目点的等待期更短一些或根本没有。

五、个人发展账户设计

个人发展账户设计指的是支配个人发展账户的规则。最重要的设计要素中包括账户结构的特征：（1）时间上限；（2）总配款上限；（3）月存款目标；（4）配款率；（5）理财教育；（6）等待期；（7）自动转账；（8）对无配款取款的处罚。

（一）时间上限

时间上限是进行可获得配款存款的最后一个月（截止日期）。虽然在时间上限后的存款不会获得配款，参与者仍然可以在时间上限之后，对时间上限之前可获得配款的存款进行有配款取款，当然参与者在时间上限前后任何时间内都可以进行无配款取款。在美国梦示范项目中，参与者注册时间与时间上限之间平均为 33.6 个月，中值是 36 个月（3 年），而最低是 4 个月，最高是 54 个月（表 3.2）。

表 3.2 美国梦示范项目中的个人发展账户设计

个人发展账户设计的特征	平均值	中值	最低值	最高值
时间上限（月）	33.6	36	4	54
总配款上限（美元）	1,330	1,000	240	6,000
年度结构（%）	52	N/A	N/A	N/A
存期结构（%）	48	N/A	N/A	N/A
月存款目标（美元）	41.50	41.67	6.67	208.33
平均配款率	2.07∶1	2∶1	1∶1	7∶1
自动转账的使用（%）				
未使用	94	N/A	N/A	N/A

（续表）

个人发展账户设计的特征	平均值	中值	最低值	最高值
使用	6	N/A	N/A	N/A
等待期（周）	18	24	0	52

通常，时间上限越长，在个人发展账户中攒钱的机会就越大。因此，时间上限越长，参与者攒下一些资产的可能性就越大（这也反映了对优秀实务的指南，即参与者不会因为不定期存款、余额过低或为零而被踢出个人发展账户，Schreiner, Clancy, and Sherraden, 2002）。另外，就攒下的资产而言，在其他情况不变的条件下，时间上限越长，储蓄越多。

原则上，个人发展账户应是永久性的，每个人从出生到死亡都有一个账户。当然，在参与者愿意而且能够进行存款之前，账户可能只是等待时机的到来，它在几年或几十年中的余额很低甚至为零。个人发展账户是"空"的，这一点没有问题。从发展视角来看，当人们做好准备时，应该能够使用个人发展账户。例如，对非穷人退休储蓄的补贴政策是永久性的，允许余额很低或为零；没有人会因为在50岁前没有攒什么东西，而被阻止在个人退休账户或401（k）计划中开户。从这个意义上，就像非穷人不存在是否有资格开设或没有资格开设退休账户或401（k）计划一样，穷人也不存在是否有资格开设个人发展账户这一问题（Sherraden, 1991, p.201）。然而，目前，个人发展账户处于一个"示范"阶段。它们并不是有持续资助的永久性政策。因此，美国梦示范项目有时间上限，部分原因在于，从理论上讲，如果基金没有在截止日期前用完，将归还资助者。

因为在美国梦示范项目中，项目之间、项目内部的时间上限不同，不同的参与者有不同的攒钱机会，因此，本书中对储蓄结果的测量通常控制参与的时长。特别是对主要结果的测量——月个人发展账户净储蓄，是将个人发展账户净储蓄除以注册与时间上限之间的月份数。

（二）总配款上限

总配款上限是对个人发展账户净储蓄的限制，也就是说，可获得配款存款的最大值。参与者可以超出配款上限进行存款，但是对超出部分的取款没有资格获得配款。对于美国梦示范项目参与者来说,平均总配款上限为 1,330 美元(表 3.2),中值是 1,000 美元,最低为 240 美元,最高是 6,000 美元。

美国梦示范项目有两种配款上限的类型:年度配款与存期配款。总体来看,参与者中 52% 为年度配款上限,剩下的 48% 是存期配款上限(表 3.2)。初始项目点的大多数使用年度配款上限,而大多数新独立资产法项目点使用存期配款上限。

年度配款上限对每一参与年度可获得配款的存款进行限制。总配款上限是年度配款上限的总和,例如,假设美国梦示范项目某个参与者的个人发展账户时间上限为两年,年度配款上限为 500 美元。注册后第一个日历年度(calendar months),可以获得配款的存款最多为 500 美元,在第二个日历年度,另外有 500 美元的存款可以获得配款,那么总配款上限是 1,000 美元〔在美国梦示范项目中,有时在一个参与年度(a participation-year)结束前,就已经到了时间上限。在这些情况下,一些项目将年度配款上限按比例分配,而另外一些项目将这种缩短的时间视为一年,允许参与者进行可获得配款的存款〕。

在年度配款上限下,每年年底,未使用的配款资格便被取消,这有些类似于个人退休账户与 401(k)计划,即每年未使用的缴费额度(contribution room)被取消。例如,如果美国梦示范项目中某人的时间上限为两年,年度配款上限为 500 美元,如果在第一年存款 200 美元,第二年存 900 美元,那么第一年有 200 美元能得到配款,而第二年中有 500 美元可以获得配款。第一年里未被使用的 300 美元配款资格将永远失去了。

然而,美国梦示范项目中超出年度配款上限的余额,在下一年中可获得配款。例如,如果某人的时间上限为两年,年度配额上限为 500 美元,第一年存款 900 美元,第二年存款 200 美元,那么在第一年中没有获得配款的 400 美元,在第二年中第一天就变成可以获得配款(如果仍然留在个人发展账户中的话),而第二年中存的 200 美元中只有 100 美元能获得配款。

在**存期配款上限**下,美国梦示范项目时间上限之前进行的所有存款都能得到总配款上限之内的配款。也就是说,总配款上限等于存期配款上限。例如，如果某人的时间上限为两年，存期配额上限为1,000美元，在第一年存款200美元，第二年存900美元，那么，1,000美元将会得到配款。在美国梦示范项目中，48%的参与者是存期配款上限。有少数项目制定一些规则，意欲阻止在时间上限之前最后时刻进行大量存款，但这些规划如何实施，是否实施尚不得知。

从理论上讲，配款上限结构的类型（不管是年度的还是存期的），对攒钱有两种相反的作用。第一，在年度配款上限下，周期性循环截止日期能够防止拖延，因此有助于推动攒钱。在存期配款上限下，参与者可能认为他们能"等到下一年"，其风险是当下一年时，他们还是认为如此。从短期来看，攒钱要求牺牲，因此周期性循环的截止日期能够促使参与者在仍然具有机会时能咬紧牙关。

第二，周期性循环截止日期的存在能够阻止一次性支付大额存款。例如，通常，穷人大多数收入集中来自于税收退款或所挣收入税收抵免。这些通过大额的一次性支付而实现的攒钱要更容易一些，因为参与者能够在当前立刻"消费狂欢"，同时仍能留出一些来攒钱（Shefrin and Thaler, 1988）。然而，如果一次性支付超出了年度配款上限，那么与存期配款上限相比，年度配款上限可能降低可获得配款的存款，因为到下一年时，超出的存款可能又重新被以无配款取款形式取出。而且，存期配款上限提供了许多"再来一次的机会"。毕竟，存期配款上限的参与者在最终截止日期之前不会丧失任何配款资格，但年度配款上限的参与者可能每年失去配款资格。考虑到穷人收入与支出流要么是集中一次性的，要么是涓涓细流的（lump or trickle），"再来一次的机会"有很大的价值。

米利根（Milligan, 2003）讨论了配款上限类型（年度与存期）的效应。美国的个人退休账户与401（k）计划使用年度配款上限，每年都有一些未使用的资格丧失，而加拿大的登记退休储蓄计划与英国的个人退休年金允许未使用资格转到下一年度，相当于存期配款上限。米利根的模型从制度与心理效应中抽象而来，预测存期配款上限在早期倾向于减少储蓄但在后期会增加储蓄，因此总存期内的储蓄增加。然而，米利根承认，年度配款上限防止拖延的效应能够超过存期配款上限的这一理论优势。

美国梦示范项目同时使用年度与存期配款上限,因此这两种相反效应的优势可以得到检验(见第六章)。然而,不管这一检验结果如何,似乎美国任何一项大规模的、永久性个人发展账户政策都是年度配款上限,主要有四个原因:第一,年度配款上限更简单。人们能够掌握,并且更容易管理。简易性是对穷人金融项目的一个优点,同样对非穷人亦是如此(Sherraden,1991)。第二,对非穷人的个人退休账户与401(k)计划采用年度缴费限制,以穷人为目标的个人发展账户政策要想独树一帜也是困难的。第三,年度配款上限结构分摊了财政成本。存期配款上限结构下,当人们担心由于政策被取消或参与者过早去世等导致以后不能使用这些配款时,急于存进大额款项并很快进行有配款取款,很可能在项目第一年便要支出大部分配款。第四,存期结构可以更容易地来重组资产;在参与者准备好买房、上大学或启动小企业之前,他们可以在个人发展账户之外攒钱(保持储蓄的流动性以备不时之需)。接着,他们可能会迅速将现有资产转移到个人发展账户中以获得配款,个人发展账户并没有增加收入与消费之间差额,在这个意义上,也意味着并没有增加"新储蓄",这与没有个人发展账户时几乎差不多。

(三)月存款目标

月存款目标是总配款上限除以注册与时间上限之间的月份数。每月按照既定目标存款而不进行无配款取款的参与者在时间上限前的最后一个月,所积累的个人发展账户净储蓄等于总配款上限。在美国梦示范项目中,平均月存款目标是41.50美元(表3.2),中值是41.67美元(相当于年度配款上限为500美元),最低是6.67美元,最高是208.33美元。

虽然,配款上限是对可获得配款存款的一个技术性限制,但是参与者可以从心理上将其转变为一个目的或目标(Choi, Laibson, and Madrian, 2004; Bernheim, 1998; Sherraden, 1991)。实际上,美国梦示范项目中大多数项目将配款上限的数额做为目标,一些项目明确要求参与者每月都努力达到这一目标。如果参与者确实能将配款上限转变成一个存款目标,那么配款上限越高(由此月存款目标越高),储蓄水平越高。第六章证明了美国梦示范项目中这一制度效应。

米利根（Milligan, 2003, p.278）检验了他称之为"经验法则"（rule of thumb）的行为假设，即人们为自己设立一个目标以攒到配款上限（相当于这里所说的月存款目标）的某一固定比例（可能是100%）。也就是说，米利根检验了储户是否将限制转化为目标。在控制了对预期储蓄自配款上限的删失（censoring）之后，加拿大登记退休储蓄项目的配款上限每增加1美元，储蓄便会增加50美分。这是一个非常大的制度/心理效应。很明显，这一加拿大项目中的储户将限制转化成目标，或许他们认为这一限制是由那些比他们更了解存多少钱明智的人经过深思熟虑之后才提出来的（Thaler and Sunstein, 2003）。

（四）配款率

配款率是指个人发展项目为有配款取款中的每一美元向卖方支付的钱数。美国梦示范项目中平均（以及中值）配款率约是2∶1，最低是1∶1，最高是7∶1（表3.2）。在美国梦示范项目中，有时在同一项目的参与者中，配款率也会不同。而且，某一特定参与者获得的配款率会在以下情况中有所不同，如项目为不同的配款用途提供不同的配款率以及参与者为这些不同的用途而进行有配款取款。

配款率越高，攒钱压力增加，因为它们增加了既定储蓄水平下的回报。在经济理论中，这被称为**替代效应**（substitution effect），因为配款率越高，使参与者替代资源的其他用途而将资源存入个人发展账户（Smyth, 1993；Deaton, 1992b；King, 1985）。

然而，配款率越高，同样也可能通过所谓的**固定目标效应**（fixed-goal effect）导致储蓄降低。例如，假设一个参与者因为要为住房支付1,500美元的首付款（downpayment）而开一个个人发展账户。如果配款率是1∶1，参与者必须存750美元以获得1,500美元的首付。然而，如果配款率是2∶1，那么参与者只需存500美元就能积累1,500美元。当然，一些参与者在2∶1的配款率下可能选择存750美元（或更多），以得到更大额的首付款并更好地利用配款，但是其他人可能宁愿只存500美元的最小值，而将在配款率为1∶1的情况下必须攒的250美元消费掉。

经济理论也描述了一种**收入效应**（income effect），即配款率越高，储蓄越低。然而，当目标并不是一个特定的购买物而只是一个消费水平时,收入效应就成了固定目标效应,因此这里不需要再进行额外讨论。

美国梦示范项目中的配款率在不同的项目之间以及项目内部都有很大差异,因此,要检验增加储蓄的替代效应是否比减少储蓄的固定目标效应更强一些(第六章),这一点是有可能做到的。

(五)理财教育

除了配款之外,个人发展账户的一个主要特征是必须接受理财教育。在美国梦示范项目中,一般理财教育的目标是增加将攒钱视为明智选择的意识、增加如何攒钱的知识(使收入超出消费的技术)以及强化未来取向。此外,特定资产理财教育旨在帮助参与者为复杂资产购买(如买房)或者房主与小企业主所必需的持续维护与资产管理进行准备。

一般理财教育课程的主题包括如何做预算以及如何管理资金。一些练习试图表明习惯上的一些小变化(如上班带盒饭而不是买午饭)能够随时间的推移而不断累积到大的变化。一般理财教育课程也教授心理与行为策略以帮助参与者寻找可以用来攒钱的资源、将已攒下的资源存到个人发展账户中以及不动用个人发展账户中的资源。其他一般理财教育的主题包括信用修复、借钱与借贷管理、复利与个人理财规划等。

美国梦示范项目中的特定资产教育主要涉及有配款取款所产生的资产购买与管理。例如,为买房所进行的特定资产教育通常包括与项目工作人员一对一的专业咨询,确保参与者能够证明足够的信用度以获得抵押贷款资格,以及有充分的未来收入潜力以在贷款期间每月偿还抵押贷款。

在经济理论中,**经济人**已经知晓一切,因此没有必要接受理财教育。然而在现实世界中,许多人在考虑自己的财务状况时需要帮助。毕竟,财务管理需大量数学知识而且是抽象的,攒钱的代价是当前能感受到的,而攒钱的回报只有在未来才能看到。因此,大多数证据表明,即使是非穷人,当他们接受理财教育时(Bernheim, Garrett, and Maki, 2001;Bayer, Bernheim, and Scholz, 1996)、当他们知道有助于控制支出的技巧时(Bird, Hagstrom, and Wild, 1997)以及当他们拥有更强的未来取向时(Americks, Caplin, and Leahy, 2002;

Lusardi，2001），能够攒更多的钱，这一事实并不令人惊奇。不管其是否正确，要求将理财教育作为个人发展账户的一部分反映了这样一个观念，即穷人缺少资产至少在一定程度上是因为他们不知道如何攒钱与积累资产，或者为了他们自身的利益过于目光短浅。

不管回报是什么，毫无疑问的是，理财教育对参与者和项目而言成本都很高。像所有其他人一样，穷人缺少时间，因此如果潜在参与者将所要求的课程认为是为了获得配款资格必须参加的、但是没有任何用处的束缚，那么他们可能选择不花费时间与精力来开户。而且，理财教育是劳动力极其密集的一种活动，因此对个人发展账户项目来说是非常昂贵的。通过检验理财教育与储蓄结果之间的联系，随后章节中的经验性资料将讨论必须接受的理财教育，以及其回报是否值得所付出的成本。

（六）等待期

等待期是在注册与第一次有配款取款之间必须经过的一段时间（以周为单位）。等待期的目的在于弱化将现有资产重组到个人发展账户而没有进行任何新储蓄的动机，即相对于没有个人发展账户的情况下，并没有增加收入与消费之间的差额。美国梦示范项目14个项目里有9个项目要求等待期，平均为18.1周（表3.2），中值为24周（约6个月），最低0周，最高为52周（1年）。这些数据很可能不完全准确，因为一些项目在启动后并没有制定有关等待期的规则，并且等待期的实施也不稳定。

（七）自动转账

在美国梦示范项目中，6%的参与者指出他们已经为个人发展账户设置了自动转账（表3.2）。美国梦示范中的一些项目尤其提倡使用自动转账。但是数据并未揭示哪些参与者可能使用自动转账，也就是说，在那些有机会获得此项服务的参与者中，哪些人对此有充分了解并希望使用这一服务。可能所有参与者都有机会，因为储蓄机构通常欢迎将钱通过自动转账存入他们的账户中。如果参与者从另外一个银行账户中设置了向他们的个人发展账户进行自动转账，至少有六个理由可以预期他们攒更多的钱。

第一，自动转账减少了亲自将钱存入个人发展账户而反复产生的交通成本。有了自动转账，参与者不需要每月都去银行，尤其对于小额存款来说，花费在开车（或走路、乘公交车）到银行分行或自动取款机的时间价值很容易超出存款本身的价值（Adams，1995）。

第二，自动转账不需要再记住何时应存款。与传统经济理论不同，人们有时确实会忘事。记住某些事情需要较大成本，因为要花费精力。如果消除这种成本，就更有可能进行定期存款。以 401（k）计划为例（可能是美国最大的单一类型个人金融储蓄），几乎所有的存款是通过自动转账来实现的。在这一意义上，401（k）计划的结构利用自动转账来为参与者攒钱。

第三，自动转账不需要反复进行攒钱抉择（Beverly，McBride，and Schreiner，2003；Beverly and Sherraden，1999；Bernheim，1997；Caskey，1997；Thaler，1990）。即使当人们想起应该考虑攒钱的事情，他们仍然可能选择消费。自动转账可以作为预先承诺机制（pre-commitment device），在具有深谋远虑的清醒时刻，参与者能利用自动转账将其与未来储蓄动机变弱或储蓄的短期代价变高等情况联系在一起。总之，自动转账降低了攒钱决策的成本，增加了无法抵制消费诱惑的成本。

第四，自动转账可以帮助人们从心理上为攒钱赋予意义、"优先支付自己"或者将月存款认为"只是另一张账单"（Sherraden et al.，2003a）。如果将攒钱作为不可避免的一种结果，将会减少攒钱的心理成本，因此也克制了消费诱惑。

第五，自动转账可以帮助人们将攒钱形成一种习惯。通常，美国的个人发展账户较少强调帮助穷人形成攒钱习惯，更多强调将穷人包含进支持与鼓励资产积累的公共政策结构中。因此，美国的个人发展账户对可获得配款的存款没有做出月度限制，如强制要求参与者将大额的一次性支付的存款分散到几个月当中。相反，英国类似于个人发展账户的储蓄通道，其主要目标是反复为穷人灌输一种储蓄习惯（Kempson，McKay，and Collard，2003）。这些英国的"个人发展账户"对可获得配款的存款进行了月度限制，虽然做出攒钱的决定需要很高的成本，但是一旦做出决定后就能够减少第二次决策时的心理成本（Becker，1995）。此外，如果参与者认为攒钱是一件明智而可靠的事情，那么，打破习惯，即终止攒钱，可能会引起失望与内疚（Sherraden, et al., 2003a）。因此，自动转账更可能形成攒钱习惯，因为它减少了攒钱的心理成本，增加了在不攒钱时的心理成本。参与者不再需要"想起来"接着做出"选择"，而仅仅遵循一条由先前选择已经制定清晰的"明智"道路。在攒钱因为低收入及/或高支出而要求更大牺牲时，习惯尤其重要。

第六，即使自动转账没有增加（或形成更定期的）储蓄，它的使用可能与其他确实导致储蓄增加的未观察到的因素相关。例如，自动转账的使用要求参与者除个人发展账户之外，拥有一个银行存折账户或一个支票账户（参与者也可安排其雇主将他们的工资直接存到他们的个人发展账户中，但是这并不常见。由于参与者的工资要支付每月的生活支出，这可能引起经常性的、大量的无配款取款）。许多穷人没有银行账户（unbanked）（包括约19%的美国梦示范项目参与者），因此不能想当然地认为拥有银行存折账户或支票账户的参与者，必然会使用自动转账（Caskey, 2002；Dunham, 2000；Hogarth and Lee, 2000；Hogarth and O'Donnell, 1999）。与没有储蓄账户的穷人相比，拥有储蓄账户的穷人更可能具有一些没有观察到的特征（如往往更有计划性或比较节俭），能导致在个人发展账户中的储蓄更高。因此，即使自动转账本身并不能增加储蓄，但是可以作为其他确实增加储蓄的难以量化的因素的代理因素。自动转账尤其要求参与者确保资金来源账户在每个月的特定时间有足够余额。相对于非穷人，强制性的、有实际意义的管理对穷人更为重要，因为他们的余额往往很低，这意味着，要避免"自动转账被拒付"（bounced automatic transfers）与随之而来的尴尬以及可能的罚款，需要更经常进行细致管理。

自动转账来源账户中存在的"透支"风险可能使自动转账降低了个人发展账户中的储蓄（Schreiner, Clancy, and Sherraden, 2002）。也就是说，那些设置了自动转账的参与者可能每月只转少量款项，以减少陷入资金短缺的风险。

同样，参与者保持资金流动性（在心理上）的想法或许也意味着，自动转账降低了个人发展账户净储蓄。为了对他们的存款保留持续的控制，一些参与者可能选择设置较小数额的自动转账。由此，他们手头上有比所需更多的现金,而且如果他们最后有"额外"现金的话,他们也仍能够进行非自动存款。

最后,一些参与者可能更喜欢亲手将现金送到银行,因为这有助于他们在情绪上"感受到"他们正积极攒钱并向目标迈进(Kempson, McKay, and Collard, 2003)。

(八)对无配款取款的处罚

美国梦示范项目的 14 个项目中,有九个项目规定了对无配款取款进行处罚的规则(Schreiner et al., 2001)。然而,除了三个项目以及独立资产法所有地点的项目(这些项目中,个人发展账户由项目和参与者共同所有,而且无配款取款要求项目签字),处罚措施并不明确。而且,在实践中很可能的情况是,任何"正式"的处罚并未持续实施或者根本未实施,即使是在共同所有账户的情况下也是如此。最为可能的是,对于无配款取款唯一的"处罚"是参与者因为未能达到目的或目标而感到的失望,或者在不得不请求项目工作人员签字时、项目工作人员在账户结算表中发现无配款取款而打电话了解事情进展等情况下,参与者不得不说明此事时会感到烦恼或尴尬。

当然,所有的个人发展项目对无配款取款都实施了一项储蓄的处罚,即不提供配款。失去潜在的配款尽管仍然无法限制参与者动用自己资金的机会,但是看起来像是一种延缓进行无配款取款的合理方式。

与传统的个人退休账户或 401(k)计划不同,个人发展账户存款并不是减税的,个人发展账户的利息也不会获得免税。而且,当参与者进行无配款取款时并不会得到配款。最终,以无配款取款形式取出的个人发展账户储蓄得不到补贴,因此,没有必要进行正式的处罚。

理论上,增加进行无配款取款的金融或心理成本能够鼓励或抑制个人发展账户中的储蓄。一方面,穷人的收入与开支经常性地并且难以预料地发生波动。由于应对危机的可能性较高,穷人很注重能够进行无配款取款的能力。实际上,在非工业化国家中,为穷人提供储蓄服务的专家建议,在安全性之后,穷人对储蓄工具最期望的特征就是能够进行快速、低成本取款的能力(Robinson, 2001 and 1994; Rutherford, 2000; Adams, 1978)。在这一意义上,对无配款取款进行处罚,可能从一开始便会阻止穷人参与者进行存款。如果潜在储户担心取款会有困难，并且如果他们认为自己可能需要这样的取款以应对紧急情况，那么他们从一开始就会谨慎行事而不存款。在 401（k）计划的有补贴储蓄中，通过贷款转移存款的能力似乎增加了存款水平（General Accounting Office, 1997；Holden and VanDerhei, 2001），因为参与者如果感到有把握在急需时取出钱的话，他们更愿意将资金投入。

另一方面，穷人储户（就像非穷人储户一样）通常希望将他们的资产放到他们所能接触到的范围之外（Maital, 1986）。当他们能平静地进行理性认识时，可能意识到攒钱与资产积累符合他们长期的最佳利益。同时，在不太理性时，他们意识到攒钱所需进行牺牲的短期成本可能使他们看不到攒钱的回报，或者会削弱不动用个人发展账户余额的决心（Frederick, Loewenstein, and O'Donoghue, 2002；Angeletos, et al., 2001；Maital and Maital, 1994）。在这个意义上，"杰基尔博士"型储户更愿意个人发展账户在进行无配款取款时有一些适度的短期成本，因为它将有助于限制"海德先生"型消费者进行无配款取款的能力。①

根据贝弗利、麦克布赖德与施赖纳（Beverly, McBride and Schreiner, 2003）的研究，资产积累包括三个阶段：使收入超过消费（攒钱）、将攒下的资源从流动转化到非流动形式（存钱）以及之后抵制动用储蓄与消费资产的诱惑（持有）。在某些方面，最后一个阶段是最困难的阶段，因为它提出了一个始终存在的挑战。毕竟，使收入超过消费可能花一个月的时间，在个人发展账户中存上已攒下的资源可能需要一个小时，但是要维持个人发展账户中的资产需要反复的努力。

非穷人享有进入到诸多有助于攒钱与存款阶段的"承诺机制"（Beverly, McBride, and Schreiner, 2003）。个人发展账户同样能为穷

---

① 注："杰基尔博士"与"海德先生"是史蒂文生《化身博士》一书中的人物。杰基尔博士是个聪明而善良的人，他发明了一种化学试剂能把人分裂成两个截然不同的人：一个是伸张正义，救济穷人；另一个则是到处惹是生非，作恶多端。在很长一段时间内，杰基尔以两种身份存在。但渐渐地，他发现他的邪恶一面占了上风，以至于他有时控制不了自己的行为，最后他为此发明付出了沉重的代价：他为了心灵忏悔而服毒自杀了。——译注

人达到这一目的。但是有助于"持有"阶段的机制如何呢？如前所述，非穷人比穷人更容易获得这种支持性制度。例如，这些制度有：对从存单的提前取款进行大额罚款、人力资本与住房套现的困难性以及对个人退休账户或401（k）计划中在退休前提取的现金征收10%的罚款（及收入税）。穷人欢迎在"持有"阶段有同样的支持。个人发展账户无配款取款的适度成本与"自由主义家长制"精神很好地吻合（Thaler and Sunstein，2003）；只要能降低做出伤害长远福祉的短期选择的风险，人们通常愿意接受那些限制他们选择的安排。事实上，莫尔等人（Moore，et. al.，2001）与肯普森、麦凯及科勒德（Kempson，McKay and Collard，2003）在报告中指出，一些（但并非全部）美国梦示范项目参与者，赞成对无配款取款的非正式限制。

不断发生的紧急情况仍然是穷人生活中的事实，因此个人发展账户可能造成伤害的极少数方式之一，是使穷人无法直接接触到其资产。因此，对无配款取款的处罚（除了无法得到配款）应该严格保持非正式性。成本应该是心理上的，主要是由于未能满足期望或目标而引起的失望以及不得不向个人发展账户工作人员解释无配款取款原因时的烦恼。在比较极端的情况下，个人发展账户项目可以"要求"在无配款取款前得到项目工作人员的签字同意。即使这种"要求"永远不会实施并且总能获得签字同意，遵循这一仪式将会提供一个"冷静"期，而且同样将强迫参与者讨论他们的选择。通过这种方式，穷人能够相对容易地但不是过于容易地进行无配款取款。

最终，当设计"丝织手铐"来帮助参与者在保持储蓄流动性的同时而致力于完成攒钱计划时，政策必须保持微妙的平衡（Ashraf et al.，2003；Benartzi and Thaler，2004）。

（九）对个人发展账户设计特征所进行测量的说明

当关于制度特征与储蓄结果的数据非常清晰时，对二者之间关系的检验最具说服力。通常美国梦示范中个人账户发展项目工作人员在报告中提到的设计特征是适当而精确的，它们同时反映出在注册时传递给参与者的规则以及实际实施的规则。遗憾的是，这些数据也揭示出，参与者没有总是很好地理解规则，而且工作人员也没有持续地实施规则。规则的复杂性、工作人员经常性的交接以及软件的局限性都可能导致这种情况的发生。而且，数据中的规则可能与实地中的规则并不一致，因为一些项目直到启动后很长时间才仔细考虑个人发展账户设计的一些特征（如有配款取款的时间上限或等待期等），也可能因为项目在中途改变了个人发展账户结构而在个人发展账户的管理信息系统中并未记录这一变化。因此，美国梦示范项目中个人发展账户制度特征的资料是不完美的，但是真正的问题尚不可知。虽然这弱化了其他描述制度特征与储蓄结果之间关系的章节中所得结论的价值，但并不会使它们一无是处。虽然很少被意识到，但是这些类别的数据问题可能存在于所有大规模的示范项目中，这些示范项目往往由不同组织运行一个项目并且数据由项目工作人员自己记录。

使问题更糟的是（从研究角度来看），美国梦示范项目的管理者鼓励项目工作人员随着示范的发展，根据工作人员对有效或无效设计的认识与经验，来修改个人发展账户规则。当然，这一做法旨在产生更有效的设计，并为美国梦示范项目中个人发展账户参与者带来更大的发展与更高福祉。而且，它促进了对项目设计效应的质性研究，因为通过与参与者及项目工作人员的讨论，设计的改变与结果的改变之间便产生了质性关系。遗憾的是，这些设计改变在美国梦示范项目数据中并没有记录，这使量化研究更为困难。

此外，根据结果不断改变的规则导致了双向因果关系的可能：在美国梦示范项目中不仅规则可能影响结果，而且结果也可能影响规则。显然，这破坏了研究对结果与制度设计特征二者之间关系所做出解释的效果。

基于操作的原因，企业发展公司中美国梦示范项目的管理者并没有随机为参与者分配设计属性，也没有（随机或非随机地）为项目分配设计属性。相反，每一个个人发展账户项目都提出自己的规则与账户设计。在一些情况下，项目不仅针对美国梦示范项目启动后观察到的结果（如之前所讨论的）做出回应，而且针对预期目标群体成员对结果的**预期**做出回应，由此发展出制度结构。即使规则在实际结果被观察到之前便已确立，预期结果也可能已经影响规则。这种可能的双向因果关系使对结果与制度设计相关性的评估产生误差。

例如，假设项目要使不同群体间的资产积累均等。要实现这一目标，他们可能对那些他们认为能攒更多钱的群体（不考虑配款率的情况下）设定较低的配款率，并且对认为攒钱更少的群体设定较高的配款率。即使这些预期只是部分正确，那么在其他条件不变的情况下，配款率越高储蓄越多，而在这里配款率越高，看起来导致储蓄降低（或者根本没有关系）。谢若登等人（Sherraden, et al., 2000）认为这可能已在美国梦示范项目中发生，并且可以解释为什么配款率越高，而月个人发展账户净储蓄水平却越低。

（十）对时间框架的说明

对政策来说，重要的一个研究问题是如果穷人进入个人发展账户的机会具有永久性，那么他们如何攒钱。然而，美国梦示范项目有时间限制，因此它的数据不能解决这一问题。

只有当参与者持有个人发展账户时，美国梦示范项目才记录储蓄结果，数据并不包括在示范项目启动后、参与者在个人发展账户开户之前的非个人发展账户储蓄，也不包括个人发展账户销户后的非个人发展账户储蓄。出于一些政策目的，了解具备资格期间的所有结果会有很大帮助。例如，应包括注册时间的选择、攒钱中断与重新开始的时间选择以及进行有配款或无配款取款的时间选择等所产生的影响。

遗憾的是，既定参与者的数据只包括在2001年12月31日之前开户的这段时间（或者，在社区行动计划大规模项目中，在2003年10月31日之前的时间）。这涵盖了大部分（但并非全部）能进行可获得配款存款的月份，并涵盖了一些（但非全部）可以进行有配款取款的月份。如果美国梦示范项目能在更长时间框架下收集资料，那么有配款取款(以及无配款取款)将比本书中指出的数字要高。从这一意义上，取款结果某种程度上是不完整的，报告中个人发展账户净储蓄的数据在某种程度上是被夸大了。

最后，本书只能解决那些与美国梦示范项目设计相似且处于发展周期阶段相似的项目有关的问题。此外，这些局限性是政策示范中常见的问题。

六、来自于个人发展账户管理信息系统的数据

美国梦示范项目研究所使用的数据主要由个人发展账户项目工作人员利用管理信息系统收集。个人发展账户管理信息系统的目的除了为研究收集数据之外，也帮助项目管理个人发展账户的统筹工作，如跟踪参与者个人发展账户余额以及管理有配款取款。

美国梦示范项目工作人员利用管理信息系统记录五类数据：（1）项目启动期个人发展账户的设计特征；（2）参与者注册时的社会经济特征；（3）每月月底，存款机构结算表中的现金流数据；（4）每月月底，项目投入与开支；（5）断断续续地记录一些如课程出勤及销户等事件。

个人发展账户管理信息系统提供了管理工具，如账户结算表、邮件以及行政报告等。它同样形成了一个关于项目特征、参与者特征以及注册、存款与取款的综合性数据库。而且，利用管理信息系统，个人发展账户项目能够追踪项目自身的表现。当然，最终形成的数据库也为外部研究提供了方便。

在实际运行中，管理信息系统对个人发展账户项目来说是非常宝贵的；如果没有它，美国梦示范项目甚至全美国目前运行的几百个个人发展账户项目可能永远只停留在设想阶段。与一些社会服务项目不同，个人发展账户要求清晰、准确的财务会计；对作为政策建议的个人发展账户而言，没有什么比造成储蓄丢失、违约和预期落空等管理错误所引起的不信任更糟糕的事情了。好的软件所产生的效果截然不同。

在向美国梦示范项目评估顾问委员进行咨询时，社会发展中心在1995年提出需要一个个人发展账户管理信息系统。一些研究者具有追踪示范性项目计划的经验，他们建议，美国梦示范项目不能想当然地认为项目自身便能追踪那些最基本的关于结果、项目特征以及参与者特征等基本信息。因此，在1996年成立了一个全国性的小组来找出应该搜集的数据种类。最终，社会发展中心设计并编写了个人发展账户管理信息系统软件包，并从那时开始推广和支持（Johnson, Hinterlong, and Sherraden, 2001; Hinterlong and Johnson, 2000）。个人发展账户管理信息系统4.0版本中关于项目特征、参与者特征、个人发展账户设计以及月度现金流等统计领域，见表3.3、表3.4以及表3.5。

表 3.3 个人发展账户管理信息系统的项目特征

项目特征：
主办组织年限
金融机构类型
合作资助组织：
    组织类型
    允许的配款基金用途
    合作关系起止日期
    捐款数量与类型
账户结构：
    账户结算表的频次
    取款要求的签名数
    对无配款取款的处罚
    可获得配款的用途
    等待期
投入与成本：
    市场营销活动类型
    工资支出（包括附加福利）
    非工资支出（顾问、租赁、设备、公用事业费、日常用品、差旅，其他）
    个人发展账户项目中付薪职员工作时数
    个人发展账户项目中志愿职员工作时数
    为参与者提供个人发展账户服务的合作组织职员工作时数
理财教育：
    提供的一般理财教育时数
    要求的一般理财教育时数
    要求的特定资产教育时数

表 3.4 个人发展账户管理信息系统的参与者特征

身份证明：
    社会保障号
    姓名与住址
    亲属的姓名与住址
    与主办组织之前的关系
    合作组织的转介
参与状况：
    注册日期
    退出日期
    退出理由
人口统计数据：
    性别
    出生日期
    婚姻状况
    家庭（住户）中的成人
    家庭（住户）中的儿童
    种族/民族

　　　　教育状况
　　　　就业状况
　　　　城市/农村居住地
　　注册时的月总收入
　　　　工资
　　　　政府补贴
　　　　养老金
　　　　投资
　　　　自雇
　　　　子女抚养费
　　　　赠予
　　　　其他
66　领取公共救助情况：
　　　　之前领取有需要家庭临时救助（TANF）或未成年儿童家庭补助（AFDC）
　　　　当前领取有需要家庭临时救助（TANF）
　　　　当前领取食品券
　　　　当前领取补充保障收入或社会保障残疾保险（SSI/SSDI）
　　资产：
　　　　银行存折储蓄账户
　　　　支票账户
　　　　住房
　　　　汽车
　　　　小企业
　　　　土地或房产
　　　　投资
　　借贷：
　　　　住房
　　　　汽车
　　　　商业
　　　　土地或房产
　　　　家庭或朋友
　　　　拖欠的家庭（住户）账单
　　　　拖欠的医疗账单
　　　　信用卡
　　　　学生贷款
　　保险：
　　　　健康
　　　　人寿
　　理财教育：
　　　　参加一般理财教育的时数
　　　　参加特定资产教育的类型
　　　　参加特定资产教育的时数

67　　　　表 3.5　个人发展账户管理信息系统的账户设计与现金流数据
　　个人发展账户设计：
　　　　账号

金融机构
　　开户日期
　　销户日期
　　自动转账的使用
　　年度／存期配款上限
　　总配款上限
　　配款率
　　时间上限
月存款与取款：
　　起始余额
　　存款数额
　　存款次数
　　取款数额
　　取款次数
　　利息数额
　　服务费用数额
　　最终余额
有配款取款：
　　取款日期
　　取款数额
　　配款数额
　　取款用途
　　卖方姓名与地址

数据质量

　　个人发展账户管理信息系统收集到的美国梦示范项目现金流数据以有补贴储蓄项目中穷人的高频次储蓄结果为基础，可能是最好的资料（而且可能是唯一的）。现金流数据是准确、完整的，因为它们直接来源于存款机构的记录并且满足会计恒等式（accounting identities）。现金流数据是本书大部分经验分析的核心。

　　美国梦示范项目其他数据，即不是由账户结算表直接得到的数据不是很清晰。社会科学很多经验研究有一些肮脏的小秘密，即数据的质量通常很低，有时问题很简单，仅仅是"瑕疵"，即在反馈或记录中的随机误差。更具有危害性的是，不同的项目在界定和记录一些统计领域时相互冲突，而且有一些统计领域缺省值很多（可能对于美国梦示范项目来说这个问题更重要，因为是由非研究者在多个项目中收集数据）。

　　个人发展账户项目中的工作人员并非全职研究者，而且尽管他们一直致力于为美国梦示范项目总体研究提供正确数据与强力支持，但是不同项目之间与不同类型数据之间的质量存在差异。大多数时间恒定的人口统计学变量，如性别与出生日期是正确的。然而在美国梦示范项目启动后，个人发展账户管理信息系统加入一些问题（如，参与者是否有医疗保险或人寿保险）。项目重新询问大部分参与者这些新的问题，但他们不可能获得其在注册时的状况。即使有些回顾性的问题，参与者也很难记起注册时的一些情况。因此，那些项目启动后被加入个人发展账户管理信息系统的问题，早期注册者的相关数据有时会被遗漏。对那些在管理信息系统新问题出现之前便已经销户的前参与者来说，也很难再询问这些新问题。

像所有的调查研究一样，关于收入、资产与借贷等数据的测量存在误差。首先，参与者通常不会知道这些值，尤其对于一些非金融资产，如住房或汽车。非正式收入是重要的，而且往往被低报（underreported）（Edgcomb and Armington, 2003；Losby, Kingslow, and Else, 2003；Edin and Lein, 1997）。其次，总收入、资产总值与借贷总值的计算是将多个子项加总，这使测量误差更为严重（Deaton, 1997）。同样，如果一个子项缺失，那么其影响会扩散，也会使总和缺失。除此之外，个人发展账户管理信息系统询问家庭（住户）层面的收入，但是询问个体层面的资产。参与者如何申报与其他家庭（住户）成员共同拥有的资产（或借贷）（如住房）也不得而知，虽然看起来多数人在回答时仿佛他们是唯一所有者或唯一借贷人。当然，美国梦示范项目的资格是经过财产审查的，因此一些参与者可能低估了他们的收入或资产值，认为这会增加他们被项目接纳的机会。

个人发展账户管理信息系统中的大多数数据是定期录入的。例如，每月都会收到现金流数据以及在注册时录入参与者特征。然而，一些数据只是在触发事件发生时才不定期地录入，这就有可能产生误差或遗漏。例如，项目必须持续录入账户结算表中得到的数据，这样他们才能向参与者发放他们自己的结算表，而且项目也能够计算配款。然而，参与者参加的理财教育时数没有直接的项目目的，因此，通常不会得到密切的关注。而且，关于理财教育课程出勤的数据也是不定期产生的。遗憾的是，当数据未被录入到管理信息系统时，通常没有一种方式能对它们进行追踪。

对主办组织在个人发展账户服务中投入与成本数据的测量，也有许多误差。美国梦示范项目中大多数个人发展账户项目在其主办组织内部并不是独立成本中心，因此，工作人员很可能认为压缩成本并将其分配到个人发展账户项目，是一件额外的但是几乎没有什么回报的工作。同时，几乎没有主办组织精确地追踪由中介组织、志愿者以及合作组织的雇员在个人发展项目投入的时间。对这些数据的交叉检验即使是可能的，也是非常困难的。此外，美国梦示范项目有两个个人发展账户项目是合作运行的，其会员组织提供实际的个人发展账户服务，因为合作方没有实际可行的方式来追踪所有成员组织产生的成本，所以他们关于投入与成本的数据被设定为缺省值。总之，个人发展账户管理信息系统中的成本数据很不可靠，以至于在 2000 年 6 月 30 日之后研究者不再收集这一项。

数据质量较低着实令人担忧，因为可能得出不确定或误导性的结果。很少有研究者公开讨论数据质量，部分原因在于：政府政策制定者与其他资助者更愿意看到简洁的答案与明显无可辩驳的、直接切中主题的结果，这些结果已经剥离了一堆需要仔细阅读、需要判断哪点是不具有结论性的证据来源等的说明。这种低质量数据在社会科学中也存在，因为很少有重复研究，不仅因为研究者缺乏重复他人研究的动力，而且因为一些作者不愿意配合，通常会阻挠重复性研究的尝试（McCullough and Vinod, 2003；Dewald, Thursby, and Anderson, 1986）。很多经验性文章，即使是发表在顶尖学术杂志上，只不过是一个"香肠"，生产者与消费者对其烹饪方法与成分似乎更喜欢"不问、不说"的政策。

而且，数据质量比其他一些方面，如统计技术的精密性更为重要（Hand et al., 2000；Pyle, 1999）。对美国梦示范项目的研究尤为关注数据质量。例如，社会发展中心创造了一个补充软件程序，即个人发展账户管理信息系统质量控制软件（MIS IDA QC）作为研究者与个人发展账户项目检查记录数据的合理性与一致性的质量控制工具。研究者与项目工作人员花了几个月的时间来检查个人发展账户管理信息系统质量控制软件的报告，并对数据录入误差、缺省值以及账目不一致性等进行交叉检验。在一些情况下，项目工作人员给参与者打电话或翻找出纸质文档来确认或纠正数据。虽然是冗长而乏味的工作，但这一浩大程序改善了个人账户管理信息系统收集到的数据质量，由此产生了更符合理论、更能达到统计显著性水平的经验结果。仍有一些类型的误差无法追踪或进行交叉检验，因此本书（以及Schreiner，2002b）记录了已知的或存疑的问题，并且讨论了它们如何影响经验结果的准确度与信度。这些数据问题的存在并不罕见（问题经常会存在，并且经常比美国梦示范项目更严重、结果更坏），但是本研究一直谨慎地明晰这些问题，以为重复研究与解释提供便利，这一点反而是极为少见的。在这一意义上，经验成果的质量要好过一般水平（Schreiner，2002c）。

七、美国梦示范项目中的主办组织与个人发展账户项目设计

本章的最后一部分记录了美国梦示范项目中13个主办组织的特征以及在14个个人发展账户项目中账户设计的要素。

所有的主办组织都在美国梦示范项目之前便已经存在，并且他们都在个人发展账户之外运行其他项目。在美国梦示范项目的第一年，主办组织的平均年限为20年，最短为2年，最长为34年（Schreiner et al., 2001）。许多主办组织在美国梦示范项目之前便已运行个人发展账户，主办组织之前运行个人发展账户项目的平均年限大约为两年。所有的主办组织都是私立的非营利组织，具体的组织类型分布见表3.6。

表3.6 主办方的组织类型

组织类型	主办方数目
社区发展组织	6
社会服务机构	2
银行或信用合作社	2
住房发展组织	2
合作组织	2
资助伙伴类型	

（续表）

资助伙伴类型	项目数
非营利	14
公共	12
营利	9
个人	2

注：美国梦示范中所有项目都有多个资助者。

通过企业发展公司，美国梦示范项目中所有个人发展账户项目从11个私人基金会中获得资金，来自于公共、非营利、营利与/或个人的资金提供了补充（表3.6）。个人发展账户在政策提议中是独特的，因为他们同时邀请公共与私人资助者参与。事实上，在原则上，一旦个人发展账户存在，任何人能为其捐献配款基金（Goldberg and Cohen, 2000），就像任何人都能通过529大学储蓄账户为受益人捐款一样（Clancy, 2003）。

（一）威斯康星州丰迪拉克的社区行动倡导项目(ADVOCAP)

社区行动倡导项目是成立于1966年的一个社区行动机构，其使命是为人群与社区创造机会以减少贫困。2000年，通过在三个郡的农村与小城镇的12个部门，用810万美元的经营收入（operating revenues）支持了180个工作职位与机构服务。该项目提供应急服务（emergency service）以及以资产发展方式为基础的永久性解决方案。其资产发展模式包括企业发展项目（1985年建立）、首次住房所有权项目（1991年建立）与第一批个人发展账户项目。这一先驱性个人发展账户项目于1995年建立，而且在雷瑟（Lazear, 1991）书中有过描述。

该项目运行了4个个人发展账户项目点，其中两个在美国梦示范项目中，一个为初始项目点，另一个为独立资产法规则下的新项目点。该项目个人发展账户定位在收入处于或低于贫困线15%的有工作的穷人和之前接受过贫困家庭临时救助或失依儿童家庭补助（AFDC/TANE）的人群。82名参与者的平均收入为贫困线的127%。

社区行动倡导项目要求参与者在能够进行有配款取款之前接受10

个小时的一般理财教育。虽然也提供特定资产教育，但并不做强制要求。

社区行动倡导项目采用存期配款上限结构，时间上限是24个月，配款上限是1,000美元，配款率是2∶1（在1999年12月31日之后注册的参与者，只有在2001年12月31日之前的存款可获得配款）。因此，最大资产积累是3,000美元。参与者在24个月的时间上限之后，仍有24个月的时间进行有配款取款。可获得配款的用途是买房、高等教育、小企业、房屋维修与职业培训。

（二）纽约伊萨卡替代联邦信用合作社（Alternatives Federal Credit Union）

替代联邦信用合作社成立于1979年，是一个社区发展信用合作社，其使命是为当地社区中小城市与农村地区中的小企业、非营利组织与服务水平低的地方提供一系列的银行服务与金融资源。替代联邦信用合作社强调消费者服务并提供可替代的（alternative）金融期权（financial options），包括灵活抵押、社区贷款合作以及青年信用合作社。

信用合作社与伊萨卡房屋局的家庭自足项目合作，发展和实施个人发展账户项目。它以单亲与年轻人为目标群体，第一个账户于1998年2月开户。在美国梦示范项目的86个参与者平均收入为贫困线的98%。

替代联邦信用合作社要求参与者在能进行有配款取款之前接受10个小时的一般理财教育。为买房（10个小时）与小企业（33个小时）等进行有配款取款也要求接受特定资产教育。

替代联邦信用合作社的配款率为3∶1，年度配款上限为500美元，鼓励参与者每月存款达到月目标额，即62.50美元。替代联邦信用合作社中所有美国梦示范项目参与者的时间上限为2001年12月31日。可获得配款的用途是买房、高等教育、小企业与房屋维修。

（三）加利福尼亚州奥克兰的湾区个人发展账户合作组织（Bay Area IDA Collaborative）（东海湾亚裔地方发展公司，EBALDC）

湾区个人发展账户合作组织包含28个社区组织，共同为旧金山海湾地区绝大部分的低收入群体提供服务。湾区个人发展账户合作组织的主导组织是东海湾亚裔地方发展公司（EBALDC），是一个成立于1975年的社区发展公司，其使命已从服务于亚裔美国人与太平洋岛民社区扩展到在各种低收入人口中建立强大社区。服务包括经济适用房、社区组织与规划以及经济发展。

湾区个人发展账户合作组织运行了4个个人发展账户项目点；美国梦示范项目只包含一个初始项目点和独立资产法规则下的新项目点。这两个项目点主要服务于由合作组织转介来的低收入有色人种。美国梦示范项目涵盖了238个参与者，平均收入为贫困线的112%。

因为湾区个人发展账户合作组织收集的数据来自于多个组织运营的许多小型个人发展账户项目，因此其数据质量受到损害。尤其注意的是，它证明了要从所有合作成员那里收集到关于项目成本与投入的准确数据，几乎是不可能的。即使在美国梦示范项目其他不是由合作组织组成的主办组织中，关于投入与成本的数据也是可疑的，因为这些组织很少追踪这一信息，或者如果他们确实追踪过，他们的计算方式与个人发展账户管理信息系统不同。

湾区个人发展账户合作组织要求参与者在能够进行有配款取款前参加10个小时的一般理财教育。买房（14个小时）与小企业（30个小时）也要求接受特定资产教育。

湾区个人发展账户合作组织提供的配款率为2：1，使用存期配款上限，时间上限为2001年12月31日。计划为高等教育、小企业或职业培训进行有配款取款的参与者，配款上限为600美元（即最大资产积累为1,800美元）。为了适应旧金山湾区住房的高额成本，计划为买房进行有配款取款的参与者，其配款上限为1,920美元（即最大资产积累为5,760美元）。

（四）华盛顿首都地区资产建设社团（CAAB）

首都地区资产建设社团是一个包括11个社区组织的非营利社团，其目标是为哥伦比亚区的弱势街坊提供以资产为基础的经济发展系统。这一合作组织于1997年成立，其使命是通过在本区集中化、系统化地实施个人发展账户来建设能力、创造一种合作的资金筹集策略来使社区组织之间的竞争最小化以及联合力量来推行倡导活动以帮助通过立法支持低收入居民的资产积累。首都地区资产建设社团的成员组织运营了个人发展账户项目并为参与者提供服务。

首都地区资产建设社团运营了两个个人发展账户项目点，一个是初始项目点，另一个是独立资产法规则下的新项目点。这两个项目点服务于城市中的年轻人与成年人，重点是领取贫困家庭临时救助者、非裔美国人、西班牙裔与亚裔美国人。142 个参与者的平均收入为贫困线的 143%。就像在湾区个人发展账户合作组织（美国梦示范项目中另一个合作型组织）一样，首都地区资产建设社团收集的数据来自于不同组织运行的小型个人发展账户项目，因此，数据的质量受损，并且关于成本的数据并不可靠。

首都地区资产建设社团中不同的成员组织对理财教育的要求不同，但是平均要求大约为 20 小时。一些成员组织要求参与者开户之前接受一些一般理财教育，而其他一些成员组织只要求在进行有配款取款之前完成课程。平均而言，首都地区资产建设社团在报告中指出的特定资产理财教育要求为：买房 32 个小时、高等教育 20 个小时、小企业 22 个小时。

根据成员组织与规划用途不同，首都地区资产建设社团提供从 2∶1 到 7∶1 的配款率。不同成员组织间的配款上限也不同，但是所有参与者都是存期配款上限。对大多数参与者来说时间上限是 36 个月，对年轻人的时间上限达到 48 个月。对首都地区资产建设社团整体而言，可获得配款的用途包括买房、高等教育、小企业与职业培训。

（五）得克萨斯州奥斯汀基金会共同体（Foundation Community）

基金会共同体（前身是得克萨斯中部住房互助协会）是一个社区非营利组织，其使命是提供经济适用房以帮助家庭改善他们的生活与追求梦想。成立于 1986 年的基金会共同体已在得克萨斯中部与北部 10 个城市的租赁社区中开发了 1,655 个经济适用房单元。基金会共同体的 27 个员工，已为低收入租户开发了多个居住服务项目，包括课后与暑期年轻人项目、计算机课程和以英语作为第二语言的课程以及个人发展账户项目。同时以英语与西班牙语提供咨询与培训。

在基金会共同体运营的 4 个个人发展账户项目点中，本报告只包含 2 个美国梦示范项目点：一个是初始项目点，另一个是独立资产法规则下的新项目点。125 个美国梦示范项目参与者平均收入为贫困线的 139%。

基金会共同体要求参与者在能够进行有配款取款之前完成 10 小时

的一般理财教育。计划为买房或小企业进行有配款取款的参与者必须接受 12 个小时的特定资产教育。

基金会共同体提供的配款率为 2∶1，年度配款上限为 500 美元，参与者的时间上限是 3 年（一些在 1999 年 12 月注册的参与者，时间上限为两年）。因此，对大多数参与者来说，个人发展账户中资产积累的最大值是 4,500 美元。在 2001 年 12 月 31 日之后的存款将没有资格获得配款。在基金会共同体中，可获得配款的用途是买房、高等教育、小企业与职业培训。

与美国梦示范项目中的其他主办组织不同，基金会共同体允许一个参与者拥有多个个人发展账户。这些额外账户可以在其子女或其他家庭成员的名下。实际上，多个账户增加了个体的年度配款上限。因此，一些参与者的资产积累最大值为 9,000 美元、13,500 美元、18,000 美元或 22,500 美元。本书的分析将单个参与者持有的所有个人发展账户合并到一起，就像它们只是一个单一的账户。

（六）佛蒙特贝尔佛蒙特州中部社区行动委员会公司（CVCAC）

社区行动委员会公司是一个成立于 1965 年的社区行动组织，重点是社区经济发展与发展性家庭服务。每年，该组织的 130 个专职人员为来自于佛蒙特州中北部农村 56 个小镇的经济弱势家庭中约 6,000 人提供倡导与项目服务。

该组织与几个社区机构合作实施个人发展账户项目，主要为接受社区行动委员会公司、贫困家庭临时救助者以及年轻人服务。该组织运营了 2 个个人发展账户项目点，一个是初始项目点，一个是独立资产法规则下的新项目点。150 个美国梦示范项目参与者的平均收入为贫困线的 76%。

该组织要求参与者在能够进行有配款取款之前接受 16 个小时的一般理财教育，买房（8 个小时）、高等教育（2 个小时）与小企业（2 个小时）同样也要求特定资产教育。

在美国梦示范项目初始项目点，社区行动委员会公司提供 1∶1 的配款率，如果某个参与者在参与期间任何时刻领取贫困家庭临时救助，那么对这个参与者的配款率永久性地变为 2∶1。在独立资产法下的新项目点，该组织提供 2∶1 的配款率，如果一个参与者在参与期间任何时刻领取贫困家庭临时救助，那么对这个参与者的配款率永久性地变为3:1。

该项目初始项目点的年度配款上限为500美元。新项目点的时间上限是24个月，年度配款上限在250美元到1,000美元。在所有情况下，可获得配款的存款截止日期是2001年12月31日。可获得配款的用途为买房、高等教育、小企业与房屋维修。

（七）俄克拉何马州塔尔萨的塔尔萨郡社区行动计划（CAPTC）

成立于1973年的社区行动计划是一个社区综合性的反贫困机构，其使命是为有经济需要的个人与家庭，通过应急救助、医疗护理、住房、社区发展、教育与倡导来实现自足。最近为回应服务对象需求所发展出来的新项目包括经济适用房项目和所挣收入税收抵免项目。

社区行动计划的个人发展账户项目重点服务于那些努力实现自足但是仍无法摆脱贫困的群体。他们的目标群体包括那些有资格获得最大值所挣收入税收抵免返税、有未成年子女的有工作穷人家庭（住户）。许多个人发展账户参与者也是社区行动计划其他服务项目的服务对象。

作为美国梦示范项目的一个主办组织，该组织有其独特性，这在于它有2个个人发展账户项目，并且参与者总数是最多的（619人）。

第一个个人发展账户项目，即社区行动计划小规模项目，在1998年2月注册了第一个参与者。小规模项目的目标群体是收入处于或低于贫困线200%的人群。其162个参与者的平均收入为贫困线的134%。

社区行动计划小规模项目要求参与者每年参加6个小时的一般理财教育或特定资产教育。对于可获得配款的取款也要求特定资产教育：买房5小时、高等教育2小时、小企业16个小时与退休2个小时。

小规模项目为买房提供2:1的配款率，对所有其他用途提供1:1的配款率。年度配款上限为750美元，所有参与者的时间上限为2001年12月31日。可获得配款的用途是买房、高等教育、小企业、房屋维修与退休。

第二个项目，即社区行动计划大规模项目实施了一个实验性的设计。在1,103名有资格的申请者中，537人被随机分配到有机会开户的实验组，566人被随机分配到没有机会开户的对照组（在实验组537

个人中，有456人最终开户，并且没有死亡或迁移，因此有机会得到正的储蓄结果）。所有1,103个有资格的申请者只是在随机分配之前进行了调查，接着又在分组后的18个月与48个月时进行了追踪调查。这一实验与数据收集便于评估进入个人发展账户的机会所产生的效应。在后面将对这些效应进行研究。

大规模项目的目标群体是收入处于或低于贫困线150%的人群，441个参与者的平均收入为贫困线的130%。

大规模项目要求参与者接受12个小时的一般理财教育，其中的4个小时要求在开户之前完成。在进行有配款取款之前也要求特定资产教育：买房5个小时、高等教育2个小时、启动小企业16个小时及退休2个小时。对现有小企业的有配款取款不需要接受特定资产教育，但这些参与者必须提交一个商业计划。

像小规模项目一样，大规模项目为买房提供2∶1的配款率，为所有其他用途提供1∶1的配款率。时间上限是自开户日期之后的36个月，年度配款上限为750美元。因此那些不买房的参与者的最大资产积累是4,500美元，买房的参与者最大资产积累为6,750美元。可获得配款的用途为买房、高等教育、小企业、房屋维修与退休。与美国梦示范项目中其他个人发展账户项目的数据不同，大规模项目的数据不是截至2001年12月31日，而是截至2003年10月31日。

（八）密苏里堪萨斯美国家庭服务中心（HAFS），家庭关注中心（Family Focus Center）

家庭服务中心是一个有120年历史的非营利组织，其使命是通过提供信息、教育与干预，为有需求家庭提供支持与赋权。其项目每年在超过14个地点为60,000人服务。家庭服务中心的社区项目之一，即家庭关注中心为堪萨斯西部地区的西班牙裔群体提供街坊基础上的家庭支持。家庭关注中心与其他街坊组织以及堪萨斯大学社会福利学院合作实施个人发展账户项目，同时以英语与西班牙语提供咨询与培训。个人发展账户项目为家庭关注中心所服务的街坊与案主提供服务。家庭关注中心下的1个个人发展账户项目点共有85个参与者，其平均收入为贫困线的108%。

家庭服务中心要求参与者在能够进行有配款取款之前接受45个小

时的一般理财教育。然而，数据表明这一要求几乎从未达到，说明从一开始这就不是一个现实的要求。所有类型的有配款取款要求特定资产教育：买房12个小时、高等教育6个小时、小企业12个小时以及退休15个小时。

家庭服务中心提供2∶1的配款率，时间上限为2001年12月31日，使用存期配款上限。每个参与者的配款上限不同，以30美元乘以开户期与2001年12月31日之间的月份数，每个参与年度再额外增加45美元。例如，某个人在1999年12月开户，在三个不同参与年度中有资格参与25个月份，总配款上限便是30美元×25+45美元×3=885美元。在家庭服务中心，可获得配款的用途为买房、高等教育、小企业、房屋维修、职业培训与退休。

（九）俄勒冈波特兰美慈公司（Mercy Corps）

美慈公司［前身为"人类问题解决方案"组织（Human Solution）］成立于1988年，是一个非营利社区住房组织，其重点是为波特兰东部与蒙诺玛郡东部无家可归者与低收入家庭提供住房与相关服务。从1992年开始，该组织购买与开发了超过222个单元的低收入住房，并且管理其他组织名下的针对无家可归家庭的商品房（market-rate housing）。

美慈公司中的个人发展账户项目为蒙诺玛郡的118位居民提供服务。他们的收入平均为贫困线的125%。

项目要求参与者在开户后的6个月内完成8小时的一般理财教育。所有的可获得配款的用途都要求特定资产教育：买房8个小时、高等教育3个小时、职业培训3个小时与小企业12个小时。

美慈公司的配款率是1∶1，年度配款上限为500美元，时间上限为2001年12月31日。可获得配款的用途为买房、高等教育、小企业与职业培训。

（十）肯塔基州伯里亚的社区经济发展高山协会（Mountain Association for Community Ecomomic Development，MACED）

1976年，阿巴拉契亚中部10个社区发展组织共同建立社区经济发展高山协会，为社区团体提供技术帮助。其核心项目是商业发展、可持续社区以及土地与资源。"繁荣之路"（pathways to prosperity）个人发展账户项目以肯塔基最贫困的郡（奥斯利）中的低收入居民为目标群体，尤其是非裔美国人、租赁住房的居民与有工作的穷人。

社区经济发展高山协会与几个地方社区组织合作实施个人发展账户项目，包括奥斯利郡行动组（参加社区经济发展高山协会可持续社区倡导的一个市民团体）与阿巴拉契亚中部人民联合信用合作社。该组织有3个个人发展账户项目点，都在美国梦示范项目中，63个参与者的平均收入为贫困线的86%。

社区经济发展高山协会要求参与者在能够进行有配款取款之前完成12个小时的一般理财教育（每月1个小时）。该组织不要求任何特定资产教育。与美国梦示范项目中其他主办组织不同，该组织要求：除非净存款达到360美元的存期配款上限，否则不允许进行有配款取款。

社区经济发展高山协会的时间上限为24个月。对最先注册的一批参与者来说，存款的配款率为6∶1，这一群体最大资产积累为2,520美元。之后注册的第二批参与者配款率为1∶1，他们的最大资产积累为720美元。在该项目中，可获得配款的用途是买房、高等教育、小企业、房屋维修与职业培训。

（十一）印第安纳州印第安纳波利斯的近东区个人发展账户项目（Near Eastside IDA Program）

近东区社区联邦信用合作社（NECFCU）与约翰·H.博纳（John H. Boner）社区中心共同建立了近东区个人发展账户项目。近东区社区联邦信用合作社成立于1981年，运营个人发展账户并且是印第安纳唯一的社会发展信用合作社。博纳中心是一个街坊社区中心，从1972年开始提供一系列的社会服务。近东区个人发展账户项目为生活在印第安纳波利斯东区附近的年轻人与成年人、近东区社区联邦信用合作社或博纳中心项目的服务对象提供服务。

近东区个人发展账户项目运营了4个项目点，其中两个在美国梦示范项目中：一个是初始项目点，另一个是独立资产法规则下的新项目点。190个美国梦示范项目参与者的平均收入为贫困线的87%。

近东区个人发展账户项目要求参与者在能进行有配款取款之前完

成 9 小时的一般理财教育，虽然也提供特定资产教育，但并不强制要求。

在初始项目点中，近东区个人发展账户项目为大多数参与者提供 3∶1 的配款率，但是一些参与者的配款率为 1∶1、2∶1 或 6∶1。年度配款上限为 250 美元、300 美元或 500 美元，主要取决于资金来源。时间上限为 2001 年 4 月 30 日；在这个日期之后的存款不能获得配款，可获得配款的用途为买房、高等教育、小企业与职业培训。

在新项目点中，近东区个人发展账户项目提供的配款率为 3∶1。新项目点的存期配款上限为 500 美元，时间上限为 2001 年 12 月 31 日。因此，新项目点中最大资产积累为 2,000 美元。

（十二）伊利诺伊州芝加哥的海滨银行（Shore Bank）

成立于 1978 年的海滨银行，是一个社区发展金融机构，其使命是通过鉴别与支持对当地资产的投资，为服务水平低的社区增加机会。个人发展账户项目是由南海滨银行与海滨银行的街坊部，也就是海滨银行的非营利分支机构联合实施的。海滨银行街坊机构的首要重点是人力与社会资本发展，也以企业发展为目标。项目的目标群体是生活在芝加哥南部与西部地区的非裔美国人，包括居住在海滨银行所有的有补贴租赁房产中的家庭。

海滨银行运营了 3 个个人发展账户项目点，其中两个在美国梦示范项目。202 个美国梦示范项目参与者平均收入为贫困线的 122%。

在美国梦示范项目初始项目点中，海滨银行要求在有配款取款之前接受 6 个小时的一般理财教育。在新项目点中，要求 8 个小时。项目不要求接受特定资产教育。

在初始项目点中，海滨银行提供 1∶1 的配款率，年度配款上限为 500 美元，时间上限为 24 个月。因此，初始项目点中最大资产积累为 2,000 美元。可获得配款的用途有买房、高等教育、小企业、房屋维修与职业培训。

在新项目点中，海滨银行提供 2∶1 的配款率，存期配款上限为 600 美元（少数参与者的配款上限为 500 美元），时间上限是 36 个月。因此新项目点的最大资产积累是 1,800 美元。与初始项目点一样，可获得配款的用途为买房、高等教育、小企业、房屋维修与职业培训。

（十三）伊利诺伊州芝加哥的女性自雇项目（WSEP）

女性自雇项目始于 1986 年，是一个为低收入与中等收入女性提供创业培训、商业发展服务与金融服务的小型企业发展组织。其使命是通过自雇策略提高女性收入与经济自足水平，以及推动反贫困可行选择的发展。

在 1995 年，女性自雇项目启动了一个针对领取福利者的个人发展账户项目。它是各地第一批个人发展账户项目之一。在美国梦示范项目中的个人发展账户项目，包括一个初始项目点与一个独立资产法规则下的新项目点，为来自于新地平线中心、女性自雇项目的服务对象与管理女性自雇项目参与者事务的雇员提供服务。227 个美国梦示范项目参与者平均年收入为贫困线的 100%。

女性自雇项目要求参与者在开户之前，接受 16 个小时的一般理财教育。一些可获得配款的取款类型也要求特定资产教育：买房 8 个小时、高等教育 6 个小时，并且根据参与者经验，对小企业要求 8~35 个小时不等。

女性自雇项目在初始项目点为参与者提供的配款率是 2∶1，一小部分人的配款率是 5∶1 或 6∶1。在新项目点中，配款率是 2.5∶1。初始项目点的参与者，其存期配款上限是 500 美元或 600 美元。在独立资产法新项目点中的参与者，其存期配款上限是 600 美元。在两个项目点中，时间上限是 24 个月。在女性自雇项目中可获得配款的用途是买房、高等教育以及小企业。

第四章　美国梦示范项目的参与者

本章描绘了美国梦示范项目 2,350 名参与者的整体情况。本章关于美国梦示范项目参与者特征以及这些特征与储蓄结果之间的联系的假设将为之后章节中的经验分析提供基础。

为什么参加者的特征这么重要？首先，政策制定者想了解哪些人在个人发展账户中攒钱。是否任何人，不管他们的贫困状况如何，最终都能在个人发展账户中攒钱？或者个人发展账户仅仅适用于"有工作的穷人"和那些生活比较稳定的人？其次，即使政策制定者只能控制项目特征，但是项目特征及其设计还是要取决于参与者特征。例如，储蓄和配款率（或配款上限或理财教育）之间的关系取决于参与者的婚姻状况、性别、种族/民族，或当前资产所有权的状况。一些初步的证据表明可能确实如此，至少对于居住在农村或城市等不同地点（Curley and Grinstein-Weiss, 2003；Grinstein-Weiss and Curley, 2002）、单亲母亲（Zhan, 2003）、小企业主（Ssewamala, 2003）和种族/民族（Grinstein-Weiss and Sherraden, 2004）等特征而言确实如此。如果政策制定者了解参与者的哪些特征和个人发展账户中储蓄相联系，同时，如果政策制定者了解这些参与者特征如何与项目特征相互作用，那么，这些知识将指导进行个人发展账户的设计。反过来，这将使政策能够包容更多类型的穷人，同时还会使个人发展账户的设计适用于特殊群体。最后，本书中的分析旨在提高个人发展账户中的储蓄和资产积累，并平衡各群体间储蓄与资产积累的差异。

总之，"有工作的穷人中的弱势群体"是对美国梦示范项目个人发展账户的目标群体和那些自愿参与者比较贴切的描述。美国梦示范项目的参与者通常既不是"穷人中最贫穷者"（那些无业、文盲或没有金融资本者），也不是"穷人中的最富裕者"（已婚的白人男性）。相反，他们往往没有结婚、女性、非白人以及有工作的受过一定教育的并且目前有银行账户的人。

图 4.1　美国梦示范项目每月注册人数

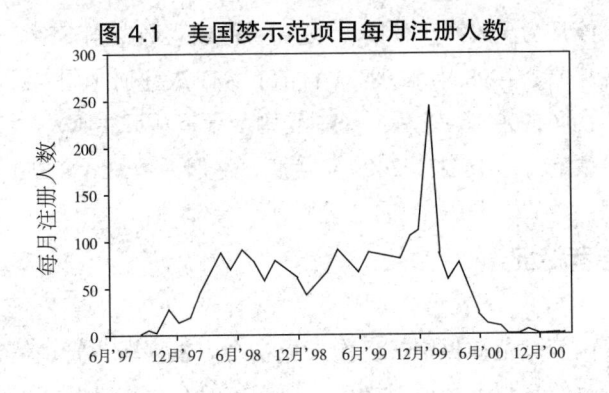

一、参与者注册情况

在美国梦示范项目中，**参与者**是指已经在个人发展账户开户的人。那些开户但后来没有进行有配款取款便销户的人，也被算为参与者。但是，**参与者**的定义排除了那些虽然开户但后来的储蓄结果完全受到项目规则或其他无法控制的因素影响的人，例如，这些因素包括死亡、搬迁至没有个人发展账户项目的其他地点，或者开始时就不具备注册资格的那些人。换言之，那些个人发展账户净存款被限制为零的人不按参与者统计。

图 4.2　美国梦示范项目累计注册人数

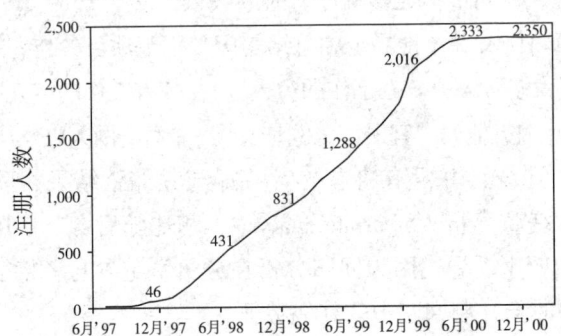

美国梦示范项目注册人数在开始的 12 个月内增幅缓慢，但 1998 年 6 月后的 18 个月中注册人数开始增加，每月有 70～90 人注册（每个项目有 5～7 人注册）（图 4.1）。1999 年 12 月有 250 多人注册（按

照计划，该月为注册截止日期）。之后，注册人数急剧下降。

累计来看，1998年12月31日前有831人注册（图4.2）。到预定截止日期，即1999年12月31日，美国梦示范项目注册人数已有2,016人，超出预定目标16人。2000年年底，注册人数总计2,350人。

二、参与者特征

在美国梦示范项目中，工作人员在个人发展账户管理信息系统记录了注册时的参与者特征。之后，他们有时会更新随时间不断变化的参与者特征，如婚姻状况、子女数、就业状况或收入。有些项目每年更新两次，有些项目每年更新一次，有些项目更新过一两轮之后便停止了，也有些项目从来没有更新过。项目工作人员也会在数据清理时校正所发现的问题。通过更新和校正，在个人发展账户管理信息系统中产生出参与者的最新的、注有日期的记录，而原有记录仍然保留在数据库中。虽然无法确定特定参与者最近的记录是否刚更新或修订过，但本章对参与者特征的描述使用的是最新的记录，因为对其进行过最彻底的整理。后面章节的回归分析使用了注册时的记录，因为尽管注册时的资料有很多干扰性，但避免了双向因果关系。例如，注册后的收入情况能影响个人发展账户储蓄，同时受个人发展账户储蓄的影响，但个人发展账户储蓄不会影响注册时的收入。

第五章将图文并茂地界定和总结美国梦示范项目参与者的特征。总之，参与者大多数来自"有工作的穷人"。在"有工作的穷人"中，参与者相对弱势，因为他们中有很大比例是女性、非裔美国人以及从未结婚者。

以下描述统计并没有将参与者特征与其储蓄结果相联系进行分析。这种双变量分析（bivariate analysis）相比随后章节使用的回归分析更有可能产生误导，因为回归分析在分析特定参与者特征与储蓄结果间的关系时会控制回归中的其他特征。

（一）人口统计特征

美国梦示范项目整体的参与者人口统计特征可参见表4.1。施赖纳、克兰西与谢若登（Schreiner, Clancy and Sherraden, 2002）在论文的附录C中，将美国梦示范项目14个项目中每个项目参与者的人口统计信息都分别进行了讨论。

表 4.1　参与者的人口统计特征

特征	%
性别	
女性	80
男性	20
年龄（均值为 36 岁）	
13~19 岁	4
20~29 岁	25
30~39 岁	36
40~49 岁	25
50~59 岁	7
60 岁及以上	2
种族 / 民族	
非裔美国人	47
亚裔美国人或太平洋岛民	2
白人	37
拉丁美洲或西班牙裔美国人	9
印第安人	3
其他	3
居住地点	
城市（人口为 2,500 人或以上）	86
农村（人口少于 2,500 人）	14

性别。参与者中大约 80% 为女性，20% 为男性。考虑到女性所遭受的普遍压迫以及由此造成的在劳动力市场及其他社会领域中的弱势地位，人们通常认为她们比男性攒钱少。然而，低收入国家的经验表明女性通常攒钱更多，或许恰恰因为弱势地位赋予了她们预防性的攒钱动机（Ardener and Burman，1995；Morris and and Meyer，1993）。女性对其子女更多的责任与关心也增加了她们的储蓄（Littlefield, Morduch and Hashemi，2003；Vonderlack and Schreiner，2002）。

年龄。参与者在注册时平均年龄为 36 岁，最小为 13 岁，最大为 72 岁。大约 86% 的参与者年龄在 20~49 岁。

年龄与个人发展账户储蓄有几种可能的联系。第一，人们年龄越大越"明智"，因为他们了解更多可以做出的攒钱选择，并且更能准确地评估攒钱的成本与回报。如果年轻人低估攒钱的重要性，同时如果攒钱知识随时间增长的话，那么年龄增长会增加储蓄。

第二，较为年长者更可能已经拥有自己的住房或者已经完成教育（或没有可能重返校园）。这将抑制他们的个人发展账户储蓄，因为它排除了个人发展账户中三项普遍配款用途中的两项。当然，住房所有权和接受高等教育对很多年轻一些的参与者更有吸引力（事实上，对于最年轻的参与者，高等教育可能是唯一的配款用途），年龄较大的参与者会为其他人，如他们的子女或孙辈的高等教育进行有配款取款。另一方面，小企业所有权即个人发展账户第三种普遍配款用途会对年长者更可行（Blanchflower and Oswald, 1998；Aronson, 1991；Evans and Leighton, 1989）。最后，美国梦示范项目中的一些项目为罗斯个人退休账户存款提供配款，这些退休账户对于即将退休的人是最有吸引力的。总之，年龄与个人发展账户配款用途以几种不同方式相互作用。

第三，较年长者有更多时间来积累资产。如果他们能得到更多的流动资产来转入或重组到个人发展账户中，那么他们的个人发展账户余额可能更高。

第四，收入通常随年龄增加，因此在其他情况不变时，较年长者可能获得更多资源来攒钱，进而增加储蓄。

第五也是最后一点，生命周期不同阶段的消费会发生变化，通常在中年期因为孩子上学而达到顶峰。若其他情况不变，这会降低中年参与者的储蓄。

种族/民族。参与者自我认定自己的种族/民族（见表4.1）为非裔美国人（47%）、亚裔美国人或太平洋岛民（2%）、白人（37%）、拉丁美洲或西班牙裔美国人（9%）、印第安人（3%）及"其他"（3%）。

白人和非裔美国人相比，资产所有权极其不平等，远远超过收入不平等（Carney and Gale, 2001；Badu, Daniels and Salandro, 1999；Conley, 1999；Oliver and Shapiro, 1995）。同时，一些调查发现非裔美国人收入中用来攒钱的部分也比白人多（Olney, 1998；Blau and Graham, 1990）。

为什么储蓄率高，但是资产积累却很低？一种可能是非裔美国人的收入很低，这意味着，即使在相对意义上储蓄占收入的比例较高，但是在绝对意义上攒下的数额并不高。另一种可能是，虽然非裔美国人储蓄率高，但他们收入与消费面临的冲击更大、更频繁，因此也更可能动用储蓄，导致资产积累很低。按照这种思路，可以设想拥有资产的非裔美国人，其社会网络内部往往更需要他们提供帮助（Chiteji and Hamilton，2000 and 2002）。

个人发展账户可以作为提高非裔美国人资产积累的方式之一，因为无配款取款所需付出的适度代价，可以帮助将资源置于社会网络可接触范围之外，同时配款也增加了既定储蓄水平下资产积累的数额（见Sherraden，1999b）。

居住地点。人口在 2,500 人或以上的地区按"城市"计算（86%），其他区域划为"农村"地区（14%）。

居住地从几个方面影响个人发展账户储蓄。首先，城市与农村可购买的资产类型不同。例如，城市人可能住的离高校比较近，而农村居民能以较低价格购买住房。农村居民更可能拥有自己的土地或小企业（如农场）。第二，参与个人发展账户涉及的交易成本（主要是往返家庭、储蓄机构和上理财教育课之间的费用），对于农村居民而言更高，因为农村距离更远，而且因为缺少公共交通。第三，许多农村地区具有强烈的社区意识，越来越意识到必须为加强地方经济基础做一些事情。地方储蓄机构会带头作出一些发展的努力。因此，在农村地区中，社区中对个人发展账户的社会支持会更大。居住地对个人发展账户储蓄的不同影响在柯利与格林斯蒂德—韦斯（Curley and Grinstein-Weiss，2003）以及格林斯蒂德—韦斯与柯林（Grinstein-Weiss and Curley，2002）的研究中得以检验。

（二）家庭（住户）构成

家庭（住户）构成对个人发展账户储蓄有重要影响，因为，个人发展账户虽然是"个人"发展账户，但攒钱和资产积累通常是所有家庭（住户）成员共同努力的结果。例如，家庭（住户）构成可以通过影响收入（如其他成年人的贡献）和开支（如子女和其他成年人的消费）而对储蓄产生影响。其他家庭（住户）成员如何为个人发展账户参与者及其储蓄目标提供支持也同样重要。美国梦示范项目参与者的家庭（住户）构成情况详见表 4.2。

婚姻状况。参与者婚姻状况主要为从未结婚（never-married）（48%）、已婚（22%）、离异或分居（27%）、丧偶（2%）（参与者中有

1%婚姻状况缺失)。总体来说,美国梦示范项目个人发展账户参与者中3/4(75%)没有结婚(not-married)。

一般来说,婚姻与更高的稳定性和更多收入相联系,也因此会增加储蓄。另外,已婚作为难以量化特征(如坚韧、未来取向、友好)的代理因素,影响婚姻状况和储蓄。因而没有结婚者尽管预防性攒钱动机很强,但通常认为已婚者比没有结婚者攒钱更多。

表4.2 参与者家庭(住户)构成

特征	%
婚姻状况	
从未结婚	48
已婚	22
离异或分居	27
丧偶	2
缺省值	1
家庭(住户)类型	
单身有子女家庭	44
单身无子女	15
2个或以上成年人与子女	32
2个或以上成年人无子女	9
缺省值	1
单亲母亲	
否	48
是	52
缺省值	1
家庭(住户)成年人数(平均值为1.5)	
1	58
2	34
3	6
4	1
5或更多	1
缺省值	1
家庭(住户)子女数(平均值为1.7)	
0	24
1	24
2	26
3	14
4	7
5或更多	4
同一家庭(住户)多个参与者	
是	6
否	94

家庭（住户）类型。美国梦示范项目参与者的家庭（住户）类型包括单身有子女家庭（44%，其中95%为单亲母亲家庭），单身无子女（15%），2个或以上成年人与子女（32%），2个或以上成年人无子女（9%）。因此，虽然3/4（75%）的参与者没有结婚（not married），但是只有58%参与者家庭（住户）中仅有一个成年人。

单亲母亲。美国梦示范项目参与者中超过半数（52%）为有子女的没有结婚的女性。展敏（Zhan，2003）比较了美国梦示范项目中单亲母亲与其他参与者的储蓄结果，并没有发现太大差异。这令人有些惊讶，因为单亲母亲面临双重压力（既是女性又没有结婚），而且个人发展账户并不是非常适合出于预防性动机而进行的攒钱。

成年人数。家庭（住户）中18岁或以上的成年人平均为1.5人，58%的家庭（住户）只有一个成年人。1%参与者声称自己已婚但是又称家庭（住户）中只有一个成年人，这部分家庭中的成年人数被设定为缺省值。

家庭（住户）中成年人数从两个方面影响个人发展账户储蓄。一方面，成年人数越多意味着收入越多，因而也有更多资源用来攒钱；另一方面，增加的成年人可能不是收入来源（如无业、残障或退休），因而会增加支出，减少可用来攒钱的金融资源。

子女数。家庭（住户）中17岁或以下子女平均为1.7人。大多数家庭（住户）（76%）至少有一个孩子。在其他情况不变时，子女产生支出而非收入，所以子女数越多就意味着可用来攒钱的资源越少。

同一家庭（住户）多个参与者。参与者家庭（住户）中，有6%至少还有另外一位个人发展账户参与者。这一信息并未直接记录在个人发展账户管理信息系统数据库中，但研究者通过对姓氏、家庭住址和电话号码等进行人工配对之后，发现了单个家庭（住户）中可能多个参与者。当然，个人发展账户由个人持有，所以一个家庭（住户）中多个账户也并没有什么错误。

虽然同一家庭（住户）多个参与者会因将存款分散于两个账户而减少每个参与者的个人发展账户储蓄，但不可能减少个人发展账户中家庭（住户）的储蓄总额。首先，多个账户有效地提高了家庭（住户）的配款上限。不仅放松了对可获得配款储蓄的限制（比如，如果配款上限是 500 美元但家庭（住户）愿意攒 750 美元，如果他们有两个个人发展账户就能实现，但是如果只有一个便无法实现），而且会产生心理效应，因此家庭（住户）将（更高的）配款上限转化为目标，并付出比上限较低时更多的努力来攒钱。其次，拥有多个参与者的家庭往往对攒钱充满极大地热情。在这些情况下，多个参与者的存在可成为未观察到因素的代理，如"攒钱热忱"，而且，多个个人发展账户家庭（住户）中的参与者可相互提供支持和榜样。最后，在那些现有资产较多并能转移或重组到个人发展账户的家庭（住户）中，更有可能有多个参与者，并且储蓄更高。

（三）教育与就业

受教育和就业状况反映人力资本，即能够在市场与家庭（住户）中的生产中使用的积累的培训与经验。在其他条件不变时，人力资本越高，要获得攒钱所需既定资源水平所付出的努力就越少。教育状况能反映参与者的未来取向，因为那些更重视未来福祉的人更可能在学业上投资，不管学业状况如何，更可能以金融形式攒钱。就业亦与更高收入（由此增加储蓄）和定期的或经常性（regular or recurrent）收入（双周薪或月薪）相联系。这些定期的收入流可以更容易地形成攒钱习惯。

之后几章中的经验分析表明，学生群体（特别是受雇佣学生）在个人发展账户中的储蓄结果更有可能高于平均水平。美国梦示范项目参与者教育和就业状况详见表 4.3。

教育。参与者最高学历为：高中学历以下（15%）、高中学历或高中同等学力水平（22%）、无学位的大学（39%）、2 年制大学学位（6%），不指定专业（unspecified）的 2 年制或 4 年制大学学位（8%）、4 年制大学学位或以上（10%）。大多数参与者（61%）至少接受过大学教育。

就业状况。参与者中全职（58%）、兼职（20%）、失业（7%）、无业（4%）、无工作的学生（5%）、有工作的学生（5%）。**无业者**包括家庭主妇、退休人员和残障人士。**失业者**中包括被暂时解雇并等待召回的人或正在求职的人。将近 90% 的参与者有工作或是学生。

表 4.3　参与者教育和就业状况

特征	%
教育	
高中学历以下	15
高中学历或高中同等学力	22
无学位的大学	39
2 年制大学学位	6
不指定专业的 2 年制或 4 年制大学学位	8
4 年制大学学位或以上	10
就业状况	
全职	58
兼职	20
失业	7
无业	4
无工作的学生	5
有工作的学生	5
小企业主	
是	18
否	82

小企业主。自雇参与者一般是指申报了商业资产或有自雇收入的人（18%）。经济理论无法明确预测个人发展账户中自雇者的储蓄情况。一方面，自雇者比工薪雇佣者有更多投资机会；他们可以投资自己的生意。毕竟，虽然政策非常关注帮助小企业启动获得贷款，但是大多数新企业主要靠企业主自己的资产净值（equity）提供资金支持（Montgomery, Johnson, and Faisal, 2000；Bates, 1996；Holtz-Eakin, Joulfaian, and Rosen, 1994；Evans and Jovanovic, 1989）。个人发展账户很契合这一投资动机（Schreiner, 2004b；Schreiner and Woller, 2003；Schreiner and Morduch, 2002）。而且，启动之后最初的几个月甚至几年，在新事业逐渐步入正轨的过程中，企业主通常必须运用他们的资产支持企业运营和支付家庭（住户）消费（Schreiner, 1999a and 1999b；Taylor, 1999）。另一方面，自雇者收入与支出都不稳定，也会产生较强的预防性储蓄动机（Servon and Bates, 1998；Balkin, 1989）。因为个人发展账户对无配款取款强加了适度的代价，它们可能不是很契合这种应对"雨天（穷困时期）"的动机，因此一些人希望避免将资产束缚到个人发展账户，也

降低了自雇者的储蓄。斯塞瓦玛拉（Sewamala, 2003）比较了美国梦示范项目中小企业主与其他参与者的储蓄结果。

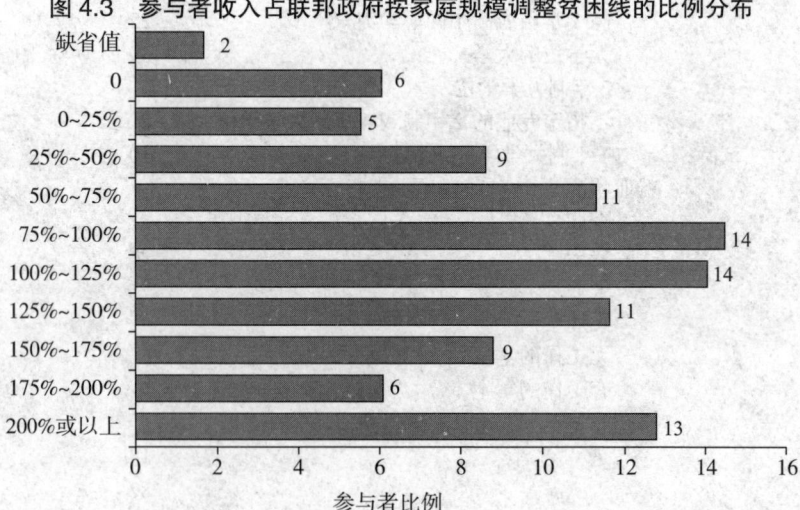

图 4.3 参与者收入占联邦政府按家庭规模调整贫困线的比例分布

区间	参与者比例
缺省值	2
0	6
0~25%	5
25%~50%	9
50%~75%	11
75%~100%	14
100%~125%	14
125%~150%	11
150%~175%	9
175%~200%	6
200%或以上	13

收入/贫困水平。 美国梦示范项目参与者平均家庭收入大约是联邦政府按家庭规模调整贫困线的116%（中值106%）。约20%的参与者收入低于贫困线50%，12%则高于贫困线200%（图4.3）。参与者中大约2%的收入数据缺失，还有约6%参与者申报其注册之前一个月中的收入为零。

从月收入数值来看，美国梦示范项目参与者平均收入为1,494美元（表4.4），年收入约18,000美元。

表 4.4 不同收入来源的参与者月收入

收入来源	人数	平均值（$）	中值（$）	最小值（$）	最大值（$）	缺省案例	有某一收入来源的参与者(%)	不同来源的总收入分布（%）
工资	2,350	1,088	1,050	0	6,260	0	78	67
政府津贴	2,350	136	0	0	3,400	0	27	14
养老金	2,350	12	0	0	2,000	0	2	1
投资收益	2,312	4	0	0	5,000	38	1	0
周期性来源	2,312	1,243	1,200	0	6,760	38	90	82

（续表）

收入来源	人数	平均值($)	中值($)	最小值($)	最大值($)	缺省案例	有某一收入来源的参与者(%)	不同来源的总收入分布(%)
自雇	2,350	138	0	0	5,000	0	16	9
儿童抚养金	2,350	51	0	0	1,833	0	15	4
馈赠	2,350	16	0	0	2,000	0	5	1
其他来源	2,349	55	0	0	3,514	1	9	4
不连续来源	2,349	260	0	0	5,000	1	37	18
总收入	2,311	1,494	1,360	0	6,760	39	99	100
收入/贫困	2,311	1.16	1.06	0	7.21	39	N/A	N/A

经济理论提出收入与储蓄之间的三种基本联系（Sherraden, Schreiner, and Beverly [2003] 详细讨论了收入与储蓄的理论，并且第二章中提出的制度理论也指出，收入既不是唯一因素，也不必然是最重要的因素）。第一，因为收入越高，越容易使收入超过消费，所以该理论预测，收入增加在一定程度上会引起储蓄绝对水平的增加。实际上，沃尔夫（Wolff, 1998）指出了收入和资产积累之间存在强正相关性。

第二，经济理论不能非常确定地预测出收入越高，是否储蓄率也越高。也就是说，随着收入增加，用来攒钱的收入比例可能增加也可能减少。在既定储蓄率下，收入高的人消费也会增加。随着消费增加，增加的消费所产生的回报相对于增加的储蓄所产生的回报，其递减速度更快。如果事实果真如此，对那些收入和消费都已经很高的人来说，攒钱所要求做出的牺牲会被缓和，由此又提高储蓄率。另一方面，如果攒钱的额外回报少于消费的额外回报，那么收入增加反而会降低储蓄率。该理论并未明确指出哪种情况的可能性大，收入与储蓄率之间的关系会随着收入绝对水平的增加不停改变方向。

第三，经济理论指出收入稳定性影响储蓄（Carroll and Samwick, 1998 and 1997；Dercon, 1998 and 1996；Deaton, 1992a）。在其他情况不变时，相对于定期或经常性来源的收入，人们更可能将由非定期或不连续（irregular or intermittent）来源的收入攒起来。不连续现金流（intermittent flows）强化了人们预防性的攒钱动机，因为他们意味着"雨天（穷困时期）"更多。

经常性收入。经常性收入来源于工资、政府津贴、养老金或投资。对美国梦示范项目参与者来说，经常性收入约占总收入的 82%（表 4.4）。约 4/5（78%）的参与者有工资收入，这些收入占总收入值的 2/3（67%）。约 1/4（27%）的参与者领取政府津贴（占总收入值的 14%）。

在美国梦示范项目 16 个年龄在 65 岁或以上的参与者中，5 人申报其有收入来源于养老金（占平均总收入值的 1%）。此外，只有 1% 的参与者（20 人）称有少量投资收入。这些资料印证了一个观点，即大多数老年贫困者没有附加养老金收益的工作，而且通常穷人不可能从投资中获得太多收入。

不连续收入。约 1/5（18%）的总收入（260 美元/月）来源于自雇、儿童抚养金、馈赠和其他来源（表 4.4）。馈赠占总收入平均值的 1%（16 美元/月），其他来源占 4%（55 美元/月）。

平均来看，所有参与者中，儿童抚养金约占总收入值的 4%。领取儿童抚养金者的平均值为 376 美元，相当于平均总收入 1,640 美元的 23%。未领取儿童抚养金的单亲母亲，其平均总收入为 1,361 美元。因此，儿童抚养金的值约占有抚养金与没有抚养金单亲母亲总收入差的 3/4。

来自于自雇的收入被算做是"不连续收入"，因为其变动性很大，即使对全职自雇者也如此。美国梦示范项目中约 16% 的参与者申报其有收入来源于自雇（表 4.4）。此外，约 13% 申报其拥有商业资产，2% 有商业借贷。总之，美国梦示范项目中 18% 的参与者有商业资产、商业借贷或商业收入。

此外，18% 的参与者为小企业进行过有配款取款或者在注册时有此计划。在为小企业进行有配款取款的参与者中，55% 明显在启动初期，因为他们没有申报任何的自雇收入、资产或借贷。尚未为小企业进行有配款取款但在注册时有此意向的参与者中，70% 明显在规划启动小企业。总而言之，美国梦示范项目中 12% 的参与者还没有小企业，但是他们或者已经使用或者计划使用个人发展账户来启动一个项目。

所有这些表明，与美国人口相比，美国梦示范项目主要集中在小企业主或潜在小企业主中。例如，美国所有从业者中约 8% 为自雇者

（Blanchflower，2000；Clark et al.，1999）。同样，斯帕特－罗斯、哈特曼和肖（Spalter-Roth，Hartmann and Shaw，1993）发现美国男性从业者的6%和女性从业者的2%为全职自雇者。对比之下，美国梦示范项目中5%的男性和4%的女性在申报时称他们全部收入来源于自雇，9%的男性和9%的女性声称收入中至少一半来源于自雇。

为什么美国梦示范项目主要集中在小企业主或潜在小企业主中呢？第一，美国梦示范项目中许多主办组织会赞助一些小企业项目，他们会转介一些现有服务对象参加个人发展账户项目。第二，个人发展账户能够吸引创业者；毕竟小企业项目是三种基本的配款用途之一。第三，小企业项目也许是三种基本的配款用途中限制最少的一项。许多低收入者有时做些零工来增加收入（Losby et al.，2002；Edin and Lein，1997）。他们并没有无配款取款，而是发现利用有配款取款购买一些可以用于目前小企业的物品，如一件厨房用具、一台割草机、一部游乐场设备等是很合算的。第四也可能是最重要的，小企业所有权的梦想在美国穷人中（或在缺少高薪职位时）非常明显并且广泛分布。

（四）领取公共救助情况

美国进行财产审查的公共救助包括如下项目：未成年儿童家庭救助（AFDC）、有需要家庭临时救助（TANF）、收入补充保障（SSI）、社会保障残障保险（SSDI）和食品券。美国梦示范项目注册时，约45%的参与者曾经领取过某种资产审查公共救助。根据赫斯特和泽林克（Hurst and Ziliak，2001），超过90%的领取财产审查公共救助者称其流动金融资产不足500美元。卡尼和盖尔（Carney and Gale，2001）研究发现，领取财产审查公共救助与资产呈负相关。领取公共救助降低了储蓄，至少有以下四个方面的原因。

第一，公共救助有收入审查，因而领取公共救助者收入较低，并且，由于之前在讨论储蓄与收入时提到的经济原因，也可以推测出储蓄降低。

第二，公共救助也有资产审查，因此，如果人们拥有的流动资产数超过限额便失去资格（Orszag，2001；Greenberg，1999）。通常，在1996年有需要家庭临时救助实施之前的资产限制比现在为严格，但许多领取公共救助者可能并未意识到新的、更宽松的限制（Hogarth and O'Donnell，1999；Caskey，1997）。在任何情况下，如果一个穷人求助于公共救助，但却因为拥有过多资产而不符合资格，那么资产限制实际上好像是对财产征收了100%的税（Hubbard, Skinner, and Zeldes, 1995 and 1994）。因为穷人更可能求助公共救助，所以相对于非穷人而言，这一潜在税项对穷人产生的影响更大。大量研究发现，不管目前还是曾经领取过公共救助，资产审查都会降低穷人的储蓄（Ziliak, 2003；Hurst and Ziliak, 2001；Gruber and Yelowitz, 1999；Powers, 1998；Neumark and Powers, 1998；Moffitt, 1986）。

第三，未来可能领取公共救助的希望降低了目前的预防性储蓄，原因之一在于刚才提到的资产审查；另一个原因是，不管是否有资产审查，公共安全网络也会降低预防性储蓄的需求。这一影响对穷人尤其明显，因为从公共救助收益相比其他收入来源数额较大，同时，因为不在承保范围内的一些风险（如灾难性疾病）将占用日常收入中更大比例。

第四，当前或曾经领取公共救助可能与一些没有观察到的特征相联系，这些特征既会增加领取公共救助的可能性，又会降低储蓄。例如，如果他们从内心抗拒攒钱，如果他们挥金如土，如果他们有轻度残障，如果他们是家庭暴力的受害者，如果他们吸烟，如果他们不重视未来福祉，如果他们轻率地进行选择，如果他们自尊心不强，或者他们的某个家庭成员酗酒或吸毒，那么，在其他情况不变时，他们收入可能更低、几乎没有资产并且具备领取公共救助的资格。这些特征都没有记录在美国梦示范项目的数据中，但是它们可能同时与领取公共救助以及储蓄较低相关系。因此，当前或曾经领取公共救助的情况是未被观察到的降低储蓄的一些特征的代理。

领取公共救助情况。约38%的参与者申报在注册之前领取过未成年儿童家庭救助或有需要家庭临时救助项目等公共救助（表4.5）。注册时，10%的参与者申报正在领取有需要家庭临时救助。其中除了两名参与者外，其他人也申报在注册之前领取了未成年儿童家庭救助或有需要家庭临时救助。总体上说，约38%的参与者都曾在注册时或之前某一时间领取过这两项公共救助。

表 4.5　参与者注册时领取公共救助情况

特征	%
之前领取过未成年儿童家庭救助 / 有需要家庭临时救助	
否	62
是	38
目前领取有需要家庭临时救助	
否	90
是	10
目前领取收入补充保障 / 社会保障残障保险	
否	88
是	12
目前领取食品券	
否	83
是	17
领取任一形式的公共救助	
否	49
是	51

注:"之前领取过未成年儿童家庭救助 / 有需要家庭临时救助"一项中,约 1% 的案例资料缺失;"目前领取收入补充保障 / 社会保障残障保险或食品券"中,约 6% 的案例资料缺失。

在注册时回答此问题的参与者中,约 12% 申报目前正领取收入补充保障或社会保障残障保险。约 6% 的参与者数据缺失,因为这一问题是在美国梦示范项目启动后加入到个人发展账户管理信息系统中的。

在注册时,约 17% 的参与者申报其正在领取食品券。同样,也有 6% 的参与者资料缺失。

总计,未缺失数据的参与者中约 51% 在注册时或之前领取过某种形式的财产审查现金公共救助。展敏、谢若登和施赖纳(Zhan, Sherraden, and Schreiner, 2004)考察了美国梦示范项目中个人发展账户与领取公共救助之间的关系。

(五)资产所有权情况

正如第二章理论框架中所讨论的,资产进一步产生资产,所以,通常假设非个人发展账户资产所有权与更高的个人发展账户储蓄相联系,这一点不足为奇。这一效应以几种方式发生作用。

第一,人们要求资产产生收入,在不考虑制度与心理方面时,经济理论表明收入越高通常能转换成更高的储蓄。对几乎所有人、特别是穷人而言,最重要的产生收入的资产是人力资本。小企业资产也很重要,尤其对美国梦示范项目参与者而言更是如此。此外,汽车也能成为产生收入的资产,因为它可以在有偿就业中使人力资本的使用更为便利(Kim,2002;Edin,2001;Kasarda,1995)。

第二,资产不仅产生收入,也能减少支出(Sherraden,1991,pp.157~159)。收入不变的情况下,支出的减少可转化为更多可用来攒钱的资源。比如,房主不需要支付房租。车主可省时又省公共汽车或出租车费,去次银行或自动出纳机的交通成本便会降低。有银行存折账户和支票账户者可以节省支票兑现费用(Caskey,2002 and 1994)。当然,资产所有权也产生维修费用,如加固屋顶、给汽车换油、支付银行账户的月管理费等。

第三,人们只有在过去攒钱,才能在今天拥有资产。那些在过去攒钱的人更可能具有一些难以量化的特征(如节俭、未来取向、数学技能),这些特征可能影响到目前的个人发展账户储蓄。所以,即使当前资产所有权不会影响个人发展账户储蓄,但是也可能成为影响过去储蓄和目前个人发展账户储蓄的未观察到的特征的代理。

第四,现有资产也可以转移或重组到个人发展账户。例如,参与者可以从存折储蓄账户向个人发展账户转入100美元。谢若登(Sherraden,1991)指出,大多数个人发展账户储蓄可能都是新储蓄(也就是说与没有个人发展账户相比,储蓄源自收入与消费之间差额的增加)。这是因为,与非穷人相比,穷人没有太多资产可以转移。实际上,个人退休账户和401(k)计划一些证据表明,穷人更可能以新储蓄来存款(Engelhardt,2001;Engen and Gale,2000;Gale and Scholtz,1994;Bernheim and Scholz,1993;Joines and Manegold,1991)。另外,个人发展账户对配款的承诺,使人们有强烈的动机想方设法地增加攒钱资源,并且在一些情况下,对一些人来说可能转移比攒钱更容易。

流动资产比非流动资产更容易转移或重组。与非流动资产相比,流动资产在转换为其他形式资源时,交易成本较低。美国梦示范项目数据并没有记录参与者的持有现金(流动性最强的资产)的情况,但却记录了他们是否有银行存折储蓄账户和支票账户以及账户资金数值。在非流动资产方面,美国梦示范项目数据记录了是否有如住房、汽车、小企业、土地或地产与其他投资[如个人退休账户或401(k)计划]以及资产数值。

美国梦示范项目参与者不同种类的流动与非流动资产的平均值与

中值见表 4.6。该表也指出了拥有某种特定种类资产的参与者比例，以及资产总值在不同种类中的分布（以参与者个体层面上所占比例的平均值来进行计算）。

和所有数据一样，美国梦示范项目关于资产的数据也是不完美的。例如，如果参与者认为低报财产数额会更可能获得参与资格的话，那么他们会低报资产价值。在资产数据中有时会出现缺省值，一方面因为非流动资产如住房、汽车很难"按照市值计算"，另一方面因为参与者通常并不知道他们资产的价值。尽管资产价值测量误差较多，但是对是否拥有某一种资产的测量非常准确。毕竟，即使参与者不知道自己住房的市场价值，但他们知道自己是否拥有住房。

表 4.6 参与者资产种类

资产种类	人数	平均值（$）	中值（$）	最小值（$）	最大值（$）	缺省案例	拥有某一资产种类的参与者比例（%）	资产总值在各种类中的分布（%）
银行存折账户	2,332	270	2	0	11,000	18	50	12
支票账户	2,302	281	50	0	32,000	48	66	14
流动资产总值	2,294	555	125	0	32,005	56	78	26
住房	2,346	11,347	0	0	290,000	4	19	18
汽车	2,323	3,481	1,300	0	32,000	27	67	46
小企业	2,348	1,255	0	0	350,000	2	10	5
土地或地产	2,344	636	0	0	180,000	6	2	1
投资	2,344	677	0	0	140,000	6	14	4
非流动资产总值	2,311	17,459	2,500	0	426,000	39	72	74
资产总值	2,262	18,081	2,982	0	427,000	88	88	100
借贷总值	2,300	13,654	2,900	0	272,700	50	N/A	N/A
净财产	2,231	4,087	360	-230,550	349,000	119	N/A	N/A

银行存折账户。在开户之前，美国梦示范项目中半数参与者都有银行存折账户。所有参与者平均余额为 270 美元，这一平均值被少数极大值提高，中值仅为 2 美元。有三位参与者申报其存折余额在 10,000 美元或以上，137 位（6%）参与者申报有 1,000 美元或以上余额。参与者平均来看，存折余额约占其资产总值的 12%。

对成为"储户"（即个人发展账户净储蓄为 100 美元或以上的参与者）的 53% 的参与者来说，平均存折余额为 367 美元，占净存款的 23%。对于这些"储户"而言，最多 23% 的个人发展账户净存款是由银行存折账户转入或重组。（对于非储户，新储蓄和资产转移这一问题是没有实际意义的，因为他们的净存款为零或几乎为零）。

支票账户。约 2/3（66%）的参与者有支票账户。所有参与者平均余额为 281 美元，但这一数据仍然有偏差，因为中值是 50 美元。有两位参与者申报其余额为 30,000 美元或以上，7% 的参与者有 1,000 美元或以上的余额。参与者平均来看，支票余额占资产总值的 14%。在个人发展账户净储蓄在 100 美元或以上的"储户"中，平均支票余额为 394 美元，所以支票余额占净存款的 29%。

流动资产总值。平均而言，美国梦示范项目参与者银行存折和支票账户中的流动资产为 555 美元（表 4.6），占资产总值的 26%。记录中没有持有的现金数量。约 78% 的参与者都有存折与/或支票形式的银行账户。有七位参与者银行余额在 10,000 美元或以上，15% 参与者银行余额在 1,000 美元以上。总计，对一些参与者而言，有一定的能力将流动资产从他们现有银行账户中转移到个人发展账户，但美国梦示范项目中大多数参与者并没太多银行余额。

银行账户所有权的情况。根据参与者存折和支票账户所有权，可将他们分为四类：有存折和支票、只有支票、只有存折或"非银行客户"（既无存折也无支票）。对比 1995 年消费者金融调查中处于收入中值 80% 或以下的家庭（Hogarth and O'Donnell, 1999），美国梦示范项目参与者更多的是"银行客户"（美国梦示范项目 21%，消费者金融调查为 24%），因为他们一般不太可能没有任何一种账户（表 4.7）。虽然美国梦示范项目参与者，不太可能拥有支票账户，但他们同时持有银行存折和支票账户的可能性更高。

表 4.7　美国梦示范项目参与者中账户所有权（银行客户）与低收入群体的比较

	1995 年消费者金融调查（%）	美国梦示范项目（%）
无任何账户	24	21
支票账户	72	66
银行存折账户	25	50
同时有两种账户	22	39

资料来源：霍格斯与奥唐奈（Hogarth and O'Donnell, 1999）一文中所使用的 1995 年消费者金融调查。"低收入群体"指家庭收入处于中值 80% 以下的家庭。这一群体包含了 45% 的家庭，因此，与具备参与美国梦示范项目资格的群体相比，他们更有优势。

账户所有权储蓄结果。至少有三个理由可以期望有银行存折或支票账户的参与者在个人发展账户中的储蓄结果更好。首先，其他情况不变时，账户所有者有更多资源可以转移或重组到个人发展账户中。其次，账户所有者可能有更多的攒钱经验，而且，在其他情况不变时，他们能够更自如地利用银行服务。第三，账户所有者可能有其他能增加银行账户与个人发展账户储蓄的未被观察到的特征（如管理支票的能力）。

此外，因为存折不像支票那样需要积极管理，因此对那些与储蓄呈正相关的、未被观察到的特征而言，存折所有权比起支票所有权所起的代理作用更弱一些。事实上，霍格思和李（Hogarth and Lee, 2000）的证据表明，只有存折储蓄账户的人比起那些拥有支票账户的人，更像是一个"非银行客户"。美国梦示范项目的结果与这一观点一致（表 4.8）。与只有存折储蓄账户或无任何账户相比，拥有支票账户或两种账户者的储蓄结果更好。

约 39% 的参与者同时拥有存折储蓄账户和支票账户。这一群体中，月个人发展账户净储蓄平均约为 23 美元（美国梦示范项目所有参与者约为 16.60 美元）。此外，这一群体成员中约 65% 是最终个人发展账户净储蓄为 100 美元或以上的"储户"（美国梦示范项目所有参与者为 53%）。对于这些"储户"，非个人发展账户银行余额平均为 1,144 美元，约为个人发展账户净储蓄的 61%。

约 28% 的参与者只有支票账户而没有存折储蓄账户。他们的月个人发展账户净储蓄平均约为 20 美元（美国梦示范项目所有参与者为 16.60 美元）。这一群体中，约 58% 是个人发展账户净储蓄在 100 美元或以上的"储户"(美国梦示范项目所有参与者为53%)。对于这些"储户",非个人发展账户银行余额平均为578美元,约为个人发展账户净储蓄的39%。

约有12%的参与者只有存折储蓄账户而没有支票账户,他们的月个人发展账户净储蓄平均约为12美元。这一群体中38%"储户"的存折余额平均为471美元,约为个人发展账户净储蓄的40%。

最后,美国梦示范项目中约有1/5(21%)的参与者是"非银行客户",因为他们在个人发展账户开户前没有任何银行账户。这类群体月个人发展账户净储蓄平均约为9美元,32%是"储户"。按账户所有权情况划分的四类群体中,"非银行客户"的参与者在个人发展账户攒钱最少,这并不令人吃惊。而且,约1/3的前"非银行客户"参与者确实在他们的个人发展账户中攒钱并积累资产,所以个人发展账户能够成为一种帮助"非银行客户"开始使用正式储蓄服务的方式。

住房。按现金价值计算,住房是美国梦示范项目参与者拥有的最重要的资产。约1/5(19%)的参与者拥有自己的住房(表4.6)。所有参与者的住房价值平均为11,347美元,占资产总值的18%。

表 4.8 美国梦示范项目存折储蓄账户和支票账户所有权在个人发展账户的储蓄结果

	所有美国梦示范项目	存折和支票	只有支票	只有存折	非银行客户
参与者比例(%)	100	39	28	12	21
对所有参与者: 银行账户平均余额(美元)	555	986	449	401	0
个人发展账户月平均净储蓄(美元)	18.14	23.42	19.89	12.31	9.38
"储户"比例(%)(个人发展账户净储蓄为100美元或以上参与者)	53	65	58	38	32
对净存款为100美元或以上参与者: 银行账户平均余额(美元)	764	1,144	578	471	0
能够从某现有银行账户转移或重组的个人发展账户净储蓄的最大比例(%)	44	61	39	40	0

在拥有住房者中，住房平均价值约 53,000 美元（中值 52,000 美元）。四位参与者住房价值在 200,000 美元或以上，10% 拥有住房者的住房价值为 100,000 美元或以上。约 17% 的拥有住房者的住房价值在 25,000 美元或以下。

住房是非流动资产，因此直接转入个人发展账户似乎不太可能，相比较而言，住房所有权更有可能成为未被观察到的特征（如节约或未来取向）的一种代理因素，使储蓄增加（不管是否有个人发展账户）（然而，由住房产生的间接资产转移却是可能的，例如，如果某个参与者一直在为其抵押进行还款，可以暂时终止还款以挪出更多资金以在个人发展账户中攒钱）。拥有住房者很可能具有增加储蓄的未被观察到的特征；否则，他们当初不太可能攒足够的钱来买房。如果不控制其他同时与住房所有权以及增加储蓄原因同时相关的其他因素而进行简单的双变量比较，这些未被观察到的因素看起来很重要：美国梦示范项目所有参与者中，月个人发展账户净储蓄平均为 16.60 美元，但拥有住房者约为 29 美元。

汽车。与住房一样，汽车也是非流动资产，而且与个人发展账户储蓄相互联系，主要是通过与一些未观察到的特征之间的联系而实现，这些特征同时影响了个人发展账户储蓄与最初买车时的储蓄。汽车减少了去银行存款或者参加强制要求理财教育课程的交通成本，也增加了个人发展账户储蓄。

如表 4.6 所示，美国梦示范项目中 2/3 的参与者拥有汽车。参与者的汽车平均价值（平均 3,481 美元，中值 1,300 美元）占资产总值的近一半数额（46%）。从这个意义上说，汽车是美国梦示范项目参与者最主要的资产。在有车者中，汽车资产价值平均为 5,223 美元（中值为 3,000 美元）。约 17% 的汽车价值低于 1,000 美元。

小企业。约 10% 的美国梦示范项目参与者申报拥有小企业资产，占资产中值的 5%（表 4.6）。均值为 1,255 美元，但其分布出现了偏差；中值为零，而且有 4 位参与者申报其拥有小企业资产价值为 100,000 美元或以上。在小企业主中，企业资产平均为 10,000 美元（中值 2,000 美元），小企业主中 64% 的企业资产价值为 5,000 美元或以下。这表明，美国梦示范项目中，由个人发展账户参与者运营的大多数小企业实际上规模很小。

土地或地产。 2%参与者申报了拥有土地或地产。所有参与者的平均值为677美元，而在拥有土地或地产者中，平均为35,000美元（中值为25,000美元）（三位参与者申报的土地或地产价值超过100,000美元）。2/3拥有土地或地产者同时还拥有自己的住房。总的来说，土地或地产约占资产总值的1%。

投资。 约14%参与者申报其拥有投资，占资产总值的4%。在这些有投资的参与者中，平均值约为4,800美元。大约40%的投资者申报其投资价值不足1,000美元。通常，这些投资绝大多数是不能直接转移或重组到个人发展账户的非流动个人退休账户或401（k）计划资产。然而，与住房或汽车一样，这些投资的存在也可以成为那些增加储蓄结果的未被观察到的特征的代理因素。

非流动资产总值。 美国梦示范项目参与者的非流动资产总值平均为17,459美元（表4.6）。对于拥有住房者而言，住房价值占主导。但对于更多参与者而言，汽车是价值最高的资产。整体来说，约3/4（72%）参与者至少拥有一种形式的非流动资产，非流动资产约占资产总值的74%。

资产总值。 美国梦示范项目参与者平均资产总值为18,000美元。但是少数极大值使平均值偏高，中值约为3,000美元，流动的银行账户中只有125美元。虽然4%参与者资产总值为100,000美元或以上，但18%申报其资产在100美元或以下，还有12%申报其资产为零。

这些申报其资产为零的参与者可能有一些低储蓄（不管是否有个人发展账户）相联系的未被观察到的特征。事实上，这个群体中有23%成为"储户"，其个人发展账户净储蓄为100美元或以上（美国梦示范项目所有参与者为53%），月个人发展账户净储蓄平均是7美元（美国梦示范项目总体为18美元）。

美国梦示范项目主要的经验是穷人能在个人发展账户中攒钱；53%的参与者成为"储户"，所有参与者月个人发展账户净储蓄平均为16.60美元。对那些以前攒钱较少、积累资产较少的参与者而言，虽然攒钱肯定不是绝对不可能的，但是要更困难一些。

资产转移与重组。 典型的（模型）参与者在注册时有一辆汽车，银行账户余额约 125 美元，同时有少量其他金融或有形资产。这一复合而成的参与者不仅几乎没有资产可转入个人发展账户，而且在美国梦示范项目启动前参与者的资产积累也很低，这也表明几乎没有余地来通过减少非个人发展账户储蓄来将资源转移到个人发展账户中。当然，也有一些参与者确实拥有大量资产（尽管通常是非流动资产），对这一小部分参与者来说，资产转移至少占他们个人发展账户净储蓄的一定比例。而且，任何参与者都能通过增加借贷将资产转移到个人发展账户。

个人发展账户是否产生新储蓄？也就是说，相对于在没有个人发展账户的情况下，个人发展账户是否增加了收入与消费之间的差额？有三种可能的途径可以回答这个问题。第一，对那些合格的或有资格的参与者随机分配进入个人发展账户的机会。在随机情况下，可以按照有机会与无机会获得个人发展账户群体之间净财产的平均差来计算新储蓄（Manski, 1995；Royse, 1991）。美国梦示范项目实验性设计部分采用这一实验方法，但目前还未得到其结果。第二种方法就是询问参与者如何利用个人发展账户做一些没有个人发展账户情况下不可能实现的事情（Moore et al., 2001）。这一方法并不完美，因为即使被访者告诉了实情，但他们自己并不会意识到他们可能正在进行的资源转移或重组。第三种方法是基于对所有未测量方面的假设建立一个模型（Schreiner et al., 2001）。以下将探讨后两种方法。

基于假设的模型。考虑到美国梦示范项目的数据，需要做出一些强假设来评估个人发展账户储蓄来源于新储蓄的比例。尽管强假设往往需要有保留得对待所得出的结果，但是这一检验过程仍然很有趣。检验有三个主要假设。

首先，数据必须包含对收入和消费的测量。美国梦示范项目数据包括对收入的测量，但不包含对消费的测量。因为收入和消费之间的任何差额都会在净财产变化中反映出来，因此测量收入与消费的一种替代方法是测量净财产的所有要素。新储蓄即为由进入个人发展账户的机会或使用个人发展账户所产生的净财产的变化。但是美国梦示范项目净财产测量与对其他数据来源的净财产进行的测量一样，忽略了社会资本和人力资本。例如，参与者通过延迟就医、将可能花在健康保健上的钱存到个人发展账户中，从人力资本（健康）中转移资源。同样，参与者通过要求朋友或家人赠予小额现金存入个人发展账户，从社会资本转移了资源。然而，这里假设个人发展账户净储蓄不受任何美国梦示范项目中未记录的其他净财产要素的影响。

其次，测量个人发展账户对净财产的"效应"，即测量新储蓄，要求测量参与者使用与未使用个人发展账户时的净财产情况。当然，这是一个几乎不可能实现的要求；参与者确实使用了个人发展账户，因此无法观察使用个人发展账户者在未使用时的反事实情况。可以将**控制组**界定为非参与者，他们在没有个人发展账户时的净财产可以作为参与者从未使用个人发展账户（没有观察到而且是不可能观察到的）净财产的代理因素。但很难找到好的控制组。因为参与者不是随机或其他对资格所进行的任意分配，他们是自愿选择的，同时，那些选择参与的人，很可能在一些同时影响净财产及参与可能性的特征方面不同于非参与者（Schreiner，2002c；Moffitt，1991）。例如，有资格参与个人发展账户并且"天生节俭"的低收入者（即那些因为未观察到的原因，在增加他们收入与/或降低消费以攒下更多资源时，所产生的心理成本较小或心理回报较大），比那些天生不太节俭的有资格者更可能开户，并且个人发展账户储蓄也会更高，就是因为节约的本性使他们更容易在个人发展账户中攒钱。此处的分析，把注册时的参与者（开户之前）作为没有个人发展账户参与者的控制组。也就是说，假设没有个人发展账户，参与者的净财产相对于注册时的状况不会发生改变。基于大多数美国梦示范项目参与者净财产水平较低（平均约为4,000美元，中值为360美元，表4.6），因此，这并不是一个很强的假设。毕竟，如果在没有个人发展账户的情况下参与者的净财产也会迅速增加，那么为什么他们的净财产一直没有增加呢？事实绝非如此，个人发展账户参与者整体在美国梦示范项目前攒钱极少，因此在没有个人发展账户的情况下，如果假设他们在这一期间突然开始比以前攒更多的钱，这一点很难令人相信。

最后，需要测量净财产随时间所产生的变化。然而个人发展账户管理信息系统中的数据仅记录了注册时的净财产。要获得随时间发展所产生的变化，可以假设能够通过存折或支票账户中流动资产转移的所有个人发展账户净存款最终确实是来源于此类转移，并且进一步假设所有其他个人发展账户净存款都来自于新储蓄。也就是说，假设所有参与者尽可能多的从银行账户转移而不是重组其他任何资源。

鉴于这些极强假设，对美国梦示范项目中个人发展账户新储蓄的估算，便成为个人发展账户净储蓄与注册时流动资产之间的非负数的差额。排除净存款少于 100 美元的参与者（因为个人发展账户净储蓄为零或接近为零时资产转移便无关紧要），每个参与者从银行账户的流动资产中平均最大转移 44% 到个人发展账户净存款（中值 33%）。如果这里所做出的假设是正确的（很可能并非如此），那么这将意味着从中值来看，约 2/3 的个人发展账户净储蓄来自于新储蓄，其他 1/3 则来自于资产转移。

当然，并非所有能够从流动资产转移的个人发展账户存款最终都是转移而来的。参与者也可以从其他流动性不太强的净财产中部分转移资源。真正通过转移或重组的净存款比例少于（或稍多于）1/3。

如果个人发展账户要同时提高储蓄与资产积累，那么不仅为资产积累提供配款，还要激发新储蓄（即收入和消费之间差额的增加）。尽管个人发展账户管理信息系统数据对新储蓄并未提供可靠的测量，但是通过对参与者的调查和一系列个案研究，可以表明个人发展账户的存款同时来自于新储蓄和转移的资产，同时，这一组合中每种来源的重要性是未知的。

参与者调查。评估个人发展账户所产生的新储蓄，最直接的方式是询问参与者本人。莫尔等人（Moore et al., 2001 and 2000）运用调查和个案研究分析了美国梦示范项目参与者的攒钱策略。虽然他们的研究在多方面很有价值，但是他们的调查并非是针对测量新储蓄和转移资产的比例而进行设计的。调查询问是否有某种攒钱策略，而非每种策略能攒下多少钱。而且，调查和个案研究并不包括参与者所有可能进行新储蓄或转移资产的方式。例如，调查没有问及参与者是否将银行账户的钱全部取出以存到个人发展账户。这里的分析只是寻找一些较为广泛的线索，来发现美国梦示范项目参与者如何讲述他们为个人发展账户提供资金。结果表明个人发展账户存款同时来自新储蓄和转移的资产。

当美国梦示范项目参与者使用增加收入和/或降低消费的策略时，便创造了新储蓄。例如，调查中有些参与者表示：他们通过在劳动力市场中做更多的工作来努力增加收入。约29%的参与者认为，因为个人发展账户，他们的工作时间更长了，41%的参与者认为个人发展账户使他们从事更多工作。约59%的参与者表示个人发展账户使他们更可能工作或维持就业。个案研究的一些参与者还表示，因为个人发展账户，他们打零工以增加收入或者通过交换服务降低消费支出。

被调查的参与者中，约61%的人认为个人发展账户还使他们通过延长工作时间之外的其他方式来增加收入。另外，个案研究的一些参与者认为，因为个人发展账户，他们在预算和资金管理上投入更多精力。

在家庭生产中，参与者通过多种方式花费更多时间、精力和人力资本，在挪出更多现金存入个人发展账户的同时而又不削减消费支出。例如，70%的被调查者表示，因为个人发展账户，他们较以往更用心地采购食物，即通过在家庭生产投入更多时间、精力和技巧来维持特定消费水平的同时减少现金支出。一些个案研究参与者称他们使用优惠券、购买特价商品。被调查者中68%的人表示他们外出就餐少了，这是家庭生产对市场购买最直接的替代形式。（Sherraden, et al., 2004，同样说明了对美国梦示范项目参与者的一些访谈，其中他们解释了如何通过重组方式在个人发展账户中攒钱。）

最普遍的策略（尽管并不必然是最重要或最有效的）是减少消费数量和/或质量。例如，一些个案研究参与者表示：他们节约能源、烹饪低廉膳食并减少应酬。约34%的被调查者称烟酒方面的开支少了。（最初消费烟酒的参与者的比例是未知的。）肯普森、麦凯和科勒德（Kempson, McKay, and Colland, 2003）也发现有配款储蓄项目中最穷的参与者更有可能采用减少消费、应酬和不良嗜好的策略。

参与者也表示，他们通过降低休闲消费质量来产生新储蓄。被调查者中，64%表示降低了休闲方面花费，30%称自己在休闲爱好方面的消费比以前降低了。还有一些个案研究参与者表示，因为个人发展账户，他们减少了假期旅行。

除了通过增加收入与/或减少消费来产生新储蓄，莫尔等人（Moore et al., 2001 and 2000）的调查和个案研究报告指出，美国梦示范项目参与者还通过转移或重组资产来为个人发展账户提供资金。比如，35%的被调查者表示，由于个人发展账户，他们以其他形式攒钱的可能性降低。即使参与者并未显性地从其他银行账户向个人发展账户转移余额，但这一情况表明，他们还是减少了向非个人发展账户银行账户中存钱，当然，这也相当于显性的资产转移。

一些个人发展账户存款通过借贷筹措资金。（这一策略的发生率也许被低估了，因为调查由项目工作人员实施，他们往往告诫参与者不要借钱来为个人发展账户提供资金。）在被调查者中，7%表示从家人或朋友处借款为个人发展账户存款提供资金，3%从其他来源借款，16%通过延迟支付账单。其他人，如9%的被调查者声称其个人发展账户使他们更加难以支付账单，很可能通过借贷方式隐性向个人发展账户转移了存款。虽然他们没有明确以向个人发展账户存钱为目的去借钱，但是他们的借贷的确比没有个人发展账户的情况下增加了。

家庭耐用品形式的资源也被以个人发展账户存款的形式重组。在被调查者中，12%表示他们曾将家庭或私人物品变现存入了个人发展账户。同样，55%参与者称他们为了个人发展账户穿着或购买旧衣服（或推迟购买新衣服），实际上是将资源从衣服，即一种家庭耐用品转移到个人发展账户。

有些参与者延迟了对其他资产的维护来为个人发展账户提供资金。这也是一种转移资产形式。在这些被调查者中，17%表示，因为个人发展账户，他们推迟看医生或牙医，8%称他们放弃购买一些食品或其他必需品。在个案研究中，有一位参与者终止了在健康俱乐部的会员资格。所有这些都是从人力资本向个人发展账户进行资产转移的例子。

总之，这里对莫尔等人（Moore et al., 2001 and 2000）的调查资料所进行的分析，表明美国梦示范项目参与者以新储蓄和转移资产的混合方式为存款提供资金。遗憾的是，这一混合中每一来源的比重无法知晓。假设存入个人发展账户中的所有资源都是新储蓄，或假设所有资源都是转移或重组的资产，都是错误的。

借贷。在很多方面，借贷是资产的对立面。资产是未来可以利用的资源，而借贷是已经有预定用途的（spoken for）资源。资产来源于储蓄（当收入超过支出时），但借贷来源于动用储蓄（当消费超过收入时）。资产会产生利息，而借贷则支付利息。能带来资产的储蓄要求目前的牺牲以换来未来的回报；导致借贷的借款以目前的回报交换未来的牺牲。所以资产激发希望，借贷产生忧虑。

至少有三个理由可以认为借贷妨碍个人发展账户储蓄。第一，借贷减少了可攒下的资源。一方面因为偿还借贷挤占可存入到个人发展账户的资源，而且借贷利息还会增加支出。（尽管使用未消费收入偿还借贷是"储蓄"的一种形式，但这不属于个人发展账户储蓄。）对那些数额大并长期存在的借贷，如住房抵押，这一因素应该是最具有相关性的。

第二，几乎所有借贷（来自家人或朋友的非正式借贷除外）必须有固定偿还义务。例如，住房抵押贷款意味着每月还款，即便在收入非常低或消费非常高的月份亦是如此。这样会降低灵活性、增加资源短缺的风险并加大储蓄难度。因为偿还借贷是"排在第一位"的，由此它们会排挤既非固定又非强制性的个人发展账户存款。

第三，正如现有资产代表过去的储蓄，由此成为同时引起之前储蓄增加以及目前个人发展账户储蓄增加的未观察到特征（如耐性或远见卓识）的代理因素，同样现有借贷标志着过去动用储蓄，因而成为引起之前借款增加与目前个人发展账户储蓄减少的未观察到的特征（如没有耐心或目光短浅）的代理因素。例如，美国梦示范项目数据未包括对参与者冲动性的测量，冲动性即匆忙做出选择、以至于相对于长期的巨大代价，错误地判断了短期微小回报的趋势。冲动性越大，越可能导致借贷的增加；获得借款的便利机会促进了冲动选择（Maital and Maital, 1994）。冲动的人比慎重的人不仅更有可能借更多的钱，而且，在其他情况不变时，他们还更可能选择攒更少的钱，因为他们错误地判断了攒钱短期代价与资产积累长期回报之间此消彼长的关系。总之，借贷的存在标志着更大的冲动性，更大的冲动性也会减少个人发展账户储蓄，因此借贷的存在会减少个人发展账户储蓄。作为这些"消极"的未被观察特征的代理因素，最主要的借贷形式有信用卡借贷、拖欠的家庭账单、向家人或朋友的非正式借贷以及拖欠的医疗账单。

借贷也是向个人发展账户重组资源的方式之一（Schreiner et al.,2001）。最明显的是把借来的钱存入个人发展账户。较为间接地（甚至参与者本人也有可能浑然不知）的是，延迟支付燃气费用（或用信用卡代替现金支付）能够为个人发展账户存款腾出现金。同样，参与者可以停止每月增加50美元偿还抵押贷款，而是将这50美元存入个人发展账户。当然，仅仅是借贷的存在并不必然成为重组发生的确凿证据，但是至少表明参与者有机会借款，并因此有能力通过借贷实现重组。

"当然，借贷不一定全是坏事——只要它能用于发展未来经济增长的生产能力"（Sherraden，1991，p.284）。实际上，大多数人利用借贷至少为一部分非常重要的生产性资产提供资金：住房、汽车和发展人力资本的高等教育。因为资产进一步产生资产，同时因为贷款可以为资产提供资金，所以贷款可以帮助人们摆脱资产匮乏的困境。像大多数事情一样，借贷既可被利用也会被滥用。

尽管上面讨论了借贷、冲动性以及那些增加借贷并减少储蓄的其他未观察到的特征，但借贷的存在标志着一些增加储蓄的特征。俗话说得好："除非你不需要，否则你不会贷款。"只有打算买房的人（或买汽车的人）攒够先期付款首付才能够获得抵押贷款。此外，他们也必须证明他们有足够的稳定收入，即有足够的人力资本做到每月还款（也许偿还几十年）、支付财产税和维护费。同样，学生贷款只是提供给那些有足够人力资本进入高等院校者。从这些方面来看，了解是否存在借贷实际上也是了解那些增加储蓄的未观察到的特征。作为这些"积极的"未观察到特征的代理因素，最重要的借贷形式是住房抵押、汽车贷款、小企业借贷以及土地或地产贷款。

个人发展账户项目工作人员经常建议负债累累的参与者，在他们想在个人发展账户中攒钱之前寻求信用咨询。特别是那些计划为买房进行有配款取款的参与者，很可能也需申请银行贷款，并且只有在具备控制借贷的情况才能获得批准。在这一意义上，美国梦示范项目已经排除了那些已经失控的借贷人，相对而言，借贷的存在更多是成为增加储蓄的未观察特征的代理因素，而非减少储蓄的未观察到的特征的代理因素。

像资产数据一样，美国梦示范项目中的借贷数据（或在任何数据集合中相关的数据）并不完美。虽然参与者会很自豪地承认他们资产的所有权情况（即使他们不知道资产的价值），但也会因借贷而窘迫。

一方面，如果他们确实承认有借贷，他们会低估其价值。另一方面，借贷的价值不需要"按照市场价值估算"便很容易知晓。无论如何，借贷的存在可能比借贷价值测量得更精确。

住房抵押贷款。住房抵押借贷平均为 7,318 美元（表 4.9）。约 16% 的参与者有住房抵押贷款，占借贷总值的 18%。在有住房抵押贷款的房主中，平均抵押借贷约为 49,000 美元（中值 40,000 美元）。约 1% 参与者的抵押借贷为 100,000 美元或以上，4% 参与者无房贷或者已偿清贷款。

住房资产净值（equity）（每个参与者住房价值和住房抵押贷款之间的差额）平均约为 4,000 美元（中值 0 美元，因为 84% 参与者没有住房）。在 16% 的有房者中，平均资产净值约为 16,700 美元（中值 10,000 美元）。4% 无房贷或者已经偿清贷款的有房者平均资产净值为 35,500 美元（中值 30,000 美元）。

总之，美国梦示范项目中约 1/6 的参与者拥有住房。通常，这些住房规模不大，资产价值的中值为 52,000 美元，借贷中值 40,000 美元，资产净值中值 10,000 美元（资产净值中值并不是资产价值中值和借贷中值的差额，因为这一数据由单个参与者计算而来。）约 4% 的参与者无房贷或者已经偿清贷款，这些住房规模更小一些，价值中值为 30,000 美元。

表 4.9 参与者借贷类型

借贷类型	人数	平均值（$）	中值（$）	最小值（$）	最大值（$）	缺省案例	拥有某种借贷类型的参与者（%）	各类型在借贷总值中的分布（%）
住房抵押贷款	2,347	7,318	0	0	185,000	3	16	18
汽车贷款	2,330	1,857	0	0	30,000	20	26	20
学生贷款	2,343	1,946	0	0	140,000	7	18	15
商业贷款	2,345	247	0	0	130,000	5	2	1
土地或地产抵押贷款	2,349	228	0	0	90,000	1	1	1
家人和朋友借款	2,341	460	0	0	120,000	9	19	8
家庭账单	2,341	177	0	0	30,000	9	25	10

(续表)

借贷类型	人数	平均值($)	中值($)	最小值($)	最大值($)	缺省案例	拥有某种借贷类型的参与者(%)	各类型在借贷总值中的分布(%)
医疗账单	2,344	506	0	0	150,000	6	23	10
信用卡	2,342	888	0	0	60,000	8	32	17
借贷总值	2,300	13,654	2,900	0	272,700	50	75	100
资产总值	2,262	18,081	2,982	0	427,000	88	88	N/A
净财产	2,231	4,087	360	-230,550	349,000	119	N/A	N/A

汽车贷款。参与者有汽车借贷比有住房借贷的情况更为普遍。约 26% 的人有汽车借贷，约占借贷总值的 20%（表 4.9）。平均来看，汽车借贷为 1,857 美元（中值 0 美元）。约 7% 的参与者汽车借贷为 10,000 美元或以上，约 41% 的参与者无汽车借贷或已偿清汽车借贷。在有借贷的车主中，平均约为 7,200 美元（中值 6,000 美元）。个人发展账户管理信息系统中并未记录拥有的汽车数目。

对于所有参与者，汽车资产净值平均为 1,600 美元（中值 500 美元）。对 67% 拥有汽车的参与者来说，资产净值平均为 2,400 美元（中值 1,500 美元），对 41% 无汽车借贷或已偿清汽车借贷的车主来说，汽车资产净值平均为 2,900 美元（中值 2,000 美元）。

总计，2/3 的美国梦示范项目参与者拥有汽车。如拥有住房一样，他们的汽车不太贵；资产价值中值为 3,000 美元，借贷中值 6,000 美元，资产净值中值 1,500 美元。（借贷中值大于资产中值，因为有负债的车主，其汽车价值比无负债的车主高。）

学生贷款。约 1/5（18%）的美国梦示范项目参与者有未偿还的学生贷款，占借贷总值 15%（表 4.9）。有学生贷款的参与者，平均借贷为 10,800 美元（中值 5,400 美元）。

像住房抵押贷款和汽车借贷一样，学生借贷象征着高的人力资本（由此攒钱潜力增加），或由于还款需要，现金流动更不自由（由此攒钱潜力降低）。最坏的情况是，参与者接受了学生借贷，但是没有毕业，也没有获得象征着高人力资本的高等教育学位。

商业贷款。参与者平均商业借贷约 250 美元（表 4.9）。但是，绝大多数（98%）参与者没有商业借贷，商业借贷平均占借贷总值的 1%。

在有借贷的企业主中，平均借贷为 12,000 美元（中值 4,000 美元）。

对于所有企业主而言，企业资产平均约为 2,000 美元（中值 0 美元），企业资产净值平均约为 8,000 美元（中值 1,700 美元）。因此美国梦示范项目参与者所拥有的企业大多数规模很小，其资金来源并不是贷款，而是企业主自己的储蓄；资产中值为 2,000 美元，借贷中值 0 美元，资产净值中值 1,700 美元。

这些商业借贷的数字可以得出两个经验。一是许多小企业规模很小。这表明，尽管一些人担心个人发展账户中的资产积累太少以至于难以产生影响（Bernstein, 2003），但是它们对于扶持很多小企业而言已经足够。二是大多小企业主要资金来源于自己的储蓄。这表明，美国和全世界范围内的小企业运动过于强调改善获得贷款的机会，而对改善获得储蓄服务的机会总是关注过少（Schreiner, 2004b; Schreiner and Woller, 2003; Schreiner and Morduch, 2002; Adams and Von Pischke, 1992）。

土地或地产抵押贷款。拥有土地或地产者（项目参与者人数的 1%）中约有一半的人用这些资产进行了抵押，占借贷总值的 1%（表 4.9）。在拥有地产者中，平均借贷为 12,700 美元（中值 0 美元），平均资产为 35,500 美元（中值 25,000 美元），地产的资产净值平均为 22,800 美元（中值 10,000 美元）。

向家人或朋友借贷。大约 1/5（19%）的美国梦示范项目参与者向家人或朋友进行过非正式借贷。非正式借贷平均为 460 美元，占借贷总值的 8%。大多非正式借贷为 1,000 美元或以下；对于有非正式借贷的参与者而言，平均为 2,360 美元（中值 750 美元）。

在小企业主中，约 1/3（31%）有非正式借贷。相反，约 1/6（16%）小企业主有正式商业借贷。尽管无法确定非正式借贷是否用在小企业运营，但似乎大多数都投入到了企业运营中，因为小企业主中非正式借贷（31%）与参与者整体中的此类情况（19%）相比更为普遍。最为可能的是，非正式贷款是一种比正式贷款更为普遍的小企业资金来源。这不足为奇，因为在非工业化国家，非正式金融在小企业中占据主导地位已经是众所周知的事实（Levenson and Maloney, 1996; Adams and Fitchett, 1992; Meyer and Nagarajan, 1992）。同样，也再次突出了美国的正式借贷对于小企业来说意义不大。

家庭账单。约 1/4（25%）的美国梦示范项目参与者有家庭账单欠费（表 4.9），平均每位参与者 177 美元，占借贷总值的 10%。对有拖欠账单的参与者来说，平均为 700 美元（中值 300 美元）。这些参与者中超过 90% 的延期欠费为 1,000 美元或更少。

拖欠账单是财务困境非常强烈的信号（由此导致低储蓄潜力）。比如，人们可能会在支付医疗账单、信用卡账单或学生贷款前先支付他们的房租、燃气和电费。然而，延期账单也并非"消极"的未被观察到特征的强信号，因为困境可能只是暂时的。

医疗账单。几乎 1/4（23%）的美国梦示范项目参与者有医疗账单欠费（表 4.9）。所有参与者平均借贷约为 500 美元，占借贷总值的 10%。在医疗账单欠费者中，平均欠费 2,200 美元（中值 570 美元）。

医疗借贷的存在至少从两个方面成为降低储蓄的未观察到特征的代理因素。首先，这种借贷标志着金融困境。其次，这样的借贷可能也标志着长期医疗问题。

信用卡借贷。约 1/3（32%）的美国梦示范项目参与者有信用卡借贷（表 4.9）。所有参与者平均为 900 美元，信用卡借贷约占借贷总值的 17%。在借贷人中，平均值为 2,800 美元（中值 1,000 美元）。美国梦示范项目数据只记录了参与者是否有信用卡借贷，并未记录是否持有信用卡。

伯德、哈格斯特鲁姆和怀尔德（Bird, Hagstrom and Wild, 1997）在 1995 年消费者金融调查中，描述了收入低于联邦贫困线 200% 以下家庭的信用卡使用情况。这些家庭中大约有 26% ~ 45% 拥有信用卡借贷，平均余额在 2,000 美元到 2,700 美元之间。此外，月收入与信用卡借贷的平均比率为 26% ~ 36%。比较而言，美国梦示范项目参与者，32% 有信用卡借贷，平均余额为 2,800 美元，且信用卡借贷与月收入的平均比率为 73%。总体来看，美国梦示范项目参与者与 1995 年消费者金融调查中低于贫困线 200% 以下的群体相比，负债更重，但这可能反映出 1995 年和 1999~2001 年之间的不同，因为高额负债已经成为一种趋势，尤其在穷人中更是如此（Black and Morgan, 1998；Bird, Hagstrom, and Wild, 1997）。

图 4.4　参与者净财产分布

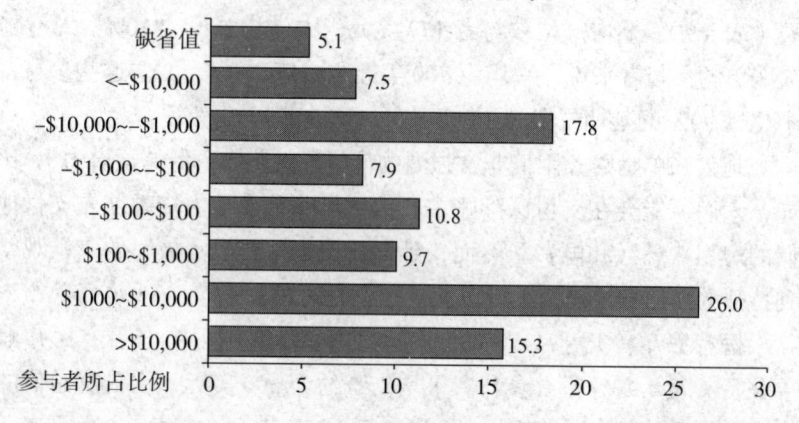

区间	比例
缺省值	5.1
<-$10,000	7.5
-$10,000~-$1,000	17.8
-$1,000~-$100	7.9
-$100~$100	10.8
$100~$1,000	9.7
$1000~$10,000	26.0
>$10,000	15.3

参与者所占比例

净财产。净财产是资产和借贷之间的差额。美国梦示范项目中平均净财产约 4,000 美元（表 4.9）。部分极大值使分布出现了偏差，所以净财产的中值要更低（360 美元）。约 28% 的参与者净财产基本为 0（在 -1,000 美元到 1,000 美元之间，图 4.4），包括约 7% 的参与者申报其净财产为 0。参与者约 25% 的净财产为负，约 41% 的净财产为正（5% 的参与者净财产数据缺失）。总体来说，美国梦示范项目参与者中，有一半多一点的人净财产为零或负值，其余人中大部分则少于 10,000 美元。

（六）保险承保范围

美国梦示范项目记录了参与者是否拥有健康或人寿保险。（这些问题是美国梦示范项目启动后加入到个人发展账户信息管理系统中的，所以约 62% 的参与者数据缺失。）理论上，保险可能从多个方面与储蓄产生联系，但这种关系的方向无法确定。

保险承保范围影响攒钱，主要通过保险费（一种支出）和赔付（一种收入来源）来发生影响。一方面，保险费会占用资源，因此可能减少储蓄，对于健康保险这一点尤为突出。因为相对于人寿保险来说更可能要求按月支付。另一方面，保险承保范围内医疗事件的赔付可以减少支出，因此可能增加储蓄。（个人发展账户参与者的死亡和人寿保险的赔付可以增加家庭储蓄，但当然不会增加死亡参与者的储蓄。）具体到某一特定人，无法知晓保险将是资源的净来源还是净流出，虽然，平均来看，因为保险公司的运营成本和利润，保险是一种净流出。

保险承保范围也可以预测储蓄，因为它作为未观察到特征的代理因素而增加或降低储蓄。例如，人们购买人寿保险，说明具有深谋远虑和未来取向；他们现在的支出是为了将来死亡后他人能受益。在这一意义上，有人寿保险代表着增加储蓄的未观察到的特征。同样，健康保险也代表参与者非同寻常的深谋远虑和未来取向。但是有健康保险也标志着健康问题的存在，并且将通过不在保险范围内的医疗账单支出增加、由于人力资本削弱造成的收入减少以及由于预期生命周期缩短而降低未来取向等，带来削减储蓄的压力。

最后，保险的存在抑制了预防性攒钱动机，同时，代表着一种强烈的遗赠动机。一方面，有健康保险的人可能攒钱更少，因为他们知道如果他们病了，保险会为他们支付账单。同样，有人寿保险的人也可能攒钱更少，因为他们知道一旦他们死亡，他们的继承人至少会继承保险赔付。（在穷人中，人寿保险保单数额通常很小，看起来更像丧葬保险。）另一方面，人寿保险的存在揭示出很强的遗赠动机。保单可能会替代为遗赠而进行攒钱的需求，从而减少储蓄。或者是，保单可能代表着遗赠动机很强，以至于即使在考虑到保险赔付之后，这个人仍比其他人攒钱更多。

表 4.10　保险承保范围以及与主办组织的联系

参与者特征	%
健康保险承保范围	
私营或公共医疗补助	66
无	34
人寿保险承保范围	
有	42
无	58
由合作组织转介	
是	30
否	70
与主办组织之前有联系	
是	59
否	41
主办组织的雇员	
是	2
否	98

注：数据缺失的情况已被排除。

健康保险承保范围。没有缺失数据的美国梦示范项目参与者中，约2/3（66%）有私人健康保险或公共医疗补助（Medicaid）（表4.10）。在这些有健康保险的人中，有1/4（25%）有延期医疗账单（平均为622美元），与此相比，没有健康保险的人中，29%的人有延期医疗账单（平均为585美元）。从这个简单分析来看，没有医疗保险似乎并不会增加延期医疗账单。

人寿保险承保范围。没有缺失数据的美国梦示范项目参与者中，约42%的有人寿保险。把健康保险和人寿保险合起来看，36%的参与者同时拥有两种保险，30%的参与者只有健康保险，6%的参与者只有人寿保险，28%的参与者没有任何保险。

（七）与主办或合作组织的关系

如前所述，美国梦示范项目参与者既是项目选择的，也是自愿选择的。项目选择有两种方式。首先，个人发展账户项目确立其目标群体（见第三章）。第二，主办组织（以及其合作组织）向个人发展账户项目转介符合目标群体要求的潜在参与者。与没有任何转介的参与者相比，那些被转介的攒钱更多。转介组织往往只转介那些他们认为能成功的人，并且这种认识在一定程度上建立在转介组织观察到、但是在美国梦示范项目数据库中无法观察到的一些参与者特征基础之上。因此，转介的存在可作为增加储蓄的未被观察到特征的代理。例如，一个推动住房所有权的项目可能向个人发展账户项目只转介那些表现出异乎寻常的强烈买房愿望的服务对象（美国梦示范项目数据并未记录这些特征），因为这些项目相信，这些人将更加努力地攒钱，并且最终为买房进行有配款取款的机会更大。在其他条件不变时，这是通过转介来的参与者攒钱更多的原因。

当然，其他条件并不会一成不变。尤其是参与者可能比转介组织更了解自己以及他们成功攒钱的机会，所以与自愿选择相联系的未被观察到的特征的效应，相对于那些与项目选择相联系的未被观察到特征，往往作用更明显。而且，非转介/自愿选择的人比那些经人劝说注册的人更加致力于成功实现其选择。最后，被转介意味着参与者正接受一些非个人发展账户的社会服务，因此可能有抑制储蓄的未被观察到的特征。总之，被转介的参与者可能比其他人攒更多的钱，但相反的结果也有可能发生。

由合作组织转介或与主办组织之前的联系。在没有缺失数据的美国梦示范项目参与者中,30% 申报由合作组织向个人发展账户转介（表4.10）。另外,约 59% 在美国梦示范项目之前接受主办组织的其他社会服务。很可能这些参与者中许多人是转介到个人发展账户项目的。总体上,69% 的参与者之前与主办组织或其合作组织有联系。

主办组织的雇员。大约有 2% 的参与者是主办组织的雇员；在少数情况下,他们甚至是个人发展账户项目的工作人员。因为他们在个人发展账户制度中,这些雇员应该体验到了最为强烈的社会/制度效应。然而主办组织雇员的流动性有时很高,离开主办组织的雇员也会被迫退出个人发展账户项目,并因此在记录中显示为储蓄很低。

三、美国梦示范项目参与者与普通低收入人口

本部分将美国梦示范项目参与者与美国人口中低于收入贫困线 200% 的人口进行对比。正如前面所讨论的,这两个群体的差异主要源于两个因素。首先,美国梦示范项目的主办组织通常定位于那些有工作且收入低于贫困线 200% 的人口。在这一目标群体当中,美国梦示范项目参与者可能已经接受主办组织的服务,因为有超过 2/3 的参与者在之前已经与主办组织有联系或由合作组织转介。

其次,美国梦示范项目参与者是自愿选择的；他们自己选择参与（即使他们是转介来的,他们选择了遵从转介安排）。那些期望从个人发展账户获取更多收益的人,更可能选择参与。因为人们知道他们自己的特征,而且由于这些特征将影响到攒钱,选择在美国梦示范项目注册的人可能与普通低收入人口截然不同,甚至可能不同于接受美国梦示范项目主办组织服务的一般服务对象群体。尤其是自愿选择的参与者,更可能具有增加储蓄的特征。

这里的分析来自谢若登等人（Sherraden et al., 2000）的研究,并使用了美国人口普查局对收入和项目参与的调查数据。数据来自于 1995 年 9 月对 1993 年样本的第九次追踪调查。样本包括收入低于按家庭规模调整的收入贫困线（并非是指南 threshold not guidelines）200%

的家庭中年龄在 18 岁及以上的个体。年收入用 9 月份家庭收入乘以 12 得来。就业状况指 1995 年 9 月第一周的情况。"使用银行情况"这一变量主要识别出 1995 年第一季度持有存折或支票账户的家庭成员。数据由人口统计局提供的个体层面的权重（weights）计算而来。自 1995 年以来美国整体贫困的急剧减少表明，在其他条件不变时，美国梦示范项目的参与者可能比 1995 年处于贫困线 200% 以下的普通人口更加劣势。

从性别、种族/民族和婚姻状况等方面来看，美国梦示范项目参与者比普通低收入人口更加劣势（表 4.11）。美国梦示范项目参与者女性比例更大（80% 对应 59%）。同样，美国梦示范项目中的白人更少（37% 对应 64%），而且非裔美国人更多（47% 对应 16%）。最后，美国梦示范项目从未结婚者更多（44% 对应 28%），而已婚者更少（15% 对应 42%）。

但从教育、就业和使用银行情况等方面看，美国梦示范项目参与者却更有优势。对比普通低收入人群的教育状况，美国梦示范项目参与者未读完高中的可能性更低（15% 对应 35%），很少只拥有高中学历或高中同等学力（GED）（24% 对应 39%），大学未毕业者更多（37% 对应 18%），而且拥有大学学历的人也更多（24% 对应 8%）。

表 4.11 美国梦示范项目参与者与普通低收入口的特征比较

特征		美国梦示范项目（%）	普通低收入群体（%）
性别	女性	80	59
	男性	20	41
种族/民族	非裔美国人	47	16
	白人	37	64
	西班牙裔	9	16
	亚裔美国人、印第安人或其他	8	4
婚姻状况	从未结婚	44	28
	已婚	15	42
	丧偶、离异或分居	32	30

(续表)

特征		美国梦示范项目（%）	普通低收入群体（%）
教育状况	高中学历以下	15	35
	高中学历或高中同等学力	22	39
	大学未毕业	39	18
	大学毕业（2年制或4年制）	24	8
就业状况	全职	58	31
	兼职	20	11
	失业	7	6
	无业或学生	15	52
使用银行情况	存折和/或支票账户	79	67
	无银行账户	19	33

美国梦示范项目参与者就业者的比率也较高（表4.11）。普通低收入人口中超过半数（52%）的人口为无业或学生，而美国梦示范项目中这个数据为15%。约78%的美国梦示范项目参与者从事全职或兼职，而普通低收入人口为42%。

最后，美国梦示范项目参与者更有可能有存折储蓄账户和/或支票账户（除个人发展账户外）。1/3（33%）普通低收入人口为"非银行客户"，而美国梦示范项目中这类人群只有1/5（19%）。

总的来看，也许描述美国梦示范项目参与者最恰当的方式就是"有工作的穷人"。这是由项目设计所导致的结果，美国梦示范项目大多数项目以"有工作的穷人"为目标群体，所以参与者有工作的比例较高。这点也可以解释美国梦示范项目参与者受教育程度较高，并且银行账户持有比例也较高的情况。

女性、非裔美国人和从未结婚的参与者所占比例较大，反映出主办组织以及向个人发展账户项目转介服务对象的合作组织等所面对服务对象的主要特征。这些弱势标识（女性、非裔美国人、从未结婚）表明，在"有工作的穷人"这一目标群体中，某种程度上更弱势的人群在美国梦示范项目中注册。

这些数据也产生了这样一个问题：个人发展账户是否只对那些虽然很穷但仍然在就业、教育、银行经验等具有相对优势的人起作用？尽管将近90%的美国梦示范项目参与者有工作或是学生，但是其数据不能回答这一问题。美国梦示范项目中的大部分项目是以"有工作的穷人"为目标群体，并将就业作为参与的先决条件。鉴于失业者通常不具备资格，他们在美国梦示范项目中的较低数量几乎不能说明这一问题，即相对于失业者，个人发展账户是否更适合就业者。从政策目的来看，了解具备参与机会的所有人中哪些人最终开户以及他们如何攒钱是有意义的，但是美国梦示范项目不能回答这个问题。

四、美国梦示范项目中的单亲母亲与普通低收入人口中的单亲母亲

本部分将美国梦示范项目中的单亲母亲的特征与处于或低于收入贫困线200%的普通美国人口中单亲母亲的特征进行比较。这一比较之所以重要，有两个原因。第一，超过一半（52%）的美国梦示范项目参与者是单亲母亲。第二，有孩子的单亲母亲是福利改革与其他反贫困项目关注的重点。

这里的分析来自展敏（Zhan，2003）的研究。单亲母亲指那些18岁以上、生活在至少有一个18岁以下儿童家庭（住户）中的没有结婚的女性。进行对比的统计数据主要来自2000年青年人全国追踪调查中收入在按家庭规模调整的贫困线200%以下家庭（住户）中的单亲母亲。

像美国梦示范项目参与者整体情况一样，美国梦示范项目中的单亲母亲在种族/民族方面与普通低收入人口中的单亲母亲相比，更为劣势（31%的白人对应39%，如表4.12[①]）。美国梦示范项目中的单亲母亲在住房方面也更为劣势，因为她们拥有自己住房的可能性更低（10%对应30%）。

---

① 表4.12中为38%。——译注

表 4.12　美国梦示范项目中单亲母亲与普通低收入人口中单亲母亲的特征比较

特征		美国梦示范项目（%）	普通低收入人口（%）
样本规模		1,215	850
种族/民族	非裔美国人	56	54
	白人	31	38
	西班牙裔、亚裔美国人、印第安人或其他	13	8
领取未成年儿童家庭救助/有需要家庭临时救助者	是	45	68
	否	55	32
教育	高中学历以下	14	20
	高中学历或高中同等学力	27	50
	大学教育	59	30
使用银行服务情况	存折和/或支票账户	77	42
	无银行账户	23	58
拥有住房者	是	10	30
	否	90	70

像美国梦示范项目参与者整体情况一样，美国梦示范项目的单亲母亲比普通低收入人口中单亲母亲的受教育程度更高（前者中的59%至少上过某类大学，后者的这一比例只有30%）。此外，美国梦示范项目中的单亲母亲更可能拥有存折储蓄账户或支票账户（77%对应42%）。美国梦示范项目中的单亲母亲在领取未成年儿童家庭救助/有需要家庭临时救助方面也更有优势（45%对应68%）。

总体而言，对美国梦示范项目中的单亲母亲和普通低收入人口中的单亲母亲进行比较，类似于对美国梦示范项目参与者整体和普通低收入人口整体所进行的比较。美国梦示范项目中的单亲母亲大多是"有工作的穷人"，在种族/民族和住房所有权情况等相对劣势，但在教育、使用银行服务情况和领取公共救助方面较为优势。

五、小结

美国梦示范项目中的参与者是穷人,参与者家庭收入的中值在贫困线以上,约为 18,000 美元/年。4/5 的参与者为女性,大约一半是非裔美国人。一半以上是单亲母亲,超过一半的参与者曾经领取过某种形式资产审查公共救助。1/6 的参与者已婚。在测量误差范围内,净财产中值为零。

美国梦示范项目的参与者不是"穷人中最穷的"的一部分,几乎 2/3 的参与者曾上过大学,近 90% 有工作或者是学生,约 4/5 的参与者有银行账户。约 1/5 有住房,约 2/3 有车。绝大多数住房和车的价值都不是很大。参与者中有一部分集中在小企业主与有抱负的企业家,他们更多的是利用自己的储蓄而非借贷来为他们的商业行为提供资金。

美国梦示范项目中 2,350 名参与者的特征之所以重要,有两个原因。首先,表明个人发展账户更适合于哪些人。尽管这里美国梦示范项目的数据无法给出结论性的答案,因为参与者既是项目选择的,又是自愿选择的,但是美国梦示范项目参与者大多是"有工作的家人"中更为弱势者。虽然他们受过良好的教育、就业率和拥有银行账户的比率都较高,但他们中女性、非裔美国人以及从未结婚者的比例都非常高。他们既不是中产阶级,也不是"穷人中最穷的一部分"。

其次,参与者的特征也可以影响个人发展账户制度特征作用于储蓄的方式。如果决策制定者理解参与者的特征与项目特征之间的相互作用,他们会用更有力的杠杆来调整政策。

后面的章节用回归分析来检验本章讨论的参与者特征与储蓄结果之间关系的各种理论。但是,下一章首先讨论储蓄结果:个人发展账户净储蓄和取款(包括有配款取款和无配款取款)。

第五章　美国梦示范项目的储蓄结果

本章分析美国梦示范项目个人发展账户参与者的存款与取款。同样，也提出了一些测量储蓄的新观点。最后，讨论了应为哪些类型的用途提供配款这一规范性问题的几个关键点。本章所得出的主要结论，也是美国梦示范项目整体的主要结论是：穷人确实能够在个人发展账户中攒钱并积累资产。

对储蓄结果的主要测量方式是**个人发展账户净储蓄**，是指有配款取款的值（不包括配款）加上任何将来可能进行有配款取款的个人发展账户余额。美国梦示范项目所有的 2,350 名参与者，月个人发展账户净储蓄为 16.6 美元，相当于每年约为 200 美元。参与者个人发展账户净储蓄平均为 558 美元，52% 的参与者是"储户"，即个人发展账户净储蓄在 100 美元或以上。个人发展账户储蓄率（个人发展账户净储蓄占收入的比例）平均约为 1.1%。在个人发展账户开户期间，参与者大约每两个月进行一次存款，并且他们的储蓄占配款上限的 42%。参与者随时间推移平均移动了 1,090 美元—年，相当于在能够进行有配额存款的每个年度中转移了 363 美元—年度。

截至数据收集的最后一天，大约 31% 的参与者已经进行过至少一次有配款取款。在那些没有进行有配款取款的人中，约 31% 的人能够在时间上限之后从至少 100 美元的可获得配款的余额中进行有配款取款。在 1.88:1 的平均配款率下，假设所有可获得配款的余额最终都会进行有配款取款，那么美国梦示范项目参与者通过个人发展账户平均能积累 1,609 美元。假定开户与时间上限之间平均有 33.6 个月，参与者积累资产的速度大约是每月 48 美元，相当于一年 576 美元。

在进行有配款取款的参与者中，27% 买房，23% 创办小企业，19% 接受高等教育，20% 维修房屋，8% 为退休储蓄，2% 用于职业培训。

在将要进行有配款取款但是目前还未实施的"储户"中，52%计划买房，16%计划接受高等教育，21%计划创办小企业，5%计划用于职业培训，4%计划维修房屋。因此，三种最为普通的用途是买房、高等教育和小企业。除去配款，每一笔有配款取款的平均值最高的是退休储蓄（702美元），其次是买房（559美元）和房屋维修（491美元）。用于高等教育和小企业的有配款取款平均约245美元。

截至数据收集的最后一天，大约2/3的参与者（64%）至少进行过一次无配款取款。在这一群体中，参与者平均每人进行了4.1次无配款取款，总价值高达504美元。假定这些参与者的平均配款率为1.77∶1，如果将这些无配款取款消费掉，那么每一个进行过无配款取款的参与者大约损失了1,400美元的潜在资产积累。

而且，全部参与者中48%是"低储户"，他们的个人发展账户净储蓄不足100美元。低储蓄和无配款取款的普遍性为政策提供了三条经验。第一，即使提供配款以及个人发展账户的支持性制度结构，穷人攒钱仍然不易。第二，或许仍有空间来改善个人发展账户设计，以使其更具有支持性，尤其是要创造机会使个人发展账户具有永久性。第三，很明显，贫困储户经常需要从他们的个人发展账户中取出一部分款项。因此，无配款取款应该是不受限制的，这样穷人不会因在个人发展账户中攒钱而对自己造成伤害。

应该为哪些用途提供配款？配款应该提供给那些难以转化为消费的、提高生产力、具有积极的个人和社会效应的资产。如果某一配款用途满足了这些标准，同时已经为非穷人提供了此类补贴，那么通过个人发展账户对穷人的补贴就可能会被看做是公平的，而且会得到公众的支持。

按照这些标准，个人发展账户应该对以下三种"基础性"用途提供配款：首次买房、高等教育与职业培训以及小企业。而且，个人发展账户也应该为退休储蓄、买车、购置电脑提供配款，同时也会为那些没有机会参加团体健康保险群体的医疗开支提供配款。除了汽车和电脑，非穷人的所有这些资产都有机会获得补贴。虽然在美国梦示范项目中，所有项目都对三种"基础性"用途提供配款，但除了一些项目对退休储蓄提供配款外，没有项目对买车、购置电脑或医疗开支提供配款。美国梦示范项目中的一些项目对房屋维修提供配款，然而，这种用途很难符合这里所提出的标准。

本章其余内容包含两个部分。第一部分阐述了对美国梦示范项目储蓄结果所进行的测量，包括存款与取款以及有配款与无配款。在这一部分的开始，用一个宽泛的框架来思考三个阶段的攒钱过程："存入"（存款）、"持有"（在项目期间维持余额）、"取出"（取款）。这个框架强调了可以将储蓄过程视为随时间推移而移动的资源（moving resources）。基于这个框架，可以界定出几种测量储蓄的方法（大多数是新的），然后应用于美国梦示范项目中的个人发展账户。本章第二部分透过美国梦示范项目中的用途来考察有配款取款。同时讨论了应该为购买哪些类型的资产提供配款。

一、作为随时间推移而移动的资源的储蓄框架：存入、持有和取出

发展，即福祉长期的改善依赖于储蓄。但是究竟什么是储蓄？如何对其进行测量？根据施赖纳（Schreiner，2004c）的观点，该章节为储蓄提供了一个精确定义，描述了金融储蓄的几个测量方法。所提出的这些测量考虑到了时间的推移以及储蓄的三个阶段："存入"（存款）、"持有"（维持余额）和"取出"（取款）。这些测量方法都对人们如何随时间推移移动（move）金融资源提供了丰富的描述。虽然这些概念是为了说明美国梦示范项目中的个人发展账户，但它们具有普遍性，因而它们能够被应用于测量几乎任何形式的有补贴金融储蓄项目，包括401（k）计划和个人退休账户。

（一）作为随时间推移而移动的资源的储蓄（saving as moving resources through time）

如第二章所讨论的，消费耗光资源，资源来自收入，收入来自生产，而且生产需要自然资源、物质资本（工具）和人力资本（时间、精力和技能）。生产的这些要素来自于**储蓄**，即随时间推移的移动资源而非立即消费它们。如果没有储蓄，人类就将成为勉强糊口的狩猎者与采集者；有了储蓄，人类可以稳固地在过去的基础上改善未来。总之，储蓄推动发展。

尽管储蓄对于福祉的长期改善是必要的，但是对金融储蓄进行测量的方法仍然不完善，更不用说对非金融储蓄的测量了。对金融储

进行测量有两个典型的方法:"在一个时间框架内的存款"和"在一个时间点上的余额"。正如接下来将要讨论的,这些常用的方法尽管有用,却没有抓住随时间推移资源移动过程(the process of moving resources)的几个关键要素。

(二)金融储蓄的阶段

金融储蓄是随时间推移的移动货币(moving dollars)。这个过程可以被视为三个阶段。

第一个阶段是"存入",即将非金融资源转变为货币的单次行动,或者如果"存入"是指"存款"的话,那么就是将现金转为银行账户余额。尽管"存款"常常被等同于"储蓄",但是"存款"概念比"储蓄"含义更窄。例如,偿还房屋抵押贷款是储蓄,但是它是以住房的形式进行的储蓄,即将现金转化为物质资本。同样,接受教育是通过将时间和精力转化为人力资本的储蓄。(当然,"存入"能实现的前提是一个人的收入超过消费。在这里,金融储蓄这一必不可少的预备阶段被视为是理所当然的。)

金融储蓄的第二个阶段是维持余额或"持有"。"持有"通常是一个有所不为而非有所作为(omission rather than commission)的行为。大多数时候,人们都不会考虑他们是否应该将银行账户销户并将收益消费掉。然而,他们是可以随时销户的,并且有的时候他们的确考虑过销户(而且有些时候他们确实销户了)。因此,无论是主动的决定还是被动的默认选项,不取款是有利于随时间推移而移动资源的,而这就是储蓄。

金融储蓄的第三个阶段是"取出"。"被取出"的资源可能被消费(动用储蓄)或被转化为另一种形式持有(攒起来)。对银行账户中的金融储蓄而言,"取出"就意味着进行取款。

这三个阶段中的每一个阶段都具有一个时间框架内金融储蓄的独特特征。储蓄可能在一个阶段高而在另一个阶段低,并且不同的阶段会在不同的时点上或多或少地占据显著地位。因此,对储蓄最好的测量方法是将所有三个阶段都包括进来。通常对"在一个时间框架内的存款"和"在一个时间点上的余额"的测量,简单并且适用于个人金融管理。然而,从描述和理解人们如何随时间推移移动资源这个角度来看,这些常用的测量方法就遗漏了储蓄的一些关键特征。

例如，在一定时间框架内进行大量存款的储户可能在"存入"阶段的储蓄很高。然而，如果他们很快"取出"的话，他们在"持有"阶段的储蓄很低。同样地，在一定框架时间内存款较少但是维持余额很长时间的储户，在"存入"阶段储蓄较低，但是，在"持有"阶段储蓄则较高。最后，从随时间推移的移动资源来看，被"取出"并被消费的取款款项，与被"取出"并转化为其他形式资产的取款进行比较的话，可以发现二者是两种不同的储蓄。

一方面，常用的测量储蓄的方法"在一个时间框架内的存款"，只是描述了资源"存入"而没有说明该资源在"取出"之前被"持有"了多长时间；另一方面，常用的测量方法"在一个时间点上的余额"，只是片面强调了在某一特定时点资源的"持有"而忽视了该资源是多久前被"存入"的，也忽视了它们被"取出"之前持有的时间。

举一个例子，假设两个储户都在无息、无收费的银行储蓄账户中持有个人发展账户。第一个储户在 1 月 1 日存入 100 美元，全年维持余额在 100 美元，在 12 月 31 日以有配款取款的形式全部取出。第二个储户在 5 月 1 日存入 200 美元，两个月内维持余额在 200 美元，在 6 月 30 日以无配款取款的形式全部取出。（这两种储蓄模式如图 5.1 所示。）谁攒的钱最多？换句话说，谁随着时间推移而移动的资源最多？

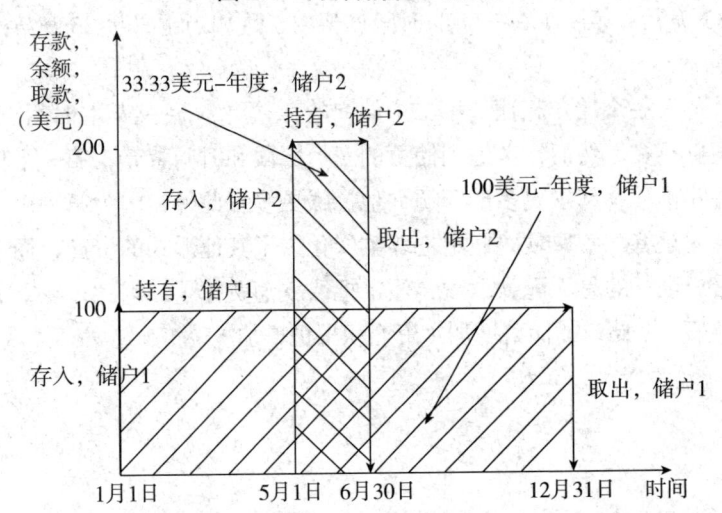

图 5.1 两种储蓄模式范例

"在一个时间框架内的存款"（流量）(flow)和"在一个时间点上的余额"（存量）(stock)这两种常用的测量方法不能完全回答这个问题，因为如上所述，存量和流量不能完整地描述存入、持有和取出三个阶段。所需要的是"流动中的存量（flowing stock）"比如"美元－年度移动"。（一美元－年度意味着一年中移动了1美元或半年移动了2美元，等等。）这个新的测量方法以及特定时间框架内平均的年度余额（"每年美元－年度移动"的另一种表述）能够充分反映出存入、持有和取出三个阶段的状况。

先看看第一个储户的例子。全年"存入"的存款流量是1月1日的100美元，在这一年中"持有"的资源余额是100美元，在年末以有配款取款取出的资源流量是100美元。这一年的平均余额是100美元(100美元×12个月)①，意味储蓄为100美元/年的"流动中的存量"。在一年的时间框架内，如此例所示，储蓄为每年100美元－年度。

再来看第二个储户的例子。这一年"存入"的存款流量是5月1日的200美元，两个月中"持有"的资源余额是200美元，在6月30日以无配款取款"取出"的资源流量是200美元。与第一个储户相比，第二个储户在这一年中（至少是在五月和六月）的存款较高，其余额较高。然而，第二个储户的平均余额是33.33美元（200美元×2个月/12个月）。因此作为"流动中的存量"(flowified stock)的储蓄是33.33美元－年度（在一年的时间框架内，这相当于每年33.33美元－年度）。

与第一个储户相比，第二个储户的存款更多，（从某些时间点看）余额也更多。然而，考虑到储蓄的三个阶段和时间背景，第一个储户随时间推移移动了更多的资源，他攒钱更多。此外，因为第一个储户进行的是有配款取款，假定把取款转化为了其他形式的资产，而第二个储户进行的是无配款取款，假定把取款消费掉了，因此，在下一年度中第一个储户的储蓄增加（资产积累也增加）。

---

① 应为100美元×12个月/12个月。——译注

二、对有补贴账户中储蓄的测量

本部分描述了有补贴账户金融储蓄的一个测量体系。这些测量方法考虑了时间,并从整体上包含了储蓄的三个阶段。这些测量方法需要使用每个月的存款和取款数据。虽然这里用来说明美国梦示范项目中的个人发展账户,但是这些测量方法也能应用于 401(k)计划或个人退休账户。

这些储蓄测量方法之所以重要,不仅因为它们深入考察了人们在个人发展账户中如何攒钱,还因为它们能为政策拓展进入个人发展账户的机会提供经验。例如,运营个人发展账户存折储蓄账户的储蓄机构,可以利用数据来预测存款和取款的频率和规模。同样地,新的个人发展账户项目能利用这些数据来规划、制定标准和做预算。

(一)参与情况

对有补贴账户中储蓄进行测量的最基本指标是参与情况;未参与者不能在有补贴账户中攒钱。美国梦示范项目中有 2,350 名**参与者**(表 5.1),即那些在个人发展账户开户并且在管理信息系统中至少有一次账户结算记录的注册者。

401(k)计划与个人退休账户中的参与情况已被广泛研究(Munnell, Sundén, and Taylor, 2002;Madrian and Shea, 2001;Bassett, Fleming, and Rodrigues, 1998;Clark and Schieber, 1998;General Accounting Office, 1997)。然而,美国梦示范项目只是收集了参与者的数据,因此,除了在第四章中,将美国梦示范项目参与者与普通低收入人口的特征进行了简单的描述比较之外,这里几乎无法说明在有资格参与美国梦示范项目的人群中,哪一部分人最终确实参与了项目。

美国梦示范项目中的所有参与者都有**时间上限**,也就是在个人发展账户开户后有资格进行可获得配款存款的月份数。在美国梦示范项目中,参与者平均时间上限为 33.6 个月(表 5.1)。尽管在时间上限之后有可能从之前的存款中进行有配款和/或无配款取款,但是在时间上限之后的存款不能进行有配款取款。

表 5.1　美国梦示范项目中的参与情况

行	项目	公式	数值
Aa	参与者	数据	2,350
Ab	有资格进行可获得配款存款的月份数	数据	78,962
Ac	个人发展账户开户和有资格进行可获得配款存款的月份数	数据	60,982
Ad	每个参与者有资格的月份数	Ab/Aa	33.6
Ae	每个参与者个人发展账户的开户月份数	Ac/Aa	26.0

在美国梦示范项目中大约一半的参与者在时间上限之前注销了个人发展账户（51%，其中28%进行了有配款取款）。参与者个人发展账户的平均开户时间是26个月，只有在这期间的存款才有资格获得配款。无论是否已经进行了有配款取款，参与者一旦决定注销个人发展账户，就相当于在时间上限之前的那几个月他们不再存款，也没有任何（额外的）有配款取款。

（二）总存款

考虑到储蓄"存入"阶段的特点，**总存款**是指进入到有补贴储蓄账户中的现金流量。这是"定期"存款（存入现金）加上利息收入，并减去各种账户费用后的数额。在美国梦示范项目中，所有参与者在所有月份中的"定期"现金存款总额是2,682,620美元，利息收入是43,669美元，账户管理费是4,846美元（表5.2）。因此，在美国梦示范项目中总存款达2,721,443美元，相当于每一个参与者的总存款约为1,158美元。

总存款总和的测量取决于参与者的数量；其他条件不变的情况下，如果美国梦示范项目的参与者越多，那么总和将越大。但是美国梦示范项目的参与者数量主要取决于用于配款和项目开支的资金。从政策目的而言，一个依赖于资金筹集能力的储蓄测量指标并不理想，因为它不仅反映了个人发展账户的设计和参与者的储蓄，也同时反映了政策选择。从这个意义上来说，对每一个参与者的总存款进行测量，比对所有参与者总存款总和的测量更有用，因为这一方式控制了美国梦示范项目的规模，因此也就不直接依赖于资金筹集。同理，对"每个参与者"进行的测量通常比对总和的测量更有意义。

用同样的逻辑来分析,每一个参与者总存款的测量取决于美国梦示范项目的持续时间;如果美国梦示范项目时间更长的话,也就是说,如果参与者时间上限更长,进行可获得配款存款的月份就更多,那么每一个参与者的总存款就会提高。但是,美国梦示范项目的持续时间和参与者的时间上限,至少在一定程度上没有反映最理想的个人发展账户设计,而是反映了资金限制。因此,一个与政策更相关的、从"存入"角度对储蓄进行的测量是:有资格进行可获得配款存款的月份中每月的总存款。在美国梦示范项目中,这个值是 34.47 美元(表 5.2)。

表 5.2 美国梦示范项目中的总存款

行	项目	公式	数值
Ba	"定期"现金存款	数据	$2,682,620
Bb	利息	数据	$43,669
Bc	费用	数据	$4,864
Bd	总存款	Ba+Bb-Bc	$2,721,443
Be	每个参与者的总存款	Bd/Aa	$1,158
Bf	有资格的每个月的总存款	Bd/Ab	$34.47
Bg	开户期间每个月的总存款	Bd/Ac	$44.63
Bh	有存款的月份数	数据	30,719
Bi	开户期间的存款频率(%)	100×(Bh/Ac)	50
Bj	有存款月份中月平均总存款	Bd/Bh	$88.59

因为储蓄机构会计算参与个人发展账户项目潜在的金融成本和收益,所以了解在开户期间以及有资格进行可获得配款存款的月份中的平均总存款也是有帮助的,这一值为 44.63 美元。在美国梦示范项目参与者进行存款的月份里,平均总存款是 88.59 美元。

总存款与所挣收入税收抵免。在税季,很多穷人家庭(住户)收到退税,其中绝大部分来自于所挣收入税收抵免(Berube et al,

2002）。（巴罗和麦格拉纳汉（Barrow and McGranahan）2002年提出，绝大多数的穷人家庭（住户）在二月或三月收到退款。）这些退税通常是穷人家庭（住户）在一年中收到的最大的资金总额，理论表明这些资金很大一部分可能会被攒起来（Browning and Collado, 2001；Souleles, 1999）。实际上，穷人家庭（住户）很仔细地规划如何使用他们的退税（Romich and Weisner, 2000），巴罗和麦格拉纳汉（Barrow and McGranahan, 2000）估计80%的退税至少攒一个月，领取所挣收入税收抵免增加了家庭在税季之后的几个月耐用品的开支。穷人家庭也常常用退税来改变生活现状，比如搬家、买车、转学等等（Smeeding, Phillips and O'Conner, 2000）。因此，政策制定者、研究者和金融中介机构（financial intermediary）已经提出一个问题，即他们以何种方式来利用这笔数额巨大的资金以帮助"非银行客户"开户，这也就不足为奇了（Beverly, Romich and Tescher, 2003；Beverly, Tescher and Marzahl, 2000）。对个人发展账户而言，问题在于个人发展账户能否帮助穷人家庭将他们更大份额的退税攒起来，并很好地利用他们这部分存款（Smeeding, 2000）。

一些项目明确地鼓励参与者把退税存入他们的个人发展账户。美国梦示范项目的总存款确实在税季急剧增加（图5.2和5.3）。

这些在税季异常高的总存款是否被税季之后同样很高的无配款取款一笔勾销了呢？对个人发展账户净储蓄月度变化的分析（类似于图5.2和图5.3中对总存款的分析）表明，在税季时存入个人发展账户的款项中，以无配款取款形式取出的并不一定比其他月份多。因此，将退税资金中的部分攒起来看起来是一个增加个人发展账户储蓄的有效策略。

年度配款上限结构下的参与者，总存款在税季的增长在所有年度中都是明显而持续的，但对于存期配款上限的参与者，只在第三年出现了增长。遗憾的是，数据没能揭示出配款上限结构与退税储蓄之间产生联系的原因。也许是因为年度配款上限使参与者牢牢记住，需要尽早将每年退税中的一部分资金攒起来，而存期配款上限允许参与者在最后期限临近时，才将退税中的部分资金攒起来。

**图 5.2　年度配款上限的美国梦示范项目参与者每一参与
年度与月份中，每个参与者的平均总存款**

注：很少有参与者达到第四年度，因此这些结果未显示。

总存款与截止日期。图 5.4 为拖延假设提供了一些支持。对于年度配款上限的参与者而言，他们的总存款在每一年配款上限的最后一个月急剧增加，也就是在第 12 个月、第 24 个月、第 36 个月。相反，存期配款上限的参与者却没有这种骤增现象。或许是因为年度截止日期迫使穷人立即做出关于失去存款资格还是用掉这一资格（lose-it-or-use-it）的决定，帮助他们将钱存入个人发展账户中（就像帮助非穷人在个人退休账户中攒钱一样）。

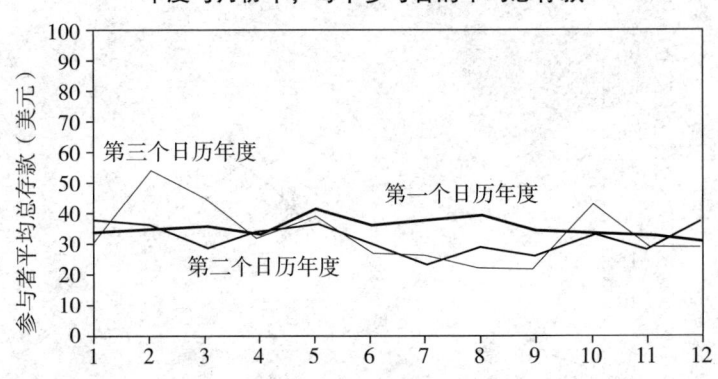

**图 5.3　存期配款上限的美国梦示范项目参与者每一参与
年度与月份中，每个参与者的平均总存款**

注：很少有参与者达到第四年度，因此这些结果未显示。

图 5.4　美国梦示范项目不同配款上限结构下开户后参与者平均总存款

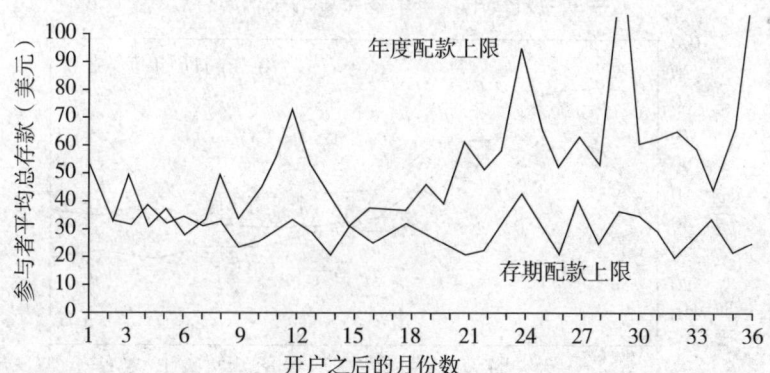

注：很少有参与者有 36 个月以上的时间进行可获得配款的存款，因此 36—48 个月的数据未显示。

（三）存款频率

存款频率就是保持个人发展账户开户状态并进行"定期"（现金）存款的月份数所占的比例。（利息存款不计；如果计算的话，存款频率将总是 100%。）存款频率之所以重要，是因为几乎所有金融规划者都坚持一个真理，即细水长流般的存款能赢得储蓄最终的成功。也就是说，持续每月进行存款，即使是很小额的，也建构了长期资产建设的成果和所需习惯。主要的观点是，对于储户来说，强迫自己每月将小额资金持续地攒起来远胜于等到月末有剩余额才攒起来。美国梦示范项目所有参与者在参与月份中，个人发展账户开户月份内存款频率是 50%（表 5.2）。

图 5.5　美国梦示范项目不同存款频次下每月平均个人发展账户净储蓄

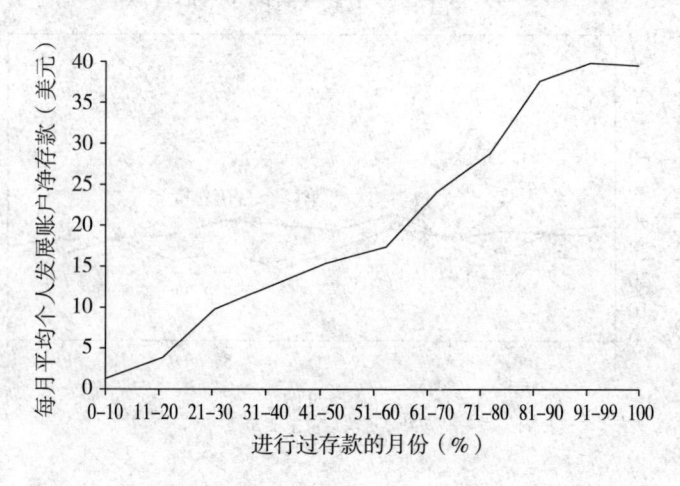

存款频率与有资格进行可获得配款存款的月份中平均（每一个参与者）月个人发展账户净储蓄强相关（图5.5）。存款频率为0%—10%的参与者平均月个人发展账户净储蓄为1.62美元，而那些存款频率为81%或更高的参与者平均约为32美元。然而，相关关系并不意味着因果关系，因此数据不能揭示是经常性的存款增加了储蓄还是高水平的储蓄导致了经常性的存款。最有可能的是，两种力量在一定程度上都起了作用。

存款频率测量的优点在于它的简易性。遗憾的是，这种简易性同时也是它的缺点；例如，在4个月内，每个月存款10美元与分别存入1美元、19美元、15美元和4美元，存款频率是一样的。对于学习攒钱来说，如果关键问题不在于存款规模而仅仅在于存款的存在，那么存款频率测量的这一缺点就无关紧要了。

（四）超出的余额

超出的余额是由于超过配款上限而没有资格获得配款的总存款。从截止日期的数据来看，美国梦示范项目中个人发展账户参与者总存款的总和超出配款上限646,432美元（表5.3）。在超出的余额中，530,096美元已经被取出来（没有配款），116,336美元仍然留在个人发展账户中。（这些数字忽略了最初存入时超过年度配额上限、但不久后在新的参与年份开始时转变成可获得配款的那部分余额。）超出的余额不计入个人发展账户净储蓄，因为它们没有资格得到配款。

表5.3 美国梦示范项目中超过配款上限的总存款

行	项目	公式	数值
Ca	仍在个人发展账户中的超出余额	数据	$116,336
Cb	对超出余额的取款	数据	$530,096
Cc	超出配款上限的总存款	Ca+Cb	$646,432
Cd	有超出配款上限总存款的参与者	数据	832
Ce	有超出余额的参与者比例（%）	100×（Cd/Aa）	35
Cf	有超出配款上限总存款的参与者平均超出配款上限的总存款	Cc/Cd	$777

由于超出的余额被排除在外，本书对个人发展账户储蓄的定义是

不是过于保守了呢？毕竟，超出的余额被存入了个人发展账户并且持有了一段时间。但是，尽管个人发展账户中超出的余额确实是储蓄，它们不能获得配款，所以它们不是**个人发展账户储蓄**。如果没有配款的余额也算作个人发展账户储蓄，那么从逻辑上来说，这个概念不仅必须包括个人发展账户中的所有余额，还应该包括存折或支票账户中的所有余额。比较来看，在个人退休账户和401（k）计划等有补贴储蓄账户中超出的余额，非穷人储户无法得到税收减免，而且超出的余额并未被研究者和政府认为是个人退休账户或401（k）储蓄。

超出配款上限的总存款并不罕见；大约1/3（35%）的参与者在某一时刻有超出的余额。这一群体中的参与者超过配款上限的平均总存款是777美元。考虑到平均每一个参与者的总存款（不管超过还是低于配款上限）是1,158美元（表5.2），同时大约48%的参与者是个人发展账户净储蓄少于100美元的"低储户"，这是一个很大的数值。

美国梦示范项目中存在不同程度超出的余额，主要有几种可能的解释。首先，一些参与者显然把他们的个人发展账户用作交易账户。例如，他们将工资存入个人发展账户，并经常进行无配款取款。（大约7%有超出余额的参与者有20次甚至更多的无配款取款。）在这些"交易者"中，超过配款上限的总存款平均达到2,611美元，约相当于超出余额总值的1/4。预计这些"交易者"主要集中在那些在美国梦示范项目启动之前没有银行账户的21%的"非银行客户"参与者中。然而结果证明，"非银行客户"超过配款上限的平均总存款是253美元，而其他人是281美元。尽管"非银行客户"进行无配款取款的平均次数是3.3次，其他人是2.4次，但是没有充分的证据表明大多数的"交易者"在美国梦示范项目之前是"非银行客户"。

其次，一些参与者把他们的个人发展账户当作一个"暂时放置"巨额款项的地方。例如，8%的有超出余额的参与者在单月内存入的总存款比配款上限多2,000美元或更多。这些"暂时放置者"超出的余额约占据了超出余额总值的61%。许多"暂时放置者"可能用他们的个人发展账户来增加住房的首付，因为他们中47%的人用有配款取款买房子。而且，退税很可能导致较大额度的超出余额，因为27%的"暂时放置者"在二月或三月有超出配额上限的最大额度的总存款，正是在这两个月中大多数的低收入者收到退税（Barrow and McGranahan, 2000）。

第三，许多有超出余额的个人发展账户参与者（大约43%）刚刚超过配款上限。这些人中的大多数（64%）已经进行了有配款取款，因此超过部分只不过是莫菲特（Moffitt, 1990）所谓的"最优化误差"，也就是说，宁愿选择存入少量超出款项，也不愿在为购买特定资产进行有配款取款时，陷入缺乏储蓄的风险。在"储蓄过剩者（over-flowers）"这一群体中，超过部分平均约为66美元，比在有存款月份中的平均总存款（89美元）要少（表5.2）。在个人发展账户中的净储蓄与配款上限持平的参与者中，98%的人有一些超出的余额。这些人中，很多人超出的部分可能来自于在参与者达到配款上限之后，个人发展账户产生的利息。

第四，在没有超出余额的65%的参与者中，约64%是"低储户"，他们的个人发展账户净储蓄少于100美元。考虑到所有参与者中48%是"低储户"，这表明那些有超出余额的人可能主要是那些想方设法努力成为"储户"的人。

总之，有超出余额的参与者可以被归为（不是绝对地）以下五类：把个人发展账户用作日常银行账户的"交易者"；把个人发展账户用作短期存储退税或者住房首付的"暂时放置者"；攒钱时超出了配款上限一点点的"储蓄过剩者"；个人发展账户净储蓄达100美元或以上的"储户"以及/或者"其他"。

超出余额的存在，是否意味着如果配款上限放宽的话，个人发展账户参与者将攒更多钱？这一章中对美国梦示范项目的数据分析不能回答这个问题。配款上限提高的话，"储蓄过剩者"几乎可以肯定会在个人发展账户中攒更多的钱，但是"交易者"和"暂时放置者"可能会攒更多也可能不会，而大多数"低储户"的个人发展账户净储蓄很有可能仍不足100美元。第六章的回归分析将在控制许多其他项目与参与者的特征之后，通过考察个人发展账户净储蓄如何随着配款上限的变化而变动来直接解决这个问题。

到目前为止主要讨论总存款，但是由于以下几个原因，对储蓄的测量不应绝对强调第一个阶段，即"存入"。第一，个人发展账户中的总存款只有在配款上限以内才能获得配款。超过配款上限的总存款仍然是储蓄，但不是可获得配款的个人发展账户储蓄。第二，个人发展账户中的存款可以被取出来为消费提供资金或被转化成其他形式的资产。第三，如上所述，一些参与者是"交易者"，他们几乎把个人发展账户当作支付账户，经常存款、取款而没有坚持长期积累。这种起伏不定的行为导致了"存入"较高但"持有"较低。因此，不管是没有配款还是有配款，同时考虑存款和取款会更好一些。

（五）无配款取款

无配款取款是出于某一不能提供配款的目的而从个人发展账户中取出的资金。美国梦示范项目对无配款取款没有实行正式的限制。（美国梦示范项目中独立资产法项目点以及其他一些项目和参与者共同持有个人发展账户，因此项目工作人员必须在所有无配款取款上签字。显然，项目雇员除了试图利用这一"具有教育意义的时刻"之外，毫无异议地同意了所有请求。美国梦示范项目中对无配款取款的其他名义上的正式限制几乎很少实施。）参与者一直很自由地进行无配款取款，避免了在他们需要生存资源时，由于攒钱过多在某种程度上可能引起的参与者自我伤害的风险。美国梦示范项目中平均每一个参与者进行了2.6次总额为325美元的无配款取款（表5.4），总值达325美元。

表 5.4 美国梦示范项目中的无配款取款

行	项目	公式	数值
Da	无配款取款的值	数据	$763,903
Db	无配款取款的次数	数据	6138
Dc	无配款取款的平均值	Da/Db	$124
Dd	进行过无配款取款的参与者	数据	1,515
De	进行过无配款取款的参与者比例（%）	100×(Dd/Aa)	64
Df	参与者无配款取款的平均次数	Db/Aa	2.6
Dg	参与者无配款取款的平均值	Da/Aa	$325
Dh	进行过无配款取款的参与者平均无配款取款的次数	Db/Dd	4.1
Di	进行过无配款取款的参与者平均无配款取款的值	Da/Dd	$504
Dj	以无配款取款形式所取款项的平均配款率	数据	1.77:1
Dk	进行过无配款取款的参与者平均损失的配款	Di×Dj	$892

典型的无配款取款数额并不大（124美元）。实际上，参与者在无配额取款的月份进行的无配款取款中，1/4的取款值为28美元或以下，有一半的取款值在100美元或以下。尽管美国梦示范项目没有收集无配额取款用途的数据，但是大多数无配款取款的数额很小，这或许表明它们经常被用于满足短期的生存需求（比如付账），也表明参与者试图尽可能少的取款。

尽管典型的无配款取款数额不大，但是进行过无配款取款的参与者平均每人有4.1次，总价值达504美元（表5.4）。而且，从损失配款角度来看，任何无配款取款都付出了巨大的机会成本。进行无配款取款的参与者，其平均配款率是1.77∶1，因此，从损失的配款来看，每个参与者无配款取款的代价约为892美元。所有的参与者的无配款取款平均约为325美元，个人发展账户净储蓄（已获得配款或者在数据收集截止日期之后仍能获得配款的存款）约为558美元。因此，美国梦示范项目中大约1/3（37%）可获得配款的存款被以无配款取款的形式取出。最终，大约48%的美国梦示范项目的参与者是"低储户"，个人发展账户净储蓄不足100美元。

"低储户"是因为总存款额太少还是无配款取款次数太多？在"低储户"中，平均总存款是687美元，平均无配款取款是430美元。（产生差额的主要原因在于如果从超出配款上限的总存款中取款，不会按照从可获得配款余额中进行无配款取款来计算。）在个人发展账户净储蓄是100美元或以上的"储户"中，平均总存款是1,584美元，平均无配款取款是230美元。因此，"低储户"总存款较低，而无配款取款较高，并且这两个因素很有可能互相增强。也就是说，存款较低的参与者可能会灰心丧气，因而更容易地进行无配款取款。而且，最初导致存款低的任何因素也可能产生紧急情况，增加了进行无配款取款的需求。

考虑到损失配款所产生的较高的机会成本以及个人发展账户支持性的制度环境，美国梦示范项目中无配款取款的程度（以及"低储户"）是令人吃惊和担忧的。当个人发展账户参与者进行无配款取款时，为了支付当前消费所需现金，他们放弃了配款的高回报率（并且失去了未来拥有某一资产的可能）。通常，美国梦示范项目的数据仅仅提供了结果而未提供原因，因此不可能确切地知道无配款取款和"低储蓄"产生的原因和方式。但是理论可提供一些推测性的解释。

第一个（可能也是最重要的）观点比较简单，即攒钱对穷人来说比较困难。一些参与者不仅勉强度日，而且容易受收入和开支变化的影响。如果收入急剧减少（比如，由于失业）或者如果开支急剧增加（比如，由于生病），那么短期现金需求可能会超过无配款取款的长期代价。而且，即使参与者自身没有受到收入或开支的冲击，他们社会网络的成员也有可能受到这样的冲击而向他们索要现金支持，从而导致了无配款取款（Chiteji and Hamilton, 2002）。当然，也可能是因为一些参与者仅仅是目光短浅或不够明智；也就是说，他们完全知晓行为的结果，但是却仍然做出损害长期福祉的行为，结果他们因为短期消费机会的诱惑而进行无配款取款。最终，穷人攒钱的困难更多是因为收入仅仅能满足物质生存需要，还是因为目光短浅的选择，或者是因为制度因素（例如由于财产审查公共救助中的资产限制而变得根深蒂固的消极世界观或习惯），这一点无法得到确认，或许这一问题也不重要。所有这些因素或许在某种程度上同时发挥作用。不管怎样，虽然美国梦示范项目表明穷人能够在个人发展账户里攒钱，但是也表明了对很多穷人来说，即使在个人发展账户中攒钱也是困难的而且个人发展账户不是灵丹妙药，得出这样的结论便没有什么惊奇的了。

第二，进行有配款取款的参与者中大约49%的人随后也进行了无配款取款，在这一群体中平均每一个参与者的无配款取款数额为434美元，约占所有无配款取款总值的20%。这些无配款取款主要是针对有配款购买之后剩下的"额外的"个人发展账户储蓄，但是无法知晓具体的比例，因此不代表在个人发展账户中攒钱的努力是失败的，而是超出了计划的有配款用途所需的储蓄。

第三，在注册后某一时间，参与者或许从自身角度发现，他们的个人发展账户储蓄无法实现有价值的配款用途。比如，某个参与者注册时可能希望攒下全部可获得配款的金额以支付房子首付。无论是什么原因，如果这个参与者最后的储蓄比预期的少，首付就变得不现实。当然，个人发展账户的参与者一直有改变主意的自由，可以为了与注册时计划所不同的目标进行有配款取款，但是，如果参与者注册时只是考虑了一两个配款用途，那么这样的改变就会很困难。因此，如果原计划不得不变更的话，一些参与者可能更愿意以无配款取款的形式销户，而不是变更为另一种配款用途。

问题在于，在特定的时间点上，只有一两种配款用途符合某一特定参与者的情况。例如，在注册时有住房的20%的参与者中，大多数人并没有想要为了买房进行有配款取款（而且，一些项目将用于买房的有配款取款限制在初次购买者中，任何永久性的、普遍的个人发展账户政策可能都会这样做）。而且，住房所有权并不是付完钱便万事大吉；一些有能力通过个人发展账户为住房首付攒钱的参与者，仍然还是决定了不想让持续的维护和月抵押偿还责任拖累自己。同样地，注册时80%没有房子的参与者不会为住房维修进行有配款取款。大多数上了年纪的参与者，尤其是那些家中没有处于大学教育年龄阶段的子女或孙子孙女的参与者，不会将用于高等教育的有配款取款视为一项有吸引力的选择。即使那些对用于高等教育的有配款取款感兴趣的参与者也很可能意识到，这样一个培训项目也不是交完学费之后就万事大吉，完成高等教育包含着巨大的、长期的责任。小企业同样缺乏广泛的吸引力。美国梦示范项目中大约78%的参与者在注册时从事有薪工作，自雇通常比有薪工作更困难，对低收入者来说更是如此（Schreiner, 1999a and 1999b; Bates, 1997; Balkin, 1989）。唯一一个可能具有普遍吸引力的配款用途是将个人发展账户储蓄加上配款"转入"罗斯个人退休账户，因为它是一次便能完成的用途，几乎任何年龄、教育水平、自雇状况和拥有住房状况的参与者都有可能实现。然而，美国梦示范项目中只有四个项目为退休储蓄提供配款，并且，不管怎样，许多年轻人，无论其收入如何，可能认为退休离他们太远而不去考虑这一问题。

所有这些表明，对于那些在注册前便已经开始规划（或许已经开始攒钱）买房、接受高等教育、开办或扩大小型企业或维修住房的参与者来说，最不可能从个人发展账户中进行无配款取款。在这些情况下，如果进入个人发展账户的机会加速并且/或者增加了正在积聚或已经被规划的资产积累，那么这种机会仍然会产生效应。当然，对那些在听说个人发展账户之前从没想过买房、接受高等教育或成为自雇者的人而言，个人发展账户仍然是有用的。个人发展账户的制度结构确实向人们表明他们能够（而且也应该）做以前从未考虑过的事情。但是由于某个特定的参与者仅仅有一两个配款用途符合其现实情况，所以对那些开户时目标单一、同时由于种种原因后来又不得不改变计划的参与者而言，更可能进行无配款取款。

无配款取款与退休储蓄配款。帮助个人发展账户的参与者减少无配额取款的一个简单方法是，为从个人发展账户向罗斯个人退休账户"转入"的储蓄提供配款。这不仅推动了穷人进行更多的退休储蓄，而且也鼓励了高等教育和住房所有权，因为罗斯个人退休账户可以用于这两种用途，且在任何时候都没有税收罚款（tax penalties）。如果个人发展账户能够被"转入"到罗斯个人退休账户，那么那些在注册时希望支付买房首付或大学学费的个人发展账户的参与者，即使在他们还未准备好进行有配款取款时已到截止日期，但是仍然能够继续为那些长期目标积累资产。对向 529 大学储蓄计划"转入"的资金进行配款（Clancy，2003；Clancy and Sherraden，2003）也有助于"扩展"旨在资助高等教育的个人发展账户。事实上，俄勒冈州与宾夕法尼亚州已经允许从个人发展发展账户向 529 计划"转入"资金（Clancy, Orszag and Sherraden，2004）。

一些州与联邦政策已经为穷人在罗斯个人退休账户中的退休储蓄和 529 大学储蓄计划中的高等教育储蓄提供配款。2001 年的税收法首次提出的储户税收减免在某种程度上类似于配款，即低收入纳税人向个人退休账户或 401（k）计划的缴费（不超过某一上限）有资格获得不可退的（non-refundable）50% 的税收抵免（Orszag and Hall，2003）。在 529 大学储蓄计划中，五个州（路易斯安那、缅因、密歇根、明尼苏达和罗德岛）为低收入储户的缴费提供配款（Clancy, Orszag and Sherraden，2004）。

无配款取款与个人发展账户设计。个人发展账户项目是否应该用正式的规则来抑制甚至阻止无配款取款？一方面，如果参与者预料到他们不能抵挡短期消费机会的诱惑，那么个人发展账户项目就会通过限制无配额取款来帮助参与者。这些限制将会使注册者免受自身目光短浅行为的伤害。安吉雷托斯等人（Angeletos et .al., 2001）、舍夫林和塞勒（Shefrin and Thaler，1988）、迈特尔（Maital，1986）指出，人们（无论穷人还是非穷人）有时了解更好的选择，但是仍然目光短浅、无法去做符合他们长期最佳利益的事情。一些美国梦示范项目的参与者称，他们很感谢对无配额取款的制度限制，因为他们相信，是这些限制帮助他们战胜了优柔寡断的时刻（Moore et al.，2001）。如果人们找不到除了无配款取款之外的其他满足家庭（住户）短期金融需求的方法，对无配款取款的限制也仍然有用。如果无配款取款是负责而且困难的，那么在金融困境中的参与者可能会更努力地去寻求替代性的解决方法。

另一方面，如果对无配款取款限制过于严格，而一些参与者认为他们最终会在紧急情况下进行无配款取款，那么那些潜在的参与者根本不会注册，或者即使注册了，他们会选择在截止日期前的最后一刻才存款。这样，假若他们的确遭受冲击，他们将避免无配款取款的交易成本。施赖纳等人（Schreiner et al.）（2005）的研究结果及本章之前所述都表明，美国梦示范项目中的存款确实在年度时间上限截止日期前有增加趋势，这产生了一个较为合理的推测，即美国梦示范项目中的一些参与者确实是到最后一刻才存款。然而，如果对取款的限制使参与者在截止日期之前将钱存在个人发展账户之外，那么就会降低净存款，因为在个人发展账户之外攒的现金更可能"花钱如流水"，并且会在截止日期之前被花掉，而不需要考虑紧急情况或取款限制（Beverly and Sherraden，1999；Bernheim，1997；Caskey，1997；Thaler，1990）。

对穷人来说，危机是生活中的事实。个人发展账户对穷人造成的极少数伤害之一就是把穷人的储蓄放到他们一时无法触及的地方。同时，对无配款取款的一些适度的、非正式的限制可以帮助一些参与者"持有"他们的存款。美国梦示范项目中个人发展账户的制度结构，只有对无配款取款的非正式的抑制而没有强制性的正式限制，这是一个折中的优秀模式，即在没有施加任何正式限制的情况下，设法体现了取款限制的优点。也就是说，非正式的或仅仅是名义上的限制，会增加无配款取款的"心理成本"，从而帮助阻止一些不明智的选择，但是同时又没有太大地增加代价，避免了即使在急需的情况下也拿不到储蓄的情况。非正式限制的一个例子是，项目明确希望参与者首先与个人发展账户的工作人员讨论无配款取款计划。一方面，参与者为了避免与工作人员讨论该问题的尴尬而放弃进行无配款取款，另一方面，通过讨论可以找到解决危机的替代方法，而不必只是进行无配款取款。此外，理财教育课程和个人发展账户宣传资料可以着重强调，只有在极其谨慎和急需情况下才能进行无配款取款，因为从损失配款的角度来看，无配款取款的代价是非常大的。与泰勒和桑斯坦（Thaler and Sunstein, 2003）"自由主义的家长制"观点一致，这些对无配款取款的非正式的或名义上的限制允许参与者自己做出选择，同时也促使做出"明智的"选择。

另一个有助于降低无配款取款的简单项目设计调整利用了"心理账户"的优势（Milligan, 2002；Prelec and Loewenstein, 1998；Thaler, 1992）。主要的观点是，在运行个人发展账户这一用于长期资产积累的账户的同时，提供另外一个明确标明用于紧急情况的储蓄账户。即使参与者在两个账户中攒的钱不会比在单一个人发展账户中攒的钱多，但是，如果能帮助参与者将个人发展账户视为长期储蓄，那么仅仅是第二个"紧急账户"（以及其标签）的存在就有助于维持个人发展账户余额。而且，"紧急情况"账户的存在会产生一个意识效应，即推动参与者为紧急情况攒更多的钱，同样减少了无配款取款对个人发展账户造成的压力。

第六章回归分析的结果表明，在美国梦示范项目中，如在独立资产法托管的项目点中，参与者和项目共同持有个人发展账户增加了成为"储户"的可能性，也许是由于无配款取款需要项目工作人员签字的些许不便造成的（即使签字总是被批准）。

然而，从操作的角度来看，共同持有账户是有问题的。一方面，它对管理者来说很烦琐，并且花费项目工作人员的时间。另一方面，这些看起来很笨拙的方法在非穷人的有补贴储蓄项目中是没有的。例如，即使政府不是账户的共同所有人，401（k）计划和个人退休账户有资格获得税收减免，取款（可能会有税收罚款，近似于配款损失）不需要任何共同签署人签字。而且，请求项目工作人员的签字增加了风险，即参与者不能在紧急情况下立即取出储蓄，如周末或个人发展账户工作人员休假时。此外，共同所有账户也会产生风险，例如工作人员受到诱惑而设法贪污参与者的个人发展账户储蓄。

截止日期，"开除"和个人发展账户政策。与针对非穷人的有补贴储蓄项目（如401（k）计划和个人退休账户）不同，美国梦示范项目中的项目（与目前大多数个人发展账户项目一样）对可获得配款存款（时间上限）和有配款取款（通常在时间上限后的6到12个月）都强加了截止日期。超出截止日期的话，存款不能获得配款并且不可能进行有配款取款。

然而，如果目标是改善穷人的长期福祉，那么这些截止日期是反功能的。一些个人发展账户的参与者会心甘情愿地攒好几年钱，但没有特定购买意愿，因此在较短时间内强迫他们进行有配款取款是毫无意义的。如果允许参与者按照自己的意愿来积累自己的储蓄，将会是一个更好的设计。

此外，在美国梦示范项目中，一些无配款取款是由"被开除者"进行的，但是具体数额无从知晓。项目工作人员强迫一些存款较低并且/或者不经常存款的参与者以无配款取款形式注销个人发展账户。尽管"被开除者"的个人发展账户净储蓄确实很低，但是他们没有选择放弃。相反，个人发展账户的工作人员替他们做出销户选择，这些选择所考虑的并不是这些参与者的福祉，而主要是想为其他可以攒钱更多（而且受益更多）的参与者留出机会。这种选择可以说是"爱之深、责之切"，考虑到美国梦示范项目的资金限制，可能会提升总体的社会福祉。并且，项目的工作人员也意识到，替代"被开除者"有助于提高向项目资助者报告的数字，并因此增加寻求进一步资助的机会。虽然"开除"有利于项目在资金较弱的情况下生存，但是从发展的角度来看，它们并没有意义。像截止日期一样，"开除"是反功能的。而且，美国梦示范项目个人发展账户管理信息系统的数据表明，下面这种现象也是常见的：刚开始储蓄较低或者有12到18个月的存款空白期而没有被开除的参与者，最终仍成为"储户"并且/或者进行了有配款取款。

截止日期和"开除"都是个人发展账户示范项目资金支持短期性的表征。私人资助者当然不会为参与者一生的个人发展项目持续提供资金，只有政府才能那样做。考虑到对个人发展账户的短期资助，个人发展账户项目必须为可获得配款的存款和有配款取款设定截止日期，因为最终未使用的资金必须返还给资助者。同样地，如果预算限制限定了参与者数量，"开除"也为那些能够攒钱和受益更多的人留出更多机会。

遗憾的是，资金限制使得一些人以及一些个人发展账户项目的工作人员把个人发展账户仅仅视为是一个短期储蓄的工具。当然，这不是本意，只是政策示范的特点人为造成的。从发展的角度来看，政策目标应该允许人们在个人发展账户中一直攒钱直到他们准备好进行有配款取款。此外，将个人发展账户转化成短期项目似乎也不符合非穷人的有补贴储蓄项目的情况。例如，如果参与者错过截止日期、长期未缴费甚至等几十年才开账户，401（k）计划和个人退休账户都不会开除参与者或者限制获得税收减免的机会。实际上，不管过去的储蓄表现如何，每个人都应有永久性的机会来参与这些项目。

个人发展账户项目应该持续多长时间呢？谢若登（Sherraden，1991）最初的个人发展账户提议提倡普遍的、永久性的账户，在一出生就开户，给穷人以更多的补贴。从这种意义上来说，个人发展账户从未意味着成为不同于401（k）计划和个人退休账户的、有结束日期的"项目"。实际上，个人发展账户是有时间限制的，因为实地中的进展（作为示范项目受到资助）已经先于永久性政策的出台（Edwards and Mason, 2003）。但是，如果个人发展账户的政策目标是提升穷人的长期福祉，那么在示范中必要的许多实践，比如为有配款取款设定截止日期或开除低储户等，往往事与愿违。更好的设计应允许个人发展账户参与者按照自己希望的时间攒钱和持有余额。一些参与者可能会心甘情愿地攒好几年钱而不进行有配款取款，有时会定期存款，有时不存，有时在紧急情况下进行无配款取款。但是每一个人都有一个账户（即使余额是零），每一个人都会收到年度结算单，它像是善意提醒人们进行攒钱，有点类似于社会保障年度结算单在不断地提醒人们社会保障不是他们唯一的退休收入来源。

（六）有配款取款

有配款取款是为了某一可获得配款的目的而从个人发展账户中提取的资金。在美国梦示范项目中，所有项目都为买房、高等教育和小企业提供配款。有十一个项目为职业培训和技术教育提供配款（这些用途有时包含在"高等教育"下），八个项目为住房维修和改建提供配款，四个项目为退休储蓄提供配款。在美国梦示范项目之外，一些个人发展账户项目为买车或购置电脑提供配款。

有配款取款将个人发展账户中余额形式的资产转化为其他形式的资产（比如，通过买房转化为物质资本，通过高等教育转化为人力资本，通过创办小企业转化为商业资本）。只有购买特定种类的资产才能获得配款，配款经常被直接支付给卖主。

到数据收集截止日期，美国梦示范项目参与者中31%进行了有配款取款。这一组参与者每人平均进行了2.6次有配款取款，总价值达（不包括配款）923美元（表5.5）。（从美国梦示范项目整体而言，有配款取款平均是359美元，参与者平均进行了0.8次有配款取款，价值（不包括配款）286美元。）假设这些参与者的平均配款率是1.81∶1，那么有配款取款（包括配款）平均为1,009美元，或者进行过有配款取款的参与者每人平均为2,593美元。

表5.5 美国梦示范项目中的有配款取款

行	项目	公式	数值
Ea	有配款取款的值	数据	$672,577
Eb	有配款取款的次数	数据	1,874
Ec	平均有配款取款值	Ea/Eb	$359
Ed	进行过有配款取款的参与者	数据	729
Ee	进行过有配款取款的参与者比例（%）	100×（Ed/Aa）	31
Ef	参与者平均有配款取款次数	Eb/Aa	0.8
Eg	参与者平均有配款取款的值	Ea/Aa	$286
Eh	进行过有配款取款的参与者平均有配款取款次数	Eb/Ed	2.6
Ei	进行过有配款取款的参与者平均有配款取款的值	Ea/Ed	$923
Ej	以有配款取款形式取出资金的平均配款率	数据	1.81∶1
Ek	有配款取款的配款	Ea×Ej	$1,217,364
El	有配款取款加上配款	Ea+Ek	$1,889,941
Em	有配款取款加上配款的平均值	El/Eb	$1,009
En	进行过有配款取款的参与者有配款取款加上配款的平均值	El/Ed	$2,593

作为测量储蓄的一种方法，从个人发展账户中"取出"的有配款取款有一定价值，但是并不完善。首先，在某个时间点，一些有资格获得配款的余额仍然留在个人发展账户中，等待日后以有配款取款的形式取出来。其次，因为资源是可以互换的（fungible），假设通过有配款取款转移的资源最终都转化成所购买的资产并不总是成立的。有些情况下，即使没有个人发展账户的帮助，参与者也会实现购买同等资产，尽管购买额比较小或在时间上较晚。在这些情况中，有配款取款没有转化为所购资产而是转化为参与者所购买的任何物品（资产和/或消费品），而如果没有个人发展账户，不可能购买这些物品。（即使配款被直接支付给卖主甚至有配款取款直接从存款机构划拨给卖主，这一点也是成立的。）但是，美国梦示范项目中的个人发展账户管理信息系统数据没有揭示出如果没有个人发展账户的话会发生什么，因此这里的分析不能得出如下问题的结论，即资源互换性能在多大程度上意味着有配款取款并未引起相关有配款资产的购买？

有资格获得配款的余额。美国梦示范项目的参与者通常在截止日期之后有 6 到 12 个月的时间进行有配款取款，取款主要来自于时间上限之前存入的可获得配款的存款。然而此次数据收集工作的截止日期在时间上限内。因此，目前所讨论的有配款取款的数字并不能说明全部问题，因为美国梦示范项目的许多参与者仍持有**有资格获得配款的余额**（迟早以有配款取款取出的、可获得配款的存款），它们没有在数据中以有配款取款的形式体现出来，但在数据截止日期之后是有可能以有配款的形式取出。尤其是规划买房的参与者往往普遍持有大额的有资格获得配款的余额，因为这种配款用途涉及单次的、大额的有配款取款，必定涉及一个冗长的、复杂的寻找房源过程。不仅找到一套适合的住房需要时间，即使在其他条件不变时，积攒大量的存款也需要较长的时间。因此，在时间上限之前，许多规划购房者可能将大多数甚至全部储蓄仍放在个人发展账户中。

实际上，在美国梦示范项目中有资格获得配款的余额总计是 638,531 美元（表 5.6），几乎与总的有配款取款 672,577 美元持平（表 5.5）。截至数据收集的最后一天，大约 47% 的参与者持有有资格获得配款的余额（表 5.6），其中 74% 的人有 100 美元或以上的余额有资格获得配款。在持有有资格获得配款余额的参与者中，平均是 578 美元，假设这些参与者的平均配款率是 1.96∶1，这些有资格获得配款的余额如果全部以有配款取款的形式取出，将使这个群体中的每一个参与者平均资产积累达到 1,710 美元。有资格获得配款的余额加上潜在的配款，所产生出的潜在资产积累为 1,890,053 美元（表 5.6），几乎完全相当于有配款取款加上配款的总和，即 1,889,941 美元（表 5.5）。（当然，这些数据在某种未知程度上夸大了资产积累，因为在时间上限之后取出的余额也可能无法获得配款。）

表 5.6 美国梦示范项目中有资格获得配款的余额

行	项目	公式	数值
Fa	有资格获得配款的余额	Bd-Cc-Da-Ea	$638,531
Fb	持有有资格获得配款余额的参与者	数据	1,105
Fc	持有有资格获得配款余额参与者的比例(%)	100×（Fb/Aa）	47
Fd	每个参与者平均有资格获得配款的余额	Fa/Aa	$272
Fe	持有有资格获得配款余额的参与者平均有资格获得配款的余额	Fa/Eb	$578
Ff	有资格获得配款余额的平均配款率	数据	1.96:1
Fg	对有资格获得配款余额可能的配款	Fa×Ff	$1,251,522
Fh	有资格获得配款的余额加上可能的配款	Fa+Fg	$1,890,053
Fi	参与者有资格获得配款的余额加上可能的配款的平均值	Fi/Aa	$804
Fj	持有有资格获得配款余额的参与者有资格获得配款的余额加上可能的配款的平均值	Fi/Fb	$1,710

持有有资格获得配款余额的参与者中，35% 是余额在 100 美元或以上的"储户"，其中 72% 的人尚未进行过有配款取款。在这部分还没有进行有配款取款的人中，52% 规划买房。规划买房的参与者，有资格获得配款的余额平均为 897 美元，为其他用途进行规划的参与者平均为 797 美元。因此，大多数持有有资格获得配款余额的参与者正规划买房，而且他们也许会多攒一段时间，以使其首付最大化。

（七）个人发展账户净储蓄

个人发展账户净储蓄是个人发展账户中已获得配款或在截止日期

之后可能获得配款的存款。也就是说，个人发展账户净储蓄是有配款取款加上有资格获得配款余额的总和。个人发展账户净储蓄是对美国梦示范项目储蓄结果的主要测量方法，因为它揭示了存款和配款（或能获得配款）的数额。这个测量方法忽略了配款本身，因为配款率和配款上限不是由参与者而是由项目设定的。由于个人发展账户净储蓄取决于可攒钱的时间长度（在其他条件不变时，时间上限越短，攒钱越少），这种测量在有资格进行可获得配款存款的月份中是最有用的。在美国梦示范项目中，有资格进行可获得配款存款的月份里，月个人发展账户净储蓄平均是 16.60 美元（表 5.7）。

表 5.7 美国梦示范项目中的个人发展账户净储蓄

行	项目	公式	数值
Ga	个人发展账户净储蓄	Ea+Fa	$1,311,108
Gb	个人发展账户净储蓄的平均配款率	数据	1.88：1
Gc	个人发展账户净储蓄可能的配款	Ek+Fg	$2,468,886
Gd	个人发展账户净储蓄加上可能的配款	Ga+Gc	$3,779,994
Ge	参与者平均个人发展账户净储蓄	Ga/Aa	$558
Gf	参与者平均个人发展账户净储蓄加上可能的配款	Gd/Aa	$1,609
Gg	有资格进行可获得配款存款的月份中月平均个人发展账户净储蓄	Ga/Ab	$16.60
Gh	个人发展账户开户期间并且有资格进行可获得配款存款月份中的平均净储蓄	Ga/Ac	$21.50

以上所述正是低收入者能在个人发展账户中攒钱的原因；在美国梦示范项目有资格获得配款的存款月份中，他们平均每个月攒 16.60 美元。由于参与者平均有 33.6 个月有资格进行可获得配款的存款，个人发展账户净储蓄平均达 558 美元。假设平均配款率是 1.88：1，参与者的个人发展账户净储蓄加上（可能的）配款（也就是通过个人发展账户积累的资产）总额平均达 1,609 美元。（接下来的两章将考察个人发展账户净储蓄与项目和参与者特征之间的关系。）

穷人能够攒钱是主要的一个结果。毕竟，许多公共政策（尽管如第二章所讨论的，储蓄与资产积累对福祉的长期改善具有最根本的重要意义)似乎都假定穷人不能(或不应该)攒钱。美国梦示范项目不仅表明了穷人能够攒钱以改善他们长期的生活状况,而且也表明了他们通过个人发展账户这一制度性工具至少攒了一部分钱。从政策的角度来说,把穷人视为储户是一种突破,而且证明穷人能在个人发展账户中攒钱,为鼓励穷人攒钱和资产积累提供了一种制度性途径。

当然,尽管穷人攒钱是一个重大新闻,但它不是最终的结果。尤其是,虽然研究表明穷人在个人发展账户中攒钱,但是并不是说没有个人发展账户穷人就不能攒钱。事实上,至少在非工业化的国家,小额信贷运动的主要经验之一是穷人极其渴望攒钱,而他们攒钱主要受到的限制是缺少进入完备制度的机会(Robinson, 2001; Rutherford, 2000; Adams, 1978)。

认为穷人能够在个人发展账户中攒钱,也并不是说穷人在个人发展账户比其他方式攒的钱更多。遗憾的是,美国梦示范项目个人发展账户管理信息系统的数据不能揭示个人发展账户的影响,因为它们没有说明穷人是否在个人发展账户比其他方式攒的钱更多。无论个人发展账户对穷人的总体储蓄是否产生了影响,它们对资产积累和/或积累资产的类型可能产生过影响。个人发展账户管理信息系统数据不能说明任何这些可能的影响,因为它们只涵盖了有个人发展账户的美国梦示范项目参与者的情况,而没有包括若是没有个人发展账户,美国梦示范项目参与者会发生什么事情(或者对应的非参与者所发生的事情)。

总的来说,任何社会政策介入的评估都要看三个层面的影响。第一个层面(从政策的角度来说是最重要的)是对有资格者的影响。如果所有的穷人都有机会进入个人发展账户,那么这种参与机会如何改变穷人的结果?即使知道对参与者的影响(而在美国梦示范项目中并不知道这种影响),对有资格者的影响不能直接从对参与者的影响中推测出来,因为参与者很可能完全不同于有资格者。尤其是,参与者主要是受个人发展账户影响最大的那些人。美国梦示范项目个人发展账户管理信息系统数据不能表明对有资格者的影响,一方面因为它同样无法测量对参与者的影响,另一方面因为它没有收集有资格的非参与者的数据。

第二个层面是对参与者的影响。个人发展账户如何改变了参与者的储蓄结果?第二个层面之所以重要,是因为对参与者的影响通常会在很大程度上主导着对有资格者的影响，毕竟它是一种对参与者的影响和对有资格的非参与者的影响进行加权平均的算法。如上所述，美国梦示范项目个人发展账户管理信息系统数据包括参与者的结果，不包括有个人发展账户对应没有个人发展账户参与者结果的变化。

第三个层面（从政策角度看没有太多的有用信息）是对"成功"参与者的影响。在个人发展账户这一情况中，这一层面讨论个人发展账户是如何改变那些最终进行了有配款取款的参与者的储蓄结果。第三个层面之所以重要，是因为对"成功"参与者的影响通常在很大程度上主导着第二层面的所有参与者的影响，它反过来主导着第一层面的对有资格者的影响。美国梦示范项目个人发展账户管理信息系统数据不能揭示对"成功"参与者的影响，因为无法知道进行过有配款取款的参与者，如果没有个人发展账户的话命运如何。

（八）"储户"

在个人发展账户中怎样算"成功"？一种方法是考察已经攒了多少钱，即随着时间的推移已经移动的资源。以下关于"美元一年度移动"的讨论就是从这个角度来考察个人发展账户的。另一种方法是（体现了个人发展账户攒钱和资产积累的双重目标）考察已经进行的有配款取款（或者，在持有有资格获得配款余额的情况下，能在未来进行的有配款取款）。

"储户"是指个人发展账户净储蓄在100美元或以上（有配款取款加上有资格获得配款的余额）的参与者。"储户"或者在数据收集截止日期之前进行了100美元或以上的有配款取款，或者在截止日期之后能够进行这样的有配款取款。

"低储户"是指个人发展账户净储蓄不足100美元的参与者。几乎所有"低储户"确实攒了一些钱（也就是说，他们确实随时间的推移向个人发展账户中移动了资源），但是他们或者没有在时间上限之前进行过有配款取款，或者不可能在时间上限后进行有配款取款（100美元或以上）。

美国梦示范项目中大约52%的参与者是"储户"（表5.8）。当然，"储户"平均月个人发展账户净储蓄（32.44美元）比普通的参与者（16.60美元）和"低储户"（3.19美元）要高很多。

"储户"的这些结果必须置于特定背景中来分析。政策倡导者可能主要关注**成功参与者的结果**，也许含蓄（或明确）地将它们等同于有资格者结果的变动。虽然"储户"是一个重要的群体，但他们不是唯一的群体，因而仅仅关注这一群体是错误的。有资格者储蓄结果的变动几乎总是远远小于成功参与者结果的变动，无论怎样，美国梦示范项目个人发展账户管理信息系统数据无法揭示任何群体在储蓄结果上的变化。

表 5.8 美国梦示范项目中的"储户"

行	项目	公式	数值
Ha	个人发展账户净储蓄在 100 美元或以上的"储户"	数据	1,233
Hb	成为"储户"的参与者比例（%）	Ha/Aa	52
Hc	"储户"的个人发展账户净储蓄	数据	$1,238,295
Hd	"储户"有资格进行可获得配款存款的月份数	数据	38,169
He	"储户"有资格进行可获得配款存款的月份中平均月个人发展账户净储蓄	Hc/Hd	$32.44

为了收集与储蓄结果相关的个人发展账户设计类型的经验，第六章用回归分析来考察项目特征与成为"储户"可能性之间的联系，然后考察"储户"与个人发展账户净储蓄水平之间的关系。第七章分析参与者特征、成为"储户"的可能性与"储户"的个人发展账户净储蓄水平之间的关系。

（九）美元 - 年度移动

最后的两个测量方法（美元 - 年度移动和每年平均美元 - 年度移动）直接考察储蓄，也就是随时间推移移动的资源。这些新的测量方法表明，即使是"低储户"也随时间推移移动了一定的资源。某种意义上来说，这些测量方法一点都不新颖（毕竟，它们也是基于随时间推移产生的平均余额进行计算），但是这是它们第一次以一种与理论相一致的方式、将储蓄视为随时间推移移动的资源进行测量。目前所讨论的其他的测量方法都没有做到这一点。而且，新的测量方法解释了存款与取款的规模和时间的安排；其他的测量方法都没有如此全面地做到这些。

为了说明新测量方法的价值，我们回过头去看看假设的两个个人发展账户参与者，他们存入存款、持有余额、取出存款的模式在图5.1中已被说明。如前所述，第一个储户在1月1日存入100美元并全年维持100美元的余额，在时间上限12月31日以有配款取款的形式取出。第二个储户在5月1日存入200美元并维持200美元的余额两个月，在6月30日以无配款取款的形式取出来。谁攒的钱更多？

直觉表明，尽管都攒了钱，但第一个人攒的更多。但典型的测量方法没有一致地反映出这一点。比如，第一个储户的个人发展账户净储蓄较高（100美元对应0美元），但是第二个储户的总存款要更高（200美元对应100美元）。

两种测量方法都忽视了整体中的某一方面，因为它们只看到了攒钱"存入"和"取出"阶段而忽视了"持有"阶段。解释"持有"阶段需要"流动的存量"。这样一种测量方法就是**美元-年度移动**，是指年度个人发展账户净储蓄平均值的总和。在所举的这个例子中，第一个储户在第一年也是唯一的一年里，个人发展账户净储蓄平均为100美元，第二个储户个人发展账户净储蓄年平均为33.33美元（在进行无配款取款使账户归零之前，个人发展账户净储蓄在2个月内是200美元）。因此，第一个储户在一年时间里移动了100美元，第二个储户在两个月时间里移动了200美元，相当于在一年时间里移动了33.33美元。（为了测量个人发展账户中的美元-年度移动，从个人发展账户中以有配款取款形式取出的资源，假定其不是用于消费而是被转化为其他形式的资产，因此它们仍然代表随时间的推移而移动的资源，至少在时间上限之前是这样。从个人发展账户中以无配款取款的形式取出的资源，假定其用于消费而不会产生资产积累。）如此例所示，美元-年度移动这个测量方法的一个优点是，认识到了个人发展账户所有参与者都在一段时间内移动了资源（即使是"低储户"，他们都在美国梦示范项目的某一时间点上持有一些总存款）。

对美国梦示范项目而言，参与者的美元-年度移动平均为1,090。储户平均移动了1,810美元-年度，"低储户"平均（尽管最终个人发展账户净储蓄不足100美元）移动296美元-年度。显然，许多最终个人账户净储蓄不足100美元的"低储户"不管怎样确实进行了存款，并且在以无配款取款形式取出之前，在一段时间内持有一定不可小觑的余额）。也许一部分"低储户"在一段时间内将存款置于个人发展账户中，但随即有些意料不到的艰难时刻迫使他们清算（liquidate）个人发展账户来满足当时的需要。此外，一部分参与者在对其购买和维持一项"大额的"、要求持续不断进行维护与后续投资的资产（比如买房、高等教育或小企业）的能力失去信心之前，在个人发展账户中的储蓄不容忽视。

当测量方法涉及相同的时间长度时，对不同参与者美元－年度移动的测量最能进行直接比较。在其他条件不变时，参与者时间上限越长，能够移动的资金越多。当然，在美国梦示范项目中，不同的参与者有不同的时间上限，每年美元－年度移动的测量方法根据可攒钱的时间而调整，是指美元－年度移动与能够在个人发展账户攒钱的年数之间的比率。在美国梦示范项目中，参与者平均每年移动363美元－年度。"储户"平均每年移动597美元－年度，"低储户"平均每年移动104美元－年度。

（十）美国梦示范项目中通过个人发展账户来攒钱和资产积累的小结

表5.9总结了美国梦示范项目通过个人发展账户攒钱与资产积累的总和与每个参与者平均数等几个关键要素。参与者平均存入的总存款为1,158美元。这其中，有275美元超出了配款上限，因而不能算作"个人发展账户储蓄"。此外，参与者平均从可获得配款的存款中进行了325美元的无配款取款。

表5.9 美国梦示范项目中储蓄和资产积累小结

行	项目	公式	总和	参与者平均值
Ia	总存款	Bd	$2,721,433	$1,158
Ib	超出配款上限的总存款	Cc	$646,432	$275
Ic	无配款取款	Da	$763,903	$325
Id	个人发展账户净储蓄	Ia-Ib-Ic	$1,311,108	$558
Ie	有配款取款	Ea	$672,577	$286
If	有资格获得配款的余额	Fa	$638,531	$272
Ig	个人发展账户净储蓄	Ie+Fa	$1,311,108	$558
Ih	配款和可能的配款	Gc	$2,468,886	$1,051
Ii	个人发展账户中的资产积累	Id+Ih	$3,779,994	$1,609

注：由于四舍五入，与前面的表格有些许差异。

个人发展账户净储蓄可被看做扣除超出的余额以及无配款取款之后的总存款。或者个人发展账户净储蓄也可被看做有配款取款（参与者平均286美元）和有资格获得配款余额（参与者平均272美元）的总和。用任何一种方法，在美国梦示范项目中每个参与者的个人发展账户净储蓄平均为558美元，或者是在有资格进行可获得配款存款月份中，每个月平均为16.60美元。大约52%的参与者是个人发展账户净储蓄在100美元或以上的"储户"。

每个参与者在个人发展账户的资产积累平均为1,609美元，即个人发展账户净储蓄558美元加上配款（包括在时间上限之后可能的配款）1,051美元。

图5.6展示了从1997年12月到2001年12月美国梦示范项目运行期间，个人发展账户储蓄和资产积累几个要素的演变情况。当然，总数的绝对值取决于美国梦示范项目的规模（参与者的数量和时间上限的长度），但是图5.6仍然有助于说明到数据收集截止日期2001年12月31日，个人发展账户储蓄和资产积累各个要素如何随时间推移发生变化、它们之间是如何发生联系的以及它们相对的重要性。

个人发展账户中的资产积累是否足以产生一定的影响？ 对非穷人来说，几百美元（甚至几千美元）可能看起来微不足道。例如，伯恩斯坦（Bernstein, 2003）担心个人发展账户虽然是一个好主意，但是还远远不足以产生影响。从这个意义上来说，阿克曼和奥尔斯特（Ackerman and Alstott, 1999）提出，所有的年轻人在他们21岁生日时应该领取80,000美元的"股本"。个人发展账户是否真是太少而不能产生影响呢？

超过一半的美国梦示范项目参与者，的确（或能够）用他们的个人发展账户来攒钱和购买几种重要资产，这些资产经常标志着生命历程的转折点，人们通常期望它们能够对个人和社会有高额回报。更重要的是，对美国梦示范项目的质性研究指出，参与者表示他们相信在个人发展账户中攒钱，改进了他们对生活的看法（Sherraden et al., 2004；McBride, Lombe and Beverly, 2003）。也就是说，个人发展账户帮助他们改善了消极世界观。因为有了期待的目标，个人发展账户项目参与者称他们更有希望。也许重要的不仅仅是所攒的数额，还有攒钱的过程以及储蓄的存在。

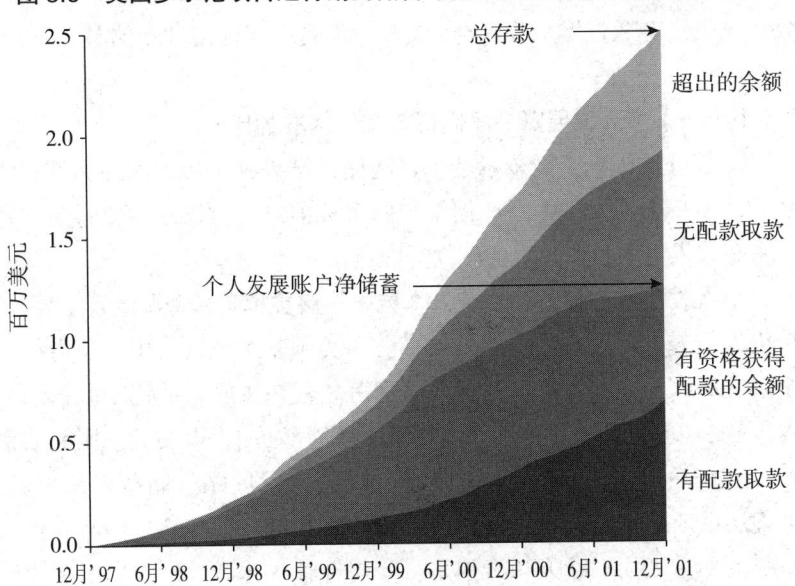

图 5.6 美国梦示范项目运行期间储蓄与资产积累各个要素的演变情况

[图表：纵轴为百万美元，范围 0.0 至 2.5；横轴为时间，从 12月'97 至 12月'01。图中标注：总存款、超出的余额、无配款取款、个人发展账户净储蓄、有资格获得配款的余额、有配款取款]

注：这些数据与表 5.9 中的数据稍有差异，因为这里没有包含美国梦示范项目中的一个项目（塔尔萨社区行动计划大规模项目），这个项目对一些参与者的时间上限设定在 2001 年 12 月 31 日之后。

同样值得一提的是，个人发展账户的储户偏重在中等资产上进行中等的投资。他们去社区学院而不是常春藤大学。他们搬进城镇中较落后地区中比较旧、比较小的住房而不是郊区的豪宅。他们在声望较低、蓝领的服务部门经营小型、经常是兼职的小生意，比如照看小孩、清洁服务、餐饮服务以及绿化。个人发展账户项目没有自诩要把穷人迅速地转变为中产阶级；相反，他们伸出援手帮助穷人到达攒钱阶梯的第一梯级（通常是最高的）。

美国梦示范项目的参与者持有的个人发展账户净储蓄平均 558 美元。注册时银行账户的流动资产平均是 555 美元（中值是 125 美元）。非流动资产中值（绝大多数是住房和汽车）是 2,500 美元，借贷中值是 2,982 美元，净财产中值是 360 美元。（净财产中值是由每个参与者的值计算而来的，并非资产中值减去债务中值。）如果所有的个人发展账户净储蓄都以有配款取款的形式使用，那么美国梦示范项目中参与者将在个人发展账户中平均积累 1,609 美元。因此，与注册时参与者资产进行对比，个人发展账户积累非常大，即使个人发展账户在极少数情况下没有通过增加收入与/或减少消费引起任何"新储蓄"，积累也很可观。

（十一）个人发展账户净储蓄与其他基准的比较

本部分试图把美国梦示范项目的储蓄结果置于最后两种测量方式之下，即将个人发展账户净储蓄与两个标准进行对比：注册时参与者月家庭收入与项目所设置的配款上限。

个人发展账户储蓄率。个人发展账户储蓄率是指资源流入（收入）转化为个人发展账户净储蓄的比率。在美国梦示范项目中，是指每月个人发展账户净储蓄除以注册时月家庭（住户）收入的比率。平均月收入是 1,494 美元，每月个人发展账户净储蓄是 16.60 美元。因此，个人发展账户储蓄率是 1.1%（"储户"的个人发展账户储蓄率是 2%）。尽管从绝对值来看不是很高，但与总体美国家庭（住户）储蓄率相比差别也不是太大。让人惊奇的是，参与者收入越少，个人发展账户储蓄率越高（图 5.7）。第七章详细地讨论了收入和个人发展账户净储蓄之间的关系，主要的发现是，在其他条件不变时，收入越少并不意味着个人发展账户储蓄的绝对水平越低，极度贫困者相对于不太贫困的人，把他们收入中更大比例存入个人发展账户中。

如何解释这一现象？首先，测量中存在的众多问题，可能会降低了对极度贫困者收入的测量值，造成其收入比不太贫困者的收入低很多（Schreiner et al., 2001）。这些测量问题可能导致收入与个人发展账户储蓄率之间的虚假负相关。其次，从配款上限开始对预期储蓄的删失也导致了虚假负相关。换句话说，在约 1/5 的参与者中，由于配款上限的存在，使实际可见的储蓄与预期储蓄二者之间产生了较大的鸿沟，因而，预期储蓄可能会随着收入增长，但是实际可见的储蓄并不会增长。第三，个人发展账户的制度特征（配款、目标、截止日期、自动转账、理财教育、对取款的限制和工作人员支持）掩盖了收入的经济效应，而且对极度贫困者来说作用最强（Sherraden, Schreiner and Beverly, 2003）。例如，储蓄目标的拉力对离目标最远的人来说力量更大。同样，相对于不太贫困的穷人，配款在总资源中占的比例对极度贫困者而言更大。而且，极度贫困者对于如何及为什么攒钱需要学习更多的知识，因此在既定理财教育水平下，他们在行为上改变更大。同样,极度贫困者从社会支持中受益更多。所有这三个因素（测量干扰、从配款上限开始的删失和制度效应）在美国梦示范项目中都在一定程度上发挥作用，但是不可能把它们从个人发展账户管理信息系统数据中剔除。然而，比较普遍的经验是收入越少并不意味着攒钱越少（至少对美国梦示范项目个人发展账户而言如此）。

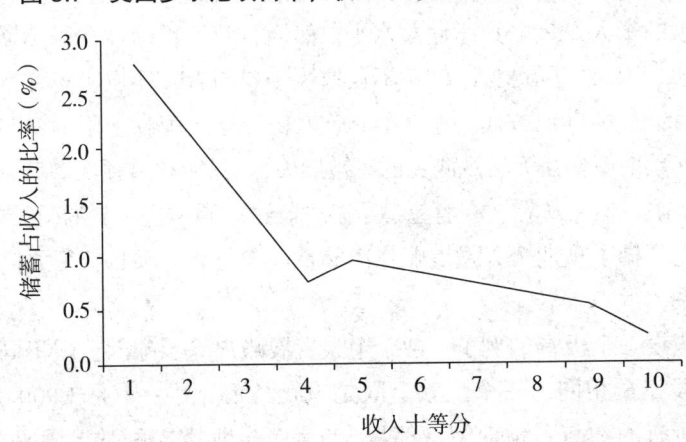

图 5.7 美国梦示范项目中，收入十等分后储蓄占收入的比率

个人发展账户净储蓄占配款上限的比例。美国梦示范项目中有资格获得配款的现金中，每一美元中有 42 分被攒起来。也就是说，个人发展账户净储蓄是配款上限的 42%。假设平均配款率是 1.85：1，配款上限平均是 1,329 美元，配款上限之内参与者平均净储蓄为 771 美元，在配款中有 1,426 美元"被搁置"。没有使用的大多数配款资格是由"低储户"造成的。在"储户"中，个人发展账户净储蓄是配款上限的 69%。

对一些参与者而言，配款上限不是限制而是目标；如果没有配款上限，他们的个人发展账户净储蓄会更低。主要有如下原因。首先，项目工作人员明确地要求参与者攒到配款上限；他们创造了一种社会期望，即配款上限代表着一个"优秀的"参与者应该攒下的数额。其次，除了工作人员的期望，一些参与者可能把配款上限当作他们应该攒多少钱的一个规范性指南。就如非穷人会设想，如果他们能将401(k)计划和个人退休账户中的缴费资格"最大化"，那么他们就为退休攒够了钱一样，许多个人发展账户的参与者也设想，如果他们攒到配款上限，那么他们就为所规划的配款目标攒够了钱。从这个意义上来说，通过隐性地使参与者达到一个更高标准的期望值，提高配款上限将增加个人发展账户储蓄。

对其他参与者而言，配款上限限制了个人发展账户净储蓄；如果配款上限更高的话，他们可能会在个人发展账户中攒更多的钱。对这些人而言，预期个人发展账户净储蓄超过了实际可见的项目将为之提供配款的个人发展账户净储蓄水平。然而，政策目标往往对预期储蓄感兴趣，因为实际可见的储蓄不仅取决于参与者，还取决于配款上限和项目设计的其他方面。遗憾的是，对已经达到配款上限的参与者而言，其预期储蓄是无法观测到的（被删失）。只能知道预期储蓄超过了配款上限，但无从知晓究竟超过了多少。这妨碍了进一步的政策分析，因为它模糊了预期个人发展账户净储蓄和参与者、项目特征之间的真实联系。

假设一个极端的例子，两个个人发展账户除了配款上限不同，其他方面完全相同：一个配款上限是100美元，另一个是1,000美元。如果所有的参与者预期储蓄都是500美元，那么在配款上限是1,000美元的项目中，实际可见的储蓄与预期储蓄相等，而在另一个项目中，实际可见的储蓄被限制为等于100美元的配款上限。

现在假设两个项目都把配款率从1∶1提高到2∶1，这将使所有参与者的预期个人发展账户净储蓄从500美元增加到700美元。在配款上限是1,000美元的项目中，实际可见的储蓄与预期储蓄相等，因此，由于提高配款率而导致了预期储蓄增加的200美元是可以观测的。而在配款上限是100美元的项目中，即使较高的配款率提高了预期储蓄，但实际可见储蓄仍然受100美元的配款上限约束。如果忽略从配款上限开始的删失，看起来在项目中提高配款率是没有任何效应的，因为配款上限完全掩盖了配款率提高所导致的预期储蓄的增加。

在美国梦示范项目中，从配款上限开始进行删失，因此实际可见的个人发展账户净储蓄比预期个人发展账户净储蓄要少，但具体数目未知。大约 1/5（19%）参与者的储蓄能达到配款上限（在"储户"中，三分之一即 34% 达到配额上限）。这里的分析没有控制删失因素，但是它的确试图指出删失何时起作用和可能的偏差方向。与无法观测的预期个人发展账户净储蓄相比，删失减少了实际可见的个人发展账户净储蓄。

（十二）对储蓄结果测量方法的总结

攒钱意味着随时间推移而移动资源。金融储蓄和资产积累取决于三个阶段：存入、持有和取出。对储蓄三个阶段的各种测量方法已经用美国梦示范项目中的个人发展账户举例说明。

通常用总存款测量"存入"的资源。个人发展账户净储蓄是指总存款减去无配款取款，并减去超出配款上限的总存款。或者，个人发展账户净储蓄可被视为有配款（或可获得配款）的储蓄，即有配款取款与可获得配款余额的总和。相应地，资产积累是个人发展账户净储蓄和配款的总和。最后，美元－年度移动（一个新的测量方法）将储蓄视为随时间推移的移动的资源；它表明，即使"低储户"仍然攒了一部分钱。

为什么要为如此多的测量方法费尽心思呢？首先，有补贴储蓄政策的具体效应直接取决于资产积累。例如，住房首付（或付学费，或开办小企业）需要某一最低限度的水平。在储蓄超过一个限值之前，可能无法实现预期资产。完成资产积累的过程，不仅需要测量"存入"也需要测量"持有"和"取出"。

其次，谢若登（Sherraden，1991）提出的"资产效应"，即资产所有权所产生的社会/心理/行为效应不仅取决于资源消费还取决于对资源的精打细算（Schreiner et al.，2001）。主要的观点是，当人们考虑他们的资产以及他们如何使用它们时——当他们琢磨他们的储蓄时——他们会感到更能控制他们的生活、做更好的选择，并因此有更大的福祉。每年的美元－年流动这新的一测量方法反映了拥有资产的数量和时间，表明了"资产效应"可能具有的优势。

第三，对储蓄结果的测量之所以重要，不仅是因为它们表明了人们如何通过个人发展账户攒钱，还因为它们指导了为扩展进入个人发展账户的机会而进行的努力。例如，设置个人发展账户的金融中介，想知道存款和取款的可能的次数、频率和规模。同样，新的个人发展账户项目也能用这些数据来规划和设定标准。

三、有配款取款的用途

不同配款用途的储蓄结果有什么差异？哪些用途应该提供配款？要解决这些问题，本部分分析了美国梦示范项目中有配款取款的用途。除了买房、高等教育和小企业这三种"基础性"用途之外，美国梦示范项目中的一些个人发展账户项目还为职业培训、退休储蓄和房屋维修提供配款。而且，也有人建议个人发展账户应该为买车、家庭（住户）耐用品、医疗支出、偿付债务甚至是任何不受限的用途提供配款。

（一）复杂的影响因素

对有配款取款用途进行分析，必须处理几个复杂的因素。首先，15%进行过有配款取款参与者有不止一种配款用途。例如，6%进行过有配款取款的参与者，同时为买房与房屋维修进行有配款取款。其次，即使仅为单一用途进行有配款取款的参与者中，44%的参与者进行了不止一次的有配款取款。例如，美国梦示范项目的一个参与者为小企业进行了20次有配款取款，另一个参与者为房屋维修进行了21次有配款取款。第三，到数据截止日期，40%的"储户"尚未进行过一次有配款取款。第四，1/5（21%）进行过有配款取款的参与者中，其用途与注册时声明的预期用途不一致。这并没有什么不妥，但是它的确是阻碍了对那些尚未进行过有配款取款的"储户"进行预测，即从其注册时规划的用途推断其可能的配款用途。第五，除了买房、高等教育和小企业这三种"基础性"用途之外，并非所有美国梦示范项目都为职业培训、退休储蓄或房屋维修提供配款。因此，美国梦示范项目中并不是所有参与者都有机会获得所有的配款用途。第六，美国梦示范项目中的一些项目（由于其主办组织的使命）主要集中在对一种或两种特定配款用途感兴趣的参与者中。例如，芝加哥的女性自雇项目是一个小企业项目，因此其参与者很大一部分对自雇的有配款取款非常感兴趣。同样地，得克萨斯州的基金会共同体是一个经济适用房组织，因此它的参与者更可能规划住房所有权。总体来说，这些复杂的因素意味着，美国梦示范项目中配款用途的模式只能代表这一特定项目或者这一项目的参与者，而不能代表在一个永久性、普遍性个人发展账户政策的结果。

除了这些测量问题，导致对有配款取款用途分析复杂化的另一个原因是（本章开始有过简要讨论）：即某一时间点上，只有一种或两种唾手可得的配款用途与参与者的情况相符。某种用途是否与某个参与者有关，主要取决于可获得配款资产的七个特征。

第一，**可分性**，也就是资产能否部分地并且／或者在一段时间内获得。例如，住房是不可分的；参与者要么买下整个房子，要么根本不买。只买浴室和厨房并不具有可行性。而且，买房在时间上也是不可分的；购买者不仅要买下整个房子，而且要一次性买下它。相反，高等教育（和职业培训）相对来说是可分的。例如，学生可以用有配款取款只买一本教材。同样地，小企业资产也能够零碎的逐渐获得。例如，照料儿童的生意，可以今年买一套游乐场设施，明年买一辆接送孩子的车，后年再做便餐的厨具。大多数小企业主不是一次性地将现有企业买下，而是白手起家逐步建立他们的小公司。为高等教育和小企业进行的资产积累在时间上也是可分的。学生在一段时间内建设自己的人力资本，企业用同样的方法积累起工厂和设备。同样地，房屋维修也是可分的用途；参与者可以今天进行一次有配款取款来换屋顶，下个月买一罐涂料。最后，退休储蓄几乎完全是可分的；参加者可以随心所欲的、经常存入任何规模的存款。在其他条件不变时，可分的配款用途更容易实现，因为它们可能更快且需要的储蓄更少。

影响潜在配款用途重要性的第二个因素是，持续维护所要求的**购后义务**（post-purchase commitment）的程度。比如，住房这一资产需要的义务较高，购买住房之后，需要额外的资源来实现每月偿还抵押贷款、进行装修、支付保险和财产税。高等教育同样需要持续不断的义务。例如，学生在交了学费后，必须投入时间和精力来上课和／或买教材后阅读教材。然而，高等教育可能比买房需要的义务要少。比如，社区学院的副学士学位可在两年或三年内完成，职业培训或驾照（比如开卡车）或美容师的课程甚至更短。学生也不必每天都去上学，可以采取全日制或非全日制的学习方式，并根据其实际情况来积累学分。小企业需要的义务处于中等水平。大多数自雇参与者不是创办新的小企业而是在拓展他们现有的业务。因此，尽管他们必须为获得经营收益投入资产成本，但至少他们以前的经营中已经获得了补充性资产。当然，小企业的创办比拓展需要更多额外的义务。从这一角度来看，退休储蓄几乎不要求什么购后义务；开户之后，罗斯个人退休账户便会独立存在，任何用途的取款都是允许的，甚至在退休之前也如此（但需要付10%的罚金）。除了买房已经包含的义务之外，房屋维修也是需要很少的义务。在其他条件不变时，不需要太多购后义务的配款用途要更容易实现，因为它们只需要为购买某一资产攒钱，而不需要将来再进行额外的投资。

第三个因素是**资产购买本身的复杂性**。例如，与支付高等教育或职业培训的学费相比，买房更为复杂。买房需要花费时间，包括找房源、申请贷款、检验、产权调查、买方代理、卖方代理、信贷员、搬家公司等等。相反，大多数学生都在一两天内完成注册过程且不需专业帮助，自己就能买书。对小企业主而言，个人发展账户项目有时会要求提交一份书面的商业计划，以此来证明所提出的商业设想是合法的、经过深思熟虑的，但是企业主通常还是自己进行资产购买。退休储蓄更容易。已有罗斯个人退休账户的参与者仅仅是向账户存款，没有账户的参与者可以在几乎所有银行、在网上或是在当地的经纪公司开户。尽管有许多让人晕头转向的投资选择，但是只有三种是有意义的，即货币市场基金、债券指数基金和股票指数基金，而且把钱存入罗斯个人退休账户也很简单。房屋维修也很简单。虽然个人发展账户项目可能要求两到三份独立承包人为所申请的维修所做的书面评估（以确保房主货比三家，同时确保由参与者自己完成的维修工作所需的有配款取款与工程的实际规模保持一致），但是房主会以相对较短的时间完成这项工作。购买有配款资产的过程越简单，就越容易为之进行有配款取款。

第四个因素是资产的**可转换性**。在既定的时间、精力和交易成本下，任何形式的资源都能被转化为其他形式的资源。非流动资产（比如住房或因维修而改善的住房）要转化为其它形式需要大量的交易成本。高等教育或职业培训形成的人力资本也是非流动资产，只能通过一段时期内的工作来转化为其它资源。小企业同样也是非流动的、难以转换的资源。毕竟,"二手"小企业的市场交易十分暗淡,自雇的收入(像付薪工作中来自人力资本雇佣的收入一样)只有通过付出时间与工作才能得到。相反,退休储蓄相对来说是流动的。罗斯个人退休账户的余额在任何时候都可以取出来(提前支取需缴纳10%的罚金),所取出的现金能很容易地转化为资产或消费品。其他条件不变时,个人发展账户项目参与者宁可为可转换的资源进行有配款取款,也不愿为不可转换的资产进行有配款取款。

第五个因素是参与者的**生命周期阶段**。例如,相对青少年或老年人而言,买房是二十到五十岁人的重要选择。另一方面,高等教育和职业培训与青少年和年轻人的关系更密切。小企业主(至少成功的小企业主)往往年纪比较大(Astebro and Bernhardt, 2003)。当然,退休储蓄随着参与者年龄的增长,与参与者的关系更为密切。

第六个因素是**现有的资产积累**。例如,已有住房的房主一般对用于买房的有配款取款不感兴趣(或没有资格),房屋维修与租房者毫不相干。同样地,高等教育和职业培训与已经获得大学学位的人来说没有什么关系。小企业难度和风险都比较大,所以大多数从事有薪工作的人不会太多考虑自雇。相反,退休储蓄通常与所有个人发展账户参与者都有关系。任何有劳动收入的人都可以在罗斯个人退休账户中缴费,而且极少低收入者已经有充足的退休储蓄(Hubbard, Skinner and Zeldes, 1995 and 1994)。总之,已经有某一资产的人,不可能为购买同样的资产再次进行有配款取款,但几乎所有人都能把有配款取款用于退休储蓄。

第七个因素是心理层面的:资产的即刻**有形性**(immediate tangibility)。房子是最为有形化的有配款资产,能从很多方面改变一个新房主的生活。而且,住房所有权在美国人的灵魂中根深蒂固;租房的年轻夫妇会觉得他们还没有"成家"。自雇同样是美国梦的一部分,为了自雇而辞去有薪工作的人(或者逐渐由有薪工作转向与开办小企业混合的雇佣状态),其日常生活会立即发生变化。相反,除了那些处于退休年龄的人,退休储蓄是无形的。然而,对年轻人来说,退休是几十年以后的事。退休储蓄的充分或不充分不会产生短期的根本性结果（除了因为减少当前消费和/或增加收入而为攒钱做出的牺牲之外）。高等教育（不包括职业培训）也产生了无形的资产，它们的回报只有等到将来才能看到。很少有学生在当前有意识地选择投资时间和精力来发展人力资本，以在日后坐收渔利。相反，他们学习是因为他们喜欢学习并/或因为他们有这个习惯或觉得它是一项职责。其他条件不变时，个人发展账户参与者宁愿为即刻有形的资产进行有配款取款，而不愿意为未来才会有收益的资产进行有配款取款。

总之，有配款取款的用途根据有配款资产的特征变化，即可分性（在购买和时间上）、对进一步投资的购后义务、购买本身的复杂性以及资产的可转换性和即刻有形性。参与者的特征也很重要，特别是他们所处的生命周期阶段和当前资产所有权的情况。对大多数人来说，买房这一用途最困难；但是买房却与租房者的关系最为密切，并且它是不可分的、复杂的、固定的资产，而且需要沉重的购后义务。从积极方面来说（on the plus side），买房能引起巨大并且即刻有形的生活变化。在连续统的另一端，退休储蓄是简单的、可分的和流动的。而且，退休储蓄几乎不需要任何购后义务，且这个配款用途不管人的年龄和当前拥有资产的情况，都是可能的。从消极方面来说（on the minus side），退休储蓄（像高等教育一样）几乎不能在此时此地提供有形的利益来补偿它们即刻产生的成本。在高成本、能立即见回报的买房与低成本、但回报较迟的退休储蓄中间，是房屋维修、高等教育和职业培训。

个人发展账户项目的大多数参与者在注册前都没有坐下来好好阅读项目手册，也没有仔细衡量每一种有配款取款类型的利弊。相反，鉴于他们现在的年龄、受教育程度、就业状况和财产状况，他们很快地将其选择限定在一两种可能的用途上。其中包含如下启示。

首先，对有配款取款的分析不能假设，实际可观察的用途是以下选择的结果，即每一种配款用途与其他所有的用途处于一个公平竞争的环境中。一些有配款用途更简单些，一些回报更大些，它们的成本和收益不仅取决于有配款用途本身的特征，还取决于参与者的特征。不管是在一个特定案例中还是从总体来看，不太可能厘清所有的影响因素。

第二，特定参与者的特征会随时间发生改变。租房者变成了房主，高中毕业生重返校园，从事有薪工作的人自己创业，青少年变成青年、然后成为中年、最后变成老年人。相应地，偏好的配款用途也可能随时间而改变。因此，即使现在与参与者相关的只有一两个配款用途，其他的各种配款用途随后也会逐渐与参与者发生联系。如果进入个人发展账户项目的机会是永久的，那么参与者就会在整个生命周期中为不同的用途攒钱和进行有配款取款。

第三，如果参与者首选的配款用途没有成功，同时如果进入个人发展账户项目的机会是暂时的，那么参与者很可能决定以无配款取款取出资金，而不是为目前看来无关紧要的其他用途进行有配款取款。如果机会是永久性的，那么余额就能保留在个人发展账户中（也许几年也许几十年），直到某种配款用途类型逐渐与参与者密切相关。

（二）有配款取款在不同用途上的分布

如上所述，到数据截止日期，美国梦示范项目中31%的参与者为购买某种资产进行了有配款取款。进行有配款取款的参与者平均每人2.6次，总价值（不包括配款）达923美元（表5.5）。如果平均配款率是1.81∶1，这一组参与者通过个人发展账户积累的资产平均是2,593美元。

有配款取款的次数。有配款取款最常见的类型是小企业（26%，表5.10），然后是房屋维修（22%）、买房和高等教育（两者都是21%）、退休储蓄（7%）和职业培训（2%）。因此，2/3（68%）的有配款取款用于三种"基础性"用途，9/10（90%）用于三种"基础性"用途和房屋维修。用于职业培训的有配款取款很少。

表5.10 美国梦示范项目中，不同有配款取款用途的特征

用途	有配款取款的比例（%）	每笔取款的值（$）	配款率
买房	21	559	2.11∶1
高等教育	21	249	1.96∶1
小企业	26	243	1.96∶1
退休储蓄	7	702	1.07∶1
职业培训	2	133	2.03∶1
房屋维修	22	494	1.51∶1
总计	100	373	1.78∶1

平均来看，最大额度的一笔有配款取款用于退休储蓄（702 美元）、买房（559 美元）和房屋维修（491 美元）。用于高等教育和小企业的有配款取款平均约是 245 美元，也是用于房屋维修的有配款取款平均值的一半。用于职业培训的有配款取款的平均值（133 美元）是最小的。

从平均配款率来说，退休储蓄大约是 1∶1，房屋维修大约是 1.5∶1，其他四种用途大约是 2∶1。这些配款率可能反映了个人发展账户项目以及资助者的认识，即认为哪种用途更"值得"鼓励。尤其是，退休储蓄和房屋维修的可转换性可能意味着，与买房、小企业、高等教育和职业培训相比，它们更有可能用于个人消费（因此社会价值更少）。

获得特定用途配款的机会。 然而，表 5.10 中的数字不能说明全部问题，因为虽然所有参与者都可以为三种"基础性"用途进行有配款取款，但是一些参与者没有机会为其他配款用途进行有配款取款。例如，只有 35% 的参与者能获得退休储蓄配款，70% 可以获得职业培训配款，56% 可以获得房屋维修配款（表 5.11）。更为复杂的情况是：一些"储户"到数据截止日期尚未进行过有配款取款。

在控制了获得机会并且假定"储户"按注册时所做规划进行有配款取款之后，以此对不同类型的有配款取款频次进行计算，排序便发生了变化。买房成为是最普遍的用途；在能够为买房进行有配款取款的参加者中，1/5（21%）的人要么已经实施，要么是打算在数据收集截止日期之后实施的"储户"。在有机会获得房屋维修配款的参与者中，15% 的人或者已经进行过这样的有配款取款，或者是有此规划的"储户"。大约 12% 的参与者为退休储蓄进行有配款取款，另外 12% 的参与者为小企业进行有配款取款。（在没有控制获得机会以及尚未进行有配款取款的"储户"所规划用途之前，小企业是最普遍的配款用途。）高等教育占 11%，职业培训占 2%。

这些排序或许反映出为房屋维修、退休储蓄、小企业和高等教育取款相对容易，因为它们具有可分性、简易性、可转换性和较低的购后义务。在房屋维修和退休储蓄中，这些优势明显补偿了对房屋维修和退休储蓄较低的配款率。相反，买房尽管相对困难，但仍是最普遍的用途。显然，配款率较高以及参与者拥有自己住房的愿望战胜了其他不足。

在尚未进行过有配款取款的"储户"中，超过一半（52%）规划买房（表5.12）。大约21%计划用于小企业，16%计划用于高等教育。也许未来的购房者（尤其那些配款率比较高的参与者）希望确保自己最大化的利用了所有有资格进行可获得配款存款的月份，以在尽可能长的时间里积累首付。在尚未进行过有配款取款的"储户"中，潜在的最大额度是退休储蓄（1,099美元）和房屋维修（916美元），其次是买房（903美元）和高等教育（899美元）。潜在的有配款取款额度较小的是小企业（650美元）和职业培训（712美元）。

这些模式进一步印证了买房很困难但需求极高。相反，退休储蓄和房屋维修看起来比较容易，因为参与者很快地为它们进行了有配款取款。而且，第七章中回归分析的结果表明，不管哪一种类型的配款用途，退休储蓄和房屋维修也更容易在较年长者（他们更可能为退休攒钱）和房主（他们更可能为房屋维修攒钱）往往攒更多的钱。高等教育和小企业在这两个极端之间，有配款取款的额度更少但是频次更高。

现有财产与配款用途。 刚刚所提到的数据，对获得机会以及尚未进行有配款取款的"储户"所规划的用途进行了控制，但是仍然忽视了一点，即哪一种配款用途与参与者的关系更密切在一定程度上取决于参与者现有财产的状况。例如，买房与租房者的关系比房主更密切。在美国梦示范项目中，84%的参与者在注册时是租房者，其中26%的人为买房进行了有配款取款，或者是计划将他们的首次有配款取款用于买房的"储户"。相反，在注册时就已有住房的16%的参与者中，9%的人为买房进行过有配款取款，或者是有此规划的"储户"。（美国梦示范项目中有一些项目没有将配款限定在首次购房者。）因此，在那些有潜力首次购房的租房者中（包括"低储户"），大约1/4为买房进行过有配款取款，或者是有此规划的"储户"。超过一半（52%）租房者是"低储户"，因此，成为"储户"的租房者中，超过一半为买房进行了有配款取款，或者有此规划。

就如买房与租房者关系更密切一样，高等教育与年轻人的关系更为密切。（令人惊奇的是，在美国梦示范项目中用于高等教育的有配款取款与注册时教育状况关系不大。）青少年最有可能为高等教育进行有配款取款（或成为有此规划的"储户"），而且随着年龄的增加可能性降低（图5.8）。例如，年龄在20岁或以下的参与者中，29%为高等教育进行了有配款取款或者成为有此规划的"储户"。那些25岁或以下的人为21%，30岁或以下的人为16%。年龄在54岁及以上的人中大约只有3%把个人发展账户用于他们自己、他们的子女或孙辈的高等教育。考虑到年龄在25岁或以下的人中，59%是"低储户"，这一群体成为"储户"的参与者中，有超过一半是为高等教育进行有配款取款或有此规划。

图5.8 美国梦示范项目中，某一特定年龄（或以下）的参与者为高等教育进行过有配款取款或是有此规划的"储户"的比例

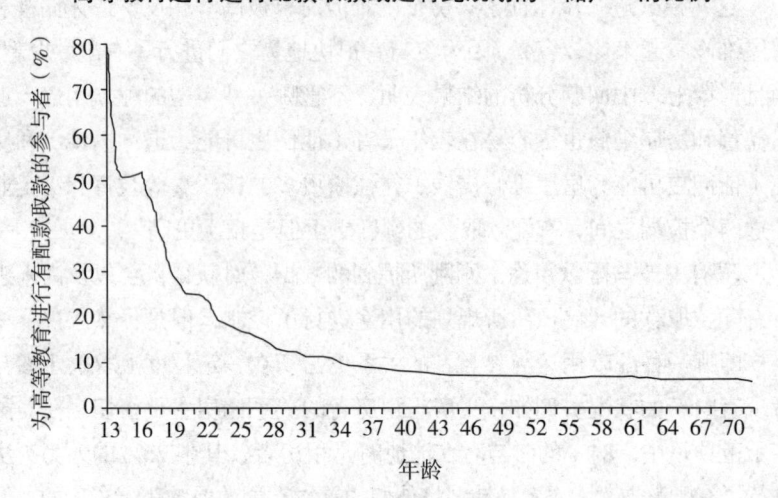

表5.11 到数据截止日期，美国梦示范项目所有参与者以及尚未进行过有配款取款的所有"储户"中，当具有获得某种特定配款用途机会时，为这一特定用途进行可获得配款存款的参与者比例

用途	有此机会的参与者比例（%）	有此机会而且也进行过有配款取款的参与者的比例（%）	有此机会并且规划进行有配款取款的"储户"的比例（%）	有此机会且进行过有配款取款的所有参与者或者有此规划的"储户"的比例（%）
买房	100	10	19	21
高等教育	100	8	14	11
小企业	100	8	14	12
退休储蓄	35	9	17	12
职业培训	70	1	2	2
房屋维修	56	13	23	15

注：一些进行过有配款取款的参与者，将有配款取款用于多种用途。对尚未进行有配款取款的"储户"，个人发展账户管理信息系统只记录了一种规划的用途。

表 5.12　到数据截止日期，美国梦示范项目中尚未进行有配款取款的"储户"，由注册时所记录的规划用途所推测的潜在有配款取款特征

规划用途	尚未进行有配款取款的"储户"的比例（%）	尚未进行有配款取款的"储户"平均个人发展账户净储蓄（$）	配款率
买房	52	903	2.20:1
高等教育	16	899	2.17:1
小企业	21	650	1.91:1
退休储蓄	5	1,099	1.26:1
职业培训	2	712	1.96:1
房屋维修	4	916	1.13:1
总计	100	855	2.04:1

拓展现有小企业比白手起家启动一家小企业更容易，因此，用于小企业的有配款取款与那些在注册时已经从事自雇行业的参与者关系更密切。在注册时申报了小企业资产的7%的参与者中，几乎一半（47%）为小企业进行了有配款取款或者是有此规划的"储户"（表5.13）。同样地，申报了小企业借贷的2%的参与者中，44%为小企业进行了有配款取款。大约11%的参与者声称他们"有生意"（即使他们没有申报任何商业资产、借贷或收入），这些人中大约40%的人为小企业进行了有配款取款。在申报了小企业收入的17%的参与者中，30%为小企业进行了有配款取款。最后，在申报他们有小企业或填报了一些商业资产、借贷或收入的19%的参与者中，30%的人为小企业进行了有配款取款。在这个比较粗略的分类中，61%的人是"储户"，因此几乎一半（49%）在注册时从事自雇的"储户"为小企业进行了有配款取款（或是有此规划）。

表 5.13　在注册时某种程度上参与小企业的参与者，为小企业所进行的有配款取款

参与类型	占所有参与者的比例（%）	为小企业进行过有配款取款或有此规划的"储户"占在小企业中有一定参与的参与者比例（%）
拥有小企业资产	7	47
有小企业借贷	2	44
申报自己有小企业	11	40
申报了自雇收入	17	30
上述任何一种	19	30

相对于年轻参与者，退休储蓄与年长参与者关系更为密切，可能因为他们接近退休年龄、他们不大可能重返校园而且已经有住房。如果仅仅是考察有机会获得退休配款的参与者，年龄越大，越有可能为退休进行有配款取款（表5.14）。虽然注册时年龄在25岁及以下的参与者中，只有1/20为退休进行了有配款取款（或成为有此规划的"储户"），但是年龄在56岁及以上的参与者中，几乎一半为退休进行了有配款取款。而且，最年长的一部分参与者为退休所进行的有配款取款额度的平均值也是最高的。

表5.14 美国梦示范项目中，不同年龄用于退休储蓄的有配款取款

年龄	占有此机会的所有参与者的比例（%）	占有机会并为退休进行过有配款取款或是有此规划"储户"的比例（%）	为退休进行过有款取款或是有此规划的"储户"，平均有配款取款值（$）
13~25	14	5	1,611
26~35	35	7	1,251
36~45	35	16	1,528
46~55	12	21	1,462
56或以上	4	46	1,820
总计	100	13	1,514

最后，就如同买房与租房者关系更密切一样，房屋维修与房主的联系更为密切。在有机会获得房屋维修配款的参与者中，3%的租房者为房屋维修进行了有配款取款，而房主中这一比例为45%。（这里，"房主"包括为买房进行过一次有配款取款之后，接着为房屋维修进行了第二次有配款取款的租房者。）在注册时已有住房的参与者中，约有77%是"储户"，因此，成为"储户"的房主中，58%为房屋维修进行过（或打算进行）有配款取款。

总之，参与者的年龄和现有资产与有配款取款用途具有相关性。例如，大约一半成为"储户"的租房者，最终为买房进行了（或计划进行）有配款取款。为高等教育进行有配款取款的可能性随年龄增长而减小，而为退休进行有配款取款的可能性随年龄增长而增加。在

注册时就已经从事自雇的"储户"中，大约有一半为小企业进行了有配款取款，已有住房的"储户"中超过了一半为房屋维修进行了有配款取款。

进行过有配款取款的参与者平均有配款取款。前面两部分描述了有配款取款和有配款取款的不同用途，而不考虑参与者是为单一用途所进行的单次有配款取款还是多次、或者是为多种用途所进行的多次有配款取款。大约52%进行过有配款取款的参与者只有1次取款。在48%的进行过多次有配款取款的参与者中，大约27%的人同时有多种用途。表5.15根据参与者首次进行的有配款取款类型来考察每一个参与者有配款取款的平均值。

表5.15 从首次用途来看，美国梦示范项目中进行有配款取款的参与者平均有配款取款的特征

首次用途	占进行首次有配款取款参与者的比例（%）	每个参与者有配款取款总值的平均值（$）	每个参与者有配款取款平均次数	每次有配款取款平均值（$）	配款率
买房	30	1,075	2.2	484	2.05
高等教育	21	675	2.4	278	1.95
小企业	22	745	2.9	256	1.91
退休储蓄	8	1,259	2.0	608	1.09
职业培训	2	438	3.0	146	2.05
房屋维修	16	1,110	3.1	359	1.57
总计	100	921	2.6	358	1.81

首次有配款取款最普遍的用途是买房（30%），其次是小企业（22%）、高等教育（21%）、房屋维修（16%，没有根据获得机会进行调整）、退休储蓄（8%）和职业培训（2%）。虽然有配款取款总值的平均值（以及单次有配款取款的平均值）包括为多种用途所进行的有配款取款（约占所有有配款取款的15%），但所形成模式还是跟上文提到的一样，即退休储蓄的额度最大，其次是房屋维修和买房。如前所述，职业培训额度最小，小企业和高等教育处于中间水平。每一个参与者平均有配

款取款的次数，最高的是用于房屋维修、职业培训和小企业，这可能反映出这些资产类型的可分性。

在美国梦示范项目中，买房、高等教育和小企业三种"基础性"用途约占所有首次有配款取款的3/4（73%）。通常，房屋维修是第二次使用的配款用途。这很有道理，因为为其他用途（包括住房所有权）进行了一次有配款取款并有一些"额外"个人发展账户储蓄的房主，很容易找到一些小型的维修工作以用完剩下的可获得配款的余额。

对多种用途进行的多次有配款取款。到数据截止日期，进行过有配款取款的参与者中，大约15%为多种用途进行过多次有配款取款。表5.16表明了某一特定参与者，从首次配款用途到第二次配款用途的变动模式。最普遍的第二次配款用途是房屋维修、高等教育、退休储蓄和小企业。这些是比买房更为普遍的第二次配款用途，这可能反映出它们在可分性、复杂性和购后义务方面的优势。

表5.16 为多种用途进行有配款取款的美国梦示范项目参与者，首次与第二次配款用途的模式分布

首次用途	第二次用途							
	买房	高等教育	小企业	退休	职业培训	房屋维修	总计
买房		6	5	3	1	30	45
高等教育	2		3	4		5	14
小企业	4	2		2		8	16
退休		1				4	5
职业培训	2		4			1	7
房屋维修	5	11	2	6			24
总计	13	20	14	15	1	48	111

注：这些数据表明了将首次有配款取款用于某一特定用途、而第二次有配款取款用于其他用途的参与者数量。到数据收集截止日期，有111位美国梦示范项目参与者为一种以上用途进行过有配款取款。12位参与者有三种或以上的有配款取款用途，但这里只显示了前两种用途。

最普遍的模式（占所有情况的27%）是为买房进行了首次有配款取款，然后为房屋维修进行第二次有配款取款。这差不多等同于以一

次性的、较大数额的有配款取款购买了一套质量更好的房子。

从规划用途到实际用途的改变。对23%的参与者而言，其第一次有配款取款的用途与他们注册时所声称的规划用途不同。表5.17表明了从规划用途到实际用途的变动模式。最普遍的模式（占所有情况的11%）是从买房变为高等教育。资料表明有40名参与者将配款用途从房屋维修改为买房，但是其中33人在注册时是租房者，因此这很可能是数据录入错误。

被放弃的规划用途中，最普遍的是买房，这反映出其在可分性、复杂性和购后义务方面的难度。例如，一个在注册时计划买房的参与者，最终攒钱太少。或者这个参与者的信用记录使其很难获得住房贷款。

小企业是第二普遍的被放弃的用途，或许反映了小企业起步的困难。事实上，许多小企业的项目认为它们的首要任务就是给那些雄心勃勃（可能不现实地过于乐观）的创业者们"泼冷水"，使他们认识到自雇的风险和沉重打击（Kosanovich and Fleck，2001；Balkin，1989）。

另一方面，参与者所转向的用途中，频次最高的是高等教育，其次是房屋维修和买房。高等教育和房屋维修都是很简单的用途。买房是一项困难的配款用途，但是也许有些参与者发现他们攒的钱远远超出了预期。

四、应为哪些用途提供配款

以上讨论是对美国梦示范项目中个人发展账户参加者所进行的有配款取款用途进行的经验性检验。下面的内容更具有规范性，解决了应为哪些用途提供配款的问题。

除了谢若登（Sherraden，1991）提出的、并得到独立资产法采纳的买房、高等教育和小企业这三种"基础性"配款用途外，关于应为哪些用途提供配款这一问题并未取得一致性（或者明确的表达或理论根据）。虽然人们有很多"美好"的事物想获得配款，但是必须划定一条底线，以避免个人发展账户偏离其最初的愿景，即以一种相对安全的（leak proof）方式来帮助穷人获得改善生活的资产。通常，非穷人早已有机会获得这三种"基础性"用途的资产建设补贴，并因此得到了广泛的政治支持。

目前缺少一套判定应为哪种用途提供配款的标准。这种标准应该来源于明确界定资产在发展中所发挥作用的理论，并且它们也应该考虑使完美提议偏离正轨的实际政策问题。在缺乏清晰的理论以及评判标准的情况下，虽然支持者和反对者往往各执一词，每一方都只能通过一系列隐性的（而且可能是模糊的或者不规范的）标准来断定可能的配款用途。归根结底，要达成关于应为哪种用途提供配款的一致意见，首先要求在某套标准上达成一致，然后来确定哪些用途满足这些标准。

以下主要讨论了各种提议的配款用途以及明确的一套评估标准。然后将这些标准应用于各种提议的用途中进行检验。

（一）提议的配款用途

曾经提议的可以在个人发展账户项目获得配款的用途，可以划分以下四组：物质资本、人力资本、商业资本和金融资本。

可获得配款的物质资本包括住房、汽车、电脑和家庭（住户）耐用品（比如电脑）。对买房的配款可以限定在独立式住房或者也允许用于拼装住房（活动房车）；限定在价格便宜的房子或者也允许用于昂贵的房子；限定于首次购房者（在家庭（住户）中目前还没有住房的个体）或者也允许所有购房者；限定于买房或者也允许用于房屋维修；以及/或者限定于首付与房地产买卖手续费（closing costs）或者也允许支付抵押借贷。对汽车来说，配款可以被限定于首次购买者（在家庭（住户）中目前还没有汽车的个体）或者也允许所有车主使用。配款可以被限定于买汽车或者也允许用于维修汽车。同样地，用于电脑（或其他家庭（住户）耐用品比如冰箱、洗衣机与烘干机、空调等）的配款可以被限制于首次购买或者也允许用于维修。

可以获得配款的人力资本包括职业培训以及小学、中学和高等教育。当然，生命本身是人力资本的最基本的形式，因此用于健康保健的储蓄也可以获得配款。

可获得配款的商业资本可以被限定于购买工厂与设备或者也允许用于任何商业支出。虽然人们通常无法意识到，但是任何商业支出上的下降，都相当于增加了商业利润，因而增加了企业主的资产。因此，任何用于支付商业支出（比如工资表、盘点库存或租金）的有配款取款都将增加商业储蓄。当然,同样的逻辑也适用于对个人和家庭(住户)支出提供配款;用于家用百货、有线电视甚至是度假的有配款取款至少在一段时间内增加了家庭(住户)资产,除非在没有个人发展账户的情况下,家庭(住户)从不支付账单或者产生支出。

表 5.17 美国梦示范项目中,从注册时规划的配款用途到实际的有配款取款用途的变动分布

规划用途	实际用途						
	买房	高等教育	小企业	退休	职业培训	房屋维修	总计
买房		19	11	10	1	6	47
高等教育	7		2	3	2	7	21
小企业	9	6		2	4	6	27
退休	7	5	3			5	20
职业培训	1			1			2
房屋维修	40	5	4	3	1		53
总计	64	35	20	19	8	24	170

注:这些数据表明了在注册时对有配款取款规划了某种特定目的、但是实际上为其他不同的用途进行了首次有配款取款的参与者数目。

最后,可以获得配款的金融资本可以被限定于退休储蓄或也允许用于偿还借贷甚至用于通用的(general-purpose)、没有指定用途(un-earmarked)的储蓄。

(二)评估潜在配款用途的标准

应该如何判断这些配款用途呢?第一步是要建立一套配款用途应该达到的核心标准。毕竟,任何配款用途都使其领取者受益;真正的问题是,如果政治和其他限制条件不变,哪一种配款用途能够推动更大的社会发展。

一个经常被提及的标准是经济**增值**;个人发展账户应该只为那些能增值的资产提供配款。这个标准通常被用来反驳为汽车、电脑或拼装住房提供配款。遗憾的是,所有类型的资产都会贬值,包括独立式

住房、人力资本、商业和退休储蓄。（从短期来看，人力资本特别是人的身体，像其他资产一样是需要维护的。例如，当一个人饿了、累了和渴了，人力资本使用的质量就会降低，直到他进食、喝水和休息。从长期来看，身体是会死亡的。）总之，所有事物都会贬值，因此增值并非一个区分配款用途的十分有用的评判标准。

公平是一个根本的标准；如果一种配款用途使人们之间的结果平等，不会被视为多么"公平"，但是如果它使人们的机会平等，则被视为是"公平"（Haveman, 1998）。确实，个人发展账户的明确目标是创造平等的竞争环境（Sherraden, 2005; Sherraden, 1991）。如果非穷人有机会得到补贴来攒钱和建设资产，为什么穷人不可以？当然，几乎没有人公开地反对平等的竞争环境，但是有些人认为，穷人没有缴或只是缴很少的收入所得税，他们的竞争环境事实上已经比非穷人更有利，因为对非穷人来讲，资产建设退税只是部分补偿了高收入所得税。这一观点将结果的差异更多归因于选择而非限制。然而本书的观点是，机会上的差异更多地来自于运气和限制，而不是选择。因此，穷人之所以贫困不是因为他们选择那条路，更多的是因为他们生来就贫困（可能因为他们的父母生来就贫困），或者因为他们看不到更好的选择。因此如果非穷人有机会得到资产建设补贴，那么穷人也应该得到。目前，穷人缺乏这种机会；他们无法选择利用资产建设退税。当然，公平也排除了对单一资产补贴的"双重优惠"。

第二个标准是**非转换性**；卖掉配款资产并将收益消费掉应该是有困难的。毕竟，个人发展账户项目旨在攒钱和建设资产。尽管消费支持有时候是必需的，但是这不是个人发展账户项目的范围。（个人发展账户项目和用于消费的财产审查转移支付是互补关系而不是替代关系。）因此有配款资产应该是非流动资产。非流动资产也不易造假而且不易偏离它们原定的目标。

非转换性同样要求，"在个人发展账户中攒钱"不仅仅意味着只需要在个人发展账户中尽可能长时间地持有一些资金以获得配款资格。毕竟，个人发展账户的目标是发展储户以及储蓄（Sherraden, 2000）。如果为那些"攒钱过程"非常简单或者不是必需的用途提供配款，那么就违背了这一目标，比如，购买某种资产不需要大额款项、已经攒够了钱或者以任何方式都能购买某一资产等。最好的配款用途是依靠穷人自己攒钱非常困难、耗时很久，而通过个人发展账户项目则能够实现的用途。

第三个标准是**生产力**；无论是在家庭（住户）中还是在劳动力市场，可配款资产应该以高效和节能的方式来帮助一个人做更多的事情。家庭（住户）既生产和消费必需品，也生产和消费非必需品，但是非必需品被认为是不值得公共支持并且个人和社会效应较小。当然，"必需品"在一定程度上是由社会和文化界定的。此外，大多数家庭（住户）资产同时促进了必需品和非必需品的生产。

个人效应是第四个标准，即配款用途应该在一个人的生活中引起非边际性的、重大的改变。为了实现个人效应，当人们不愿意攒钱和建设资产时（或者是攒更多钱以及／或者更快地攒钱），个人发展账户必须推动他们去做。也就是说，个人效应要求通过增加收入和／或减少消费来产生"新"储蓄。尽管大多数个人发展账户项目的参与者将一些现有资产"转移"或"重组"进个人发展账户中，但是所购买资产越大（或者参与者越穷），储蓄和资产积累就越可能是"新的"。而且，资产越大越可能产生巨大效应。从这种意义上说，配款应限定于必须"不断积攒"才能实现的用途，而非用于个人不需要对以前的状态改变太多就可以实现的用途。

社会效应是第五个标准；配款用途不仅应该改善参与者的福祉，还应该改善非参与者的福祉。大多数补贴改善了领取者的福祉，但是真正的挑战是如何设计补贴以使改善未领取补贴者福祉的溢出效应（spillover effect）最大化。总之，生产比消费有更大的正向溢出效应，这一定程度上也证明了非转换性和生产力这两个标准的正当性。

第六个标准（一定意义上包含了其他全部的标准）是**政治可行性**。永久性个人发展账户需要政府的资助，因此切实可行的配款用途，至少从长期来看，必须要吸引广泛公共支持。经过公平、非转换性、生产力、个人效应和社会效应检验的配款用途在政治上更具有可行性。

（三）对可能的配款用途进行的评估

评估可能的配款用途的第二个步骤是通过以上标准对它们进行检验。首先来讨论物质资产——住房、汽车、电脑和其他家庭（住户）

耐用品，接下来是人力资本、商业资本和金融资本。

住房购买。公平标准支持为住房购买提供配款。尽管有抵押借贷的房主都可以从税收中扣除利息，但是穷人比非穷人获得的补贴更少，这不仅是因为穷人处于更低的税率等级中，而且因为他们买的住房较为便宜，所以他们贷款也很少。

住房是非流动资产，因此它很难转换为消费。当然，参与者可以用有配款取款买房，然后转手卖掉它。然而，考虑到买、卖的交易成本，这种套利行为并不会产生太多利润。而且，大多数人买房是为了自住，因此大多数用有配款取款买房的人不会很快就卖掉他们的房子，即使他们能从中赢利。

人们普遍认为住房所有权能产生巨大的个人和社会效应（Katz Reid，2004；Boshara，Scanlon and Page-Adams，1998；Green and White，1997；Scanlon，1996；Kingston，1994）。尽管住房所有权和正向结果之间一些可观察到的相关性，肯定是因为房主之前存在的、同时引起正向结果和住房所有权的其他特征，但是毫无疑问的一点是，住房所有权本身也产生了一些独立的影响。

尽管住房没有为市场提供商品或服务，它们却为家庭（住户）提供了一种必需品，即庇护。每个人都必须有地方住，这也许解释了目前对住房所有权提供补贴的政治支持。总之，住房购买符合配款用途的六个标准。

同样的论点也支持购买汽车拖屋。它们是住房，是非流动资产，有正向的个人和社会效应，也提供庇护，并且它们没有遭受特别的政治反对。总之，拼装住房使住房所有权成为能够负担的事项，在租赁市场较薄弱的乡村地区和小城镇，汽车拖屋使房主能随工作随意搬迁。如果为独立式住房的配款是有意义的，那么为汽车拖屋配款也是有意义的。

为已有住房者住房购买提供配款几乎没有什么效应。尽管有一些证据表明，从租房到有自己的房子将产生正向的社会效应，但没有证据表明从一个房子搬到另一个房子也如此（虽然搬到"更好的"社区产生较大的个人效应）。无论如何，几乎所有的为非穷人提供的买房补贴（除了抵押贷款利息的税收减免）都限定于首次购房者。现在还不清楚公众是否支持个人发展账户为目前想搬家的房主提供配款。

同样，个人发展账户为昂贵住房提供配款的话，往往被认为是不公平的，因此会缺乏政治支持。事实上，目前大多数推动低收入者住房所有权的项目都限定于比较便宜的住房。谢若登（Sherraden，1991）提议只对当地房价中位价格以下的住房提供配款。他说（p.250），"如果人们愿意住在超过平均水平的住宅，这是他们的自由，但税收支出不应用于支持个人的奢侈。"（当然，这一原则也应该应用于抵押贷款利息税收减免，但目前没有。）

在美国梦示范项目中，为房屋维修进行有配款取款很普遍，谢若登（Sherraden，1991，p.250）支持为住房的"资产改善"（capital improvements）提供配款。认为这样可以帮助穷人在遇到房屋维修的紧急情况时（比如屋顶漏雨、火炉损坏），仍然还能拥有住房。但是，此用途不太符合这里提出的标准。非穷人的房屋维修没有补贴，所以为穷人提供这种补贴不能从公平性立场证明其合理性。而且，换地毯或修理漏水处所带来的生活改变比从租房者到房主的改变小地多。即使房屋维修有一些个人效应，但它的社会效应很弱。此外，房屋维修的规模往往很小。因此，与购买更大的资产相比，房屋维修由进入个人发展账户项目的机会所"引发"的可能性不大。也就是说，房屋维修具有很大的可转换性。例如，假设一个房主打算攒钱来修理屋顶。有了个人发展账户后，他攒的钱比没有个人发展账户时要少，但是由于配款，他仍然能完成相同的房顶维修工作。个人发展账户并没有"引发"维修工作，因为即使没有个人发展账户，维修仍然会进行。相反，个人发展账户"引发"的是在没有个人发展账户时不会发生、而有了个人发展账户则会发生的任何一种额外储蓄或消费。当然，这个隐性的转换能够而且确实在一些配款用途上发生，但是对较小的用途以及即使在没有个人发展账户的情况下仍然很普遍的用途来说，可能性要更高。房屋维修确实改善了庇护的条件，但是对比这里提出的其他的标准，还不太符合。

美国梦示范项目没有为向房屋维修提供配款提供理论基础。或许其主要的目标是支持穷人切实可行的住房所有权。当然，房屋维修是一项简单的配款用途。对参与者来说，它是可分的，而且与大多数房主关系密切。对项目来说，它继续强化了与房主的已有联系，许多房主可能在加入个人发展账户之前在主办组织的帮助下购买了住房，并且早就证明了自己是个人发展账户项目想合作的模范参加者。但是配款用途不能依据它对参与者和项目的便利性而简单地证明其合理性；毕竟，如果便利性是评判标准的话，那么直接拨款将永远是首选。

最后，个人发展账户可以为用来偿还抵押借贷的储蓄提供配款。当然，这并没产生更多或更好的庇护，非穷人除了在一些抵押贷款利息减税等特殊情况之外，没有得到类似的补贴。当然，正在偿还借贷的房子已经被买下来了，因此，不会产生由租房者向房主转变所带来的效应。此外，偿还借贷可转换性非常高，尽管因为本来需要偿还借贷服务的资金仍放到房主的口袋里，对其提供配款有一些个人效应，但是社会效应是很小的。即使这样的有配款取款被直接支付给贷方，最终的结果也是把现金转移给参与者。任何被参与者存入个人发展账户的资金本来都是用于偿还借贷的，因此配款只是简单地把资源转移给那些取得资格的、无论如何都能进行攒钱的房主。个人发展账户项目的目标是增加储蓄和资产积累，而不是作为一种将现金转移给某些人，使他们千方百计利用个人发展账户来暂时放置一些储蓄。

总之，为首次住房购买提供配款是有意义的，无论是独立式的住房还是活动住房，只要不是太贵。为房屋维修和偿还抵押借贷提供配款则都是没有意义的。

汽车购买。美国是一个相对年轻的国家，大多数地区都是在汽车出现之后才发展起来的。在大多数城市里，尤其是在乡村地区和小城镇里，汽车等同于必需品（Kim，2002；Beverly，1999；Ong，1996）。人们不仅因为上班需要汽车，而且因为大量必需的家庭（住户）生产任务，比如购物、送孩子上学、看医生等都需要汽车。在美国，汽车是生产性资产。

因此应该为汽车购买提供配款吗？大宗的购买通常需要贷款来实现，必须"攒足够多钱"来支付首付，因此汽车还算是具有不可转换性。汽车也有非常大的个人效应，例如，有助于找到和维持离家较远的更好的工作（Kasarda，1995）。通过这些劳动力市场效应，汽车具有很大的经济和社会效应。

尽管汽车是生产性的、不可转换的并有正向的个人和社会效应，但是并未给予非穷人此项补贴。（事实上，汽车是最大的一项家庭（住户）拥有的、未获得补贴的为数不多的大资产。）从这种意义上来说，对汽车购买提供配款勉强找到政治上的支持。此外，许多美国人并不把汽车视为必需品，并且他们可能担心获得补贴的汽车用于非生产性的目的，而没有开车去上班、上学或看医生。（当然，房主除了用有补贴的住房来从事生产性活动外，也会用来进行不太具有社会价值的事情，比如娱乐和身份地位象征。）但是，公共舆论似乎在缓慢地转向支持汽车成为必需资产，就像住房被视为"必需"资产一样。近一半的州不再把首辆汽车的价值计算到财产审查现金救助项目的资产审核中，并且几乎所有的州都已经放松了对汽车的资产审核（Hurst and Ziliak, 2004）。此外，破产法中个人财产豁免通常保护汽车免受债权人追讨（Agarwal, Liu, and Mielnicki, 2003）。而且，由难民安置办公室（Office of Refugee Resettlement）资助的个人发展账户项目已经为汽车购买提供配款（Johnson, 2000）。在个人发展账户项目支持下购买的汽车十有八九是比较旧的、不是很贵的二手车。

为汽车维修提供配款，与为房屋维修提供配款一样，并不是很符合这里提出的标准。

电脑以及其他家庭（住户）耐用品。一些个人发展账户项目，包括那些被难民安置办公室资助的项目，为个人电脑提供配款，约翰逊（Johnson, 2000, p.1252）认为，个人发展账户也应该为其他家庭（住户）耐用品提供配款，因为"电视、家用电器、家具和电脑是现代生活的必需品"。

如前所述，对"必需品"的定义在一定程度上是社会的和文化的，并且大多数美国人把没有床或冰箱的生活，充其量视为斯巴达式的简朴生活。如约翰逊（Johnson, 2000）所述，如果公共救助不仅仅为勉强维持生存的最低限度提供支持，那么（与实施个人发展账户的发展性视角相一致），这将有助于最穷的人购买家庭（住户）耐用品。

然而，为买家庭（住户）耐用品提供配款不大可能获得太多政治支持。对非穷人而言，这样的购买不会得到补贴，因此，为穷人提供补贴似乎是不公平的。许多家庭（住户），无论贫困与否，即使没有个人电脑也能过的心满意足并富有成效，并且一些家庭没有电视也能凑合着过下去。大多数家用电器（冰箱和炉灶之外）和大多数家具（床、桌子和椅子之外）都旨在减少劳动力投入（如洗碗机和洗衣机）或者娱乐或者提供舒适的生活方式（如电视机和空调）。食物和睡眠是必需品，但是为避免单调乏味的苦差事所借助的事物不是必需品。尽管家庭（住户）耐用品毫无疑问有较高的个人效应（当从睡地板转到睡床垫，睡眠质量的变化是不可被低估的），但是绝大多数的穷人（虽然不是最穷的）已经拥有（或与其住所一起租赁）基本物品，因此人们往往认为家庭（住户）耐用品提供配款增加了安逸，而非减轻痛苦或促进发展。

而且，家庭（住户）耐用品虽然比大多数消费品要贵，但仍只需要"攒相对较少的钱"。与家庭（住户）耐用品正向的个人效应联系起来考虑，这意味着即使是穷人也通常已经拥有最重要的物品，或早就为它们攒钱。因此，家庭（住户）耐用品相对来说是可转换的。这并不是说穷人用配款来买床或冰箱仅仅是为了卖掉它们，而是说个人发展账户不可能引发首次购买。

无论如何，对缺少床或冰箱的人，比较恰当的救助形式不是个人发展账户配款而是直接给予现金或实物。

电脑可能是一个例外。公众担心随着信息和交流变得越来越重要，"数字化鸿沟"将会使没有电脑的穷人逐渐落伍。虽然电脑对一些家庭（住户）来说，仅仅是名字叫的好听的电子游戏，而对另一些家庭（住户）来说是重要的学习工具。在将来，互联网将会取代图书馆甚至取代目前由学校提供的一些教育服务。家中没有电脑的儿童会没有同等的机会来构建人力资本。如上所述，难民安置办公室已经资助为买个人电脑提供配款的个人发展账户，因此有可能获得政治支持。

教育。除了年龄和经验，人力资本也会通过职业培训和小学、中学和高等教育而获得发展。人力资本（生命本身）也通过健康保健而维持。人力资本是生产性的，不能被立即被兑换成现金（它只能通过工作慢慢地"套现"），有公认的个人的和社会效应。因此，对人力资本的投资是否应该得到配款这个问题，取决于公平性和政治考虑。

高等教育。人们认为对高等教育的配款是公平的。政府已经对公立或私立大学很多成本提供了补贴（Dynarski，2002）。然而，大多数收益都流向了非穷人，最根本的原因在于，穷人所上的小学和中学教育质量都比较低，很少有机会上大学。如果穷人果真上了大学，他们比非穷人更有资格获得财政援助（Kafer，2004），但是援助越来越多地采取了有补贴贷款的形式。而且，因为援助是基于"财政需要"的（成本与支付能力估值的差），所以为高等教育攒钱会减少援助（Long，2003；Hurley，2002；Feldstein，1995）。在学费昂贵的私立学校中，非穷人学生有资格获得援助，就像穷人学生在便宜的公立学校那样。尽管为高等教育所进行的攒钱已经通过罗斯个人退休账户、科弗代尔（Coverdell）教育储蓄账户和529大学储蓄账户得到补贴，但是这些政策大多通过税收退费提供补贴，往往与穷人关系不大。

对高等教育的配款是公平的，因为穷人无法像非穷人一样利用现有大学储蓄补贴；它们在政治上具有可行性，因为很少有人反对为高等教育提供补贴（不管是对穷人还是非穷人）。事实上，博舍拉和谢若登（Boshara and Sherraden，2004）提出，为高等教育储蓄提供配款的倡议在加拿大、澳大利亚、英国和西欧等地区正在进行或处在策划中。

小学和中学教育。与为高等教育提供配款相反，人们往往认为对小学和中学教育提供配款是不公平的。小学和中学阶段所有学生都已经获得高额补贴，而且事实上是免费的。因此，人们认为配款主要是帮助非穷人在公立学校系统之外做出选择的一种方式。富人和宗教徒如果愿意，他们可以择校，但是不能用公共资助。配款与教育券不同，因为每一个人都能得到教育券，而配款只限于那些攒钱并购买某种资产的人。因此，虽然教育券与所有人都有关系，但是配款往往只与那些向私立学校或有宗教背景学校付费的家庭（住户）关系密切。虽然即使公立学校的学生也必须为交通、衣服、生活用品和书承担费用，但是这些小物件不需要"攒太多的钱"。

健康保健。无论从短期看还是从长期看，人力资本都需要维护。没有维护的话，健康和精力都会下降。公共政策已经对超过一定水平的健康保险费和健康保健支出进行税收减免，已经意识到了健康保健巨大的个人和社会效应以及这一资产（即健康的身体）的生产力和不可转换性。但是，由于一些原因，穷人获得这些补贴的机会较小。首先，补贴是通过税收退费来实现的,而税收退费对穷人来说价值不大。第二,有补贴健康保健计划通过雇主来实行,然而许多雇主,特别是那些雇佣穷人的雇主,却不资助健康保健计划,或者他们制定规则将低工资雇员排除在外。

现在,不能通过雇主参加有补贴团体健康计划的人,可以开一个医疗储蓄账户。在此账户中的缴费是减税的,并且允许取款用于几种修复性的、国家税务局算做"医疗支出"的健康护理费用。(通常,预防性健康保健被排除在外。)到退休时,医疗储蓄账户里未使用的余额可以取出来用于任何目的。然而,由于补贴是通过税收退费来提供的,所以穷人只能得到很少(甚至得不到)补贴。

通常,公众支持为健康保健提供补贴,而且他们认为把这些补贴和雇主联系起来是不公平的。因此,对修复性健康保健直接支出的缴费和对非团体保险费的缴费与这里的配款用途标准是一致的。为健康保健支出提供配款必须仅限于那些因为失业或自雇、或他们的雇主没有为他们提供团体健康计划,而没有机会获得现有健康保健补贴的穷人。非穷人(对他们来说可获得医疗储蓄账户)、能够从他们雇主那里得到健康保险的人以及有资格参加医疗救助(Medicaid)和医疗保险(Medicare)项目的人,将没有此资格。

商业资本。总体来说,美国人喜欢把自己看作是自己成就事业的人,他们稍经煽动就会离职并启动他们自己的商业活动。他们厌恶"企业福利"的神话,同情从事耕种或者经营杂货店、修理店的家人和朋友。许多美国人是移民或者他们的祖先是移民,对他们而言,唯一的选择就是从事耕种或小企业。而且,美国人往往关注那些认为小企业创造了大多数新工作岗位的研究(Birch,1979),而忽视那些发现小企业失败使很多人失去工作的研究(Finlayson and Peacock,2003)。美国人愿意相信小企业梦正向的个人和社会效应。

尽管普通公众钦佩自力更生的成功者,但是他们也支持对小企业进行补贴。(成功的企业家成立智囊团与政策机构,大力鼓吹小企业的优势并游说争取补贴,来鼓励此种做法。)例如,小企业从政府专项经费(set-asides)中受益,并受到许多劳动与保障法以及一些平等机会要求的豁免。这些补贴被视作是公平的,因为小企业(由于他们规模小)

更难削减完全遵守法规所产生的或多或少的固定成本。而且，小企业寻找和利用税收漏洞谋利的相对成本要更高。如果小型企业比大型企业获得补贴的机会少，那么小企业是其中获得机会最少的。这就是为什么对小企业提供配款被认为是公平的原因。

不管它们是否从净值（on net）上创造了职位，小企业在市场上具有直接的生产力。如果没有的话，它们很快就会倒闭。此外，小企业资产相对来说不可转换，特别是如果它们规模较大并且有特定业务时。一方面，比如说，用于买丝网印刷机的有配款取款所产生的效应，远远超出将原本投资于厂房和设备的资金挪出一部分来用于其他用途的效应。另一方面，用于一箱衬衣、几罐涂料或者一把新拖把的有配款取款可以直接转移，效应不会很大。因此，大多数个人发展账户项目将用于小企业的配款限定于"启动或扩展"，理由是，与那些微不足道的变化相比，翻天覆地的变化更可能是由个人发展账户"引发"的。当然，众所周知的是，小企业自身是非流动资产；大多数小企业无法用高出折旧后价值的价格，将其转手卖给其他买家。按照这里提出的一套标准，为小企业资产即厂房、设备提供配款是有意义的。

个人发展账户是否也应该为小企业购买货物或者支付诸如薪水、租金或公用事业等费用提供配款？虽然一些个人发展账户项目的确为商业支出（以及偿还商业借贷）提供配款，但是这一用途无法满足非转换性的检验。例如，对企业的电费提供配款，无异于为企业主购买玉米片或电影票提供配款。配款增加了自由的现金流（即企业主必须用于支出的"自己的钱"减少），因而增加了利润。而且，对支出进行配款不是改变现在的购买行为而是为以前的购买行为付款。

金融资本。个人发展账户可能提供配款的最后一种资产类型是金融资本。有补贴金融资本最普遍的形式是退休储蓄，但是补贴也可以用于偿还借贷或通用的、没有指定用途的储蓄。

退休储蓄。通过税收体系对非穷人资产建设的转移支付是谢若登（Sherraden, 1991）称之为"大福利国家"的一个支柱。这些转移支付虽然是具有高度累退性的（Seidman, 2001；Howard, 1997；Sherraden, 1991），但非常受欢迎，而且被认为是公平的，主要有以下几个原因。第一，非穷人没有把它们看作是"不劳而获的福利"而把它们看做是"留住更多的血汗钱"(Sherraden, 1991, p.75)。第二,因为许多人没有计划(Bernheim, 1997; Hubbard and Skinner, 1996),并且/或者在头脑中排除了一些消极的想法(比如他们将来变老)(Slemrod, 2003),他们几乎不为退休攒钱。如果他们老了后缺少储蓄,他们会向国家请求帮助,而处于那一刻的国家不可能说"不"(Hubbard, Skinner, and Zeldes, 1995)。因此,为退休储蓄提供补贴有助于减少年老时对公共救助的依赖。第三,许多人认为他们得到的社会保障退休金远远少于他们所投入的,因此对退休储蓄的补贴有助于平衡此类问题(Bernheim, 1995)。第四,也是最后一点,因为为退休储蓄提供补贴是通过税收减免实现的,没有任何显性的现金转手,它们的累退性很容易被忽略。相反,对穷人的财产审查公共救助是累进的,但是它包含了显性的现金转移支付。

如上所述,税收退款对穷人的刺激较弱(Joulfaian and Richardson, 2001; Engelhardt, 1996)。因此,对穷人退休储蓄提供配款被视为是提供平等竞争环境的一个公平的手段,并且这个观点已经得到了政治支持。例如,新的储户税收抵免为低收入退休储户提供了不可退的税收抵免(non-refundable tax credit)。然而其它设计上的缺陷使这个初衷美好的政策在目前的形式上出现了偏差(Orszag and Hall, 2003)。

退休储蓄也是非流动资产,至少在退休前如此,因为提前取款会产生高额税收罚金。而且,退休储蓄是生产性的,因为它们增加了经济的资本存量。当然,在退休期间它们通常被转化为消费,主要维持生命但是通常不会产生太多其他事物。

总的来说,对退休储蓄提供补贴是否具有较大的个人和社会效应还不明确。在针对非穷人的个人退休账户和401(k)计划中,长期存在的争论是:补贴是否真的能使人们比在其他方式下攒钱更多。一个阵营使用了一些不利于找到"新"储蓄的数据和检验。不出所料,他们无法驳倒可获得补贴的储蓄都由现有资产重组这一假设(Engen, Gale, and Scholz, 1996; Gale and Scholz, 1994)。另一个阵营使用了倾向于找到"新"储蓄的数据和检验。同样不出所料,他们无法驳倒可获得补贴的储蓄来自于收入增加以及/或者消费减少这个假设(Poterba, Venti and Wise, 1996)。

尽管有一些人在有补贴的情况下攒的钱和没有补贴的情况下一样多（或更少），但是有一些人肯定攒得更多，而且肯定有一些人是在补贴的推动下攒钱的，如果没有补贴，他们将没有任何积蓄。因此，常识和简单的经济学理论都表明，平均来看，有补贴储蓄（无论是个人退休账户、401（k）计划还是个人发展账户项目）都是"新"储蓄和"重组"资产的混合，即使对那些白手起家且没有资产的人来说也是这样（Orszag and Greenstein, 2004; Schreiner et al., 2001）。斯金纳（Skinner, 1997）推测，从净值来看，有充分证据可以证明，"新"储蓄占非穷人有补贴退休储蓄的 20% 到 40%。

无论补贴对"新"储蓄的影响如何，它们对穷人产生的影响更强。本杰明（Benjamin, 2003）、恩格尔哈特（Engelhardt, 2001）、恩金和盖尔（Engen and Gale, 2000）、伯恩海姆（Bernheim, 1997）、乔恩斯和马内戈尔德（Joines and Manegold, 1991）以及文蒂和怀斯（Venti and Wise, 1986）都发现，相对于非穷人，对退休储蓄提供补贴在穷人中激发"新"储蓄的可能性更大。谢若登和巴尔（Sherraden and Barr, 2004）以及谢若登（Sherraden, 1991）指出，穷人重组资产的可能性较低，因为最初他们就拥有较少的可用于重组的现有资产。

那么，总体看来，个人发展账户为退休提供配款符合这里的标准。它能得到政治支持，因为其具有公平性，并且至少对穷人而言，个人和社会效应较大。而且，退休储蓄（在退休前）是非流动资产并且具有生产性。

偿还普通借贷。如前所述，为借贷服务提供配款不符合这里的标准。为了实现公平，个人发展账户领域目前对这一问题没有达成广泛的共识。支持为借贷服务提供配款有三条论据。第一，偿还借贷是攒钱的一种形式，因为它增加了净财产，而且需要收入增加并且/或者消费减少。因此，为借贷服务提供配款就是为储蓄提供配款。第二，非穷人在学生贷款和住房抵押的利息可以获得税收退费。因为穷人从税收退款中几乎得不到收益，对借贷服务提供配款是营造公平竞争环境的一种方式。第三，还清原有借贷经常是进行其他形式资产建设，特别是住房所有权的先决条件。

虽然这些论据有一定的合理性，但是对借贷服务提供配款仍然不能满足所有这六条标准。从根本上说，这种配款不太可能产生很大的个人和社会效应。一方面，正在偿还的借贷可能不是用来购买大的、改变生活的资产，而是用来买衣服、度假或买啤酒。另一方面，在购买后提供配款而不是在购买前提供配款，增加了配款转化为现金而不是增加投资的可能性。这种借贷服务的可转换性以及较弱的效应表明，为偿还借贷提供配款不大可能提升家庭（住户）或市场的生产力。因此，即使为学生贷款和住房抵押等借贷服务提供配款是公平的，仍然不可能赢得广泛的政治支持。毕竟，今天家庭（住户）或许因为放纵、挥霍而使信用卡借贷越积越多，但是明天却指望个人发展账户配款能帮助他们还清借贷。

通用的储蓄。英国允许每人每年向"个人储蓄账户"最多缴纳5,000英镑不可抵扣性缴费（non deductible contribution），其收益免税而且取款不受任何限制（Milligan，2002）。同样，布什总统在2004年预算中提出"终身储蓄账户"。如果实施的话，这将像罗斯个人退休账户一样，唯一区别在于缴费上限更高并且取款不受任何限制。

但是，补贴是通过税收退款来实现的，因此它不会惠及穷人。那么，个人发展账户是否应该为通用的储蓄提供配款？毕竟，如果非穷人有机会获得这种不受限制的储蓄补贴，选民可能会赞成个人发展账户中不受限制的配款。但总体而言，不受限制的配款不是很符合这里提出的标准。

没有指定用途的储蓄可转换性很高。对穷人或非穷人而言，不需要将它们伪装成似乎是购买具有正向社会效应的大型的、生产性的资产。所有的取款都将获得配款，无论是用于大学学费还是春假。如果人们知道自己的最佳利益所在，并且制定能够有效实施的明智计划，那么这种不受限制的储蓄补贴将会增加个人收入，并因此具有较高的个人效应。但是如果人们目光短浅、缺乏自制力、改变主意、忘乎所以并且总犯错误（Thaler，2000），那么，只要身体与精神一样强大，只为购买大型资产提供配款能够帮助人们实现目标。

与累积收益的税收退款相比，不受限制的配款不太可能被认为是公平的。毕竟，这种税收退款在短期内是比较小的（或者为零，或者为负）。而且，储蓄被持有的时间越长，资本存量增加的就越多（不断增加的社会效应），储户们就越有可能制定并坚持一项合理使用储蓄的计划（不断增加的个人效应）（Americks, Caplin, and Leahy, 2002; Sherraden, 1991）。与此相反，配款是瞬间的。如果取款都能获得配款，那么穷人和非穷人都会把个人发展账户视为免费的赚钱机器；今天存款，明天可以为任何用途进行有配款取款。因此，个人发展账户不是成为一项帮助穷人攒钱并积累资产以获得长期发展的制度，而是成为一个没有太多掩饰、不受限制的现金转移支付的掩护，只需要按照制度的安排就可以换来相当于年度配款资格的收入增长。

对配款用途的总体评价。个人发展账户不同于财产审查现金转移支付（如食品券、有需要家庭临时救助），它注重攒钱和资产积累而不是即时消费。（由于这个原因，个人发展账户是对财产审查现金转移支付的补充。）个人发展账户实现这一目标的方式之一，是将有配款取款限定于购买具有很高个人和社会效应的固定的、生产性的资产。如果一种可获得配款的用途满足这些标准，并且可以使穷人有机会获得之前仅限于非穷人的储蓄补贴，那么就很有机会被认定为公平的并且获得公共支持。

根据这些标准，个人发展账户应该为首次买房、高等教育和职业培训以及小企业这三种"基础性"用途提供配款。另外，个人发展账户也应该为退休储蓄、买车、买电脑以及那些没有机会获得团体健康保险者的医疗支出提供配款。非穷人已经有机会获得所有这些资产的补贴（买车和买电脑除外）。虽然美国梦示范项目所有14个项目都为这三种"基础性"用途提供配款，但只有几个项目为退休储蓄提供配款，没有任何项目为买车、买电脑或医疗支出提供配款。美国梦示范项目中的一些项目为房屋维修提供配款，但是这一用途不太符合这里提出的标准。

五、本章小结及展望

穷人在美国梦示范项目中的个人发展账户中攒钱并积累资产。虽然数据未揭示出，相对于没有个人发展账户的情况，参与者是否从总体上能攒更多钱，但是，仅仅他们的确攒下了一些钱这一事实，就驳斥了穷人没有能力并且/或者不愿意牺牲短期消费、以建设提高长期福祉的资产这一错误的认识。

平均来看，美国梦示范项目月个人发展账户净储蓄每月为16.60美元，约相当于每年200美元。如果有资格存款月份平均为33.6个月的话，参与者平均个人发展账户净储蓄为558美元。当平均配额率为1.88∶1时，并且假设所有的可获得配款的余额最终都以有配款取款形式取出，参与者平均以每个月约48美元的速度在个人发展账户中积累资产，相当于每年576美元。

用本章提出的一个新的测量维度来考察储蓄，美国梦示范项目中个人发展账户参与者在一段时间内平均移动了1,090美元－年度，相当于有资格的每一年中有363美元－年度。这种新测量方法是很有效的，因为将储蓄看做随时间推移而移动的资源，并且它认识到，即使没有进行过有配款取款的参加者，仍然在个人发展账户中攒钱并持有一段时间的余额。

到数据截止日期，大约31%的参与者进行过有配款取款。在其余69%的参与者中，大约1/3是"储户"，其有资格获得配款的余额不少于100美元。假设所有可获得配款的余额最终都以有配款取款形式取出，那么参与者平均在个人发展账户中积累1,609美元。

有机会获得某一特定配款用途的参与者中，为此进行过有配款取款（或有此规划并至少有100美元可获得配款的余额）的参与者中，21%用于买房，11%用于高等教育，12%用于小企业。这三种"基础性"的用途获得了广泛的政治支持，并且被认为是公平的，因为非穷人的这些资产获得了大量补贴，而且这些资产是固定的、生产性的，并拥有很高的个人和社会效应。退休储蓄也满足这些标准，并且美国梦示范项目中有12%的参与者为这一用途进行有配款取款（或有此规划）。虽然房屋维修不满足本章中提出的这些可获得配款用途的标准，但在美国梦示范项目中它是第二受欢迎的用途（15%）。在美国梦示范项目中没有项目为买车或者医疗支出提供配款，但这两种用途满足这里的标准。从现金值来看，最大的有配款取款（不包括配款）用于退休储蓄，其次是买房和房屋维修。

虽然穷人在美国梦示范项目个人发展账户的支持性制度结构下攒

钱，但并不容易。到数据截止日期，大约 2/3 的参与者至少进行过一次无配款取款，相当于在这组参与者中每个人损失的潜在资产积累约为 1,400 美元。这些取款的存在，虽然从损失配款来看具有较高的机会成本，但是在一定程度上反映出，对于那些陷入贫困、因而面临频繁的紧急状况的人来说，在一段时间内移动资源是非常困难的。

从其他角度也可以发现对于一些参与者来说攒钱是困难的。例如，个人发展账户储蓄占收入的比率平均是 1.1%，在个人发展账户开户期间，只在一半的时间存过款，可以获得配款的每 1 美元中能攒下 42 美分。另外，48% 的参与者是个人发展账户净储蓄低于 100 美元的"低储户"。谚语中的杯子被看做一半是空的还是一半是满的？这一点并不重要，关键是考虑如何利用美国梦示范项目的经验来改善个人发展账户的设计和结构以更有效的鼓励穷人攒钱和积累资产。

这本书的其余章节回答了这个问题。第六章检验了个人发展账户储蓄和账户设计与项目结构变动之间的联系。这就为配款率、配款上限、配款上限结构、时间上限、自动转账的简易性、无配款取款的限制以及理财教育条款等的政策选择提供了经验。到目前为止，这种设计选择在很大程度上还是没有根据的猜测。项目设计是政策可以使用的主要杠杆，因此，了解美国梦示范项目中起作用的因素可以使这种杠杆更有用。

第七章考察了个人发展账户储蓄与参与者特征之间的联系，参与者特征包括：性别、种族/民族、年龄、婚姻状况、教育、就业状况、领取公共救助情况、收入与借贷以及注册时的资产。这一分析同样考察了储蓄结果与参与者有配款取款规划用途之间的关系。虽然政策无法改变参与者特征，但是了解这些特征与攒钱之间的联系，有助于找出在个人发展账户中哪些群体攒钱更为困难以及导致困难的原因，并且也将为政策、账户设计以及项目服务方面提供经验。

第六章 个人发展账户设计、项目结构与储蓄结果

第五章对美国梦示范项目数据的分析表明穷人能在个人发展账户中攒钱。如果能获得非穷人享有的补贴和便利制度，最终能证明穷人与其他人的差异并没有那么大。

从政策视角来看，认识到穷人能够攒钱非常重要，因为它可以将重点从改造穷人转变为改革储蓄制度。这种转变非常实际，因为政策对制度有直接影响，但是对人只有间接影响（通过制度）。从某种意义上说，制度设计是政策的全部。

罗西（Rossi, 1984）强调，社会干预常常局限于资源转移支付或者是改变制约因素，因此不可能改变人。由于缺乏对政策所发挥作用的关注，也导致了罗西所称的"项目评估铁律"，即"对任何大规模社会项目净影响评估的期望值为零"(p.4)。根据罗西（Rossi, 1985, p.11），"许多基础社会科学的主要问题是，社会科学家在建立理论时往往忽视与政策相关的变量，因为政策相关的变量几乎不能解释所讨论的行为变动。"为避免在个人发展账户中出现这样的错误，本章不仅关注与政策相关的变量，而且将它们与基础社会科学理论相联系，并且表明它们与美国梦示范项目中储蓄变动有很大的相关性。

个人发展账户的制度特征（账户设计和项目结构）与储蓄结果有何关系？本章用回归分析和美国梦示范项目中的数据来解答这个问题。如奇奥、莱布森和马德里安（Choi, Laibson and Madrian, 2004, p.3）在讨论401（k）计划时所述，"要制订优秀的规划设计决策，需要理解规划的规则与参加者储蓄结果之间的关系。"

在美国梦示范项目中，不同的项目（有时在同一项目中不同的参与者之间）会有不同的个人发展账户设计。个人发展账户制度特征差异和储蓄结果差异之间的关系，可以为提高旨在促进穷人攒钱和资产

积累的制度的有效性提供经验。一方面，如果储蓄结果与经济激励之间的相关性最强，那么政策应重点关注配款率和配款上限。另一方面，如果储蓄结果主要取决于制度，那么政策应重点关注个人发展账户设计的其他特征，如配款上限的结构、理财教育以及传递给参与者"应该"攒多少钱的显性和隐性的期望。

本章将个人发展账户的制度特征与两个参与者层面的储蓄结果相联系，即成为"储户"（个人发展账户净储蓄为100美元或以上）的可能性以及月平均个人发展账户净储蓄。回归分析中的制度特征是指配款率、配款上限、配款上限结构、自动转账的使用、有资格进行可获得配款存款的月份数、一般理财教育的时间，最后是与受独立资产法资助的参与者相关的一套规则。除了这些项目特征，回归分析还控制了一系列的参与者特征（在第七章中进行讨论）。

个人发展账户设计的许多特征都与储蓄结果有很强的关系。因此，政策能够很好地解释穷人在个人发展账户中攒钱与建设资产的表现。例如，配款率越高，越可能成为"储户"，但是在"储户"中，配款率越高，月个人发展账户净储蓄越低。配款上限越高，储蓄越高，因为参与者努力使其个人发展账户收益"最大化"，他们将上限转化为目标。使用自动转账增加了成为"储户"的可能性。时间上限越长，越可能成为"储户"，但月个人发展账户净储蓄越低。最后，理财教育每增加1小时（最高到10小时），"储户"的月个人发展账户净储蓄越高。

在描述完分析策略和统计模型之后，本章将讨论储蓄结果与个人发展账户制度特征的联系，并将它们与第二章的理论预测和政策经验相联系。

一、分析策略和统计模型

回归分析估计了储蓄结果（"储户"身份或"储户"月个人发展账户净储蓄）和个人发展账户某一特定制度特征之间关系的符号、规模和统计显著性。同时回归分析控制了储蓄结果和回归中包含的其他项目和参与者特征之间的关系。因为回归将储蓄结果与其他所包含特征之间的联系进行了控制，因此不太容易出现"列联表谬误"，即从回归中得到的联系比从列联表中得到的联系更接近"真实的"关系。回归比列联表更为理想,是因为它们的估计分析有更多的因果成分。

作为本章和其余章节的引线,本部分简要讨论回归分析的表现和如何解释回归结果,也提出了正式的两阶段"Heckit"回归模型以及这里使用它的理由。最后描述了在美国梦示范项目背景下分析回归结果的几个注意事项。这些都很重要,因为比起仅仅寻找相关性,政策更喜欢寻求因果关系,如个人发展账户设计的哪些特征改变了结果。

(一)列联表

列联表是将某一特征与某一储蓄结果联系起来的简单方法。例如,表6.1中的列联表将配款率与"储户"月个人发展账户净储蓄联系起来,表明当列联表中其他条件不变时,配款率越高,月个人发展账户净储蓄越低。平均来看,配款率为1∶1的"储户",月个人发展账户净储蓄为37.54美元,但配款率为2∶1的"储户"少攒了约10美元(26.92美元),配款率高于2∶1的"储户",少攒了约15美元(21.85美元)。

为什么配款率越高,储蓄越低呢?如果许多参与者都为了一个固定的目标攒钱,那么配款率越高会降低储蓄。但是也有其他合理的解释。例如,也许配款率较高的参与者,其配款上限更低。如果是这样,那么即使预期储蓄随配款率增加,但是从配款上限开始的删失使具有较高配款率的"储户"实际可见的储蓄减少。配款率或许与第三个降低储蓄的因素相关,但是在列联表中并不是固定不变的常数。例如,假如身为女性是降低储蓄的一个因果因子,进一步假设美国梦示范项目为女性分配更高的配款率,因为项目预期女性攒钱更少,并试图通过分配给女性更高的配款率来进行弥补。那么即使高配款率会增加储蓄,列联表分析仍会显示负相关。一般来说,即使配款率不会降低储蓄,它们也会通过与其他降低储蓄的因素联系进而降低储蓄。

因此,虽然列联表简单而且有用,但它们关于其他条件保持不变的假设经常站不住脚。例如,表6.1中的列联表没有控制性别与配款率和个人发展账户净储蓄同时相关的可能性。然而,表6.2中的列联表控制了配款率和性别。显示了女性比男性更有可能获得高配款率,而且在既定配款率下,女性攒钱比男性少。这表明,配款率和个人发展账户的净储蓄之间一些(并非全部)表面的相关关系,不是因为配款率导致了储蓄结果，而是因为配款率与性别之间的相关性，以及由此带来的性别与个人发展账户净储蓄之间的相关性。

表 6.1 美国梦示范项目中，"储户"配款率与月个人发展账户净储蓄之间关系的列联表分析

配款率	人数	平均月个人发展账户净储蓄（$）
1∶1	368	37.54
2∶1	566	26.92
>2∶1	299	21.85

表 6.2 美国梦示范项目中，配款率、性别与个人发展账户净储蓄之间关系的列联表分析

配款率	人数 男性	人数 女性	平均月个人发展账户净储蓄（$） 男性	平均月个人发展账户净储蓄（$） 女性
1∶1	105	263	37.99	37.36
2∶1	103	463	32.75	25.67
>2∶1	51	248	23.42	21.50

那么，性别是储蓄的一个因果因子吗？表 6.2 中双维列联表比 6.1 的单维列联表将更多的因素设定为固定不变的常数，但即使性别根本不是因果因子，第三个因素（如领取财产审查公共救助情况）仍然与性别相关，并且成为降低储蓄的一个原因。事实上，第七章的回归分析表明，在控制了一系列其他因素后，即使表 6.2 显示女性比男性攒钱少很多，但是性别与个人发展账户净储蓄之间没有联系。

虽然三维（四维或多维）列联表是可能的，但这种方法很快就会达到其极限。首先，表格变得太大太复杂以至于无法分析。例如，本章接下来的回归分析包括 8 项制度特征和 35 项参与者特征。相比之下，人类大脑（和印制的表格）不能处理超过三四个的维度，更不用说 43 个了。第二，在一个既定的单元格里案例的数量（比如，领取公共救助和配款率高于 2∶1 的男性）会随着维度的增加而缩小，最终。几乎所有的单元格因案例数目太少而不能对单元格内案例的平均月个人发

展账户净储蓄提供可信的估计（大部分单元格完全是空的）。第三，非类别（持续）变量如年龄和收入等，只有首先将它们分成不同的等级才能做成列联表，这样不仅会丢失一些信息，而且也很难合理地选取分割点（Hand and Adams，2000）。第四，用列联表寻找独立的相关关系（如配款率和个人发展账户净储蓄之间）必须设法调整配款率和列联表所有维度中的其他所有特征之间的相关性。虽然这在二维和三维列联表中是可能的，但对于更高维度的分析却很困难。

回归分析可以部分解决多维列联表的问题。对于每一种特征，回归估计了对该特征和储蓄结果之间的独立相关性，解释了回归中所有特征彼此之间以及与储蓄结果之间的相关关系。

（二）遗漏的特征

当然，回归不能控制回归中遗漏的特征。非常普遍的现象是，研究者一旦控制了少量样本的人口统计特征，就好像是成功地将所有其他条件都设定为不变的。然而社会科学的结果经常与一系列特征相联系，年龄、性别、民族／种族和收入不能完全描述一个人。就像列联表一样，回归如果遗漏一些特征而不能使所有其他条件保持不变的话，也会产生误导（Kennedy，1998；Greene，1993）。相对于列联表，回归的优点主要在于遗漏的特征较少。

尽管如此，如果因为一些特征是数据本身所缺失的，回归仍不可避免地遗漏一些相关特征（文献中称之为**未观察到的特征**，事实上，尽管回归中没有，但是许多特征已经被观察到了，并且出现在了数据中）。遗漏特征的存在对回归分析中得出政策经验产生了如下影响。

首先，如同列联表一样，回归估计不必然表明因果关系。通常存在并且看似合理的是，被包含的特征与一些遗漏特征相关，同时后者又是产生结果的原因。虽然大部分特征通常都能解释大多数结果，但是从代表因果关系的回归中估计出来的关系通常与纯粹解释假设的关系不同（也许更弱，也许更强）。

第二，将遗漏特征造成的偏差最小化有几种方法。最简单和最直接（尽管很少使用）的是将更多特征包含进来（Schreiner，2004d；Benjamin，2003；Breiman，2001）。实际上，几乎没有回归研究包含了数据和理论表明相关关系的所有特征。另一种使遗漏特征偏差最小化的方法是随机化。如果进入个人发展账户的机会是被随机分配的，那么特征（不管是否被观察到或者是否被包含到回归中）在干预组（treatment group）和控制组的分布都是一样的（在重复样本中的平均数）。那么，任何参与个人发展账户之后的差异都可以归因于进入个人发展账户机会的不同，而不能归因于在参与个人发展账户之前的差异。尽管随机化是简单地、无可争议地建立因果关系的黄金标准（Orr, 1999; Burtless, 1995; Manski, 1995），但是进行一项随机研究比分析现有数据需要更多的资源。尽管美国梦示范项目中进入个人发展账户的机会是在项目符合资格的参与者中随机分配，但个人发展账户管理信息系统数据仅仅包括干预组，因此这里的分析不能使用随机法。最后，将遗漏特征造成的偏差最小化的常见技术（并且是最复杂的，而且可能最没有效果）是通过由所包含特征推导出的代理因素，用统计模型和假设来代表遗漏的特征。

第三，政策发展需要熟知各种影响政策的原因。为了仔细调整个人发展账户的制度特征以使穷人最大限度的攒钱和积累资产，政策制定者不仅需要了解配款率的提高降低了储蓄，他们还需要了解是否配款率越高，储蓄越低。如果配款率仅仅与较低的储蓄有关系（也许因为女性会被分配以较高的配款率，同时因为身为女性导致了较低的储蓄），那么政策制定者将调整与性别有关的配款率的分配，而不是调整配款率本身。

在随机化缺失的情况下，遗漏特征是在所难免的，因此美国梦示范项目数据不能不容置疑地、精确地确定制度特征如何（或是否）引起储蓄结果的变化。这是否会降低了回归分析对政策的重要性？即使不是结论，分析仍然很重要。一方面，几乎没有其他的研究将个人发展账户设计和项目规则与个人发展账户的储蓄结果相联系。解释知识不完备也强过一无所知、猜测和来自支持者或反对者的宣传。政策发展将继续前进，这里的分析即使不能为政策制定者解决所有的难题，但是可以有助于为政策选择提供信息。而且，所有的估计表明，因果和非因果相关存在着一些混合。虽然所有的关系都被称为相关关系，但一些更接近于因果关系，并且有时存在着鼓励（或抑制）这种观念的蛛丝马迹。通常，最好的做法是能够明晰分析假设和注意事项

（Schreiner，2002c）。这就鼓励对仍然存在争议的领域进行合理的、富有创造性的讨论，并使未来寻求改善的工作更容易，同时提供更多的确定性。

遗憾的是，美国梦示范项目数据不能一劳永逸地揭示出最优的个人发展账户设计。若是自诩美国梦示范项目已经解决了所有的问题，可能会推进一项独特的议程，甚至可能会在一个不完美的政治进程中提升社会福祉。但它将是欺骗性的（并且可能是错误的）。政策研究的工作不是在政策制定者支持特定干预之前对研究结果做有倾向性的解释或简单化。相反，政策研究应该是清晰且精确的（Easterly，2003；Bardach，2002；Aaron，2000；Bonnen and Schweikhardt，1999）。这能提高政策完成其目标的可能性。

这里的分析试图用两种方法限制遗漏特征的偏差。首先，回归包括非常广泛的一系列特征（项目特征8项，参与者特征35项）。这种回归与大部分回归相比所遗漏特征要少一些，同样，所包含的特征也在一定程度上与遗漏的特征相关，由此成为他们的代理而发挥作用（Benjamin, 2003）。第二，回归有两个阶段，这就可以对同时影响成为"储户"的可能性以及"储户"月个人发展账户净储蓄水平的遗漏特征建构一种代理因素。回归对遗漏的项目特征进行了额外控制，包含了针对每一个具体项目的一套指标变量。

如果理论表明某项特征与个人发展账户净储蓄有联系，如果特征出现在个人发展账户管理信息系统中，如果特征在参与者之间有足够的变动性，那么该特征就会包含进回归中。将回归中两个阶段都计算进去的话，考虑到所有类型的类别变量、连续变量样条（splines）和对缺失数据的控制，回归共估计了215个参数。这是一个非常大的回归，但因为有2,350个参加者，所以并不缺少自由度。虽然在本章与第七章都用不同的一系列数据展示了结果，但它们都来自同一个两阶段回归。

（三）双向因果关系

除了遗漏特征引起的偏差，回归分析必须预防双向因果关系所引起的偏差。当然，制度特征能够影响储蓄结果，但储蓄结果如何影响制度特征？假如一个个人发展账户项目认为（不管正确与否）提高配款率将增加储蓄，如果此项目注意到储蓄很低，就可以通过中途提高配款率来加以弥补。这样储蓄较低成为较高配款率的一个原因。在分析中其他条件保持不变的情况下，双向因果关系使从回归中得到的对配款率和储蓄之间关系的估计产生偏差。

即使项目在中途不改变规则，双向因果关系仍然可能存在。例如，假设个人发展账户项目以其所期望的目标群体攒钱行为为基础设定其配款率。如果项目预料其目标群体攒钱有困难，同时如果项目预期配款率越高会提高储蓄，那么比起从未预期其目标群体攒钱困难的相同项目而言，它会从一开始就设定较高的配款率。如果一个项目的储蓄期望与最终储蓄结果相关，那么就存在双向因果关系；不仅配款率会影响储蓄，而且对储蓄的预期也会影响配款率。

有三种方法可以控制双向因果关系。首先是将注册之前的特征而不是注册之后的特征包含到回归中。虽然这种简单的技术对项目以及参与者特征都有效（项目及参与者特征在注册后可能作为储蓄结果的函数发生变化），但它不能控制受注册前对注册后结果的预期影响的项目特征。

第二种控制双向因果关系的方法是随机化，就像项目向参与者随机分配进入个人发展账户的机会一样，项目应该能够向项目或参与者随机分配制度特征（如配款率和配款上限）。这种随机打破了注册前对储蓄结果的预期和制度特征之间的任何因果关系。然而，由于管理的原因，美国梦示范项目没有在参与者之间随机分配制度特征。项目将会发现，将不同的规则应用于不同的参与者非常困难，并且参与者可能会认为这样的安排不公平。为了给项目一定实验空间并找到"最佳实践"，美国梦示范项目也没有在项目中随机分配制度特征。

第三种控制双向因果关系的方法是统计建模。这需要一个"工具"，即只与双向因果关系的一方相关而与另一方不相关的第三个特征。好的工具很难找，最常用的是随机化，因为它正好与进入项目的机会相关而又正好与其他特征都不相关。美国梦示范项目数据不包含明显的候选工具。例如，通过注册前对参与者注册后储蓄的预期影响个人发展账户设计的任何特征，也可能会影响注册后的储蓄。

双向因果关系在美国梦示范项目中是可能的。每一个个人发展账户项目发展出自己的规则和账户结构（独立资产法案为其资助的参与者通过立法程序设立规则，但独立资产法晚于其他美国梦示范项目的启动）。尽管没有直接的证据，但是项目会设立一些规则，在一定程度上回应他们对参与者储蓄的期望（Sherraden et al.，2000）。此处的分析不能控制这一点，但明确指出由双向因果关系所导致的偏差在什么情况下产生影响。而且，美国梦示范项目中的一些项目，为回应储蓄结果而中途改变规则。事实上，美国梦示范项目鼓励其中的项目随着"在工作中所学习到的经验"去修订设计。尽管通过介绍随时间推移而发生的变动，能促进对项目设计效应的质性评估，但是它将阻碍类似此处回归分析中的定量评估。

为了避免因为迎合储蓄结果而在中期改变规则所引起的双向因果关系，这一分析使用了注册之前的项目特征。如果大部分参与者认为最初的规则在大部分时间内有效，则最初的规则与参与者最相关。

一些项目为不同的用途提供了不同的配款率，因此在储蓄结果和配款率之间也存在双向因果关系。例如，项目为买房提供了2∶1的配款率，而其他用途的配款率为1∶1。这样，配款用途的类型（与之相联系的配款率）会受储蓄结果影响。例如，攒200美元的人，能用来为小企业进行有配款取款，但不能用来买房。为了控制这一点，这里的分析使用参与者注册时所记录的规划用途的配款率，而不管规划用途是否实现。这里的假设是参与者接受与注册时规划用途一致的配款率。

最后，回归使用注册之前的参与者特征，消除了储蓄结果影响参与者特征的可能性。不足之处在于个人发展账户管理信息系统中，参与者注册之前的数据不够清晰。个人发展账户管理信息系统没有办法来区分哪些是注册之前特征的更正，哪些是注册之后随时间变化对特征的更新（可能由储蓄结果产生）。因为双向因果关系或许已经损害了注册之后的更新，所以回归使用注册前的参与者数据。

（四）两阶段 Heckit 分析

这里用两阶段回归有两个原因。首先，这样可以为遗漏特征建构代理，这些遗漏特征同时与成为"储户"的可能性以及"储户"月个人发展账户净储蓄发生联系。如上所述，这有助于将遗漏因子的偏差最小化。第二，某一特征与成为"储户"可能性之间的关系，以及同一特征与"储户"月个人发展账户净储蓄水平之间的关系，两者可能不同，例如，较高的配款率与成为"储户"更高的可能性相联系（或许因为它们提高了攒钱的回报），同时与"储户"更低的个人发展账户净储蓄相联系（也许因为它们允许目标储户在攒较少钱时仍能达到目标）。在单一阶段分析中，只是简单地用配款率对所有参与者的月个人发展账户净储蓄做回归，那么就会产生一种混合的净估计关系（net estimated association），其中涉及到与成为"储户"的可能性之间的关系以及与"储户"个人发展账户净储蓄水平之间的关系，但是二者的比例未知。这种净估计可能是正的、负的或零，将很难从中汲取政策经验（对美国梦示范项目数据进行单一阶段分析的例子包括 Grinstein-Weiss and Sherraden, 2004; Grinstein-Weiss, Zhan and Sherraden, 2004; Ssewemala and Sherraden, 2004; Zhan and Schreiner 2004; Zhan, 2003; Curly and Grinstein-Weiss, 2002; Grinstein-Weiss and Curley, 2002, and Sherraden et al., 2000）。在这里的回归中，两阶段之间的关系在符号上有所不同是很正常的。

这种两阶段方法由赫克曼（Heckman，1979 and 1976）提出。类似于"Probit"和"Logit"，它称为"Heckit"。第一阶段包括美国梦示范项目中所有 2,350 位参与者。因为成为"储户"是一个是或否的二分结果，所以第一阶段使用次序模型回归。第二阶段只包括 1,232 位"储户"。月个人发展账户净储蓄是一个连续变量，对于某一参与者可以从 0 到配款上限之间取任意值，所以第二阶段采用常规最小二乘回归（ordinary least-square regression）。第二阶段中包含的特征增加了第一阶段建构的代理因素，这些代理因素代表了与成为"储户"以及"储户"月个人发展账户净储蓄同时相关的遗漏特征。

第一阶段。了解特征与成为"储户"之间的联系很重要，因为项目参与是有成本的。项目不仅损失了在非"储户"参与者身上的管理投资，而且参与者也损失了潜在的配款，甚至对一般的储蓄失去信心。了解项目和参与者特征与成为"储户"之间的关系，可以帮助政策制定者和项目工作人员改进个人发展账户的设计，以便使更多的参与者成为"储户"。例如，项目工作人员可以利用第一阶段回归的结果，在注册时预测谁可能成为"储户"（Schreiner and Sherraden, 2005；Eberts, 2001）。项目可以为处于风险中的参与者提供额外的支持。关于401（K）计划的研究（Chang, 1996；Poterba, Venti, and Wise, 1995）几乎没有揭示其中一些参与者离开有补贴储蓄项目的原因（更不用说是贫困参与者）。

根据格林（Greene, 1993）的研究，如果一个参加者作为"储户"的净收益 z_i^* 为正，那么在第一阶段的 Probit 分析中，该参与者 i 为"储户"，净收益水平 z_i^* 是无法观察到的，但它的符号（sign）是可以观察到的。因此如果净收益为正，则参与者为"储户"（$z_i=1$ if $z_i^* > 0$）。否则，净收益为负，参与者不是"储户"（$z_i=0$ if $z_i^* \leq 0$）。

$z_i=1$　如果　$z_i^*=\alpha'W_i+ui > 0$,

否则 $z_i=0$ 　　　　　　　　　　　　　　　　　　　　　　　　　　（1）

这里，W_i 是8项制度特征和35项参与者特征的向量，α' 是被估计系数的向量，而且在所有参与者中是共有的，ui 是具有正态分布的误差项。

要构建一个与成为"储户"有关的遗漏特征的代理，用 α^* 代表所有参与者共有的估计系数，$\phi(\cdot)$ 代表正态概率分布函数，$\Phi(\cdot)$ 表示正态累积分布函数。对于参与者 i，成为"储户"的预测概率是 $\Phi(\alpha^*'W_i)$，当成为"储户"的预测概率提高时，比率 $\lambda_i=\phi(\alpha^*'W_i)/\Phi(\alpha^*'W_i)$ 下降（文献中经常用 λ_i 指"逆米尔斯比（Inverse Mill's Ratio）"）。

λ_i 值较高的"储户"是一个"惊喜"；基于回归中包含的特征，无法预测他们成为"储户"。即使被包含的特征不可能使他们成为"储户"，考虑到他们在事实上已经是"储户"，肯定是他们所遗漏的特征起到支持作用。相反，λ_i 值较低的"储户"并不令人惊讶；基于他们被包含的特征，他们被预测成为"储户"。因此，如果遗漏特征对成为"储户"产生了强有力的支持，那么 λ_i 值往往更高。

第一阶段 Probit 模型非常适合美国梦示范项目数据。"-2对数似然度"（-2log-likehood）测量为2463.04，整体的系数具有统计上的显著性，置信度为0.99（p=0.01）。在81.3%其中一个是"储户"、另一个不是的配对（pairs）中，成为"储户"的预测可能性对"储户"而言更高。

第二阶段。"储户"月个人发展账户净储蓄水平是对个人发展账户中储蓄和资产积累的直接测量。同样,了解特征与储蓄水平之间的关系很重要,因为可以帮助政策制定者和项目工作人员规划个人发展账户的设计,以便为穷人的攒钱和资产积累提供更多支持。

对于那些想将其个人发展账户"最大化"的"储户"而言,配款上限在个人发展账户净储蓄实际可见的结果与预期结果之间划了一道鸿沟。然而,这里的常规最小二乘回归忽视了这一删失,相反,只是简单地假设"储户"i的月个人发展账户净储蓄 y_i 与9个项目特征和35项参与者特征的向量 X_i 有关系。月个人发展账户净储蓄 y_i 也被假设与 λ_i 有关系,即从第一阶段 Probit 模型中推导出的与成为"储户"可能性相联系的遗漏特征的代理。如果 β 和 θ 是估计系数的向量(所有"储户"共有的),如果 ε_i 为具有正态分布的误差项,那么第二阶段的回归是:

$$y_i = \beta' x_i + \theta \lambda_i + \varepsilon_i \tag{2}$$

对估计系数 β 和 θ 的标准误差的估计进行了调整,以反映出 λ_i 是估计的特征。

系数 θ 被预期为正。就是说支持成为"储户"的遗漏特征,也预期会增加月个人发展账户净储蓄水平。事实证明(表6.3)θ 虽然为正,但在统计上不具有显著性($p=0.94$)。也许回归包含了如此多的特征,以至于"最大平直度(flat max)"发生作用(kicked in)(Lovie and Lovie, 1986; Dawes, 1979; Wainer, 1976)。也就是说,在 X_i 中包含的特征可能与作为 λ_i 的相同遗漏特征相关,因此包含 λ_i 没有增加任何解释力。

事实上,第二阶段回归修正后的 R^2 为47.5%,对于储蓄的横向面(cross section)数据有很高水平的解释力。也就是说,所包含的特征与"储户"月个人发展账户月净储蓄水平大约一半的变动(variation)有关。

删失。这里详细叙述的两阶段赫克法忽略了对配款上限的删失。施赖纳(Schreiner, 2004d)的回归对删失进行了控制,在该研究中的估计与此处非常类似。由此,这里的估计(在技术上适合于实际可见的储蓄),与那些对预期储蓄的估计几乎没什么不同。

缺省值。像大多数数据一样，个人发展账户管理信息系统数据包含很多的缺省值。例如，62% 的参与者没有申报他们是否拥有人寿或健康保险，在注册时领取食品券的情况中，有 35% 的缺省值（表 6.3）。

标准方法是省略所包含特征中有缺省值的案例，假定缺省值是随机分布于参与者之中（这有时又称为成列删除（list-wise deletion））。然而，由于回归中包含了如此多的特征，这种方法可能会排除 72% 的参与者，妨碍大部分的分析。这似乎是种浪费，对所有参与者而言，大部分特征的值都是存在的，为什么不利用它们呢？

为了避免浪费信息，这里的分析用"修正的零阶回归"（modified zero-order regression）。正如在奥姆和雷斯（Orme and Reis, 1991）所描述，每一个经常有缺省值的特征，它们都与一个对应的 0/1 指标变量有关。在"原始"特征值没有缺失情况下，则对应的指标设定为 0。然而，当"原始"特征值缺省时，那么对应指标设定为 1，并且原始特征设定为 0。"原始"特征和对应指标变量都包含在回归中。修正的零阶回归能净化对缺省值影响的估计，同时避免大量删减数据。这等同于"成对删除"（pair-wise deletion）。相当于用非缺省案例的均值代替缺省值（Greene, 1993）。像大部分处理缺省值的方法一样，这里假定缺省值随机发生。指标变量的系数（表 6.3）尽管有助于进行预测，但是没有太多有用的解释（Lewis, 1990）。

样条。回归通常假定连续特征（如年龄）与结果存在线性相关。但在生活中很少是线性的。例如，就像人跨越生命周期一样，他们以有补贴形式攒钱的愿望和能力会发生变化，青少年主要为人力资本攒钱，青年主要为住房攒钱，中年人为退休攒钱，老人主要是动用储蓄。攒钱形式会随着年龄而变化，因此他们之间的关系并非线性。

一些回归用多项式表示非线性关系，例如不仅包括年龄还包括年龄的平方（age squared）和年龄的三次方（age cubed）。多项式允许数据来决定曲线的转向点，但它们会因异常值（outliers）而不稳定，也会引起多重共线性（multicollinearity）（Miranda and Fackler, 2002）。

这里的回归用一系列拼接线（spliced lines）而不是多项式。这些**样条**（Friedman, 1991; Smith, 1979; Suits, Mason and Chan, 1978）解释起来很简单（每一部分的系数是该部分"曲线"的斜率），不会引起多重共线性，允许方向的多种变化，并且在异常值情况下更为稳定。

（五）统计显著性

本章和第七章部分采用统计显著性来讨论储蓄结果和项目、参与者特征之间估计关系的精确性。因此，在讨论估计关系和政策意涵之前，本节简要回顾统计显著性的用法和意义。

如果估计不可能是由抽样变异（sampling variation）造成的，那么它们在统计上是显著的。与统计上不显著的估计相比，统计显著的估计对于政策更重要，因为它们更可能代表"真实的"关系，这类关系能重复发生，而不是因为偶然的不可重复的非典型性现象。

所有样本都不能完全代表它们潜在的总体，并且估计的关系会在不同样本之间以不同的方式背离"真实的"总体关系。统计显著性暗示这样一种可能性，即估计的关系不代表总体，而仅仅是特定的、非代表性样本。

样本越大越可能代表总体。因此，其他条件不变的情况下，样本越大，会提高所估计关系的统计显著性。例如，在投掷硬币这一总体中，如果质地均匀的话，硬币正面向上的概率为50%。假设硬币在10次投掷中，有6次正面朝上，也没有非常强有力的证据表明其质地均匀。根据二项分布，即使是质地均匀，硬币在10次投掷样本的17%中会有6次或者更多次正面朝上。这里的0.17（17%）是"p值"，即质地均匀的硬币落地后至少在样本中出现的正面朝上的概率。"p值"越小，统计的显著性越大，估计值来自于非代表性样本的风险越低。如果100次的投掷产生60次正面，那么"p值"是0.017（1.7%），因为如果质地均匀的话，硬币在如此多的投掷中很少出现这么多的正面朝上。

某一估计统计显著性随着"真实关系"的强度而增加。例如，总体中出现70%正面的硬币与总体中出现60%正面的硬币相比，前者更有可能被检测为质地不均匀。70%的硬币在100次投掷样本的98%出现60次或更多的"正面"，但60%的硬币在100次投掷中将有46%的可能性出现60次或更多的正面。"真实"关系越强，统计显著性越高。

统计显著性可以表示为置信度，即估计值不是因为非代表性样本造成的。例如，如果一个硬币在100次投掷中有60次正面向上，就有

98.3%的置信度证明这是一个质地不均匀的硬币，而不是凑巧来自一个非代表性样本的质地均匀的硬币。

p值是置信水平的补充，用概率而不是百分比来表示。例如，98.3%的置信度意味着p值为0.017。通常置信水平为x%，则p值为100-x/100。置信度越高，p值越低。为了避免虚假准确度（false precision）的出现，这里的p值四舍五入到百分位（例如，0.017变为0.02），且低于0.01的p值表示为0.01。

在标准做法中，只有置信水平超过90%或95%（相当于，如果p值低于0.10或0.05），该估计才被视为"有统计显著性"。大部分研究者认为，如果估计的关系达不到此置信水平则相当于0。遗憾的是，这是一种对统计显著性的机械使用（McCloskey，1985；Cowger，1984）。估计值所需的置信度不应该仅仅依赖人类的计算能力，而是依赖对社会福祉所期待的变化，这些变化是由于正确或错误的用估计值作为总体的代表而导致的决策变化而引起的。置信水平低于（或高于）90%有时已经很充分，每个个案需要合理的进行讨论。例如，如果回归显示配款率从1∶1到2∶1的增加，月个人发展账户的净储蓄随之增加10美元，并且置信度为85%（p值为0.15），一般的反应是继续前进，好像配款率与储蓄毫不相关。但从政策的视角来看，与个人发展账户参与者月平均储蓄相比，与个人发展账户储蓄一定比例的储蓄是"新"的而非"重组"的相比，以及与个人发展账户政策其他非配款率方面特征的优势相比，这种估计出来的联系"很大"了。85%的置信度已经很高了，至少与公共政策其他方面得到的置信度相比已经不小。而且，当有85%的概率表明非零的估计关系不是非代表性样本的人为结果，那么，认为这种关系为0几乎没有意义。在"政府工作"或其他领域中，即使在传统的水平上没能达到统计的显著性，回归估计也是有用的。

预期中"默认"关系的选择也很重要。政策制定者能否确信配款率与个人发展账户储蓄无关以至于他们需要大于85%的置信度来改变这种关于现状的认识？或者他们是否能确信配款率确实与个人发展储蓄有关，以至于15%没有关系的概率不足以改变他们的认识？

表 6.3　储蓄结果与个人发展账户设计和项目结构之间的关系：
配款率、配款上限、配款上限结构以及自动转账的使用

	概率（"储户"）			个人发展账户净储蓄/每月		
独立变量	均值	△ %pts.	p 值	均值	△ $	p 值
截距	1.0	−30.7	0.10	1.0	+9.86	0.18
支持成为"储户"遗漏特征（λ）				0	+0.28	0.94
自动转账的使用	0.06	−28.6	0.01	0.03	−3.03	0.37
婚姻状况	0.01	+18.3	0.26	0.01	+2.51	0.57
子女数	0.00	+33.0	0.16	0.00	+5.68	0.30
与主办组织目前的关系	0.06	+0.4	0.97	0.03	−8.21	0.08
由合作组织转介	0.21	−43.2	0.01	0.21	+2.09	0.68
注册之前领取 AFDC/TANF	0.01	−13.4	0.39	0.01	+1.19	0.83
注册之前领取 SSI 情况	0.34	+22.3	0.02	0.37	+4.47	0.15
注册前领取食品券情况	0.35	+5.8	0.55	0.38	−2.10	0.47
经常性收入	0.02	−57.4	0.03	0.01	+4.60	0.51
存折余额	0.03	+12.6	0.13	0.03	+1.09	0.68
支票余额	0.04	−15.0	0.15	0.04	−0.37	0.87
金融投资	0.00	+25.7	0.33	0.00	+1.60	0.82
汽车	0.00	−7.7	0.82	0.00	−1.42	0.89
有某种借贷	0.01	+21.5	0.29	0.01	+4.79	0.33
保险覆盖范围	0.62	−12.6	0.01	0.61	+0.16	0.91
几乎没有缺省值的变量	0.01	−4.4	0.76	0.01	+1.13	0.82
不连续收入				0.00	+1.26	0.83
一般理财教育				0.06	+11.99	0.06

对回归拟合（regression fit）的说明：对于第一阶段 Probit 分析，−2 乘以对数似然性为 2463.04，能正确预测的配对比为 81.3%。对于第二阶段的常规最小二乘法，R^2 为 52.2%，调整后的 R^2 为 47.5%。

对统计显著性在政策工作中应用的简单回顾总结为三点注意事项。首先，统计显著性既依靠样本规模又依赖"真实"关系的强度。在小样本中，不管"真实"关系的强度如何，统计显著性的水平不可能很高。在大样本中，统计显著性更高。在任何样本中，如果"真实"关系强度很大，统计显著性更高。政策工作不仅要考虑统计显著性，而且还应考虑样本规模和预期以及估计的"真实"关系的强度。

第二，统计的显著性并不意味着因果关系。而且，统计显著性也不意味着政策意义。一个统计上具有显著性的估计可能不会给政策提供任何有用的信息，并且统计的非显著性也并不意味着政策没有意义。例如，配款率和储蓄之间的关系在统计上没有显著性，也可能会提供有用的政策经验（比如"从别处寻找政策工具"）。

第三即最后一点，统计显著性只测量源于非代表性样本的不准确性，而忽略了其他来源的偏差，例如遗漏特征、双向因果关系、删失和非线性关系的线性表示。统计的显著性是对抽样变异的测量，仅此而已；分析者还必须讨论估计对政策意味着什么。

这些注意事项并不意味着"统计显著性"只限于那些置信水平高的数据，好像在抽样变异中要求极端的精确性能在某种程度上弥补关于其他不精确性知识的缺失。毕竟来自抽样变异的不精确性与其他来源的不精确性没有特定的关系（King，1986）。与依赖统计显著性相反，最好是描述所有已知的不精确的来源，并讨论他们潜在的含义。

在最近的一次会议上见证的一个案例表明统计显著性的使用（或误用）如何产生政策后果。做报告的研究者询问他们大学是否因歧视非裔美国人而向他们支付低于同级别白人教授的工资？样本很小，覆盖最近一年该大学的所有教授，其中非裔美国人很少。尽管在美国有普遍歧视非裔美国人的长期、持续的历史（Arrow，1998；Darity and Mason，1998；Ladd，1998；Loury，1998；Yinger，1998），研究者仍然将"无歧视"作为"默认"或"现状"标准来反对对估计值所进行的判断。回归估计表明非裔美国教授工资比白人教授工资约少 8,000 美元，占平均工资很大比例部分。然而 p 值为 0.20，因此置信度为 80%，"真实"关系大于 0，并且估计值并非是从非代表性样本中得到的偶然事件。尽管如此，因为缺少 90% 的置信度，研究者得出的结论是"没有证据"证明存在歧视，大学可以照常运行。然而，鉴于小样本，即使真实关系很强，回归估计可能达不到 90% 的置信度。而且，种族与薪水之间预期和估计的关系都很大。最终，它将有 8,000 美元差异的 80% 的置信度等同于"没有证据"。统计显著性不能代替思维。

二、配款率

正如第三章的讨论，与来自401（k）计划大部分参与者水平的证据一致（Clark et al,, 2000; Clark and Schieber, 1998; General Accounting Office, 1997; Bayer, Bernheim and Scholz, 1996），人们预期更高的配款率来提高攒钱的回报，并且因此来提高在美国梦示范项目中成为"储户"的可能性。然而，对于"储户"而言，理论不能明确地预测较高的配款率如何影响月个人发展账户净储蓄（有配款取款加上可获得配款的余额除以有资格进行可获得配款存款的月份数）。一方面，"替代效应"表明，配款率越高，将为从消费向储蓄转移资源的参与者提供更高的回报，从而提高储蓄。另一方面，"固定目标效应"表明，较高的配款率允许参与者用较少的储蓄达到既定资产积累目标，从而降低储蓄。伯恩海姆和肖尔茨（Bernheim and Scholz, 1993）提出，穷人更可能为固定目标攒钱，所以储蓄补贴会降低他们的储蓄。（他们也认为攒钱是对储蓄回报率的一般回应，会随着收入的增加而增强，这些回报率等同于配款率）。尽管如此，很少有政策制定者或项目会相信，较高的配款率（或一般的配款）能抑制个人发展账户储蓄。实际上，个人发展账户一个基本的前提是,配款就其本身而言(不考虑配款率水平)会提高储蓄，并且对401（k）计划中配款的研究强烈支持这一观点（Even and Macpherson, 2003; Cunningham and Engelhardt, 2002; Munnell, Sundén and Taylor, 2002; Bassett, Fleming and Rodrigues, 1998; Even and Macpherson, 1997; General Accounting Office, 1997; Ippolito, 1997; Bayer, Bernheim and Scholz, 1996; Papke, 1995; Papke and Poterba, 1995; Even and Macpherson, 1994; Andrews, 1992）。因为所有的美国梦示范项目参与者都有资格获得配款，所以这里的分析不能检验配款本身与其所具有的关系。然而，美国梦示范项目不同项目之间以及某一项目内部的配款率不同，这里的回归可以检验配款率提高是否能增加成为"储户"的可能性，以及对于"储户"月个人发展账户净储蓄水平而言，"替代效应"是否强于"固定目标效应"。

（一）为什么配款率很重要

提供配款是将穷人包含进资产建设政策中的极少数方法之一。穷人处于较低的税收等级中，因此税收退款（以资产建设为目标的典型的补贴机制）为穷人提供的激励很微弱。由于没有一个可供选择的补贴机制，世界范围内转向资产建设的政策会将穷人排除在外（Sherraden, 1997 and 2003）。

配款通过三种方式有助于将穷人包含进攒钱和资产建设中来。首先，配款提高了攒钱的回报。消费力较低的穷人，相对于消费力较高的富人来说，通过进一步的降低消费来提高储蓄更加困难。通过增加攒钱的回报，配款能够帮助弥补短期的牺牲。

第二，配款提高资产积累。假设一定的储蓄水平下，配款率越高，所转换的资产积累越高，会产生足够大的一次性总付的款项，使之能够购买改变生活的资产，如住房或大学教育。

第三，对参与者来说，配款可作为参与者心理上的焦点。通常，配款是吸引参与者参加个人发展账户的首要因素（Johnson et al., 2003; Moore et al., 2000）。参与者经常将个人发展账户等同于配款；在他们头脑中，其他的制度特征远远比不上这一点。参与者更多的基于经验法则，即"只有在利用配款的时候才是有意义的"，而较少地基于有意识的计划，即将个人发展账户看做是达到特定目标的手段。配款使得在个人发展账户中攒钱成了一件"想都不用想的事情"。

基于这些原因，提供配款成了个人发展账户的核心。实际上，个人发展账户被定义为针对穷人的**有配款的**储蓄结构。因此，配款率与储蓄结果之间的联系很重要。尽管如此，对于人们（不论穷富）如何对配款率进行回应还是知之甚少。

（二）列联表分析

在美国梦示范项目中，大约 1/4 的参与者其配款率为 1∶1，约 1/2 的配款率为 2∶1，约 1/4 的配款率大于 2∶1（表 6.4）。在简单列联表中，配款率的提高与成为"储户"可能性之间无关。配款率为 1∶1 的参与者中成为"储户"的比例（56%）高于配款率为 2∶1 之下成为"储户"的比例（50%）（p=0.01）。配款率高于 2∶1 的参与者约有 53% 成为"储户"。1∶1 与大于 2∶1 相比较，p 值为 0.33，2∶1 与大于 2∶1 相比较，p 值为 0.15。总之，这一简单的列联表分析表明，在美国梦示范项目中配款率越高，成为"储户"的可能性越低。

对于"储户"来说，列联表显示，配款率越高，个人发展账户净储蓄越低。配款率为1∶1的"储户"，其月个人发展账户净储蓄为37.54美元，配款率为2∶1的"储户"为26.92美元，配款率高于2∶1的"储户"为21.85美元。

这是否意味着配款率越高反而会降低储蓄结果？以下四个原因表明并不必然如此。首先，相关并不意味着因果关系。第二，列联表遗漏了很多特征。控制更多特征的回归估计可能（也可能不会）再现这些模式。第三，双向因果关系能解释这些模式。例如，配款率越高，成为"储户"的可能性越高，同时"储户"月个人发展账户净储蓄越高，然而与储蓄结果成负相关。这是有可能发生的，例如：如果个人发展账户项目将更高的配款率分配给了他们认为攒钱有更大难度的参与者，如果这些参与者实际上确实攒钱更困难，并且如果配款率的提高不足以完全补偿这些群体经历的更大的困难，都会导致这种现象。第四，列联表既不控制从配款上限开始的删失，也不控制配款率和配款上限之间的关系。

尽管因果的权重会随着保持不变特征的数量的增加而增加，但是如果缺乏随机性，就没有办法区分相关和因果。同样，因为双向因果关系并非是控制参与者特征，而是首先使项目预期参与者攒钱更困难，因而没有方法去除由双向因果关系造成的估计偏差。尽管如此，来自双向因果关系的偏差（由于缺乏对储蓄和配款率之间"真实"关系的了解，无法标示偏差的方向），使得这里的结果不如其他结果令人信服。施赖纳（Schreiner，2004d）认为美国梦示范项目中双向因果关系造成的偏差不可能太强。

在美国梦示范项目中，删失也是一个问题。大约42%的"储户"攒到了配款上限（表6.4），因此他们不可见的个人发展账户预期净储蓄会超过实际可见的个人发展账户净储蓄。使问题更加复杂的是，美国梦示范项目如同401（k）计划一样（VanDerhei and Copeland，2001；Even and Macpherson，2003 and 1997），将较高的配款率和较低的配款上限组合到一起。对于配款率为1∶1的"储户"来说，有资格进行可获得配款存款的月份中，每月配款上限（"攒钱目标"）平均为

56.12美元,配款率为2∶1的"储户"为35.94美元,配款率高于2∶1的"储户"为27.20美元(对于均值差异的检验,所有成对比较的p值为0.01)。随着配款率上升,配款上限下降,对"储户"进行删失的比例上升(1∶1的占28%,2∶1的占44%,高于2∶1的占57%)。用此删失模式,配款率提高会增加预期储蓄,同时降低实际可见的储蓄。例如,假设配款率与个人发展账户净储蓄无关,并且所有"储户"的个人发展账户预期净储蓄为每月60美元,他们删失至配款上限。有较高配款率的"储户"也同时具有较低的配款上限,因此他们可见的储蓄较低。这就在配款率与储蓄之间产生了一个虚假的负相关。

由于无法调整从配款上限开始的删失,因此对配款率影响的评估出现向下偏差。在对401(k)计划配款率进行的大部分研究都没有为删失进行调整,他们经常发现(也许是虚假的),配款率越高,储蓄占收入的比例越低(Munnell, Sundén and Taylor, 2002; VanDerhei and Copeland, 2001; Clark et al., 2000; Papke, 1995; Andrews, 1992)。此结果能够反映出这样一种双向因果关系,即雇主正确地预料到他们的雇员攒钱存在困难,因此试图通过设定较高的配款率加以补偿,但是没有完全成功(Even and Macpherson, 2003)。相反,对删失进行调整的一些具体研究(Engelhardt and Kumar, 2003; Cunningham and Engelhardt, 2002)发现,配款率越高,储蓄越多。根据乔伊、拉布森和马德里安(Choi, Laibson, and Madrian 2004, p.15)的研究,"文献中对与配款的经验结果存在广泛的分歧,主要由于经验分析没有仔细解释配款率和配款上限的影响。"

这里的回归确实考虑到了配款率和配款上限。尽管没有控制删失,但它的结果与施赖纳(Schreiner, 2004d)中控制删失后得到的回归很相似。因此,删失在这里并不是偏差的重要来源。而且,这里的回归控制了非常广泛的一系列的项目和参与者特征,因此降低了遗漏特征偏差的严重性。

表 6.4 美国梦示范项目中的储蓄结果、配款上限以及通过配款率进行的删失

测量	全部	配款率 1:1	配款率 2:1	配款率 >2:1
参与者（%）	100	28	48	24
成为储户的参与者比例	52	56	50	53
仅针对"储户"有资格进行可获得配款存款的月份中，月个人发展账户净储蓄（$）	29.08	37.54	26.92	21.85
有资格进行可获得配款存款的月份中，月度配款上限（$）	42.23	56.12	35.94	27.20
删失至大于或等于配款上限 95% 的比例（%）	42	28	44	57

表 6.5 储蓄结果与个人发展账户设计与项目结构之间的关系：配款率、配款上限、配款上限结构以及自动转账的使用

独立变量	概率（"储户"） 均值	△ %pts.	p 值	个人发展账户净储蓄/月 均值	△ $	p 值
配款率						
1:1	0.28			0.30		
2:1	0.48	+8.9	0.07	0.46	−4.71	0.01
>2:1	0.24	+15.8	0.03	0.24	−0.80	0.77
配款上限						
可获得配款的存款的上限（美元/月）	41	+0.1	0.26	42	+0.57	0.01
配款上限结构						
存期结构	0.48			0.50		
年度结构	0.52	+21.4		0.50	−5.93	0.07
自动转账的使用						
否	0.94			0.93		
是	0.06	+16.7	0.01	0.07	+0.32	0.8

注：所有的回归估计都来自于同一个两阶段"Heckit"回归。第一阶段是对成为"储户"可能性进行的 Prokit 分析（n=2,350, k=104）。第二阶段是针对"储户"月个人发展账户净储蓄的常规最小二乘法（n=1,232, k=111）。均值是基于没有缺省值的数据得来的。

（三）回归结果

表 6.5 显示了配款率和储蓄结果之间的关系。表格左边三列，在"概

率（储户）"标题下的数据属于第一阶段 Probit 分析,将项目（和参与者）特征与成为"储户"的可能性联系起来。标题为"均值"的一列列出了某一既定特征的平均值。指标变量的均值在 0 和 1 之间。在回归中包含的其他特征保持不变的情况下，标题为"△ %pts."的一列，表示某一既定项目特征值每发生一个单位的变化，与之相联系的成为"储户"可能性的百分比变化。（一个百分点等于 1/100，或 0.01。百分比的变化来自于估计的 Probit 系数 α^*，但这里没有对估计系数进行说明，因为它没有一个明确的解释）。用特征的均值来进行计算，这些百分比的"边际效应"是与某一既定特征下预测成为"储户"可能性的偏导数（partial derivatives）相一致的估计值。正估计意味着某一既定特征的值越高，成为"储户"的可能性越大，负值则相反。标题为"p 值"的一列代表估计来自于非代表性样本（即样本中"真实"总体的联系为 0）的概率。如之前一样，较低的 p 值表示较高的置信度。百分点变化的标准误差来自"角形法（delta method）"（Greene，1993）。

表 6.5 中右边，在标题"个人发展账户净储蓄 / 月"之下的三列属于第二阶段"Heckit"中的常规最小二乘回归，将项目（和参与者）特征与"储户"的月个人发展账户净储蓄水平联系起来。在回归中所包含的其他特征不变的情况下，"△ $"一列表示在某一既定特征值一个单位的变化下，与之对应的月个人发展账户净储蓄的变化。

第一阶段的 Probit 分析表明，配款率越高，成为"储户"的可能性越高，这与简单列联表的模式相反，但与理论一致。与配款率为 1∶1 的 28% 的参与者相比，配款率为 2∶1 的 48% 的参与者，成为"储户"的可能性高 8.9 个百分点。考虑到所有参与者中大约一半（52%）的参与者为"储户"，这种联系已经是非常大，统计的显著性很高（p=0.07）。

当配款率提高，这一模式仍然成立。配款率高于 2∶1 的参与者比配款率为 1∶1 的参与者成为"储户"的可能性高出 15.8 个百分点（p=0.03）。而且，配款率高于 2∶1 的参与者比配款率为 2∶1 的参与者，成为"储户"的可能性高出 6.9 个百分点（15.8-8.9）。（第二次比较的 p 值为 0.06，未出现在表 6.5 中）。

虽然对这些数据的回归分析不能建立确定的因果关系，但是这些估计确实意味着较高的配款率提高了成为"储户"的可能性。首先，它们与理论一致；使较高的配款率能够促使更多的参与者成为"储户"这一说法讲得通。同样，关于401（k）计划的经验研究也一致地发现了相同的关系。第二，回归控制了一系列的其他特征，因此至少与大部分分析相比，几乎没有既与导致参与者成为"储户"又与配款率相关的潜在的遗漏特征。最后，删失和双向因果关系不能解释这些估计。在第一阶段Probit分析中，对配款上限的删失是无关的。配款率和预期成为"储户"的可能性之间的双向因果关系能够解释负的估计关系，但不能解释正的。政策经验简单而清晰：较高的配款率通过提高成为"储户"的参与者比例而增加了个人发展账户的包容性。

对于"储户"来说，配款率的提高对月个人发展账户净储蓄水平的理论效应是不明确的；"替代效应"或"固定目标效应"都有可能胜出。在第二阶段常规最小二乘回归中，在将其他特征保持不变的情况下（表6.5），配款率为2:1的参与者，其月个人发展账户净储蓄比配款率为1:1的参与者约少4.71美元（p=0.01）。这是很大的一个关系，相当于"储户"月个人发展账户净储蓄平均值29.08美元的16%。

在回归中的其他条件不变的情况下，配款率高于2:1的"储户"，其月个人发展账户净储蓄比配款率为2:1的"储户"高3.90美元（p值为0.09，在表6.5中未显示）。与配款率为1:1的"储户"相比，配款率高于2:1的"储户"，其月个人发展账户净储蓄少0.80美元。这一估计主要由抽样变异所导致（p=0.77），因此在美国梦示范项目中，1:1的配款率和高于2:1的配款率，看起来产生了相同水平的月个人发展账户净储蓄。

与第一阶段Probit分析中对所有参与者的估计相反，第二阶段常规最小二乘法对"储户"的这些估计,可以反映出删失或双向因果关系。实际上，偏差的这两个来源往往会导致配款率和实际可见储蓄之间的负相关。然而，控制了删失的回归（Schreiner，2004d）产生了非常相似的结果，但双向因果关系会很弱。例如，项目工作人员没有说明针对预期攒钱有困难的群体有目的地设立较高的配款率。事实上，他们表示根据注册和资助中的约束条件来设定配款率。另外，回归包含了每一个项目的指标变量。这些"固定效应"应该抵消了大部分因双向因果关系而导致的特定项目的变化。

在美国梦示范项目中，1∶1的配款率与2∶1的配款率相比，"固定目标效应"似乎比"替代效应"更占主导。对于为购买大宗物品而攒钱的穷人来说，确切地说就美国梦示范项目中个人发展账户的情况而言，这是有一定道理的。攒下1,900美元或2,100美元之后，因为没有多攒100美元而丧失配款的机会成本差不多，但是，如果一套住房需2,000美元首付，一旦参与者有能力买这套住房，他们可能会停止攒钱，因为他们需要现金支付住房买卖手续费，或者因为当前消费的边际效用超过了损失配款的机会成本。

相对于配款率高于2∶1的情况，2∶1的配款率提高了月个人发展账户净储蓄，这表明了一个非线性关系；当配款率超过2∶1时，"替代效应"的优势增长，并且最终淹没"固定目标效应"。同时，配款率高于2∶1在项目内部变动很小（Schreiner，2004d），因此，政策制定者应该慎重考虑，不能过于依赖此估计。

（四）政策意涵

在美国梦示范项目中，较高的配款率与成为"储户"的可能性之间有强关系。对于"储户"来说，"固定目标效应"似乎比"替代效应"更占主导（至少配款率在1∶1到2∶1之间政策最相关的范围内）。因此，配款率越高，月个人发展账户净储蓄越低。从政策角度，这些估计预示着在以下三个目标之间可能存在的冲突：包容性、储蓄和资产积累。

较高的配款率促进了包容性，因为它们使参与者更有可能成为"储户"，有能力进行具有一定意义的有配款取款。而且，在既定个人发展账户储蓄水平下，较高的配款率很明显地提高了资产积累。同时，配款率的提高降低了个人发展账户储蓄。因此，较高的配款率会增加或降低每个参与者（并非每个"储户"）的月资产积累。一方面，成为"储户"的可能性提高之后，参与者平均月资产积累也会提高。另一方面，"储户"月个人发展账户净储蓄降低之后，参与者平均的月资产积累下降。

为了检验关系的净值，这里做了一个模拟，假定从美国梦示范项目中得到的配款率估计代表纯粹因果效应。在此模拟中，所有来自美国梦示范项目的特征都保留其实际值，但所有参与者的配款率设定为1∶1。然后将第一阶段Probit分析中估计值 α^* 应用于所有特征和1∶1的配款率中，以预测成为"储户"的可能性。基于第二阶段常规最小

二乘法的估计 β* 和 θ*，用相同的过程来预测"储户"的月个人发展账户净储蓄（正的预测值最高为每一参与者的配款上限，负的预测值最高为 0）。接下来重复这一过程，这次所有参与者都配以 2∶1 的配款率。

模拟表明，如果所有参与者的配款率为 1∶1，则 46.6% 可能成为"储户"（表 6.6）。配款率为 2∶1 时，有 53.1% 可能成为"储户"，提高了 6.5 个百分点。（6.5 个百分点不同于表 6.5 中 8.9 个百分点的估计，因为 Probit 是非线性的，而且因为参加者和项目的特征在配款率上的分布是不均匀的。）对于"储户"来说，配款率从 1∶1 到 2∶1 的模拟转变，导致月个人发展账户净储蓄降低了 4.03 美元，即从 30.04 美元降到 26.01 美元。（在此模拟中，因为将预测值删失至零和配款上限，同时不同配款率下特征的分布不平衡，因此这里得出的 4.03 美元不同于表 6.5 中的 4.71 美元。）

表 6.6　美国梦示范项目中，配款率为 1∶1 与配款率为 2∶1 相比，成为"储户"的可能性、"储户"平均月个人发展账户净储蓄、参与者平均月个人发展账户净储蓄以及资产积累

测量值	配款率 1∶1	配款率 2∶1	变化
成为"储户"的参与者比例（%）	46.6	53.1	+6.5
"储户"平均月 IDA 净储蓄（$）	30.04	26.01	−4.03
参与者平均月 IDA 净储蓄（$）	14.00	13.81	−0.19
参与者平均月资产积累（$）	28.00	41.83	+13.43

注：模拟数据基于对美国梦示范项目参与者的两阶段"Heckit"回归，所有特征保留了在美国梦示范项目中的值，但是配款率为所有参与者首先设定为 1∶1，然后是 2∶1。模拟的月个人发展账户净储蓄限定为正，并且不超过某一特定参与者的配款上限。

从净值来看，成为"储户"可能性的提高与"储户"平均月个人发展账户净储蓄的降低，二者共降低了参与者平均月个人发展账户净储蓄。但是这个降低的数值很小（0.19 美元）。当然，假如配款率从 1∶1 上升到 2∶1，并且每一参与者平均月个人发展账户净储蓄根本没有改变，月资产积累（个人发展账户净储蓄加上配款）会提高很大（从 28.00 美元到 41.43 美元，提高 13.43 美元）。

以上分析对个人发展账户这样一个有可能是普遍性的、终生的、累进的资产建设政策意味着什么？如果美国梦示范工程中的参与者不同于包容性政策中的参与者，如果回归估计主要代表相关关系而非因果关系，那么此模拟意义很小。然而，如果美国梦示范项目在某种程度上具有代表性，同时如果回归估计代表大部分因果关系，那么此模拟突出了在个人发展账户中基本政策目标之间一些此消彼长的权衡。配款率提高将增加项目的包容性和参与者平均的资产积累，但会降低"储户"平均个人发展账户净储蓄。参与者平均的个人发展账户净储蓄可能在本质上不会发生变化。

哪一项政策目标更重要？包容性和资产积累可能比储蓄更具有优先性。个人发展账户首要而且最重要的是包容性（Sherraden，2005）。没有参与，个人发展账户不能帮助穷人攒钱和建设资产。同样，资产积累（即一段时间内所有权状况）能产生在第二章所描述的"资产效应"。储蓄很明显是重要的，但是，尤其是对穷人来说，储蓄只是一种通向资产积累、购买大宗改变生活的资产（如住房、继续教育或小企业）的手段。美国国民储蓄很贫乏，个人发展账户并非解决方案。即使美国梦示范项目的参与者很穷，他们个人发展账户储蓄至少一部分是"重组"来的，而不是"新"储蓄（Schreiner et al.，2001）。即使所有个人发展账户储蓄都是"新"的，参与者平均每月 16.60 美元的储蓄（大约是这些低收入家庭(住户)收入的1%）不可能很大地提高美国家庭(住户）的储蓄率。

在质性研究中，美国梦示范项目的参与者表示，通过参与个人发展账户，激发了希望，并帮助他们关注未来目标（Sherraden et al.，2003a）。相对其他人而言，这一效应对"储户"更强烈（Moore et al.，2000）。同样，对美国梦示范项目其中一个项目（这个项目在有资格的申请者中随机分配进入个人发展账户的机会）的初步估计表明，相对于控制组对于住房所有权、高等教育和小企业这三大"基础性"配款用途，个人发展账户更能推动资产积累。所有这些都支持了较高的配款率。在美国梦示范项目中，配款率越高，包容性与资产积累提升越大，而且几乎不会损害储蓄结果。

在一项对647位雇主企业中、符合401（k）计划资格的800,000

多雇员的研究中，休伯曼、延加和姜（Huberman，Iyengar and Jiang，2003）发现与这里极其类似的结果：配款的存在（和较高的配款率）增加了参与和缴费。而且，低收入的雇员比其他人增加的更多；实际上，配款率越高，高收入雇员的缴费越低。休伯曼、延加和姜（Huberman，Iyengar and Jiang, 2003, p. 22）得出结论，针对穷人的类似于普遍的、永久的个人发展账户的具有较高配款率的某种政策，将会促进攒钱和资产积累："如果政府对缴费提供配款，会提高个人退休账户的自愿参与和缴费。而且，配款对社会的低收入成员的效应最强。如果政策制定者认为可以抑制高收入人群的补贴，那么配款率可以设定为随着收入提高而下降。"如果在资产建设政策中，包容性和储蓄是首要的政策目标，那么对美国梦示范项目所进行的估计分析表明，类似的经验可以应用于个人发展账户和穷人。

三、配款上限（储蓄目标）

配款上限决定了有资格获得配款的个人发展账户储蓄水平。在美国梦示范项目中，平均配款上限为 1,329 美元，或每月大约 39.56 美元（表 6.5 中均值一栏的 41 美元，是每月由单个参与者计算的配款上限）。

经济学理论通常预言配款上限不会对个人发展账户净储蓄产生影响。相反，行为主义理论则预言存在积极的效应。美国梦示范项目的数据支持哪种观点？有什么政策意涵呢？

在大多数经济学模型中，参与者具有完备知识，并且能非常轻松地做出理性决定。在这一假设下，配款上限仅仅是种限制，因而与预期个人发展账户净储蓄（在考虑删失这一因素之前或之后）和实际可见的个人发展账户净储蓄（考虑删失这一因素之后）没有关系。对于那些预期个人发展账户净储蓄超过既定配款上限的参与者来说，提高配款上限会放松删失，因此会提高实际可见的个人发展账户净储蓄。然而，主流的假设则认为预期个人发展账户净储蓄保持不变。例如，如果一个参与者预期个人发展账户净储蓄为 550 美元，而实际可见个人发展账户净储蓄被上限限定为 500 美元，将配款上限提高到 600 美元，将实际可见的个人发展账户净储蓄提高到 550 美元，但保持预期个人发展账户净储蓄不变。对于那些预期个人发展账户净储蓄没有超过既定上限的参与者来说，上限的提高甚至与实际可见的个人发展账户净储蓄也没有关系，更不用说预期个人发展账户净储蓄了。例如，一个参与者在 500 美元的配款上限下攒了 300 美元，在 600 美元的上限下，依然只攒 300 美元。如果配款上限仅仅是种限制，那么在一个控制了删失、包含所有影响储蓄以及与配款上限相关特征的回归中，配款上限与预期个人发展账户净储蓄之间应该没有关系。在主流的经济学假设下，较高的配款上限提高一部分参与者（那些无论如何都会攒到上限而使个人发展账户"最大化"的参与者）的净储蓄和资产积累。然而，对于其余的参与者，提高配款上限不会影响实际可见的个人发展账户净储蓄和资产积累。对于所有参与者而言，较高的配款上限与预期个人发展账户净储蓄无关。如果这些假设成立的话，那么政策制定者将在较低的配款上限（以及较低的配款支出）和较高的配款上限（以及对那些受较低上限限制的参与者而言，较高的实际可见的个人发展账户净储蓄和资产积累）之间进行选择。

行为主义理论认为参与者能够将配款上限（技术上的一个限制）转变为目的或目标。这样，配款上限不仅仅与实际可见个人发展账户净储蓄机械地发生联系，而且与预期个人发展账户净储蓄具有因果（并且是正的）关系。简言之，配款上限成为储蓄目标。之所以如此，因为**人类**不像**经济人**，没有充分的知识，必须花费精力来计算攒多少钱（Thaler，2000）。金融决策尤其困难，因为它涉及到了未来、不确定性和数学。人们通常更喜欢遵从他们认为的智者所做的选择，而不是进行很大代价的、令人不安的决策（Huberman，Iyengar and Jiang，2003；Thaler and Sunstein，2003；Bernheim，2002）。实际上，参与者"将默认解释为隐性的建议"（Choi et al.，2003）。例如对个人退休账户和 401（k）计划的研究发现，许多非穷人更喜欢让其他人为他们制定攒钱决策，或者根据社会传统或家人朋友留传下来的经验制定好的"经验法则"来攒钱（Choi，Laibson and Madrian，2004；Benartzi and Thaler，2002；Lusardi，2000；Bernheim，1998 and 1997）。显然，最常见的经验法则很简单，即"攒到配款上限"（Milligan，2003；Bernheim，2002）。伯恩海姆（Bernheim，1997，p.30）认为，"个人很重视缴费上限，因为这些上限反映了专家的判断"。在401（k）计划中的许多非穷人参与者大量集中在配款上限上，他们看起来将上限作为一个焦点（focal point）(Choi, Laibson and Madrian, 2004; Bernheim, 1999)。（当然，一些扎堆现象是由于对配款上限的预算约束，见 Moffitt, 1990以及 Pudney, 1989。）当401（k）计划参与者必须放弃由计划发起者选择的默认缴费率而非选择他们自己的，他们往往坚持选择默认值。在一项研究中，70%选择了默认值（Choi, Laibson and Madrian, 2004）。根据戈克黑尔、柯特利科夫以及沃沙斯基的研究（Gokhale, Kotlikoff and Warshawsky, 2001, p.8），"那些提供了固定缴费计划的雇主，设定了雇主对雇员缴费的最高配款限额，比如说，工资的5%，很可能是无意提示的，以此来建议工人的缴费不超过他们工资的5%"。应用于非穷人的并用另一种方式来表达，个人发展账户设计"建议的力量"（Madrian and Shea, 2001）意味着，因为参与者往往将配款上限转变为储蓄目标，然后将配款资格"最大化"，配款上限政策可以使参与者的储蓄高于他们自己选择下的储蓄。实际上，美国梦示范项目中，大多数项目提出了配款上限并将其作为目标，明确要求参与者每月攒足够的钱以使配款资格"最大化"。反过来，参与者表示他们努力地回应这种期望（Sherraden et al., 2004; Johnson et al., 2003）。

米利根（Milligan, 2003, p278）检验了加拿大注册退休项目的参与者是否将限制转化成目标。在控制了删失将预期储蓄限定在配款上限这一因素之后，配款上限每提高一美元，储蓄便会增加50美分。这种巨大的关系表明参与者将限制转化为目标。

美国梦示范项目中的参与者是否也是如此？换种说法，配款上限是否与预期个人储蓄账户净储蓄有关？若没有关系，那么限制仅仅是限制。相反，若是有关系则会支持行为主义的假设，即参与者将限制转变为目标。在这种情况下，政策不仅提高实际可见的个人发展账户储蓄，而且通过提高配款上限也能增加预期个人发展账户储蓄。

在美国梦示范项目中，平均配款上限每月约41美元（表6.5）。月配款上限每提高10美元，成为"储户"的可能性增加1个百分点。尽管是正的，但这并非一个强关系，并且这一估计不是很准确（p=0.26）。这与经济学的假设一致，即配款上限仅仅是种限制。从行为主义的视角，也许较高的配款上限能发挥一种"推力",鼓励一些参与者做出更大的努力成为"储户",但也会抑制那些发现自己攒钱数额低于配款上限所设定的,他们自己认为"合适"数额的参与者。

对于"储户"来说,月配款上限每提高1美元,月个人发展账户净储蓄提高0.57美元（p=0.01）。鉴于在美国梦示范项目中"储户"的月个人发展账户净储蓄平均为29.08美元,这是一种很大的关系,并且强烈地支持这样一种观点,即美国梦示范项目中的参与者将配款上限转变成储蓄目标,因此政策通过提高配款上限能够增加预期储蓄。

删失或者双向因果关系也会对这种估计关系产生影响,但是它们不是最重要的因素。施赖纳（Schreiner, 2004d）控制了删失之后,发现月配款上限提高1美元,月个人储蓄账户净储蓄提高0.50美元。如上所述,双向因果关系也很弱,因为配款上限（和配款率）主要由资助情况决定而不是由项目关于参与者如何攒钱的预期所决定。因此这里的估计主要代表参与者将配款上限转变为一种储蓄目标。

当然,配款上限只是个人储蓄账户设计的一个方面。特别是,项目设计者非常典型地将较高的配款率和较低的配款上限组合到一起（表6.4）。以美国梦示范项目为例,"储户"平均配款上限在配款率为1∶1时为56.12美元,在配款率为2∶1时为35.94美元,配款率高于2∶1时为27.20美元。

配款上限和配款率之间的相互作用如何与个人发展账户包容性、储蓄和资产积累三个目标相联系？模拟是一种比较简单的方法,可对以下结果进行分类:配款率与配款上限呈负相关,配款比率与成为"储户"呈正相关,配款率与月个人发展账户净储蓄呈负相关,以及配款上限与月个人储蓄账户净储蓄呈正相关。

有两种模拟方案。首先,参与者和项目特征保留美国梦示范项目中的真实值,但配款率设定为1∶1,月配款上限设定为56.12美元（配款率为1∶1的"储户"的平均配款上限）。估计系数 $\alpha*$、$\beta*$ 和两阶段"Heckit"中的 $\theta*$ 用来计算成为"储户"的可能性和"储户"月个人储蓄账户净储蓄的值（通常,正的预测值上限为参与者平均配款上限,负的预测值上限为0）。第二个方案用2∶1的配款率和35.94美元的月配款上限重复这一过程。

表 6.7 表明，模拟从低配款率/高配款上限这一模式到高配款率/低配款上限这一模式之间的变化，成为"储户"的可能性将提高 4.7 个百分点。这不足为奇，因为配款率与成为"储户"之间具有强关系，而配款上限与这一结果的关系较弱。如果目标是包容性，如果配款率与配款上限之间必须存在一种相反的关系，那么高配款率与低配款上限要好于低配款率与较高配款上限。

在回归中，配款率从 1∶1 到 2∶1 的变动和配款上限从 56.12 美元到 35.94 美元的变动，都降低了"储户"月个人发展账户储蓄。二者共同降低了 16.28 美元（表 6.7），相当于"储户"平均月个人发展账户净储蓄 29.08 美元的一半多。两个配款率/配款上限模式的模拟所产生的变化如何与个人发展账户的第二个目标，即储蓄发生联系？对于特定的配款率/配款上限模式，"储户"平均月个人发展账户净储蓄的降低会超过成为"储户"可能性的提高。与 1∶1/56.12 美元的模式相比，2∶1/35.94 美元模式下的参与者，其平均月个人发展账户净储蓄降低 6.72 美元。相对于美国梦示范项目中参与者平均月个人发展账户净储蓄 16.60 美元来说，这是一个很大的变动。

配款率/配款上限模式的模拟变动如何与个人发展账户的第三个目标，即资产积累发生联系？事实证明，成为"储户"可能性的增加以及配款率的提高，或多或少地平衡了参与者平均资产积累水平的降低。在 1∶1/56.12 美元的模式中，月资产积累为 37.48 美元，而在 2∶1/35.94 美元的体制中是 36.06 美元，二者相差 1.42 美元。

这些模拟强调了个人发展账户三个目标和配款率/配款上限模式之间存在着此消彼长的权衡关系，较高的配款率（经常与较低的配款上限相组合）通过提高参与者成为"储户"的可能性，而提高包容性。但是较高的配款率（以及较低的配款上限）也降低了储蓄。从净值来看（on net），成为"储户"可能性的变化，或多或少的抵消了储蓄水平的变化，因此与资产积累的变化没有较强的关系。

当然，这两种特定的配款率/配款上限的组合对于美国梦示范项目是特定的，不会必然地代表唯一的政策相关体制。如果预算允许，高配款率可以与高配款上限相组合。然而，一般来说政策都会有预算约束。这里两个特定情况的人均月资产积累相同，但是 1∶1/56.12 美元的模式与 2∶1/35.94 美元的模式相比，配款支出更低（18.74 美元对应 24.02 美元）。如果储蓄、资产积累和支出比成为"储户"更重要，那么这些模拟表明较高配款上限和较低配款率的组合会比相反的组合更好。

四、配款上限结构

美国梦示范项目中 52% 的参与者为年度配款上限。对于这些参与者来说，每一年结束后，尽管超出的余额会顺延至新的一年而且可以获得配款，但是未使用的资格会失效。因此，年度配款上限创造了一种"使用或放弃"的激励。例如，假设一个参与者年度配款上限为 500 美元，时间上限为两年，并且在第一年存款 300 美元，第二年存款 700 美元。在第 13 个月开始，便损失了未使用的 200 美元配款资格，因此两年之后全部可获得配款的存款为 800 美元（第一年 300 美元，第二年 500 美元，并且在第二年后有 200 美元的余额）。如果在第一年存款 700 美元，第二年 300 美元，第一年结束时超出的 200 美元余额被顺延至第二年而且可以获得配款，因此两年后可获得配款的存款总计为 1,000 美元，并且第二年没有超出的余额。在美国，个人退休账户和 401（k）计划相当于年度配款上限。

表 6.7 美国梦示范项目中，配款率为 1∶1、配款上限为 56.12 美元，对比配款率为 2∶1、配款上限为 35.94 美元，成为"储户"的可能性、"储户"平均月个人发展账户净储蓄、参与者平均月个人发展账户净储蓄以及参与者平均月资产积累的模拟变动

测量值	1∶1 与 56.12 美元	2∶1 与 35.94 美元	变化
成为"储户"的参与者比例（%）	47.9	52.6	+4.7
"储户"平均月个人发展账户净储蓄（$）	39.13	22.85	−16.28
参与者平均月个人发展账户净储蓄（$）	18.74	12.02	−6.72
参与者平均月资产积累（$）	37.48	36.06	−1.42

注：模拟数据基于对美国梦示范项目所有参与者的两阶段"Heckit"回归的估计，在这一回归中，所有特征都保留美国梦示范项目中的值，但是首先为所有参与者设定的配款率与配款上限为 1∶1 与 56.12 美元，然后设定为 2∶1 与 35.94 美元。模拟的月个人发展账户净储蓄被限定为正，不超过某一特定参与者的配款上限。

美国梦示范项目其余 48% 的参与者的配款上限贯穿整个示范期间。例如，假设一个参与者的存期配款上限为 1000 美元，时间上限为两年，他们可以在第一年存款 300 美元，第二年存款 700 美元，那么两年里可获得配款的存款总额为 1,000 美元（两年后没有超出的余额），他们也可以按照自己的意愿进行存款，比如在注册当天或者在时间上限之前最后一天存上全部 1,000 美元。

（一）配款上限理论

配款上限结构与美国梦示范项目的储蓄结果是否存在联系？在大多数经济学理论中，配款上限结构是无关紧要的。有年度配款上限的理性的、自律的参与者利用贷款和自身能力，将超出的余额进行顺延并使其满足年度上限，因而最终攒的钱与存期配款上限结构下一样多。（年度配款上限唯一的现实效应是延迟了有配款取款，因为配款资格要在几年之后才能使用而不是注册之后马上有效。）

行为主义理论假定了四个因素，从不同方向上影响配款上限结构的作用。首先，一些有年度配款上限的参与者只有充分利用了一部分（或所有）年份的配款资格，他们才能攒到预期的数目。然而，由于收入和支出每年会有波动，在一些年份里他们的储蓄可能会短缺。尽管是年度配款上限结构，为了达到他们的目标，必须在他们丧失年度配款上限之前将贷款所得款项存进个人发展账户中。但是他们或许不能贷款，或可能不想借，或者他们甚至没考虑将借款作为一种选择。这样，借款约束和年度配款上限二者共同降低了储蓄结果。

第二，参与者有时缺少良好的自律。行为主义理论认识到人们会拖延，特别是攒钱的时候。从他们自身长期福祉来看，相对于未来的成本与收益，人们会极其重视当前的成本和收益（Frederick, Loewenstein and O'Donoghue, 2002; Angeletos et al., 2001; Maital, 1986; Ainslie, 1984）。在攒钱这一情况中，牺牲是当前的，而回报是延迟的，所以加剧了将今天的储蓄推迟到明天的欲望。存期配款上限允许（并且也会鼓励）延迟，参加者允许自己今天不必付出额外的努力，因为他们相信或者希望明天攒钱会更容易。相反，年度配款上限"使用或放弃"的性质有助于阻止延迟因此提高储蓄结果。

第三，"使用或放弃"的激励可以帮助参与者在心理上将储蓄"锁定"在个人发展账户中。人们从政策制定的外部制度、他们自己和社会规范设立的内部规则上得到提示，将资源分配到"可花费的"或"不可及的"账户中（Prelec and Loewenstein，1998；Beverly，1997；Shefrin and Thaler，1988；Thaler and Shefrin，1981）。例如，人们经常认为现金是"可花费的"。为了防止现金"花钱如流水"，许多人有意识的避免持有现金，例如通过"包裹预算"（envelop budgeting）或者直接将薪金支票攒起来（Beverly，McBride and Schreiner，2003）。如果资源因为在视野之外而很少进入考虑范围，就不太可能被消费掉。参与者通常认为个人发展账户余额是"不可及的"，在心理上将它们指定用来购买未来特定的资产。项目工作人员的督促（以及明确的项目规则）也鼓励这种观点。年度配款上限"使用或丧失"的特性相对于存期配款上限能帮助参与者较快的将资源放进"个人发展账户锁箱"。拥有存期配款上限的参与者会等到日后将资源存进个人发展账户中，因为这种延迟不会丧失配款资格，但却能帮助他们避免在紧急情况下进行无配款取款的麻烦。然而，个人发展账户之外持有的资金，更有可能被用于消费、突发事件或其他情况。年度配款上限通过鼓励参与者心理上尽快"锁定"自己的资源而提高储蓄结果。

第四，年度配款上限"使用或丧失"的特性可能会形成"攒钱习惯"。从理财规划师和消费者经济推广代表（consumer-economics extension agent）得到的经验是，稳定的储蓄增加资产积累。为了鼓励定期存款，一些美国梦示范项目之外的个人发展账户项目甚至强加了**月度**配款上限。主要想法是一旦攒钱，就降低了再次攒钱的心理努力，甚至使储蓄不费心思的自动进行。因为有心理上的锁箱，攒钱习惯降低了消费的诱惑。与存期配款上限相比，年度配款上限更能够鼓励参与者尽快的攒下一些东西，因此更有可能养成一种习惯，而这种习惯减少了不断选择攒钱或消费的成本。

总之，存期配款上限提供了更大的灵活性。对于**经济人**来说，更大的灵活性增加了福祉。相反，年度配款上限强加了"使用或放弃"的约束。对**人类**这个物种来说，通过心理锁箱和习惯养成帮助参与者克服不完善的自律，同时对参与者的自律要求不高，这样的约束可以提高储蓄结果和福祉。

(二)美国梦示范项目中的配款上限

美国梦示范项目的回归基于配款上限结构在项目内部的变动,将储蓄结果与配款上限结构进行联系。遗憾的是,仅有两项目(近东区项目和海滨银行项目)呈现出这样的变动(表6.8)。在近东区项目中,变动完全与参与者是否由独立资产法资助相关。这意味着回归估计合理地反映的不是配款上限结构的因果效应,而是在这两项目中与储蓄结果相关的遗漏特征(也许每个项目有不同的遗漏特征),在相同的方向上碰巧影响储蓄结果。因此,政策设计不应该过多强调这里的估计。

在第一阶段 Probit 分析中,有年度配款上限的参与者比存期配款上限成为"储户"的可能性更大,提高了21.4个百分点(p=0.03)(表6.5)。美国梦示范项目中大约52%的参与者是"储户",因此这是一个很大的关系。同样也有一些出人意料的地方。虽然年度配款上限可以阻止拖延、锁定储蓄和助长习惯来提高储蓄结果,但是其"使用或放弃"的特性也能抑制前期攒钱很少因而导致接下来的年份配款资格较低的参加者。相反,存期配款上限的参与者即使最初没有任何储蓄,但是知道能在截止日期之前的任何时间充分利用他们的配款资格,反而能奋力前行。无论如何,因为美国梦示范项目数据中的配款上限结构在项目内部几乎没有变动,此估计很可能会是虚假相关。

表 6.8 美国梦示范项目参与者按照配款上限结构与是否受独立资产法资助以及按照项目的分布

项目	参与者数目	配款上限结构		是否受独立资产法资助	
		年度	存期	非独立资产法	独立资产法
社区行动倡导项目	82	82	0	64	18
首都地区资产建设社团	142	0	142	86	56
社区行动委员会公司	154	0	154	98	56
近东区	190	68	122	68	122
美国家庭服务中心	91	0	91	91	0
美慈公司	118	118	0	118	0
社区经济发展高山协会	65	0	65	65	0
社区行动计划小规模	163	163	0	163	0
海滨银行	203	129	74	203	0

（续表）

项目	参与者数目	配款上限结构		是否受独立资产法资助	
		年度	存期	非独立资产法	独立资产法
女性自雇	231	0	231	134	97
替代联邦信用合作社	91	0	91	91	0
基金会共同体	125	125	0	122	3
湾区	239	0	239	184	55
社区行动计划大规模	456	456	0	456	0
总计	2,350	1,141	1,209	1,943	407

注：只有两个项目（近东区与海滨银行），其参与者配款上限结构在项目内部存在变动。相反，6个项目在是否受独立资产法资助一项中有明显的变动。

在第二阶段对"储户"的分析中，有年度配款上限的参与者，其月个人发展账户净储蓄少6美元（p=0.07）。存期配款上限更大的灵活性可以解释这种巨大的关系。然而这很可能是虚假的，因为数据缺少变动。年度配款上限既与成为"储户"呈正的、强关系，同时又与"储户"的月个人发展账户净储蓄存在负的、强关系，这似乎是不可能的。这些估计或许仅仅反映在近东区项目和海滨银行项目中的遗漏因素，不应该作为对政策的决定性的指引。

然而，如果个人发展账户成为一种永久性的政策，那么配款上限结构的问题将是有待商榷的。年度配款上限或者混合配款上限也许更可行。美国梦示范项目中的存期配款上限或许仅仅是用于短期项目而不是永久性政策，主要有以下三个原因。

首先，存期配款上限会允许明目张胆的资产转移或其他颠覆个人发展账户的形式。原则上，人们可以不攒钱而去借款（或者用同谋者的钱），存上与存期配款资格相等的数目，用有配款取款购买某种资产，卖掉资产，然后与同谋分摊利润。（在美国梦示范项目中没有出现这样的情况，但它们是可能发生的，而且刺激随着配款资格水平而增长。如果个人发展账户存期配款上限数额较大，银行和其他贷款机构将会有强烈的动机去放贷以资助个人发展账户。）在项目开始阶段，如果人们担心个人发展账户政策不会持续下去，那么他们会在政策废除之前尽量用完所有的存期配款资格。如果许多家庭（住户）在他们有能力继续攒钱的时候急于购买有补贴的资产，储蓄和资产积累将会提高，但是也会使国库紧张，最终哄抬有资格获得配款的资产价格，多少有些类似已经对非穷人的住房（Englehardt，1993）、股票、农业用地的资产补贴。

第二，因为目前对非穷人资产补贴大多数是年度配款上限，所以对穷人实行存期配款上限可能被认为是不公平的。（考虑到对非穷人的大量的资产补贴，这种认识是否真的不公平，又是另外一个问题）

第三（也是最重要的），年度配款上限的管理和预算更简单（Gokhale，Kotlikoff and Warshawsky，2001）。年度配款上限通过当年的税款申报就可以管理。相反存期配款上限要求将特定某个人从出生之后所有年度中的储蓄都联系起来。

一个混合的年度/存期配款上限会切实抓住两种配款结构类型的优点。关键是在一段时期内增加配款资格（以便年轻人不会在前期破坏政策）和限制总共增加的配款资格（以便老人不会在后期破坏政策）。例如，人们可以在出生时给予1,000美元的配款资格，以后每年生日增加1,000美元的资格直至死亡。未使用的资格可以顺延，直到某一上限（例如20,000美元）。加拿大和英国已经有这样混合结构的资产建设账户（Milligan，2003）。

五、自动转账的使用

美国梦示范项目参与者可以要求他们的储蓄机构每隔一定时间（通常是每月）从他们的存折或支票账户上将资金转入个人发展账户中。参与者还可以要求其雇主利用直接存款将薪金支票存入其个人发展账户中。

如第三章所讨论的，自动转账的使用，减少了人工将钱存入个人发展账户的交易成本、不需要牢记存款和周期性做出攒钱选择，并帮助人们"优先支付自己"，应该能够提高储蓄结果。

即使自动转账本身不会提高储蓄结果，它的使用也与遗漏特征（如金融经验、和储蓄机构打交道的经验或在大公司工作）相关，这些特征增加了储蓄结果。也就是说，不管什么原因，那些倾向于攒钱更多的人更有可能使用自动转账。这在储蓄结果和自动转账的使用之间产生了一种虚假的正相关。

使用自动转账的参加者可能最终攒钱更少。如果他们因为担心透支来源账户、期望保持资金（心理上）流动性以及持续保留一些控制、更喜欢通过自己将现金带入储蓄机构而"感觉"自己正在积极地攒钱以及由于惰性在有能力时却没有特别安排在自动转账中加入存款等，他们选择设置很小的数额进行转账，那么就会降低储蓄。

不考虑这些可能的"负面"因素的话，理财规划师和消费者经济推广代表一致认为自动转账能提高储蓄结果。在401（k）计划（对非穷人最大的有补贴储蓄账户政策）中，法律规定所有存款都是通过雇主直接存款来实现。

在美国梦示范项目中，使用自动转账后，成为"储户"的可能性提高16.7个百分点（p=0.01，表6.5）。考虑到52%的参与者是"储户"，因此这是很大的关系。虽然自动转账在一定程度上是作为提高储蓄结果的遗漏特征的代理，自动转账使用本身可能也会提高储蓄结果。

项目设计如何利用这一点？至少，要求个人发展账户参与者参与的理财教育课程可以讨论自动转账的优势，并且能帮助参加者熟悉初始文件。许多美国梦示范项目参与者不使用自动转账，可能只是因为从来没有考虑过要使用它。课程还可以让受雇佣的参与者与他们的雇主核实直接存款的可行性，给参与者说明在哪里可以找到设定直接存款需要的账户号码和银行识别号码。一些个人发展账户项目甚至想要求必须使用自动转账，从而帮助没有银行账户的注册者建立存折或支票账户，他们可以往里存款（也许是直接的薪金支票存款），同时个人发展账户可以从这里获得自动转账。这一"流动"账户能够补充"非流动"的个人发展账户，它提供了"丝织手铐"，使参与者在心理上致力于长期攒钱，但也允许在紧急情况下不受约束地获得资金。最后，课程也包括基本的账户管理以减少透支来源账户的风险。

对美国梦示范项目中的"储户"来说，自动转账的使用与月个人发展账户净储蓄无关（p=0.84，表6.5）。这种情况令人惊奇，因为理论和公认的常识预测为正向关系，而且自动转账的使用与成为"储户"的可能性之间有很强的正向关系，无论是什么力量在发生作用，一定会以相同的方式影响储蓄的水平。自动转账为什么不会提高储蓄存在一些理论上的原因，但这些似乎不占支配地位。大约 6% 的个人发展账户参与者和 7% 的"储户"或者说 92 人使用了自动转账，所以这一小样本可能导致统计学上的非显著性估计。

为什么如此少的参与者使用自动转账呢？数据提供了一些线索。至少是一些参与者没有这种选择。例如，23% 在注册时没有银行账户的参与者，如果不先开一个非个人发展账户，就不能使用自动转账。同样，受雇佣的参与者，除非他们的雇主提供直接存款，否则不能使用自动转账。大约 83% 的参与者是受雇者，但有机会使用自动存款的比例是不可知的。使用自动转账的参与者中，93% 另外拥有一个账户，89% 是受雇者。自动转账使用者中，除 1 人之外，其他所有人都申报其拥有存折或者支票账户、或者受雇。

使用直接存款的参与者可能必须将所有扣税后的实得工资存入个人发展账户中。他们或许不情愿这样做，因为个人发展账户被贴上长期储蓄的标签，同时项目对无配款取款强加了（适度的）限制。如果参与者将所有的工资存入个人发展账户中，他们将不得不经常进行无配款取款来支付日常费用，增加了不必要的麻烦。因此，向个人发展账户直接存款，即使可以，但并非是一个合适的选择。（当然，参与者可以通过直接存款先存到存折或支票账户中，然后将其自动转账进个人发展账户中。）

美国梦示范项目中的大部分自动转账来自存折或支票账户。但是即使 77% 的参与者在注册时就持有这样的账户，很多人的余额很低，以至于他们用自动转账会有透支的风险。在持有账户的参与者中，注册时余额最高的账户中值为 200 美元，90% 的账户余额少于 1,400 美元。而且，一些参与者或许已经在一个不提供个人发展账户服务的机构中持有储蓄，建立自动转账便非常复杂。对于大部分的美国梦示范项目的参与者来说，从存折或支票账户进行自动转账可能不是一个合适的选择。

总之，三个已知因素导致了在美国梦示范项目中很少使用自动转账。首先，一些参与者缺少机会，因为他们没有个人发展账户之外的账户，或者他们的雇主没有提供直接存款。第二，如果将所有扣税后实得工资直接存款，将导致不断地进行无配款取款。第三，大部分拥有存折或支票账户的参与者余额很低因此几乎没法转账。

鉴于美国梦示范项目的回归估计结果，这些因素为提高个人发展账户和其他一般账户的储蓄结果提供了两个政策选择。首先，可要求雇主提供直接存款。第二，可要求雇主允许雇员将工资拆分到一张支票和几个直接存款账户中，如401（k）计划、个人发展账户和其它的存折和支票账户。当前，资助401（k）计划和/或提供直接存款的雇主例行公事地进行这些种类的拆分。允许雇员在更多的账户中拆分其工资收入，没有提出任何特定的技术障碍（虽然很少的雇主意识到这一点，而且推动雇员使用此选择的雇主更少，但是最大的工资处理公司已经具备了这种能力）。这种拆分可以对个人发展账户直接存款而不用强迫参与者将其扣税后实得工资全部存入（然后取出）。

根据相同的逻辑，如果税收退款能够在多个账户间拆分，个人发展账户储蓄将会提高。（2003税收年度的税收退款仅能向单一账户直接存款。）比起将定期工资攒起来（见第五章），人们更容易将他们的年度税收退款攒起来（而且攒更多）。将税收退款直接攒起来（现金不必由纳税人经手），能提高长期储蓄和资产积累。允许退款在账户间拆分和对多个账户的直接存款，能够推动使用直接存款，进而能够增加储蓄。

六、有资格进行可获得配款存款的月份

与永久性个人发展账户政策不同，美国梦示范项目对参与者有资格进行可获得配款存款的月份数实施限制。时间上限在不同项目之间以及某一特定项目内部不同参与者之间存在差异，平均时间上限是33.6个月。

时间上限越长，成为"储户"的可能性越高。持有个人发展账户的时间越长，一种"向上"的魔咒使攒钱变得更容易，哪怕只是临时地。同样，距离截止日期还有很长时间的参与者，如果迄今为止攒钱很少也很少会气馁，因为他们知道仍然有时间。

对于"储户"来说，时间上限越长，月个人发展账户净储蓄越低。

首先，在最初的月份和年份里向个人发展账户放入资源可能意味着将现存的资产从其他形式重组到个人发展账户中。然而，随着时间流逝，可用于重组的资源存量会减少（Feenberg and Skinner，1989）。第二，"新"储蓄要求额外的努力和/或更多的时间以减少消费和/或提高家庭（住户）和/或市场中生产的数量和/或质量。随着时间的推移，参与者会变得疲惫。第三，随着参与者了解个人发展账户的情况并参加所必须的理财教育课程，他们在最开始受到的激励更大。随着新鲜感的逐渐消失和课程的结束，激情会消退。而且，个人发展账户工作人员或许把更多时间用在新的参与者身上。第四，参与者也许在其财务状况最好时注册（例如，刚开始一份新工作之后或收到税收退款）。随着时间的推移，他们的财务倒退到一个更典型的状态，从而降低了储蓄。

最后，一个更长的时间期限不仅能提高也会降低长期资产积累。即使月储蓄（"储户"平均以及参与者平均）会随时间发展而降低，但能够攒钱的月份数的增加能够（或不能够）进行补偿。

在美国梦示范项目的回归中，时间上限表示为四个指标变量（24个月或以下，25~35个月，36个月，37个月或以上。）与预期一致，时间上限越长，成为"储户"的可能性越大。与时间上限为24个月或以下的参与者相比，时间上限为37个月或以上的参与者成为"储户"的可能性高19.5个百分点（p=0.01，表6.9）。对于25~35个月（10.6个百分点，p=0.14）和36个月（8.7个百分点，p=0.36）的参与者来说，差别也很大但是精确度较低。对37个月或以上的估计在统计上不同于25~35个月和36个月的估计，p值为0.08或更低（检验中未显示）。总之，时间上限从两年或以下到最高三年之间的变动，成为"储户"的可能性会提高约10个百分点。时间上限超过三年后，会再次增加10个百分点。这一巨大的效应与以下观点一致，即项目期限越长（可能是永久性的）将使更多的参与者成为"储户"。

与预期一致，时间上限越长月储蓄越少。与时间上限为24个月或以下的"储户"相比，其他"储户"月个人发展账户净储蓄约少4.50~6.50美元。（对于上限高于两年的三个估计在统计学上彼此没什么不同）。参与者的攒钱时间越长，每月攒钱越少。

表 6.9　储蓄结果与个人发展账户设计与项目结构之间的关系：有资格获得配款的存款月份与一般理财教育的时数

独立变量	概率（"储户"）均值	△ %pts.	P 值	个人发展账户净储蓄/月 均值	△ $	p 值
可获得配款的存款月份						
24 个月或以下	0.25		0.22			
25~35 个月	0.19	+10.6	0.14	0.20	−4.64	0.04
36 个月	0.28	+8.7	0.36	0.25	−5.32	0.07
37 个月或以上	0.28	+19.5	0.01	0.33	−6.45	0.01
一般理财教育时数						
0 小时				0.09		
0 小时以上				0.91	−1.14	0.78
1~10 小时（样条）				9.0	+1.16	0.01
10~20 小时（样条）				2.3	+0.06	0.76
20~30 小时（样条）				0.4	+0.18	0.51

注：所有的回归估计都来自于同一个两阶段"Heckit"回归。第一阶段是对成为"储户"可能性进行分析的 Probit 分析（n=2,350, k=104）。第二阶段是对"储户"月个人发展账户净储蓄的常规最小二乘法。均值取自没有缺省值的观察项。

较长的时间上限如何与资产积累发生联系？这里用一个模拟来整理与成为"储户"呈正向联系以及与"储户"月个人发展账户净储蓄呈负向关系的结果。在两种方案中，参与者首先被分配 24 个月的时间上限，然后分配 37 个月的时间上限。

从 24 个月上限到 37 个月上限的模拟变动，参与者中成为"储户"的比例提高了 14.7 个百分点，"储户"月个人发展账户净储蓄平均降低了 5.48 美元（表 6.10）。或者说参与者月个人发展账户净储蓄平均提高了 1.39 美元。考虑到这一增长以及较长的时间上限为参与者提供了更多的时间来攒钱，在美国梦示范项目整个运行期内，当时间上限为 37 个月时，模拟参与者平均个人发展账户净储蓄比时间上限为 24 个月时高 238 美元（583 美元对应 345 美元）。

总之，时间上限越长，个人发展账户的三个目标越能实现。更多的参与者成为"储户"，并且这一包容性不仅弥补了"储户"平均月个人发展账户净储蓄较低的状况，还增加了参与者平均月个人发展账户净储蓄。在美国梦示范项目整个运行期内，如果能攒钱的月份更长、每月攒钱更多，那么在一个既定的配款率下，时间上限越长，资产积累越高。

表 6.10 时间上限为 24 个月对应时间上限为 37 个月的参与者，成为"储户"的可能性、"储户"平均月个人发展账户净储蓄、参与者平均月个人发展账户净储蓄以及美国梦示范项目运行期间参与者平均个人发展账户净储蓄的模拟变动

测量值	时间上限 24 个月	时间上限 37 个月	变化
成为"储户"的参与者比例（%）	45.2	59.9	+14.7
"储户"平均月个人发展账户净储蓄（$）	31.81	26.33	-5.48
参与者平均月个人发展账户净储蓄（$）	14.38	15.77	+1.39
美国梦示范项目运行期间参与者平均个人发展账户净储蓄（$）	345	583	+238

注：模拟数据基于对美国梦示范项目参与者两阶段"Heckit"回归估计，其中所有的特征保留美国梦示范项目中的值，但时间上限首先为所有参与者设定为 24 个月，然后是 37 个月。模拟的月个人发展账户净储蓄限定为正，并且不超过特定参与者的配款上限。

从长期发展来看，这一分析支持了更长的时间上限。最长的时间上限将是永久性的，从出生到死亡。例如，对于非穷人的个人退休账户和 401(k) 计划都是永久性的，任何人只要有劳动收入和雇主资助（对 401(k) 计划而言）都可以参与。

一般而言，"使用或放弃"的激励对短暂性政策的回应（每一个时间单元和/或每个人）比对永久性政策的回应更强烈（Garfinkle, Manski and Michalopoulos, 1992）。然而，至少在美国梦示范项目的时间上限范围，成为"储户"可能性的提高弥补了被削弱的月储蓄。这在一个永久性政策中可能成立也可能不成立（成为"储户"的可能性不会超过 100%，而且月储蓄会降低到即使全部包容也不能弥补的程度）。然而，时间期限越长，只会提高每位参与者终生的资产积累。

重要的是，永久性的政策使穷人攒钱和资产积累成为一种社会规范。人们将逐渐形成这样一种认识，即在个人发展账户中攒钱是件"好事"。他们可以计划在几年或几十年进行有配款取款，在生命周期的不同阶段购买不同的资产（Sherraden, 1991）。在聚会中的家庭成员

和在办公室里闲聊的同事可以讨论不同攒钱策略的优缺点（Bernheim，2002）。针对穷人的资产建设会成为"美国生活方式"的一部分，人们对此将不假思索的去接受并按此行动。虽然资产建设政策的长期社会效应几乎不可能去预测或量化，但是对它们的信念已经被反复强化了（但不是对穷人）。

七、理财教育

个人发展账户针对穷人的有补贴储蓄与个人退休账户和401（k）计划针对非穷人的有补贴储蓄的主要差异有两点。首先，个人发展账户通过配款而不是通过税收减免提供补贴。第二，个人发展账户与强制理财教育捆绑在一起。美国梦示范项目要求所有的参与者参加理财教育课程。这种理财教育与储蓄结果的提高之间是否有关系？

除了"它是否有效"这一问题之外，强制理财教育政策面临两个其他的挑战。首先，它是家长式的。如果穷人和非穷人之间没有较大差异，那么为什么穷人需要理财教育？尽管穷人和非穷人都能从理财教育中受益，但是穷人的受益更大，因为他们有更多的东西要学。第二，理财教育课程所要求的熟练劳动力是很昂贵的。个人发展账户项目的开支是令人担忧的（Schreiner，2004a；Sherraden，2000），特别是对于一个永久性的、普遍性的政策。理财教育如果没有较高效能，项目会削减其开支。

本部分介绍了理财教育的基本原理，回顾了理财教育的目标，总结了关于401（k）计划中理财教育效用的研究，并讨论了在美国梦示范项目中的理财教育。参加一般理财教育课程每增加一个小时（最高10小时），"储户"月个人发展账户净储蓄提高1.16美元。超过10小时，理财教育的增加与个人发展账户储蓄的提高无关。对于政策而言，这表明理财教育不仅是重要的，而且可以限制所要求的时数控制其开支，而不必权衡其效用。

（一）为什么要求理财教育

根据贝弗利和谢若登（Beverly and Sherraden，1999，p.464）的研究，"个人对资产积累过程和收益的了解程度会影响其攒钱意愿"。

为此，理财教育旨在提高将攒钱作为一种明智选择的意识和强化未来取向。它传递了个人发展账户的规则和如何攒钱的实际技术。课程为参与者提供了一种副产品，即参与者接受（或给予）同辈支持的机会。

个人发展账户中理财教育是强制性的，而不是可选择的，因为人们（不管是穷人还是非穷人）往往低估其收益。如伯恩海姆（Bernheim，1994，p.59）所述，"缺乏经验的个体不会意识到或者承认其首先需要征求建议"。简单地说就是，人们不知道他们什么地方不懂。（当然，这与强制的学校教育和一些必修课是同样的道理；很少有学生像成人一样对于需要了解的东西有一个正确的判断。）在一些定性访谈中，美国梦示范项目的参与者认为，即使他们自己不会主动去参加这种课程，但是理财教育课程确实证明是为了他们的最佳利益（Johnson et al.，2003）。

穷人特别容易受到"无意识的无知"（inadvertent ignorance）的影响。人们往往通过经验法则学习财务、攒钱和资产积累知识，这些经验法则通过观察和倾听朋友和家人或者在"苦难经历"中自己的教训来获得（Lusardi，2000；Bernheim，1995）。然而，穷人的朋友和家人也不太可能成为其理财信息来源，或作为攒钱和资产积累的正面榜样。如第二章所讨论的，储蓄和资产积累处于穷人世界观的边缘，因为他们成长的背景中很少有储蓄和资产积累。例如，谢若登等（Sherraden et al.，2004）提到，接受理财教育后，在一个实验设计项目中接受访谈的参与者更可能经常查看其工作单位401（k）计划的余额。相反，控制组中的一些成员甚至不知道他们的401（k）余额是储蓄。

理财教育确实是家长式的，因为它假定人们实际攒的钱比应该存下的钱要少。如果人们能够对其最有利的事情做出判断，那么要求理财教育或者将公共资金用于理财教育就是一种浪费。然而，接受理财教育后大部分人称他们希望比以前攒更多钱（Lusardi，2000；Bernheim，1995）。美国人很少反对鼓励他们多消费的一贯的利己主义潮流的宣传，因此担忧公共服务运动与鼓励他们减少消费将在某种程度上侵犯个人自由似乎是相抵触的。除非严重的经济衰退，攒钱也会有积极的宏观经济外溢效应，很少有美国人对政府在经济危机时推动攒钱的努力表示疑虑（例如，二战时的"购买债券"运动）。即使简单的理财教育信息也能够扭转整个国民储蓄的潮流。例如，伯恩海姆（Bernheim，1994）将日本个人储蓄率较高主要归因于战后政府运动，告知市民应该将收入的1/5攒起来。

要求参加理财教育课程也起到潜在定位的作用。通过提高参与时间成本，强制性课程会筛选出一些非穷人，他们与穷人相比，拥有的时间比非时间资源更少（Besley and Kanbur，1991）。课程还有潜在的政治功能，一些人会希望让穷人参加强制性课程来"支付"个人发展账户补贴的费用。

（二）理财教育的目标

理财教育的中心目标是**金融知识**，即理解金融术语和概念以及将知识转化为行为的能力，包括如下技能：平衡收支和管理其他账户的现金流、编制预算和随时查看支出、管理借贷以及攒钱和投资（Beverly，2004；Beverly and Burkhalter，2003；Jacob，Hudson and Bush，2000）。随着他们转化这些技能，对参与者的强制理财教育课程的目的在于逐步灌输理财重要性和理财选择的意识，强化未来取向以及转化心理和行为的攒钱策略。

意识。理财教育旨在使人们更好的意识到他们可进行的选择、这些选择各种可能的结果，以及实现这些结果的可能性。例如，课堂上的课程会强调一个家庭（住户）能够编制预算并且随时查看开支，这样可以重新建立理财问题的意识，反过来减少消费并增加储蓄（Ameriks，Caplin and Leahy，2002；Caskey，2001）。或者课程会指出经常存款将增加资产积累，或者指出每月利用自动转账或制定一种内在规则来将每月存款看做是账单的话，参与者选择是否把"他们手中的钱"拿出来攒钱在心理上的考验要更少。

说到攒钱，一般来说人们（特别是穷人）常常缺少选择与结果之间联系的正确模型（Bernheim，1994）。攒钱的短期成本与长期收益之间的暂时空白期更是在观念与现实之间划了一道鸿沟。而且，当前牺牲和未来收益之间的联系往往是不确定的、微妙的，而且很难去分辨或想象。即使是非穷人，大多数的财产是从自然界或从前代人中获取的资产收益（见第二章），他们也常常错误地理解这些联系。当然，穷人更少有机会去认识攒钱如何影响长期的福祉。理财教育可以使主观世界观更接近于客观现实。例如，理财教育会讨论租赁与拥有住房二者相比的长期成本或者高等教育对于终生收入的效应。课程还可以起到这样一个作用，即为参与者提供财产审查公共救助规则的信息。几十年来，较低的资产限制传递的是穷人不能（或不应该）攒钱的信息。近期的一些变化放松了对于公共救助的资产限制，并且在一些州对个人发展账户余额明确提出给予豁免，但是许多穷人没有意识到这一点（Hogarth and Lee，2000）。

未来取向。 对于所有的人（不论是穷人还是非穷人），想象力匮乏都会对攒钱产生不利影响（Frederick，Loewenstein and O'Donoghue，2002；Becker and Mulligan，1997；Ramsey，1929）。穷人之所以一直贫困，在一定程度上是由于他们错过了将当前小的成本转化成未来大收益的机会，因为他们不能认识到（通过想象）未来的收益。理财教育的目的不仅仅是使参与者意识到攒钱是一个明智的选择，而且使他们关注未来，促使他们想象如果现在攒钱将会怎样。课程"可以长期用于建构人们自己经济生活的观念"（Sherraden，1991，p.204）。当人们更多考虑未来时，他们往往更重视未来的福祉（Becker and Mulligan，1997）。反过来，这会以当前消费的形式降低未来消费的成本，因此增加了储蓄。（贝克与穆利根（Becker and Mulligan）的模型同样预测，储蓄增加提高了财产，这也将增加未来取向。）谢若登等（Sherraden et al.，2004）指出，美国梦示范项目中的参与者表示理财教育正是用这种方法建构了他们的思维模式。

尽管资产所有权能激发更大的未来取向，因为个人发展账户中的资源给了人们更多的期望（Sherraden，1991），但是如果人们在初期要攒钱和持有资产，必须有一定程度的未来取向，同时要相信当前的选择能够影响未来结果（Becker and Mulligan，1997；Clancy，1995）。理财教育通过练习制定个人理财规划策略鼓励这一做法。为有配款取款制定计划或者草拟预算，有助于参与者直接思考未来。这些计划在当前选择和未来机会之间建立了清晰的联系。课程通过让他们列举目标和描述达成目标的方式，也能激发参与者思考未来。本质上而言，让人们去思考未来可以增加未来取向。

如何攒钱。即使人们知道攒钱是一个明智的选择，即使他们能够想象未来的收益，他们可能仍然不知道如何去做。个人发展账户中的理财教育会教一些攒钱技术。贝弗利、麦克布赖德和施赖纳（Beverly, McBride and Schreiner, 2003）描述了在理财教育课程中通常教授的心理和行为两大类策略。

心理策略改变思维。心理策略建立了对资源流动、攒钱目标和自我施加的心理约束的概念性理解。课程会要求参与者通过以下方式运用心理策略，如设立一个储蓄目标、做预算、将某些来源的收入（如第二份工作或税收退款）专门攒起来而不是作为"花的钱"。课程用"优先支付自己"的口号，建议参与者运用心理策略将每月的存款视为一种必须要支付的账单，而不是只有当钱"有剩余"的时候才去做。将账户标签化也可以帮助参与者在心理上将个人发展账户与那些看作是只用于消费的资金区别开来（例如，称账户为"买房者的个人发展账户"而不仅仅是一个"个人发展账户"）。

一旦思维发生变化，**行为策略**将改变行动。其目的在于帮助人们遵循自己的计划来控制消费、进行存款和克制取款。行为策略包括限制消费品质（如"只买一些普通品牌产品"）或数量（如"一天不超过一杯咖啡"）。它们包括一些在家庭（住户）生产中花费更多时间和精力的内部规则（例如，"每周在外吃饭的数量不多于一次"或"收集优惠券"）。行为策略还包含一些将资源置于不可及之处的承诺，例如签订自动转账合同、选择以一次性总付的形式接收所挣收入税收抵免或缓缴过多的所得税、取消银行自动柜员卡或信用卡、等待将支票兑现或将资金存入一个若是提前取款就要有大额罚款的账户中。另一个行为策略是在劳动力市场中从事更多的工作。

（三）非个人发展账户储蓄的理财教育

对于401（k）计划和其他储蓄形式的研究一致发现，理财教育会提高储蓄结果。而且，这种提高对于比较穷的参与者来说最大。例如，对401（k）计划的个案研究表明理财教育增加，参与率和缴费率也随之提高（Richardson, 1995; Borleis and Wedell, 1994）。

在学术研究中，拜尔、伯恩海姆和斯考兹（Bayer, Bernheim and Scholz, 1996）发现，企业资助的退休研讨班越频繁，401（k）计划的参与率越高，同时缴费水平越高。这种关系在得到的补偿不是很高的雇员中表现的最强烈。

伯恩海姆和加里特（Bernheim and Garrett，2003）也发现在提供教育和401（k）计划的参与之间存在正向关系。在提供理财教育的公司内参与率要高12个百分点。在这些提供理财教育的公司里，参加课程的雇员其参与率提高20个百分点。伯恩海姆和加里特（Bernheim and Garrett，2003）估计，理财教育的实行，将储蓄占收入的比例提高了1.7个百分点，这种情况不仅仅局限在401（k）计划中。这一发现主要由低收入和/或低财产的储户所推动："教育鼓励了攒钱甚少者的储蓄，而不是已经攒了足够多的人"（Bernheim and Garrett，2003，p.1508）。在工作中参加了理财教育的人往往较少地从其朋友和家人那里获取理财建议，因此理财教育也可以帮助扩展世界观。

伯恩海姆、加里特和玛琪（Bernheim，Garrett and Maki，2001）分析了在已经批准实施消费者教育课程（其中许多包含理财教育）的州成长起来人群的长期资产积累。与其他人相比，这些人在成年后有更多的财富。因为这些批准的课程与调查对象的遗漏特征之间不存在相关性，这强烈地表明理财教育提高了资产积累，并且其效应能持续很长的时间（尽管它们也需要很长的时间去建立起来）。这些效应是巨大的："对于受到课程影响的特定个人来说，净财产大体上高出近一年的收入"（Bernheim，Garrett and Maki，2001，p.460）。而且，理财教育课程可以替代家庭中的"理财教育"（如"节俭的"父母所做的暗示）。这有利于形成一种希望：即使穷人生活在资产匮乏的环境中，理财教育也能帮助他们"赶上"其他人。

八、美国梦示范项目中的理财教育

美国梦示范项目个人发展账户项目提供了两种类型理财教育：一般理财教育的和特定资产理财教育。

（一）一般理财教育

美国梦示范项目中的所有项目都要求参与者参加一般理财教育。有些项目要求在开户之前上一部分课，同时所有项目都要求参与者在进行有配款取款之前完成一般理财教育。第三章详细叙述了美国梦示范项目中14个项目的具体要求。

美国梦示范项目中的一般理财教育覆盖了广泛的金融知识主题，如攒钱的收益、预算、攒钱策略、复利、信用管理和如何根据财产审查公共救助的资产限制计算个人发展账户余额。项目还会利用一般理财教育课程传递个人发展账户的规则。

每一个项目都选择或发展了自己的一般理财教育课程体系。这些项目也使用了课堂对话的形式（研讨班、专题讨论会、同辈讨论小组和／或一对一咨询）。数据记录了每一个项目所要求的时数和每个参与者参加的时数，但是遗漏了课程形式、学生／老师比例、对话内容、所用资料类型和教学质量。美国梦示范项目中总的理财教育时数不同，但是这里的分析只能假设它们是一样的。

（二）特定资产理财教育

在美国梦示范项目中，特定资产理财教育目的是为参与者的有配款取款做准备。在很多方面，非金融资产在购买、管理和维护上比金融资产需要更多的技巧。例如，获得住房所有权的过程，购买仅仅是开始；买房者在接下来的三十年通常要每月偿还抵押贷款（以及维护、财产税）。

美国梦示范项目针对买房的特定资产理财教育包括一对一的咨询和审核信用报告，以确保计划买房的参与者有更高的机会通过贷款申请。海拉得和左恩（Hirad and Zorn，2001）在对房地美（Freddie Mac）[①] 经济适用房借贷项目买房者进行的研究中发现，获得住房所有权之前接受过咨询的调查对象买房后拖欠贷款的比率更低。他们还发现一对一的咨询比自学和课堂培训更有效。

针对小企业的特定资产理财教育目的在于帮助参加者成为不同类型的自雇者。课程还包括一个预防性的部分来帮助参与者规避各种常见的商业风险。同样，针对高等教育的特定资产理财教育，目的是引导参与者分清野鸡文凭。针对退休储蓄的课程讨论复利、投资类型和投资组合多样化。

---

① 又译为弗雷德马克，为美国金融机构。——译注

美国梦示范项目中的工作人员并没有一直记录特定资产理财教育的出勤情况。因此这里的分析主要关注一般理财教育。

（三）成本

一般来说，理财教育对于项目和参与者成本都很高（Clancy，1996）。例如，工作之余的时间对参与者来说是种牺牲，并且他们也缺乏良好的、低廉的儿童照顾服务。为了更好的适应参与者需求，项目会在晚上或周末上课，也会提供点心和保姆服务。项目还需要使一些参与者确信这些课程能够有所帮助，特别是对那些过去没有发现学校有用的参与者。一些个人发展账户的参与者或许在数学、阅读、和/或英语方面缺乏较强的技能。项目会提供非英语的课程，同时他们不是照本宣科地授课，而是在引导性地讨论生活经历基础上进行练习。课程必须将晦涩、抽象、复杂的金融语言用清晰、具体、简单的术语讲解，同时还要传递正确的信息。项目也必须确保这些信息没有因文化差异而被参与者误解。针对低收入者的理财教育不像传统的教育，要求教师调整课堂上的风格和形式以适应学生的需要（Hogarth and Swanson，1995）。

这种因材施教需要有技能的工作人员，因此理财教育成本很高。在美国梦示范项目中，最大的一个项目大致是每1美元的个人发展账户净储蓄要花费3美元（除去配款）（Schreiner，2004a）。由于这些成本，一个永久性、普遍的个人发展账户政策是不可持续的（Sherraden，2000）。尽管美国梦示范项目中理财教育的成本是未知的，但它绝对不是最主要的成本来源。然而，理财教育的成本也不是微不足道的，特别是如果个人发展账户在盈利性金融服务公司运行，那么课程会位于削减成本名单上的第一位。

美国梦示范项目中的理财教育是否值得付出这样的成本？在调查和个案研究中，参与者称课程教会了他们心理和行为的攒钱技巧（Moore et al.，2000）。另外，85%同意或强烈同意这样的论述，即"个人发展账户课程帮助你攒钱"（Moore et al.，2001）。约翰逊等（Johnson et al.，2003）在质性访谈的基础上得出了类似的结果。美国梦示范项目中的参与者每当被问起的时候经常会说，理财教育很有帮助。

然而，仅仅有收益并不能证明理财教育是值得的，收益必须超过成本，但是美国梦示范项目理财教育的成本是未知的。而且，即使课程没有效果，参与者也可能会说对他们有帮助，因为他们可能混淆了学习的乐趣或者他们想给一个让访问者满意的答案。缺乏成本的数据，即使粗略的估计收益也不足以评价理财教育是否有价值。

（四）回归估计

为了避免双向因果关系带来的偏差，针对成为"储户"可能性的第一阶段 Probit 分析排除了一般理财教育的出勤时数，而将其包含在了针对"储户"月个人发展账户净储蓄的第二阶段常规最小二乘回归之中。

双向因果关系。在美国梦示范项目中，储蓄和一般理财教育的出勤时数之间可能存在双向因果关系。非"储户"的参与者不能进行100美元或以上的有配款取款。项目要求参与者在进行有配款取款之前完成课程，但是这对于非"储户"参与者和不可能进行有配款取款的参与者来说，刺激非常微弱。实际上，许多非"储户"参与者在没有完成理财教育要求的情况下，注销了自己的个人发展账户。项目也开除了数量未知的一些没有参加课程的参与者，并且非"储户"参与者的时数更有可能被低报，因此非"储户"参与者的理财教育时数可能会更少。对于他们来说，不仅仅是低出勤率降低了储蓄，同时低储蓄也降低了出勤率。

为了消除双向因果关系带来的偏差，第一阶段对成为"储户"可能性的 Probit 回归不包括理财教育的时数。理财教育时数包含在针对"储户"月个人发展账户净储蓄水平进行估计的第二阶段常规最小二乘回归中。因果关系的方向是否只表现在教育时数对"储户"储蓄的影响上呢？也许只有持有最大量储蓄的"储户"（或者是那些进行过有配款取款的人）为完成理财教育要求而感到烦恼。这种双向因果关系将在储蓄和出勤时数之间产生虚假的正相关。

事实证明，除了三个项目之外，美国梦示范项目所有其他项目中，80%~90% 的"储户"达到了理财教育的要求（表 6.11）。首都地区资产建设项目（这一项目的时数被设定为缺省值，是因为该项目认为这一信息是不可靠的）、美国家庭服务中心（这一项目 45 小时的要求没有实施）和社区行动计划大规模项目（76% 的"储户"达到了要求）是例外。

这一比例对进行过有配款取款的"储户"来说更高。而且，除了首都地区资产建设项目和美国家庭服务中心，"储户"平均出勤时数接近项目要求，这表明没有达到要求的"储户"几乎只是缺一两个小时。总体上，这意味着除了一个项目之外，其他所有项目实施了这些要求，同时"储户"通常能够完成。因此，美国梦示范项目中的因果关系是理财教育影响储蓄。

如果项目预期参与者攒钱更困难，因而试图增加理财教育加以弥补，这时双向因果关系仍然会产生。如果这一预期是正确的，而且额外的理财教育没有完全弥补目标群体攒钱上的困难，那么会导致储蓄和理财教育出勤时数之间虚假的负相关。

拜尔、伯恩海姆和斯考兹（Bayer, Bernheim and Scholz, 1996）以及伯恩海姆和加里特（Bernheim and Garrett, 1996）讨论了这一问题，他们指出，对401（k）计划参与者工作场所中的理财教育几乎总是"补救性的"，因为每当认为储蓄太低时，就会实施或者增加理财教育。莫尔等（Moore et al., 2001）在一个美国梦示范项目参与者的样本中发现：称理财教育课程有帮助的参与者，攒的钱少于（在调查时）那些称课程对其没有帮助的参与者。这与以下假设一致，即从理财教育中受益最多的参与者是那些需要学习的知识最多的人。然而，即使他们学到了很多，他们也不可能完全赶上。因此，对最需要的人要求更多的理财教育，即使（在没有双向因果关系的情况下）出勤率增加储蓄，也会在课程出勤率与储蓄之间产生负相关。

只有当教育和储蓄之间的估计关系为负时，双向因果关系才会影响分析。如果估计的关系为正，那么理财教育一定会极大地提高储蓄（假设是因果关系），以至于会压倒双向因果关系中朝相反方向发生作用的所有效应。

估计的关系。在美国梦示范项目中，一般理财教育的出勤时数每增加一小时（最高10小时），"储户"月个人发展账户净储蓄会提高1.16美元（p=0.01，表6.9）。这是很大的关系。例如，理财教育从6到10小时的变动，月个人发展账户净储蓄增加4.64美元（4*1.16美元）。

10小时之后，课程的增加不再与月个人发展账户净储蓄发生联系。

从 10 到 20 小时，每增加 1 小时，增加 0.06 美元，但是 p 值为 0.76。从 20 到 30 小时，每增加 1 小时，增加 0.18 美元，但是置信度很低。

图 6.1 是从表 6.9 的回归估计中得来的。它用样条描述了月个人发展账户净储蓄和出勤时数之间估计的关系（使用样条表示回归中的非线性关系，这在 Friedman，1991；Smith，1979 以及 Suits，Mason and Chan，1978 中有所讨论）。图 6.1 表明在出勤时数达到 10 小时之前，时数越长，攒钱越多。

表 6.11 美国梦示范项目不同项目的所有"储户"以及进行过有配款取款的"储户"一般理财教育的完成情况

项目	完成一般理财教育要求的比例（%）"储户"	完成一般理财教育要求的比例（%）进行过有配款取款的"储户"	"储户"一般理财教育的平均时数 要求	"储户"一般理财教育的平均时数 出勤
社区行动倡导项目	93	91	10	9.8
首都地区资产建设社团	NA	NA	NA	NA
社区行动委员会公司	91	92	12	11.7
近东区	85	92	9	8.4
美国家庭服务中心	0	0	45	9.2
美慈公司	89	89	8	7.7
社区经济发展高山协会	83	97	12	11.7
社区行动计划小规模	82	90	6	5.5
海滨银行	92	97	8	6.7
女性自雇	92	89	16	15.0
替代联邦信用合作社	81	82	10	9.1
基金会共同体	94	87	10	9.9
湾区	98	100	10	9.8
社区行动计划大规模	76	83	12	11.0

注：首都地区资产建设项目的理财教育数据被认为是不可靠的，因此设定为缺省值。虽然美国家庭服务中心声明在个人发展账户信息管理系统中记录的出勤时数是正确，但是也称没有实行 45 小时的一般理财教育要求。对所有项目来说，在计算项目平均值时，实际的理财教育出勤时数最高值为项目要求。

图 6.1 月个人发展账户净储蓄与一般理财教育出勤时数之间的关系

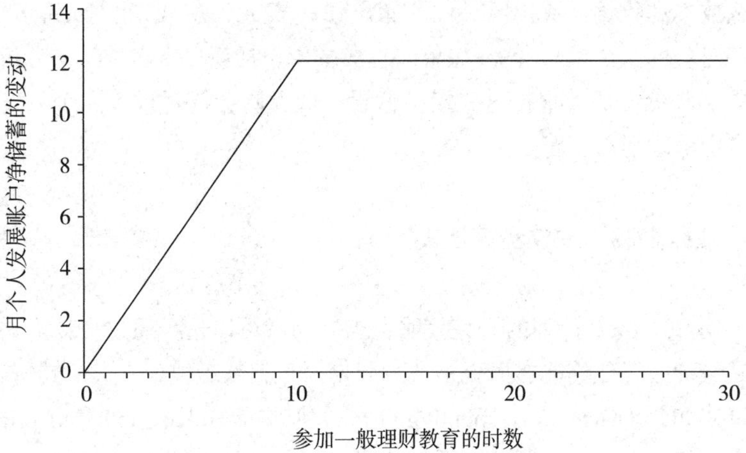

注：由表 6.9 中的回归估计得出。

在此处未提及的回归中，当美国家庭服务中心因为没有实行项目要求，其出勤时数被设定为缺省值时，估计的关系没有质的不同。同样，当每个个体的时数达到项目要求，估计在本质上是相同的。这表明超出项目要求的一般理财教育的时数（这些时数与提高储蓄的遗漏特征之间可能存在正相关），不会影响这里的估计。

政策。个人发展账户以穷人为目标，与其他以非穷人为目标的有补贴储蓄政策不同，因为个人发展账户提供配款和强制理财教育。理论表明理财教育应该提高储蓄，美国梦示范项目的参与者称他们发现课程很有帮助。回归估计支持这一点：10 小时以下每增加一小时，极大提高了月个人发展账户净储蓄，10 小时以上，这种关系消失。

然而，提供理财教育成本很高。收益是否超过成本？由于没有对成本进行估计分析，所以无法确切了解这一问题，但是模拟也可以提供一个粗略的标准。与没有理财教育相比，在美国梦示范项目中，理财教育要求为 10 小时的"储户"月个人发展账户净储蓄提高 11.60 美元（10 小时 *1.16 美元/小时）。如果参与三年，将提高 417 美元（36 个月 *11.60 美元/月）。对 401（k）计划的研究表明，不应该不切实际地认为这其中至少一半（比如说，200 美元）是"新"储蓄。假设一美元的"新"储蓄是一美元的收益，并且考虑到美国梦示范项目中约一半的参与者是"储户",如果每个参与者每小时课程成本约 10 美元,那么成本和收益大致相抵(每位"储户"200 美元收益 /10 小时 / 每个"储户"对应的 2 个参与者)。如果课程成本(包括项目支出和参与者机会成本)降低,那么根据这一模拟假设,收益将会超过成本,个人发展账户中的理财教育将是值得的。

九、取款限制(独立资产法规则)

对 401(k)计划的研究表明,当参与者可以选择通过贷款形式取出其储蓄时,他们能够攒更多钱,即使一旦存款后很少有人用其贷款,结果亦如此(General Accounting Office,1997;Holden and VanDerhei,2001;Choi et al., 2004)。同时,谢若登等(Sherraden,2004,p.22)引用了美国梦示范项目一位参与者的话,称对无配款取款的限制"是必要的,否则人们每隔一周就会扫荡一次(个人发展账户)"。这两个观察报告表明,一个设计良好的储蓄政策应该能够为参与者提供这样的结构,即平衡紧急情况时的流动性和丧失自我控制时的固定性(Ashraf et al., 2013)。

美国梦示范项目中,受独立资产法管理的参与者,与非独立资产法参与者相比,成为"储户"的可能性提高了 17.4 个百分点(表 6.12)。(独立资产法"储户"与非独立资产法"储户"的月个人发展账户净储蓄相同。)正如第三章所讨论的,独立资产法项目点要求共同持有账户,因此项目工作人员要在所有取款(有配款或无配款)上签字。而且,无配款取款被限定于"紧急情况"。虽然独立资产法项目点的工作人员最后在所有的取款要求上都签字,但是他们也会用此机会与参与者讨论其申请无配款取款的理由。而且,不得不与工作人员讨论无配款取款的麻烦和窘迫可以阻止一些参与者进行无配款取款。尽管独立资产法项目点相对非独立资产法项目点有一些其他的差别(所允许的有配款取款用途、收入限制和等待期),但是这些差别或者在回归中得到了控制,或者与成为"储户"无关。因此,尽管没有方法确切了解独立资产法规则中哪些特征或者哪些特征的组合与成为"储户"有关,但是通过共同持有个人发展账户实现对无配款取款的限制无疑是一种最好的选择。

因为独立资产法项目点晚于非独立资产法项目点，他们的参与者进行无配款取款的时间更少。在只包括参与者前24个月数据的回归中（这里没有提到），独立资产法项目点和成为"储户"可能性之间估计的关系甚至比表6.12中更强。这一点也表明，认为独立资产法参与者更有可能成为"储户"是因为"没有时间进行无配款取款"的解释是不成立的。

两个独立资产法项目点中的工作人员将成为"储户"可能性的提高归因于更多的项目经验。因为独立资产法项目点在非独立资产法项目点之后运行，同时项目组织开始时没有任何个人发展账户经验，所以工作人员不断学习如何筛选出极不可能成为"储户"的潜在的参与者。随着经验的增长，工作人员会在注册后提供更多的有效支持，因为他们在项目管理上更有效率，因此腾出了更多的时间与参与者一起工作。美国梦示范项目资金是一次性结清的，而独立资产法资金是可更新的，因此一些项目点为了将来吸引独立资产法的资金支持，也会有更大的动机来确保更大比例的参与者成为"储户"。

但是所有这些都只是推测。基于从数据和独立资产法规则了解到的信息，最好的猜测是认为独立资产法对无配款取款的限制提高了成为"储户"的可能性，但是这些限制的最理想的强度和形式是未知的。一方面，参与者欢迎"丝织手铐"来阻止不明智取款。另一方面，参与者有时确实需要进行无配款取款，一想到这样做必须经历各种困难，可能会使他们将资金从个人发展账户中拿出来。我们的意见（并没有建立在美国梦示范项目数据基础之上）是适度的、非正式的限制会使这两种情况达到最佳平衡。如果个人发展账户是共有持有，项目应该对无配款取款的请求都立即签字同意。

十、与特定项目相关的遗漏特征

尽管回归包含了大量的项目（和参与者）特征，但是并不能控制所有的方面。作为次优选择，回归利用指标变量控制了储蓄结果和与每一项目相关的遗漏特征之间的关系。这些遗漏特征包含了项目特征

（如规则执行的严格性或理财教育的质量）、一般的参与者特征（如未来取向）和其他特征（如当地经济状况），这些特征会影响储蓄结果，同时也会与特定项目相关。

表 6.12 中的估计反映了所有与特定项目相关的遗漏特征的复合效应。以社区行动计划大规模项目作为参照点，将其估计设定为 0。例如，与社区行动计划大规模项目中遗漏因素相比，美慈公司中的遗漏因素使成为"储户"的可能性提高 3.4 个百分点（p=0.75），"储户"的月个人发展账户净储蓄降低 3.40 美元（p=0.32）。与社区行动计划大规模项目所做的许多比较都很大并且有统计显著性。当然，其他项目也可以用作参照点。这将不会改变针对项目之间差异进行的成对估计的大小、符号或统计显著性。

这些估计并没有必然地对个人发展账户项目按质量划分等级。尽管它们确实在一定程度上依赖遗漏的项目因素（如项目工作人员支持的质量），但是它们也会依赖遗漏的参与者因素（如未来取向）和遗漏的地方因素（如经济）。哪一项因素是被遗漏的，每一个的重要性如何，都是未知的。

十一、本章总结

既然穷人能够攒钱，政策的下一个问题是他们如何攒钱？本章描述了储蓄结果和制度特征之间估计的关系。个人发展账户设计的几项特征，如配款率、配款上限、自动转账的使用、可获得配款存款的月份数、理财教育和对无配款取款的限制，都与美国梦示范项目的储蓄结果有很强的关系。尽管相关不意味着因果，但这里的"Heckit"回归控制了极其广泛的一系列因素，除非另有说明，其重点放在因果解释上。

配款率越高，成为"储户"可能性越大，同时对于"储户"而言，其月个人发展账户净储蓄水平越低。这表明了在个人发展账户包容性、储蓄和资产积累三个目标之间存在着此消彼长的权衡。尽管配款率越高，提高了对参与者的包容性，但是"储户"储蓄降低。然而，按净值计算，更高的配款率与参与者（不仅仅是"储户"）储蓄水平之间的关系很小。如果忽略成本，更高的配款率会更受欢迎，因为它几乎不会损害储蓄，而且提高包容性和资产积累。

配款上限每提高1美元，个人发展账户净储蓄提高0.57美元。显然，美国梦示范项目参与者试图将其配款资格"最大化"，将配款上限转化为储蓄目标。增加储蓄和资产积累的一个方法就是提高配款上限。

个人发展账户如同401(k)计划一样，将较高的配款率与较低的配款上限组合在一起。那么高配款率和低配款上限是否优于相反的组合呢？高配款率提高包容性，但是高配款上限能提高每位参与者的储蓄和资产积累（"储户"平均值以及参与者平均值都如此）。同时高配款率比高配款上限成本更高。当然，如果资金允许，高配款率应当和高配款上限组合到一起。

不论是年度配款上限结构还是存期配款上限结构，在美国梦示范项目内部的变化都很小，因此数据几乎无法为政策提供指导。在理论上，尽管年度配款上限有助于抑制拖延和建立攒钱习惯，但是存期配款上限有更大的灵活性。将年度/存期结构混合或许能产生最优的组合，允许人们随着时间推移累加配款资格（当作好准备时，提供攒钱的灵活性），同时限制累加的配款资格总额（提供适度的"使用或放弃"的激励）。加拿大和英国已经有这种混合配款上限结构的有补贴资产建设账户。

在回归中其他因素保持不变的情况下，使用自动转账的参与者更有可能成为"储户"。这符合理财规划师"优先支付自己"和"束缚自己的双手"的建议。公共政策可以从以下三个方面促进自动转账。首先，它可以教导人们了解自动转账的收益和创建的方法。第二，可以要求雇主提供薪金支票的直接存款。第三，它可以要求雇主和国内税务署允许雇员和纳税人将薪金支票和税后退款在支票、401(k)计划存款和多个储蓄账户（包括个人发展账户）之间进行拆分。技术能力已经准备就绪，雇主和国内税务署只需要提供这项服务。

美国梦示范项目中，有资格进行可获得配款存款的月份数与成为"储户"之间存在正向关系，与"储户"的月个人发展账户净储蓄之间存在负向关系。从净值来看，成为"储户"的包容性提高会导致提高项目运行期内参与者平均月个人发展账户净储蓄以及参与者平均个人发展账户净储蓄。总之，时间上限越长，个人发展账户的三个目标结果越好。从长期发展来看，这支持更长（也许是永久性的）的时间上限。美国在针对非穷人的个人退休账户和401（k）计划中有永久性时间上限的先例。

表 6.12　特定个人发展账户项目中，储蓄结果与个人发展账户设计、项目结构之间的关系

独立变量	概率（"储户"） 均值	△%pts.	p 值	个人发展账户净储蓄/月 均值	△$	p 值
受独立资产法资助						
否	0.83			0.83		
是	0.17	+17.4	0.01	0.17	+1.83	0.34
项目						
社区行动倡导项目	0.03	+34.8	0.05	0.04	−4.71	0.41
首都地区资产建设社团	0.06	+63.8	0.01	0.06	−8.14	0.34
社区行动委员会公司	0.07	+33.2	0.01	0.09	−8.01	0.03
近东区	0.08	+8.4	0.53	0.07	−5.65	0.22
美国家庭服务中心	0.04	+45.5	0.01	0.06	−6.64	0.19
美慈公司	0.05	+3.4	0.75	0.04	−3.40	0.32
社区经济发展高山协会	0.03	+16.8	0.33	0.03	−14.72	0.01
社区行动计划小规模	0.07	+9.0	0.32	0.08	−8.17	0.01
海滨银行	0.09	+28.3	0.01	0.08	−3.04	0.43
女性自雇	0.07	+9.3	0.61	0.04	−10.43	0.07
独立资产法下的女性自雇	0.03	−0.7	0.97	0.02	−16.73	0.01
替代联邦信用合作社	0.04	+48.0	0.01	0.06	−3.64	0.52
基金共同体	0.05	−11.5	0.26	0.04	+1.73	0.62
湾区	0.10	+75.9	0.01	0.12	−5.39	0.45
社区行动计划大规模	0.19			0.17		

注：所有的回归估计来自于同一个两阶段"Heckit"回归。第一阶段是针对成为"储户"可能性的Probit分析（n=2,350，k=104）。第二阶段是针对"储户"月个人发展账户储蓄的常规最小二乘法（n=1,232，k=111）。均值取自没有缺省值的观察项。

在有补贴的储蓄政策中，个人发展账户是唯一一个要求理财教育的。在美国梦示范项目中，课程出勤率每增加 1 小时（最高 10 小时），月个人发展账户净储蓄提高 1.16 美元。超过 10 小时之后，理财教育时数的增加与储蓄结果无关。对于政策而言，这不仅表明一定的理财教育是有价值的，而且在保持有效性的前提下通过限制所要求的时数，成本能得到控制。一个非常粗略的模拟表明，如果每位参与者每小时的成本约少于 10 美元，理财教育就是值得的。

在类似的总结储蓄结果和 401（k）计划制度设计之间关系的经验研究中,奇奥、莱布森、马德里安（Choi, Laibson and Madrian, 2004, p.22）得出如下结论："主要的发现是制度设计很重要……它赋予了雇主和政府管理者巨大的责任"。个人发展账户同样成立。制度设计很重要，这为政策制定者提供了很多工具来影响穷人的攒钱和资产积累。

第七章　参与者特征与个人发展账户储蓄结果

虽然个人发展账户设计的特征能提供直接的政策工具，但是参与者的特征也能提供间接的政策工具。例如，政策无法改变参与者的年龄，但是可以根据年龄来调整个人发展账户设计。例如，如果年轻人因为还未学会如何攒钱而储蓄较少的话，那么政策可以为他们提供更多的理财教育。

本章考察个人发展账户储蓄结果与参与者特征之间的联系。虽然美国梦示范项目的结果随某些参与者特征变动，但是所有类型的穷人（包括领取福利者与非常贫困者）都能在个人发展账户中攒钱和建设资产。此外，结果经常会揭示出同时与储蓄结果以及参与者特征相关的遗漏因素的存在。因为个人发展账户设计会影响这些遗漏因素，所以了解储蓄结果如何与参与者特征发生联系能提出另外的政策工具。

例如，计划买房的参与者成为"储户"的可能性更小，或许因为买房是一个异常困难的目标。如果确实如此，政策启示之一是：计划买房的参与者可以从早期的一对一理财咨询中得到帮助。这就要寻求一个两全之策，既要确保参与者在买房过程的初期具备申请贷款的资格，同时，如果参与者此时买房太困难的话，也要引导他们制定一个更可行的目标。通过这种方式，"规划用途"成为一个参与者特征，它与个人发展账户储蓄结果之间的联系表明了一种个人发展账户项目提高储蓄和资产建设的方法。

再例如，有四年大学学位的参与者比其他参与者的储蓄结果更好。这部分反映了更多关于攒钱价值和如何攒钱的知识。政策启示之一就是，个人发展账户项目理财教育可以更直接关注没有这方面背景的参与者。

当然，为不同参与者类型调整个人发展账户设计会付出成本，尤其是扩大或加强服务的时候。然而，既然认识到特征与结果之间的联系，个人发展账户项目可以将专门服务定位于与他们联系最为密切的地方。比如，大学毕业生可以免于参加理财教育，以便腾出资源针对有较少教育经历的参与者提供更多课程。

本章运用了与第六章相同的回归，将美国梦示范项目中的参与者特征与两个个人发展账户储蓄结果联系在一起：成为"储户"的可能性与"储户"月个人发展账户净储蓄水平。除了第六章中讨论的个人发展账户设计特征，回归还包括一系列参与者特征，包括有配款取款的规划用途、性别、婚姻状况、居住地点、年龄、种族/民族、教育、就业、领取公共救助情况、收入、资产、负债和保险承保情况。分析考虑了独立关系（回归中其他特征保持不变的情况下，个人发展账户储蓄结果如何随既定特征下具有不同值的参与者产生边际 at the margin 变动）和依赖关系（在不将回归中其他特征保持不变的情况下，个人发展账户储蓄结果如何随由既定特征值所定义的参与者群体产生平均 on average 变动）。

这里有两个主要经验。在独立关系方面，个人发展账户项目可以利用储蓄结果与参与者特征之间的联系，以将专门服务定位于那些最相关的人群中。在依赖关系方面，所有的参与者群体都在个人发展账户中攒钱和建设资产，所以基于他们没有能力攒钱这一假设而将一部分人排除进入个人发展账户的机会之外，是没有意义的。

一、回归分析

像第六章一样，表 7.1 中标题为"△ %pts"一列是与既定参与者特征值的一个单位变化相联系的成为"储户"可能性的百分点变化（回归中所有其他因素不变的情况下）。与前面一样，正向估计表明，既定特征的值越大，成为"储户"可能性越大。在标题为"p 值"一列中，值越低表示置信度越高，即估计并非因为参与者是从一些真正关系为零的总体抽取的非代表性样本。

表 7.1　美国梦示范项目参与者的储蓄结果与注册时宣称的有配款取款规划用途之间的关系

有配款取款的规划用途	概率（"储户"）均值	△ %pts.	p 值	个人发展账户净储蓄/月 均值	△ $	p 值
买房	0.48		0.37			
房屋维修	0.09	+36.7	0.01	0.13	+2.64	0.26
高等教育	0.16	+17.7	0.01	0.18	−2.45	0.09
职业培训	0.02	+4.7	0.59	0.02	−2.09	0.49
退休	0.06	+19.4	0.01	0.07	+0.11	0.96
小企业	0.19	+16.0	0.01	0.22	−2.44	0.07

注：所有的回归估计来自于同一个两阶段"Heckit"型选择设定（selection specification）。第一阶段是针对成为"储户"可能性的 Probit 分析（n=2,350，k=104）。第二阶段是针对"储户"月个人发展账户净储蓄的常规最小二乘法（n=1,232，k=111）。均值取自没有缺省值的观察项。

在表 7.1 中右边位于标题"个人发展账户净储蓄/月"下的三列是有关参与者特征与"储户"月个人发展账户净储蓄水平之间关系的第二阶段最小二乘回归。保持回归中的其他因素不变的情况下，"△ $"一列表示与既定特征取值一个单位变化相联系的月个人发展账户净储蓄的估计变化。"p 值"是指因为样本缺乏代表性使估计非零的可能性。

总之，表 7.1 显示了个人发展账户储蓄结果与某一参与者特征之间估计关系的符号（正或负）、大小和统计显著性。虽然这些估计在一系列不同图表中显示，但是它们（以及在以前章节中的所有估计）都来自于一个"Heckit"回归。

二、有配款取款的规划用途

在注册时，48% 的参与者计划为买房进行有配款取款，19% 为拥有小企业，18% 为高等教育或职业培训，9% 为住房维修，还有 6% 为退休储蓄。

这些平均值出现在表 7.1 左边标题"概率（'储户'）"下的"均值"一列中。这些平均值包括所有参与者，因为所有参与者都进入第一阶段 Probit 分析，这一阶段将参与者特征与成为"储户"的可能性联系起来。

规划用途以两种方式与个人发展账户储蓄结果联系在一起。首先，某一特定的配款用途会吸引特定的参与者群体（第五章）。如果回归遗漏了与这些群体有关的特征，那么遗漏特征的效应会在储蓄结果与规划用途之间的估计关系中出现。例如，计划维修房屋的大多数参与者都已有住房。这些房主与租房者不同，因为他们具有一些特征（如通常有规划，或者赞同资产所有权的价值），这些特征不仅首先促成他们攒钱买房，通常也会导致他们攒更多钱。计划维修住房的房主往往也是"有条理"的人，会关心房屋质量以及外观。这种"条理性"反映了增加储蓄的参与者潜在特质。虽然回归对住房所有权进行控制（并由此控制了房主和租房者之间不同的遗漏特征），但回归并未控制房主之间"条理性"上的差异。如果有条理的房主更可能计划维修住房，那么计划维修住房与储蓄结果之间估计的关系会部分反映出"条理性"对攒钱的效应。再举一个例子，计划实现小企业所有权的参与者具有一些提高储蓄的遗漏特征，因为通常企业主能攒更多钱（Caner, 2003）。因此，相对于那些其他特征类似但未计划办小企业的参与者而言，那些尚未拥有自己企业、但有此计划的参与者会攒更多的钱。因为回归虽然控制了目前企业所有权情况但并未控制企业所有权的规划，所以储蓄结果与企业所有权计划之间估计的关系，至少部分地反映了引起企业所有权和增加储蓄的遗漏特征。

个人发展账户储蓄结果与有配款取款的规划用途之间还有另外一种联系，表现在一些配款用途比其他用途"更容易"。在小额的一次性付款、更简单的购买过程、更短的时限和/或对持续维护与投资更少的义务时，"更容易"的用途是可行的。例如，买房通常需要大宗一次性付款。相反，对于高等教育或职业培训（有配款取款能支付教材费）、维修房屋（大多数住房可以进行小规模的维修）、小企业所有权（企业主可以买一些小工具或增加一些库存）或者退休储蓄（罗斯个人退休账户也接受即使很小额的缴费）来讲，较小的金额就足够。同样，与买教材、找房屋维修承包人、购买企业设备或向罗斯个人退休账户缴费相比，买房过程更长也更复杂。此外，需要的一次性总付款越小并且购买过程越简单，越有可能尽快地进行有配款取款。这会降低参与者因受负面打击进行无配款取款、进而将个人发展账户储蓄用完的风险。对于那些早已为买房攒钱、早已成为大学学生、或早已拥有小企业的参与者来说，在存款和有配款取款之间短暂的等待期与他们尤其相关。这些参与者早已想好资金用途，并且可能不想为了获得配款资格而将资源长时间地绑定在个人发展账户中（Edgcomb and Klein, 2004）。最后，买房、高等教育和小企业所有权需要持续地进行维持和投资的义务。比如，买房者必须要偿还抵押贷款，学生必须毕业，而企业主必须持续地关注企业发展。相反，维修房屋和退休储蓄是一次性投资。即使有配款取款能涵盖住房首付或者大一一年的学费，如果他们为持续维护与投资担忧的话，参与者可能选择一个"更容易的"配款用途。

从净值来看，规划用途的"难度"和个人发展账户储蓄结果之间的预期关系是模棱两可的。一方面，为"困难"用途进行规划的参与者会受挫，最终攒钱较少。另一方面，因为回归中的遗漏因素，预期攒钱较少的参与者自愿选择不太"困难"的用途，因此选择"困难"用途的大部分是预期攒钱更多的参与者（最终攒钱更多）。

位于表 7.1 左边美国梦示范项目"储户"的结果支持"受挫"假设，而不支持"自我选择"假设。在这个范围内，位于最高端的是计划维修房屋的参与者，而位于最低端的是计划买房的参与者。位于中间的是为高等教育、小企业所有权或退休储蓄做规划的参与者。考虑到52%参与者为"储户"，不同配款用途之间的差异是巨大的。与买房者相比较，维修房屋者成为"储户"的可能性要高 36.7 个百分点（p 值=0.01）。那些为高等教育、小企业或退休进行规划的参与者成为"储户"的可能性要高 16 至 19 个百分点（这三个估计两两之间在统计上没有差异）。

最可能成为"储户"的参与者是规划用途"最容易"的人（房屋维修），而最不可能成为"储户"的参与者规划用途"最困难"的人（买房）。这符合"受挫"理论的解释；买房者为自己设定了一个很大、要么全有要么全无（all or nothing）的目标。因为在某一特定障碍出现时，要达到一个"困难"目标需要付出更多的努力，这会增加放弃的风险。相反，如果为维修房屋或其他"容易"用途进行规划的参与者遇到障碍，他们仍然可以进行小额的有配款取款。当一些买房者与个人发展账户工作人员一起研究他们的信用等级之后，可能会发现自己没有资格申请抵押贷款，因而也会放弃。然而，美国梦示范项目有1/4的参与者接受塔尔萨社区行动计划两个项目的服务，对他们来说，另外一个因素会发生作用，因为塔尔萨社区行动计划对买房提供2∶1的配款率而对其他用途提供1∶1的配款率。高配款率会影响注册时没有完全想好配款用途的参与者，使他们把买房作为目标。考虑到买房的难度，这些参与者更容易受挫，尤其是他们开始对买房并没有强烈的投入。最后，一些计划买房的参与者在注册时几乎已经为买房做好了准备。然而要获得配款，要求他们首先要完成理财教育，而且个人发展账户开户至少6个月以上。此外，年度配款上限的参与者要等数年才能充分利用他们的配款资格。因此，一些在加入时已经准备好买房的参与者，可能不愿意选择为了符合个人发展账户的规则而等待一段时期。所有这些原因都表明了计划买房的参与者有更大的受挫风险。

在"储户"中，如果回归中其他条件保持不变，买房者和维修房屋者的月个人发展账户净储蓄最高（表7.1右边）。在其他配款用途中，月个人发展账户净储蓄在统计上是相同的。与成为"储户"可能性的结果不同，月个人发展账户净储蓄结果符合"自愿选择"的解释：预期攒钱少的"储户"（最终攒钱较少）为"更容易的"用途进行规划。

这个对表7.1中回归估计的讨论考察了"独立关系"，并表明了在回归中其他因素不变的情况下，个人账户发展储蓄结果如何与规划用途发生联系。另一个方法考察了"依赖关系"，即在未将其他因素保持不变的情况下，个人发展账户储蓄结果如何在由规划用途所界定的参与者群体中发生变动。此方法表明，即使计划买房的参与者不太可能成为"储户"，他们其中也有41%是"储户"。同样，在买房者中，月个人发展账户净储蓄为12.82美元。

以上为政策提供了什么建议呢？首先，买房是最受欢迎的配款用途；约半数参与者计划买房。因此，制定有效的方法来支持为买房攒钱很重要。米尔斯等（Mills et al., 2004）的研究发现，在美国梦示范项目一个实验性设计项目中进入个人发展账户的机会对首次买房有重大影响。

其次，为买房而在个人发展账户中攒钱是困难的（但并非不可能）。时间上限较短的参与者会受挫并放弃。意识到这个风险会有助于项目规避一些挫折，可通过提醒计划买房的参与者，如果事实证明这个目标太难的话，他们可以随时转向一个不同的配款用途。同样，一对一的理财咨询除了检验潜在买房者是否可能具备抵押贷款资格之外，也会为其他可行的配款用途提供指导。

第三，较长的时间上限会减少挫折。许多在三年内不能积累首付款的参与者，或许在四年或十年内完成。美国梦示范项目时间上限较短，这不是个人发展账户设计的一个组成部分（Sherraden, 1991），而是因为资助有时间限制所产生的副产品。通过长期（甚至是永久性的）项目推动穷人福祉的可持续改善是最有效的。

三、性别、婚姻状况和家庭（住户）构成

（一）性别

美国梦示范项目中，4/5的参与者是女性（表7.2），既反映了项目的定位，也反映了穷人大部分集中在女性。性别与个人发展账户储蓄结果之间有什么联系？一方面，女性面临就业市场歧视和一般社会压迫，所以，与男性相比，可用来攒钱的资源更少。另一方面，压迫强化了攒钱的预防性动机，因为女性会面临更多的"困难时期"。

对低收入国家穷人攒钱的研究表明，女性往往比男性更能成为优秀"储户"。男性会把钱花费在外出吃饭、喝酒和游戏上，而女性更可能在家中（或社会网络中，见 Gugerty, 2003）储存食物、现金和贵重物品，以防备缺少食物、孩子生病或者她们被抛弃或必须离开虐待她们的丈夫（Dowla and Alamgir, 2003；Vonderlack and Schreiner, 2002）。

在回归中其他条件保持不变时，美国梦示范项目中女性比男性成为"储户"的可能性更大（6.8个百分点，p值是0.04）。这表明了与身为女性有关的回归中遗漏的因素（比如需要攒钱以应对打击）增加了个人发展账户储蓄。

此处6.8个百分点的估计与401（k）计划中女性比男性参与率高

6.5 个百分点相类似（Huberman, Iyengar and Jiang, 2003）。该研究将女性参与率更高归因于丈夫在两人中收入更高。在这些情况中，女性的家庭（住户）收入超过了其个人收入。因为胡伯曼、艾杨格和姜（Huberman, Iyengar and Jiang）的回归只控制个人收入，家庭收入的任何效应都在对性别的估计中显示出来。然而，这一解释对美国梦示范项目的性别效应无效，因为85%的女性参与者没有结婚。

回归中其他条件保持不变的情况下，"储户"月个人发展账户净储蓄与性别无关。若未将其他因素保持不变，女性参与者月个人发展账户净储蓄（15.84美元）则比男性少（19.47美元）。这意味着回归中与增加储蓄有关的因素与男性的关系更强。总之，这表明女性攒钱的能力更差（但更有意愿）。如果回归中的因素平等地分布于性别中，那么女性会比男性攒钱更多，因为能增加储蓄，但未进入回归中的因素与女性的关系更强。

这为政策提出了什么建议呢？女性，尤其是贫困女性，她们想攒钱。通过提高她们的攒钱能力（提供配款和支持性的制度结构），个人发展账户可以帮助她们铲平以性别为基础的财产不平等。

女性较强的攒钱意愿仍然不能完全抵消其攒钱能力的不足。因此，平等进入个人发展账户的机会会加剧贫富差距。（此处的分析无法揭示某一参与者群体中的个人发展账户储蓄有多少是"新的"，所以它只能推测个人发展账户如何影响性别贫富差距。）项目减轻此风险的一种方式是为女性提供更高的配款、更高的配款上限和/或更长的时间上限。但是这种明确基于性别的定位，就像明确基于种族/民族的定位一样，使项目管理变得更复杂，并且引起政治上的反对。要为女性提供最具有支持性的个人发展账户设计，最简单的方式是单纯定位于一般穷人，因为女性处于贫困状态的比例更高。（1999年康利（Conley）利用这种推理建议的类似的方法是：为少数民族/种族提供更多的资产建设支持。）

女性身份与成为"储户"可能性之间的这种正向关系是否意味着个人发展账户项目在某种程度上歧视男性而支持女性？如果对歧视的回归研究中的经典推理被接受的话，的确如此（Blinder, 1973; Oaxaca, 1973）。控制了其他一些因素之后，这些研究将降低女性储蓄结果的估计,解释为歧视女性的证据。从逻辑上讲,将更坏的结果与男性相联系的估计,可以作为对男性歧视的证据。然而,这要假设回归控制了与性别和结果相联系的所有因素。而这个假设几乎不成立(Dietrich,2003;Heckman,1998),并且这些回归中的 R^2 不可能是百分之百。相反,这些估计只是挑出了与性别和储蓄结果相联系的遗漏因素的效应。

表 7.2 美国梦示范项目参与者中,储蓄结果与性别、家庭(住户)构成、家庭(住户)中参与者数量以及婚姻状况之间的联系

	概率("储户")			个人发展账户净储蓄/月		
独立变量	均值	△ %pts.	p 值	均值	△ $	p 值
性别						
男性	0.20			0.21		
女性	0.80	+6.8	0.04	0.79	+0.12	0.91
家庭(住户)构成						
成年人(18 岁或以上)	1.5	+2.4	0.25	1.5	−0.40	0.53
儿童(17 岁或以下)	1.7	−0.8	0.38	1.7	−0.18	0.56
家庭(住户)中有多个个人发展账户参与者						
否	0.94			0.93		
是	0.06	−4.3	0.42	0.07	+0.97	0.55
婚姻状况						
从未结婚	0.49			0.39		
已婚	0.23	+7.9	0.05	0.27	+0.23	0.86
离异或分居	0.28	+0.7	0.83	0.30	−0.51	0.61
丧偶	0.03	+3.4	0.70	0.04	−5.26	0.04

注:所有的回归估计来自于同一个两阶段"Heckit"型选择设定(selection specification)。第一阶段是针对成为"储户"可能性的 Probit(n=2,350,k=104)。第二阶段是针对"储户"月个人发展账户净储蓄的常规最小二乘法(n=1,232,k=111)。均值取自没有缺省值的观察项。

真正的问题在于这些遗漏因素是否由性别歧视造成。在女性和个

人发展账户的关系中，遗漏因素的确看起来是由歧视造成的，但只是社会总体中的歧视，而非美国梦示范项目中个人发展账户项目的歧视。具有讽刺意味的是，这种歧视之所以最终提高了储蓄，是因为它强化了攒钱对女性的重要性。

通常来讲，歧视的一个较好指标是男性与女性之间特征分布的差异（不管其是否包括在回归中）。虽然身体/遗传的因素会解释一小部分差异，但主要是因为社会力量。在假设歧视并不能解释所包含因素的分布的同时，把与遗漏因素相关的效应归因为歧视，不仅忽视了不平等随着时间的沉淀（Oliver and Shapiro，1995），而且会不合理地关注歧视最不重要的力量、忽视最重要的力量（Loury，1998）。毕竟，一个包含了所有因素的回归，在性别和储蓄结果之间产生出接近于零的估计关系。但这并不意味着社会为女性提供了平等的机会。只有与理论相结合（即合理的论证和论据），不仅考察与性别和利益结果相联系的遗漏特征的性质，而且考察那些影响所包含特征分布差异的因素，用统计方法来检测歧视才是有意义的。

（二）家庭（住户）构成

平均来看，美国梦示范项目参与者家庭（住户）中有1.5个成年人和1.7个孩子（表7.2）。大约有15%的家庭（住户）有一个成年人但没有孩子，9%的家庭（住户）有两个或以上的成年人但没有孩子。而且，46%的家庭（住户）有一个成年人并且有孩子（在这些单亲家庭（住户）中，95%以女性为主），30%的家庭有两个或以上的成年人并有孩子。

家庭（住户）构成在多个方面影响个人发展账户储蓄结果。例如，其他成年人可能（或不能）提供收入而增加可用来攒钱的资源。因为子女在经济上只消费而没有太多贡献，他们会减少可利用的资源，但是子女的存在会激发父母牺牲现在而为将来建设资产。总而言之，任何家庭（住户）成员都可能支持或阻碍个人发展账户储蓄。因为在家庭（住户）生产中有规模经济（Deaton，1997），成年人越多应该能提高储蓄结果。另一方面，子女（以及随之而来的消费）越多，会抑制储蓄结果。

在回归中，成年人数量和子女数量与个人发展账户储蓄结果没有关系。使用四种家庭（住户）类型（一个成年人对应两个或以上成年人，有无孩子）中的任何一种类型的指标变量都不能改变这些结果。

（三）一个家庭（住户）中有多个个人发展账户参与者

个人发展账户是"个人的"，因此一个家庭（住户）中可以有多个参与者。在美国梦示范项目中，约有6%的参与者所在家庭（住户）中有多个个人发展账户。

正如在第四章中所讨论的，一个家庭（住户）中有多个参与者的话，全部家庭（住户）个人发展账户储蓄分散到多个账户中，会减少每一个参与者的个人发展账户储蓄。然而，它并不会减少整个家庭（住户）的个人发展账户储蓄。即使在只有一个个人发展账户的家庭（住户）中，所有家庭成员都能帮助个人发展账户参与者，但有多个个人发展账户的家庭（住户）不同于只有一个个人发展账户的家庭（住户）。首先，多个账户增加了"家庭"（住户）的配款上限。因为配款上限越高，在回归中其他条件不变的情况下，会激发更加努力地攒钱（第六章），这也会增加预期个人发展账户储蓄。

第二，家庭中有多个参与者表明了家庭（住户）有特别强烈的攒钱愿望（或其他能提高储蓄结果的遗漏特征）。例如，拥有大量资产存量的家庭（住户）会开多个个人发展账户以提高他们能"重组"的数额。在这些情况中，多个参与者的存在本身并不能增加储蓄，而是标志着其他的、作为直接原因的因素的存在。

第三，有多个个人发展账户家庭（住户）中的参与者可以彼此互相支持。简单地说，攒钱和理财规划的话题可以经常在饭桌上讨论。当一个家庭成员去银行时，可以在两个个人发展账户中存款。如果一个家庭（住户）成员想花不必要的钱，其他的成员可以说出其肺腑之言。所以攒钱，像花钱一样，变成了家庭事务。

回归中其他条件不变的情况下，所在家庭（住户）有多个个人发展账户的参与者，成为"储户"的可能性低4.3个百分点（表7.2）。鉴于所有参与者中52%是"储户"，有多个个人发展账户的家庭（住户）与只有一个参与者的家庭（住户）相比，单个家庭（住户）中至少有一个"储户"的可能性更高，而有多个个人发展账户家庭（住户）中的参与者与成为"储户"之间几乎不相关。

回归的第二阶段表明，家庭（住户）中有多个个人发展账户参与者并不会减少参与者平均的月个人发展账户净储蓄，更不用说家庭（住户）平均的个人发展账户储蓄了。有两个"储户"的家庭（住户），在回归中其他条件不变的情况下，攒的钱大约是只有一个"储户"家庭（住户）的两倍。配款上限有效性（第六章）的提高能解释大部分的原因，其余可以归因于与多个账户存在相关的遗漏因素，以及有多个个人发展账户家庭（住户）中参与者之间的相互支持。

有多个账户参与者的穷人家庭（住户）攒的钱比只有一个账户参与者的家庭多吗？虽然增加的比在美国梦示范项目中要小，但是这很有可能，因为美国梦示范项目自愿选择多个账户参与的家庭（住户），他们中的一些遗漏因素（如特别强烈的攒钱愿望）在一般家庭（住户）中比较弱。

（四）婚姻状况

美国梦示范项目中大约23%的个人发展账户参与者为已婚，31%为离婚、分居或丧偶，并有49%从未结婚（表7.2）。约15%的女性参与者为已婚，并且在没有结婚的女性中，79%有孩子。从美国梦示范项目总体来看，有52%的参与者为单亲母亲。

正如格林斯坦-魏斯、展敏和谢若登（Grinstein-Weiss, Zhan and Sherraden, 2004, p.3）所总结的，婚姻可以通过以下几种经济路径促进攒钱和资产积累：

首先，已婚夫妇的总产值大于每人单独的产出。其次，婚姻制度包含长期义务，其中劳动分工使每个配偶都能专门承担特定的技术或职责。这种专门化提高了家庭的生产力和效率。第三，消费的规模经济表明，相对于分开居住产生的个体（生活费用）的总和，已婚夫妇可以用更少的共同支出达到相同的效用。第四，对已婚（与单身相比）生活的要求和期待会鼓励人们买房、为孩子的教育攒钱、并且需要汽车或其他资产。第五，一直有证据表明已婚男性比没有结婚的男性挣钱更多。第六，婚姻制度扩大了社会网络和社会支持，这会产生推动储蓄的额外机会和收益。最后，已婚个体有机会获得由配偶的工作所提供的健康和人寿保险等福利。

此外，因为人们选择配偶而不是随机结婚，所以婚姻状况与个人发展账户储蓄结果联系在一起（Varian，2004）。因此，已婚暗示着一些因素的存在，虽然在回归中遗漏，但是这些因素使人成为有吸引力的配偶并且提高储蓄结果。例如，如果人们选择配偶在一定程度上是基于未来取向和遵守承诺等品质，那么已婚者更可能具备这些品质，而这些品质碰巧也增加了储蓄。

最后（与前两段中增加已婚者储蓄的一系列力量相反），没有结婚者有更强的预防性动机来攒钱，因为他们在生病或失业时无法指望配偶来帮助。

与从未结婚的参与者相比，在回归中其他条件不变时，已婚参与者中成为"储户"的可能性高8个百分点。其他三类婚姻状况的估计（从未结婚，离婚或分居，或丧偶）两两之间在统计上并无差异。这种婚姻与更高个人发展账户储蓄结果之间的联系，一方面是因为已婚家庭（住户）中有更大支持，另一方面也可能是因为自己选择或被配偶选择而结婚的人坚韧不拔。

当然，没有结婚者也在美国梦示范项目个人发展账户中攒钱。约有46%从未结婚者为"储户"，并且没有结婚参与者月个人发展账户净储蓄为20.73美元。在离婚或分居的参与者中，有55.2%为"储户"，这些"储户"的月个人发展账户净储蓄为19.20美元。实际上，离婚或分居者的储蓄结果高于平均水平，有可能是因为有了孩子后，推动他们积极攒钱，或者是因为他们预料到在低迷时期将不得不依靠自己的储蓄。

如果控制回归中的因素，"储户"月个人发展账户净储蓄在这三种最常见的婚姻状况中并没有太大的差异（丧偶"储户"攒钱比其他人约少5美元）。

为了检验个人发展账户储蓄结果与性别、子女和婚姻状况组合之间的联系，回归中添加了单亲母亲的指标。已婚参与者（男性或女性，有无孩子）最有可能成为"储户"，单亲母亲次之。从未结婚或没有孩子的离异参与者（男性或女性）最不可能成为"储户"。在回归中其他条件保持不变的情况下，女性比男性更可能成为"储户"。

这对于个人发展账户意味着什么？首先，单亲母亲（政策最关注的贫困群体）支撑的家庭（住户），个人发展账户储蓄结果高于平均水平。如果所有的参与者都为单亲母亲并且其他特征保持不变，那么"储户"所占比例将从 52% 增加到 55%。贫困的单亲母亲能在个人发展账户中攒钱，以领取福利者为目标的个人发展账户项目将迈向弗里德曼（Friedman，1988）提出的"作为阶梯的安全网"。如果将个人发展账户余额算入公共救助的财产审查，会抑制一些单亲母亲的个人发展账户储蓄。

其次，已婚参与者的个人发展账户储蓄结果更好；如果所有的参与者都是已婚，那么"储户"所占的比例将从 52% 增加到 57%。虽然个人发展账户项目不能影响婚姻状况，但他们可以尝试为没有结婚的参与者提供一些已婚者可以从配偶得到的社会支持。例如，在美国梦示范项目中，项目工作人员经常打电话给参与者，共同讨论他们的个人发展账户储蓄。虽然打这些电话成本很高，但可以只针对没有结婚的参与者。

第三，包含单亲母亲这一指标的回归结果表明，女性成为"储户"的可能性更高，主要是由成为母亲的女性所推动。因为子女的消费用完了那些本来可以攒下来的资源，所以子女的存在推动了更加努力地攒钱。例如，对高等教育的配款与有孩子的母亲关系更密切，并且孩子的存在也增强了获得住房所有权的愿望。像在美国梦示范项目中一样，个人发展账户项目可以利用这一发现，不仅把高等教育的配款提供给参与者，同时也提供给他们的子女或孙辈。

四、居住地点

美国梦示范项目中有 13% 的参与者居住于人口少于 2,500 人、被认为是"农村"的地区（表 7.3）。包含大多数农村参与者的项目是佛蒙特州中部的社区行动委员会、肯塔基州伯里亚的社区经济发展高山协会、伊利诺伊州芝加哥的女性自雇项目以及纽约伊萨卡替代联邦信用合作社。

因为农村地区人口稀少和路途遥远等原因，使居住地点与个人发展账户储蓄结果之间产生了一些联系。例如，小企业是与农村地区关系更为密切的配款用途（Edgcomb and Thetfort，2004；Bailey and

Preston，2003），一方面是因为农业工作的季节性，另一方面则是因为附近商业较少,农村居民可身兼数职。路途遥远并且缺乏公共交通工具，意味着更高的交易成本，也为农村小企业避免遭遇城市竞争者而提供了保护。但是路途遥远也增加了个人发展账户存款和参加理财课程的成本（Bailey et al.，2004）。如果参与者上大学不能住在家里的话，距离遥远也减少了这一配款用途的吸引力。买房是一个"更容易的"配款用途，因为农村个人发展账户参与者若想买一所活动房屋，首付比在城市中买固定住房要少得多。充足的土地以及农业生产也使农村居民容易受到反复无常的天气和庄稼收成的影响，因此使他们牢记需要为雨季（旱季）攒钱。气候模式的随意性也使农村地区更加笃信宗教，因而具有更多未来取向以及较好的储蓄结果。最后，农村地区的社会资本更大；由于周围的人很少，同类人群会经常见面。这会产生密切的关系，也使农村居民强化那些巩固社区的行为（如参与个人发展账户）。由于分享共同行动成本和收益的人数较少，所以个体更能意识到为公共物品做贡献是值得的。

总之，这些与农村居住地联系的因素会提高个人发展账户储蓄结果，也会使储蓄结果恶化，或者或多或少地将两种情况进行抵消。事实证明，如果回归中其他因素不变，居住地点与个人发展账户储蓄结果之间的联系并没有统计显著性。将其作为一个群体进行分析的话（也就是说没有控制居住地点以外的其他因素），61%的农村参与者是"储户"（所有参与者为52%），并且这些农村参与者月个人发展账户净储蓄为17.26美元（所有参与者为16.60美元）。

五、年龄

美国梦示范项目参与者的平均年龄为36岁。约3%的参与者为18岁或以下，2%为60岁或以上。

为了允许非线性关系的存在，用两段样条来代表年龄。回归中其他条件不变的情况下，从14岁到20岁，成为"储户"的可能性每年下降7.3个百分点，这是一个很大的效应（表7.3）。在20岁之后，成为"储户"的可能性每年增加0.5个百分点，也是一个很大的、具有统计显著性的效应。图 7.1 中描述了这些结果。例如，与 20 岁相比，14 岁成为"储户"的可能性高出 44 个百分点。35 岁成为"储户"的可能性比 20 岁高 7.5 个百分点。

年龄与"储户"月个人发展账户净储蓄之间也有类似联系。从 14 岁到 20 岁，个人发展账户净储蓄每年降低 1.6 美元。然而一旦过了 20 岁，每增加一岁会相应增加 8 美分的储蓄（$p=0.10$）。图 7.2 对此做了描述。比如，在回归中其他条件不变的情况下，60 岁和 30 岁的月个人发展账户储蓄相差 2.4 美元。在一项关于 401（k）计划的储蓄研究中，胡伯曼、艾杨格和姜（Huberman, Iyengar and Jiang, 2003, p.13）也发现了"V"模式，即缴费到 40 岁一直下降，40 岁之后一直上升。

这种模式是如何形成的呢？在回归中其他条件不变的情况下，所有年龄群体中个人发展账户储蓄结果最好的是高中生。18 岁或以下的参与者中，有 76% 为上大学规划有配款取款，所以个人发展账户储蓄对他们而言尤为重要。高中生或许也接受了父母或其他家庭成员的帮助。此外，有兼职工作的年轻人可以支配其全部的薪水，而由父母支付他们所有的"必需"开支，也增加了可用来在个人发展账户中攒钱的资源。高中生也会更适应必修的理财教育，因为他们有更自由的时间并更习惯于上课。最后，美国梦示范项目的一些子项目也格外关注年轻人。

虽然青少年在所有年龄群体中的储蓄结果最高，但是大学学龄阶段的参与者却是最低的，这或许是因为只有两项配款用途与其有关。19 岁到 23 岁的参与者占美国梦示范项目参与者的 8%，其中 2% 为退休储蓄进行规划，很少一部分人计划开办小企业（13%）或者维修房屋（4%）。1/3 的人计划用于高等教育，而将近半数（46%）为买房攒钱。所以买房是大学学龄阶段的参与者（甚至 17% 还是学生）最受欢迎的规划用途。大多数为高等教育做规划的参与者超过了"大学学龄"，即使这样他们仍主要集中在年轻人中（他们的平均年龄为 30 岁，所有参加者平均年龄为 36 岁），这反映了贫困的年轻人中学毕业后往往要直接参加工作而不是升入大学。

280　穷人能攒钱吗：个人发展账户中的储蓄与资产建设

表 7.3　美国梦示范项目参与者中，储蓄结果与居住地点、年龄以及种族/民族之间的关系

独立变量	概率（"储户"） 均值	△ %pts.	p 值	个人发展账户净储蓄/月 均值	△ $	p 值
居住地点						
城市（人口在 2,500 人或以上）	0.87			0.84		
农村（人口不足 2,500 人）	0.13	+2.4	0.68	0.16	−1.33	0.43
年龄						
14~20 岁（样条）	5.9	−7.3	0.01	5.9	−1.60	0.03
20~70 岁（样条）	16	+0.5	0.01	17	+0.08	0.10
种族/民族						
白人	0.37			0.43		
非裔美国人	0.47	−2.3	0.49	0.39	−5.43	0.01
亚裔美国人	0.02	+20.3	0.04	0.03	+3.87	0.13
西班牙裔	0.09	+8.3	0.11	0.10	−0.83	0.60
印第安人	0.03	−5.0	0.50	0.02	−5.39	0.03
其他种族/民族	0.03	+14.3	0.06	0.03	+1.26	0.57

注：所有的回归估计来自于同一个两阶段 "Heckit" 型选择设定。第一阶段是针对成为 "储户" 可能性的 Probit 分析（n=2,350，k=104）。第二阶段是针对 "储户" 月个人发展账户净储蓄的常规最小二乘法（n=1,232，k=111）。均值取自没有缺省值的观察项。

图 7.1　美国梦示范项目中个人发展账户参与者，年龄与成为 "储户" 可能性之间的联系

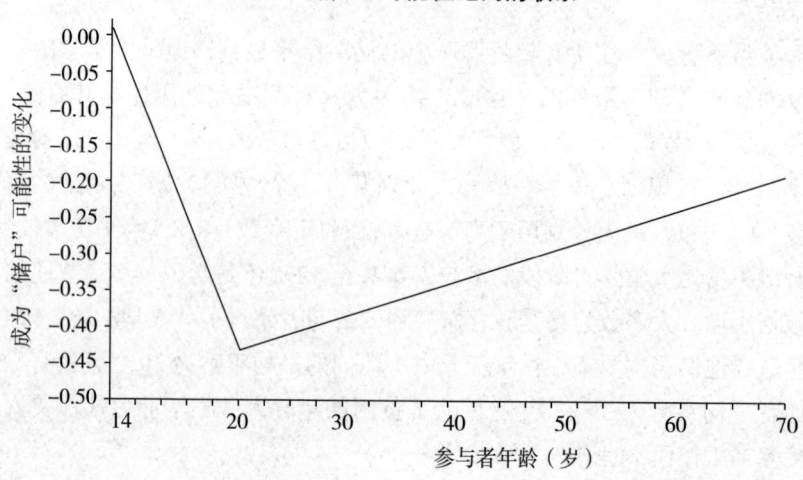

图 7.2　美国梦示范项目中"储户"的年龄与月个人发展账户净储蓄之间的联系

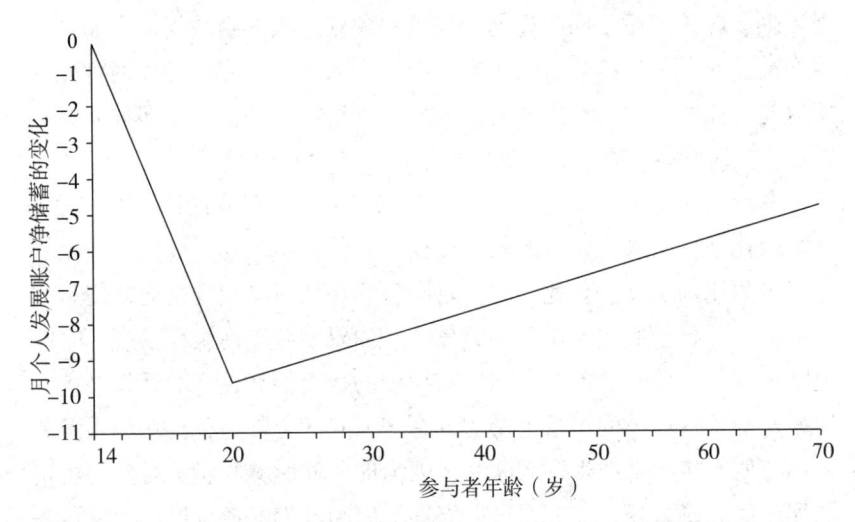

鉴于大多数大学学龄阶段的参与者（83%）不是学生，他们缺乏一些与上大学以及增加储蓄相联系的遗漏特征（如富有的父母）。如果这样，这在一定程度上解释了大学学龄阶段较低的个人发展账户储蓄结果。（作为一个群体，大学学龄阶段的参与者仍然在美国梦示范项目攒钱；其中 38% 为"储户"，并且大学学龄阶段参与者的月个人发展账户净储蓄为 9.56 美元）。

随着参与者年龄的增长，许多配款用途都与他们产生了密切的关系。比如高等教育对穷人的重要性明显随着年龄增加。即使参与者年龄太大不能重返校园，针对高等教育的个人发展账户仍然与其子女或孙辈有密切关系。同样，一旦人们有更多的时间积累储蓄并已经购买了汽车，买房变得更加突出。随着年龄增加，维修房屋（因为有更多房主）、小企业所有权（自雇随年龄增加而增加）和退休储蓄（因为离退休更近）与参与者的关系也更加密切了。

此外，老年家庭（住户）会有更多用来攒钱的资源，尤其是孩子们上完学并积累了基本的耐用消费品之后。老年参与者往往有更多可进行重组的流动资产。最后，老年参与者更了解攒钱的原因和方式。个人发展账户储蓄结果随年龄而提高，表明了老年人更有能力也更愿意攒钱。

这为政策提出了什么建议呢？首先，确定何种类型资产有资格获得配款，应该考虑不同用途与参与者的关联在人的生命周期中如何发生变动。对于最年轻或者最年老的参与者来说，只有一种或两种配款用途与其相关。如果对配款用途周密地进行扩展的话，更多的人会想在更多的时间点上在个人发展账户中攒钱（第五章）。

其次，对于20多岁的人来说，个人发展账户储蓄最低。这个群体的收入比他们未来人生中的收入要少，但他们仍然需要如汽车和家具等基本耐用消费品。与此同时，对消费和住房所有权的社会期望是非常高的，并且他们或许正在抚养孩子。如果为买车提供配款或者时间上限足够长以使年轻参与者能以较缓慢的速度攒钱买房的话，个人发展账户与这一群体的关系更密切。总之，时间上限越长会使个人发展账户与所有年龄都产生密切联系，因为即使此时参与者不对任何特定的配款用途感兴趣，他们也可以攒钱，因为他们知道可以等到准备好的时候再进行有配款取款。

第三，在所有群体中，年轻人的个人发展账户储蓄结果是最好的，并且其中3/4的参与者都计划用于高等教育。这表明至少年轻人中有一部分人虽然需要家庭帮助，但是愿意并有能力为上大学而攒钱。可以通过将个人发展账户与529大学储蓄计划联系起来，来有效地利用这一发现（Clancy, Orszag and Sherraden, 2004；Clancy, 2003）。

六、种族/民族

在种族/民族方面，美国梦示范项目大多数参与者是非裔美国人（47%）或白人（37%）。约有9%是西班牙裔，3%是印第安人，2%是亚裔美国人，有3%是"其他"。与一般的低收入人群相比，美国梦示范项目中白人占的比例较少，其他群体占的比例较大。

（一）种族贫富差距

非裔美国人不如白人富有（Altonji and Doraszelski, 2001；Blau and Graham, 1990）。（大多数研究都关注这两个群体，部分原因在于其他群体样本较小。）从中值来看，非裔美国人的收入中值为白人的 3/5，净财产为 1/10（Wolff，2004）。这些差距在 20 世纪 80 年代和 90 年代不断增长（Wolff，1998）。对于 2001 年的非裔美国人来说，金融财产的中值为 0，并且住房所有权比率也比白人少 2/3（Wolff，2004）。在 1993 年，"非银行客户"中，白人占 14%，而非裔美国人占 45%（Carney and Gale，2001）。

研究得出的结论是，即使非裔美国人将其收入中更大的比例攒起来，其财产仍然更少（Bernheim and Garrett，2003，p.1507；Blau and Graham，1990）。比如，葛尔逊（Galenson，1972）将其归因于白人穷人更愿意动用储蓄（借钱），因为与非裔美国穷人相比较，他们低收入的状况可能只是暂时的。在一项历史研究中，奥尔尼（Olney，1998）提出类似原因，认为在 20 世纪 20 年代，非裔美国人比白人攒钱多，是因为他们不能指望获得商业信贷来购买消费品。

如果攒钱措施不能终止动用储蓄，并/或如果非裔美国人的低收入意味着即使他们攒下的钱占收入的比例很高、但是储蓄的绝对水平仍然更低的话，那么，高储蓄率并不必然与种族贫富差距状况相矛盾。非裔美国人面临的更大风险，比如最后被雇佣但是最先被解雇，表明预防性动机可以解释高储蓄率和低资产积累。与预防风险相一致的是，非裔美国人往往持有的是低风险（和低回报）的投资（Badu，Daniels and Salandro，1999；Blau and Graham，1990）。

在美国梦示范项目中，白人和非裔美国人的收入几乎相同（表 7.4）。与文献资料相反，就个人发展账户储蓄占收入的比例而言，非裔美国人（0.8%）要比白人低（1.6%，表 7.5）。此外，还有一个显著的种族贫富差距。白人的资产总值平均为 18,700 美元，而非裔美国人为 5,500 美元（表 7.4），比率为 3.4∶1。白人的净财产均值为 5,500 美元，而非裔美国人为 1,000 美元，并且他们的净财产中值是 0。与非裔美国人相比，白人拥有住房的可能性是其 3 倍，有汽车的可能性为 1.5 倍，拥有企业的可能性为 2 倍，"非银行客户"的可能性为 0.5 倍。

表 7.4 美国梦示范项目参与者中，非裔美国人与白人的收入与资产所有权状况

指标	白人	非裔美国人
收入		
月家庭（住户）收入（$）	1,340	1,400
贫困/收入比率（%）	105	107
资产所有权状况		
资产总值（平均$）	18,700	5,500
净财产（平均$）	5,500	1,000
净财产（中值$）	1,000	0
住房所有率（%）	27	8
汽车所有率（%）	81	53
企业所有率（%）	15	8
"非银行客户"可能性（%）	15	30

如何解释种族贫富差距？在攒钱及建设资产的意愿和能力上，并没有固有的种族/民族区别，所以最终原因一定是从奴隶制度开始一直延续至今的歧视。大多数非裔美国人的祖先是作为奴隶来到美国的，没有任何资产，甚至也没有自己的人力资本。即使在解放运动之后许多当地出生的白人和欧洲移民可以得到资产建设政策，但非裔美国人因为他们的身份而不是他们的行为，被排除在这些政策之外。虽然欧洲移民刚到美国时也很贫穷，但他们能够从像宅地法等资产建设政策中获益（Williams，2003）。对昔日的奴隶所做出的"四十亩地一头骡子"的重建承诺从未兑现过。此外，欧洲移民的后代最终被接纳为"主流"美国人，而此地位至今未赋予非洲奴隶的后代。

当非裔美国人确实建设了资产时，盗窃和破坏使他们经常失去资产（Miller，2003；Massey and Deaton，1994）。储户会受到惩罚的教训在非裔美国人身上并没有失效，例如，为新获得自由的奴隶而建立的自由人银行，因为白人董事会的管理不善而倒闭。谢若登（Sherraden，1991，p.134）引用杜波依斯（DuBois，1970，p.39）的话："即使再延长10年的奴隶制度也不会像一些打着国家对黑人进行特别帮助旗号的银行这样，由于管理不善和破产而严重地扼杀了自由黑人节俭精神的成长。"

总之，进入攒钱和资产建设的机会在不同种族之间有差异（Shapiro，2004；Oliver and Shapiro，1995；Sherraden，1991）。比如，信贷和住房市场中的歧视（Ladd，1998；Munnell et al.，1996）减少了非裔美国人获得房屋抵押贷款利息补贴、作为储蓄承诺机制的抵押贷款以及作为资本增值来源之一的住房所有权的机会。（与白人房主相比较，非裔美国人房主不太可能从增值中受益，见 Katz Reid，2004）。劳动力市场中的歧视，既存在于有薪工作中（Darity and Mason，1998）也存在于自雇工作中（Blanchflower，Levine and Zimmerman，1998；Cavalluzzo and Cavalluzzo，1998）中，不仅减少了获得有报酬工作的机会，也减少了在 401（k）计划中获得资产建设补贴的机会。自我雇用这一条典型的美国致富之路，已经成为非裔美国人的一条经济迂回路径（Bates，1997）。住房和教育中的种族隔离，与地方教育财政结合在一起，意味着非裔美国人接受的人力资本补贴更少，由此，就业市场中的歧视导致对其人力资本的回报更低。最后，政府、企业、暴徒和个人对他们的盗窃和谋杀不时地干扰非裔美国人的历史，破坏了他们的储蓄和资产建设（Feagan，2000）。即使这些耻辱没有持续至今，"种族不平等沉淀"（Oliver and Shapiro，1995）仍然有一部分表现，即低资产进一步产生低资产（low assets beget low assets），所以过去的不平等产生了今天的不平等。

表 7.5 美国梦示范项目参与者中不同种族/民族的个人发展账户储蓄结果

个人发展账户储蓄结果	白人	非裔美国人	亚裔美国人	西班牙裔	印第安人	"其他"
参与者人数	877	1,094	44	208	62	65
成为"储户"的可能性(%)	60	44	77	60	47	65
"储户"月个人发展账户净储蓄（$）	33.03	23.82	37.20	28.74	30.01	29.50
参与者月个人发展账户净储蓄（$）	21.64	11.76	30.61	17.62	14.60	19.78
个人发展账户储蓄占收入的比例（%）	1.6	0.8	2.2	1.2	1.0	1.5
个人发展账户开户月份中的存款频率（%）	52	43	50	45	49	48

不仅过去的歧视渗透到当前的贫富差距，而且歧视仍然存在并且盛行。最清楚的证据来自"审计"研究（audit studies），其中将一个白人和一个非裔美国人配对后依次与一个特定代理商互动（Yinger，1998）。审计研究表明，比如，汽车经销商以标价的较少折扣卖给非裔美国人，增加了这项资产的成本（Ayres and Siegelman, 1995）。同样，房地产代理商和估价师也以多种方式歧视非裔美国人，从而阻碍了非裔美国人获得住房所有权（Galster, 1990; Yinger, 1986）。通过电话联系房东的话，如果听到来电话者带有非裔美国人口音，更有可能告诉对方该公寓已经租出（Massey and Lundy, 1998）。雇主也会歧视，例如当他们收到带有典型非裔美国人姓氏者申请面试的书面请求后，回复的机率不到一半（Bertrand and Mullainathan, 2003）。

就像在第二章以及鲍尔斯和金迪斯（Bowles and Gintis, 2002）的著作中所提出的，大部分的财富是通过教育在生者之间的转移（人力资本）、社会网络和其他的无形资产继承的。有足够财富（人力资本和其他）以获得高收入的父母，能住进高质量的学区，并由此将高水平的人力资本传递给其子女。接着，他们的孩子就能获得高薪工作并因此在一生中享有更多的资源。非裔美国人被体制排除在此过程之外，不仅因为其父母和祖父母在开始时拥有的资源就很少，而且因为当前的歧视和种族隔离使他们只能进入教学质量很低的学校，并且从事低收入工作。与其他情况类似的白人相比，要获得某一特定的经济地位，对非裔美国人来说更加艰难。

换言之，非裔美国人和白人没有进入相同资产建设制度的机会。这种差异来源于由白人控制社会的行动（以及其持续的后果）。教育、住房所有权、企业所有权、努力工作、节俭以及其他与资产建设有关的因素，并未以相同的方式对白人和非裔美国人产生影响。

在一些情况下（如在第二章中所提到的），非裔美国人可以利用的资产建设制度具有反功能，使关于资产建设可能性（和/或价值）的知识逐渐退化，就像处在贸易禁运时期的古巴人一样，之所以驾驶技术不断退化，仅仅是因为汽车很少而已。

（二）缩小种族贫富差距

缩小种族贫富差距的方法主要有三种：再分配、改革和教育。当前号召补偿呼声的基础便是再分配，其推理是白人应该把从非裔美国人那里盗来的资源还给他们。即使所有的盗窃行为都是已故者实施的，但是这笔债仍然存在，因为盗窃的获利已经代代相传。再分配并不能使非裔美国人有效地利用资产建设制度。

改革包括改变政策和项目，以提高非裔美国人可利用的资产建设制度。例如废除地方学校财政资助政策、向银行施加压力以在黑人社区设立支行和避免划定红线，以及根除劳动力市场中的歧视。改革后将更容易地攒钱、将非裔美国人置于一个公平的竞争环境，但并没有消除白人从过去继承而来的领先地位。

第三种方法是教育，注重于学习如何攒钱和攒钱价值的知识。这并不是因为非裔美国人浪费了学习机会，而是因为在一个资产建设制度低效的掠夺性社会中，教授给他们的是一门不同的课程，这门课程以合理的方式引导攒钱从他们的世界观中消失。文献资料有一个共识，即不论种族如何，大多数人需要他人帮助其了解如何攒钱和为何攒钱（Bernheim and Garrett, 2003; Bernheim, 2002; Bernheim, Garrett and Maki, 2001; Thaler, 1992）。然而，没有改革或再分配的教育，就有点像为古巴人提供免费驾驶课程而没有汽车一样。

个人发展账户整合所有这三种方法来缩小种族贫富差距。个人发展账户是再分配性的；配款来自纳税人或私人慈善家并给予贫困参与者。个人发展账户也改革储蓄制度，例如，要求银行取消账户维护费和最低余额要求、鼓励对公共救助实行更宽松的资产限制以及增加攒钱的金融回报。然而，个人发展账户最重要的改革就是这一政策的存在，向所有人表明，穷人能够并且应该攒钱。最后，个人发展账户不仅通过必修课程，也通过提供攒钱和建设资产的真实生活体验来实现其教育目的。

（三）"储户"与种族/民族

在第一阶段的 Probit 回归中，非裔美国人和白人参与者成为"储户"的可能性相同（表 7.3）。如果回归中的特征在不同种族间分布一致的话，那么白人和非裔美国人成为"储户"的比例相同。

然而，因为回归中的特征在不同种族间的分布并不一致，歧视及其遗留问题仍然发挥作用。例如，有四年大学学位与成为"储户"之间的关系很强,但是白人中 11% 有四年大学学位,而非裔美国人中只有 5%。在不控制回归中其他因素的情况下,白人中 60% 是"储户",非裔美国人是 44%(表 7.5)。回归中"不存在的独立关系"与列联表中很大的"依赖关系"形成对比。种族与那些跟"储户"相联系的遗漏特征无关,但它与跟"储户"相联系的包含特征有关。

与白人和非裔美国人相比,在回归中的亚裔美国人更有可能成为"储户"(20%,表 7.3),西班牙裔(8%)和"其他"(14%)亦如此。印第安人最不可能成为"储户"。同样的模式也反映在每一人群中"储户"所占的平均比例上:亚裔中为 77%、"其他"为 65%、西班牙裔为 60% 以及印第安人为 47%。与非裔美国人一样,印第安人的个人发展账户储蓄结果反映了歧视和资产掠夺的历史。

当然,亚裔美国人、西班牙裔和"其他"种族也遭受歧视。在回归中其他条件不变的情况下,他们较好的结果反映了这部分人主要集中在第一代美国人(或他们的子女),他们之所以自愿选择移民,是基于冒险和未来取向等性格品质,这些品质也能提高储蓄结果。而在本土出生的白人、非裔美国人和印第安人自愿选择的程度不高。

(四)月个人发展账户净储蓄与种族/民族

第二阶段最小二乘回归中的其他因素不变时,亚裔美国人"储户"月个人发展账户净储蓄最多,印第安人"储户"最少(表 7.3)。西班牙裔和白人"储户"的水平要高于非裔美国人"储户"。所有群体的"储户"月个人发展账户净储蓄至少为 23.82 美元(表 7.5),但是不同特征的差异(在回归中遗漏的或已包含的特征)使不同群体间有很大的差异。

例如,在不控制其他特征时,白人"储户"月个人发展账户净储蓄为 33.03 美元,而非裔美国人"储户"为 23.82 美元。这 9.21 美元的差异中有 40% 是由回归中所包含特征的差异造成的,60%(5.43 美元)是由遗漏特征的差异造成的。

从参与者平均值来看,非裔美国人月个人发展账户净储蓄最低(11.76 美元,表 7.5),其次为印第安人(14.60 美元),西班牙裔(17.62 美元),"其他"(19.78 美元),白人(21.64 美元)和亚裔(30.61 美元)。美国梦示范项目总体平均为 16.60 美元。

（五）歧视

如何理解歧视，是由美国梦示范项目导致还是由社会导致的呢？大多数关于歧视的非审计回归研究都遵从了布林德（Blinder，1972）和瓦哈卡（Oaxaca，1972）的做法，将结果与种族相关的遗漏特征之间的任何关系都归因于歧视，而把所包含特征值分布中的任何种族差别都没有归因于歧视（例如，Lindley，Selby and Jackson，1984；Black，Schweitzer and Mandell，1978）。这假定结果和所包含特征之间的关系，构成了可接受的非歧视（即使歧视首先使所包含的特征在不同的种族间的分布不同），而结果和遗漏特征之间的关系构成了不可接受的歧视。这有两点错误。首先，回归中会发现某一结果与种族之间的关系是源于过去的歧视而非当今的歧视。例如，假定住房所有权在一定程度上取决于了解住房所有权的好处，而这又反过来在一定程度上依赖于其成长环境中周围有很多房主。歧视的遗留特征意味着非裔美国人不大可能在周围是房主的环境中长大，更不可能了解住房所有权的好处，并因此更不可能在当前成为房主。即使没有当前的歧视，一个没有控制"在周围是房主的环境中长大"这一因素的回归将发现，非裔美国人与住房所有权之间呈负向关系。标准做法是：将此归因于当前的歧视，即使当前没有歧视需要根除，但是紧接着引入根除歧视的方法。其次，如果回归控制了"在周围是房主的环境中长大"这一因素，那么种族与住房所有权之间将没有联系，（正确地）表明当前没有歧视。然而，在这种情况下，住房市场的结果仍然依赖于一个由过去歧视形成的特征，并且当前没有歧视并不意味着之前的歧视不再产生不平等机会。

所有这些意味着两点。首先，回归可以检测遗漏特征是否与种族和结果同时相关，但这与检测歧视并不是一回事。例如，非裔美国人和印第安人在第二阶段回归中具有统计显著性的关系并不必然意味着个人发展账户项目（或社会）会歧视这些群体。同样，非裔美国人在第一阶段回归中具有统计显著性的关系也不必然意味着，个人发展账户项目（或社会）不会歧视他们。在这两种情况下，结果就是关于种族和回归中遗漏特征之间的关系，并且与储蓄结果相关。回归没有说明遗漏特征是否因为歧视造成，如果确实如此，也不能说明谁造成了歧视。

其次，即使当前没有歧视，之前的歧视还会存在影响，直到由之前歧视所引起的特征差异被完全根除。因此，这里的回归结果并不意味着非裔美国人或印第安人因为一些与其选择或能力有关的原因比其他群体攒钱少。相反，它表明了过去（以及当前）歧视的效应。

美国梦示范项目中的非裔美国人、印第安人和其他的非白人参与者过去遭受过、现在也正在遭受歧视。这是众所周知的。如果统计必须聚合（mustered）到一起的话，那么最清晰的证据不是发现了种族/民族与个人发展账户储蓄结果之间存在着具有统计显著性关系的回归，而是个人发展账户储蓄结果（以及特征值的分布）在种族/民族之间有差异。回归无法说明个人发展账户项目是否有过歧视（或者反过来，是否被歧视过）。鉴于在不同种族/民族背景下的人群中，除了其所在群体的社会历史之外没有什么与生俱来的差异，对歧视最具有政策相关性的测量不是关于种族的回归系数（取决于回归中到底遗漏了哪些特征）而是在结果和特征分布中的群体差异。

（六）个人发展账户和种族贫富差距

在注册时，白人的平均净财产为 5,500 美元，非裔美国人为 1,000 美元（表 7.4），比例为 5.5∶1。个人发展账户如何影响这一差距，取决于有多少个人发展账户储蓄是"新的"（由进入个人发展账户的机会引起）与"重组的"（由其他形式向个人发展账户转移）。个人发展账户管理信息系统的数据无法识别"新"储蓄和"重组"的储蓄，所以下面分析两个截然对立的方案。

第一种方案最不可能缩小种族贫富差距，假设非裔美国人所有个人发展账户净储蓄都是"重组的"，而假设白人所有的个人发展账户净储蓄都是"新的"。白人的平均配款率是 1.75∶1，而非裔美国人是 1.93∶1；白人参与者的个人发展账户净储蓄平均为 739 美元，非裔美国人是 280 美元。鉴于这些假设，个人发展账户为白人增加了 2,032 美元的净财产，而只为非裔美国人增加了 540 美元；虽然比例差距降低到 4.9∶1，但绝对差距增加了约 1,500 美元。这个对非裔美国人的模拟体现了 50% 的增长。

另一种方案最有可能缩小种族贫富差距，假设非裔美国人的所有个人发展账户净储蓄都是"新的"，而假设白人所有个人发展账户净储蓄都是"重组的"。（米尔斯等（Mills et al.，2004）的研究结果表明，非裔美国人的个人发展账户储蓄比白人的个人发展账户储蓄更有可能是"新的"。）鉴于这些假设，白人的净财产增加了 1,300 美元，而非裔美国人增加了 820 美元。平均净财产的比例降低到 3.7∶1，而绝对差距增加了将近 500 美元。这个对非裔美国人的模拟增加代表了在起点之上 80% 的增长。

实际上，美国梦示范项目所产生的结果一定是在这两个极端方案之间的某个位置，所以个人发展账户降低了比率差距但扩大了绝对差距。即使非裔美国人的平均净财产增加至少 50%，也不能成功地缩减绝对贫富差距，这也突出了不同种族间特征分布的差异阻碍了非裔美国人赶超其他人。

七、教育

提高教育（由此增加了人力资本）与个人发展账户储蓄结果有联系，因为教育会增加理财经验和未来取向，并且/或者因为教育标志着这些因素的存在。在美国梦示范项目中，16% 的参与者没读完高中，23% 高中毕业但没上大学，39% 上大学但没毕业，只有 22% 的参与者有某种大学学位（表 7.6）。

如果控制回归中的其他因素不变，读完四年大学的参与者个人发展账户储蓄结果最好。（回归估计中多数不知道两年还是四年的大学毕业生，都设定为四年学位。）四年大学毕业生比那些高中没毕业的参与者，成为"储户"的可能性高 21 个百分点，比那些高中毕业但没上大学或大学肄业的参与者成为"储户"的可能性高 16 个百分点。与其他群体相比较，四年大学毕业的"储户"，其月个人发展账户净储蓄约高 3 美元。

从政策的角度看，这突出了理财教育的潜在收益，尤其是对那些教育水平不高的参与者而言更是如此。例如，个人发展账户项目可以免除大学毕业生必须参加理财教育的要求，这就腾出资源来增加其他个人发展账户参与者的课程。

如果不控制回归中的其他因素,教育水平不高的参与者虽然他们也攒下了钱,但是攒钱更少。例如,高中没毕业的参与者中42%成为"储户",其月个人发展账户净储蓄为12.19美元。

八、就业

就业通过多种方式与个人发展账户储蓄结果发生联系。首先,有工作的参与者有更多可用来攒钱的资源,这不仅是因为他们有劳动所得(回归中包含此因素),也因为雇主提供的福利会减少他们的开支(回归中遗漏此因素)。其次,就业标志着一些遗漏特征(如奉献精神或未来取向),而这些遗漏特征与就业和增加储蓄都有关系。

美国梦示范项目有几个个人发展账户项目要求参与者必须有工作,并且约有91%的参与者有工作或者是学生(表7.6)。在回归中的其他因素保持不变的情况下,"有工作"的参与者(全职雇员、兼职雇员和有工作的学生)比"没有工作的"参与者(失业者、家庭主妇、退休者、残障者和不工作的学生)更有可能成为"储户"。在"储户"中,月个人发展账户净储蓄在不同就业状况中无统计差异。

表7.6 美国梦示范项目参与者储蓄结果与教育、就业状况之间的关系

独立变量	概率("储户")			个人发展账户净储蓄/月		
	均值	△ %pts.	p值	均值	△ $	p值
教育						
高中未毕业	0.16			0.13		
高中或高中同等学力	0.23	+4.6	0.26	0.21	+0.11	0.94
大学肄业	0.39	+6.3	0.12	0.38	+0.57	0.69
2年大专毕业	0.04	+4.4	0.55	0.03	−3.26	0.20
大学毕业但不确定2年或4年	0.11	+18.3	0.01	0.14	+3.81	0.04
4年大学毕业	0.07	+21.1	0.01	0.10	+2.84	0.15

（续表）

独立变量	概率（"储户"）			个人发展账户净储蓄/月		
	均值	△ %pts.	p 值	均值	△ $	p 值
就业						
失业	0.05			0.05		
家庭主妇、退休或者残障	0.04	+2.2	0.79	0.05	−3.28	0.18
无工作的学生	0.06	−6.3	0.41	0.04	+1.13	0.68
有工作的学生	0.03	+14.4	0.11	0.03	+3.27	0.26
兼职工作	0.23	+6.5	0.27	0.23	+0.82	0.68
全职工作	0.59	+7.0	0.23	0.60	−2.16	0.27
主办组织的雇员						
否	0.98			0.97		
是	0.02	+5.4	0.52	0.03	+3.26	0.17

注：所有的回归估计来自于同一个两阶段"Heckit"型选择设定。第一阶段是针对成为"储户"可能性的 Probit 分析（n=2,350，k=104）。第二阶段是针对"储户"月个人发展账户净储蓄的常规最小二乘法（n=1,232，k=111）。均值取自没有缺省值的观察项。

如果不控制回归中其他因素的话，虽然就业与储蓄有联系，但没有工作并不会完全排除攒钱。"没有工作的"参与者月个人发展账户净储蓄为 12.68 美元，并且有 48% 为"储户"。这表明政策不应该将个人发展账户项目只定位于"有工作的穷人"，因为"没有工作的穷人"也能在个人发展账户中攒钱。此外，只定位于"有工作的穷人"会暗示"没有工作"的穷人不能也不应该攒钱。

个人发展账户参与者中约有 2% 受雇于美国梦示范项目的主办组织（表 7.6）。在回归中，这与个人发展账户储蓄结果无关。

九、公共救助

领取福利者能攒钱吗？美国梦示范项目参与者中约有 45% 在某一时期领取过某些形式的财产审查公共救助，如注册之前领取未成年儿童家庭补助（AFDC）或有需要家庭临时救助（10%，表 7.7），注册时领取未成年人儿童家庭补助或有需要家庭临时救助（38%），注册时领取补充保障收入或社会保障残疾保险（11%），以及／或者注册时领取食品券（17%）。

领取公共救助与个人发展账户储蓄结果二者之间存在联系，原因有三。首先，福利资格取决于财产审查。所以领取福利者可用来重组进个人发展账户的资产更少。此外，目前未领取公共救助的穷人会了解这些资产限制。因此，他们的储蓄很少，以避免在经济低迷时他们需要先将资产消费完之后才能获取福利资格（Ziliak, 2003；Powers, 1998；Moffitt, 1986）。与个人发展账户相反，资产限制向穷人传递的信息是他们不应该或不能攒钱。其次，领取公共救助的预期会减少攒钱，这不仅因为财产审查，也因为安全网会削弱预防性动机。第三，依赖福利救助的参与者具有回归中遗漏的、与储蓄结果和领取福利同时相关的特征。例如，领取福利会产生一种降低储蓄的"贫困文化"。另外，一些导致公共救助需求的特征（比如，酗酒）也会减少储蓄。

对于美国梦示范项目中的个人发展账户参与者来说，领取福利与成为"储户"没有关系（表 7.7）。除了食品券，福利也与"储户"的月个人发展账户净储蓄无关。将领取福利的四个指标合并成一个指标并重新进行回归，所产生的估计 p 值为 0.99。同样，消除对收入的控制之后（因为与领取福利可能存在共线性）也不会改变这些结果。总的来说，领取福利并没有标志着影响个人发展账户储蓄的遗漏特征。

当然，所包含特征值在领取福利者和其他参与者之间存在差异，所以如果不控制回归的话，福利领取者的个人发展账户储蓄结果确实比其他人糟糕。但是他们仍然攒下了钱，而且在注册时领取有需要家庭临时救助的参与者约有 38% 成为"储户"，其月个人发展账户净储蓄为 10.85 美元。这表明若假设福利领取者无论如何也不会攒钱而将他们排除在个人发展账户之外是没有任何意义的，因为即使那些依赖福利救助的人也能够在个人发展账户中攒钱。

表 7.7 美国梦示范项目参与者中，储蓄结果与收入以及领取公共救助之间的关系

	概率（"储户"）			个人发展账户净储蓄/月		
独立变量	均值	△ %pts.	p 值	均值	△ $	p 值
注册之前领取 AFDC 或 TANF						
否	0.62			0.64		
是	0.38	+1.6	0.59	0.36	−0.09	0.92
注册时领取 AFDC 或 TANF						
否	0.90			0.93		
是	0.10	−4.2	0.41	0.07	+1.77	0.32
注册时领取 SSI/SSD						
否	0.89			0.89		
是	0.11	+2.1	0.68	0.11	+2.29	0.15
注册时领取食品券						
否	0.83			0.84		
是	0.17	+4.6	0.28	0.16	−2.75	0.06
经常性收入（美元/每月）						
0~1,500 美元（样条）	1,000	−0.003	0.41	990	+0.0015	0.19
1,500~3,000 美元（样条）	155	+0.003	0.52	165	−0.0001	0.97
不连续收入（美元/每月）						
0~2,000 美元（样条）	210	+0.007	0.06	250	+0.0018	0.13
2,000~3,000 美元（样条）	6	+0.014	0.51	8	−0.0052	0.33

注：所有的回归估计来自于同一个两阶段"Heckit"型选择设定。第一阶段是针对成为"储户"可能性的 Probit（n=2,350，k=104）。第二阶段是针对"储户"月个人发展账户净储蓄的常规最小二乘法（n=1,232，k=111）。均值取自没有缺省值的观察项。

十、收入

对于美国梦示范项目中的个人发展账户参与者来说，家庭（住户）收入很低，平均为联邦贫困线的 107%。中值处在贫困线上，而且约有 20% 的参与者低于贫困线的 50%。

在经典经济学理论中，储蓄取决于"永久收入"，即对预期一生中资源的衡量。永久收入的变化（进入个人发展账户的机会也会引起变化）会增加或减少储蓄。当永久收入增加时，"替代效应"会增加储蓄，因

为它依据当前的消费降低了未来消费额度。相比之下,"固定目标效应"(也称作"收入效应"或"财产效应")会减少储蓄,因为要达到未来消费的目标水平要求较少储蓄。原则上讲,任何一种效应都有可能占主导,并且净效应取决于收入水平。例如,如果收入很低以至于只能用来维持最低生活标准,那么只有"替代效应"起作用,并且增加的永久收入不能减少储蓄。

在401(k)计划中,收入越高,参与率也越高(大体上成为"储户"的可能性更高)。收入越高,401(k)计划储蓄占收入的比例也越高(Huberman, Iyengar and Jiang, 2003;VanDerhei and Copeland, 2001)。但是,即使对于低收入雇员来说,大可不必用收入与401(k)储蓄之间的关系来反映收入与个人发展账户储蓄之间的任何关系。一方面,个人发展账户参与者要比401(k)参与者更穷。并且,个人发展账户储蓄的金融回报比401(k)储蓄的回报更快而且更具体。最后,401(k)参与者可以预期在以后大部分的人生中都能有机会参与401(k)计划,而美国梦示范项目参与者并不预期永久性地参与个人发展账户。在所有其他条件保持不变的情况下,个人发展账户的时间上限应该能够增加参与者的储蓄。

经济学理论也预言,储蓄更有可能来自于暂时收入变化而非永久变化。个人发展账户管理信息系统不能识别收入中哪些是永久的、哪些是暂时的。作为替代方式,收入来源被划分为"经常性"收入(工资、公共救助、养老金和投资收入,占收入的85%)和"不连续"收入(自雇、子女赡养、馈赠或"其他")。假设"经常性"收入与永久收入相对应(对攒钱影响较小),而"不连续"收入与暂时收入相对应(对攒钱影响较大)。这种划分也分离出了一些收入来源,即那些与不连续收入来源相比,因为它们的"经常性"而更能精确测量的一部分收入。

为了使收入与个人发展账户储蓄结果之间的关系随收入水平发生变动,在第一阶段和第二阶段的回归中,经常性收入和不连续收入都以两段样条来表示。对收入水平最低的人来说,收入增加通常导致个人发展账户储蓄结果(小幅度)提高。对于那些处于生存边缘的参与者来说,这恰恰正是理论所推测的,即只有"替代效应"发生作用。

例如,经常性收入的水平与成为"储户"的可能性之间无关(表

7.7)。在 0 到 2,000 美元之间，不连续收入却提高了成为"储户"的可能性(p=0.06)。然而这一关系仍然很小(每一百美元只有 0.7 个百分点)。在 2,000 美元以上，不连续收入的增加与成为"储户"没有联系。

在收入和"储户"月个人发展账户净储蓄之间，尽管统计显著性更低并且关系更弱，但是也存在同样的模式。对于经常性收入低于 1,500 美元的人而言，每增加 100 美元，月个人发展账户净储蓄增加 15 美分，而 1,500 美元以上则没有此关系。对于不连续收入来讲，每增加 100 美元将增加 18 美分，2,000 美元之后这种关系趋向平缓。

这些估计控制了回归中的其他因素，并且表明收入与个人发展账户储蓄结果之间没有强独立关系。如果在没有控制其他因素时考察依赖关系，处于 50% 贫困线之下的参与者中有 48% 成为"储户"。这些参与者平均月个人发展账户净储蓄为 14.91 美元，并且他们个人发展账户储蓄占收入的比例为 1.9%。相比之下，在贫困线 150% 之上的参与者有 56% 成为"储户"，他们平均月个人发展账户净储蓄为 18.18 美元，储蓄率为 0.9%。因此，虽然收入最低的穷人参与者比收入最高的穷人参与者攒钱更少，但他们仍然攒下了钱，而且他们的个人发展账户储蓄占收入的比例几乎是后者的两倍多。

为什么收入与个人发展账户储蓄结果之间的关系很弱？可能的解释包括从配款上限开始的删失、测量误差和制度性因素（Schreiner et al., 2001；Sherraden, Schreiner and Beverly, 2003）。

在删失方面，如果更高的收入与个人发展账户储蓄结果之间的关系非常强，但是配款上限使实际可见的个人发展账户净储蓄低于预期个人发展账户净储蓄，那么从配款上限开始的删失会掩盖收入与结果之间的联系。然而在对删失进行控制之后的回归分析，只发现二者之间的关系稍强一些而已（Schreiner, 2004d）。

在测量误差方面，美国梦示范项目的收入数据会有至少六种偏差，它们中大部分往往都会掩盖收入与储蓄之间的正向关系。首先，大多数调查中的收入都被低报了，艾丁和莱恩（Edin and Lein, 1997）的质性研究发现，非常贫困者比不太贫困者对其收入瞒报的程度更高。非常贫困者隐瞒收入是为了获取财产审查公共救助的资格，并且收入中更大的比例来自非正式的、不定期的或实物形式的资源，这些更容易被低报。此外，要获得美国梦示范项目个人发展账户的资格，需要接受收入审查，因此参与者会认为低报收入更有机会获取资格。其次，美国梦示范项目最大的一个项目从多个资源渠道拼凑收入数据，并且其所使用的问题没有完全对应个人发展账户管理信息系统。总之，收入数据是由个人发展账户工作人员而非训练有素的人口普查员收集而来的，这就增加测量误差并削弱了估计的关系。第三，个人发展账户管理信息系统中关于收入的问题，主要询问"不同来源的月家庭（住户）总收入"。一些参与者把"每月"解释为在上一年度平均每月的家庭（住户）收入，或者解释为在注册之前十二个月中的平均月收入。其他的人会填报注册当月的收入，或者填报一个平均月份的收入。第四，每月收入是不同的，美国梦示范项目只在注册时测量月收入。每月数据比每年的数据变动更大，而且穷人的收入变动更大（Deaton,1997）。第五，收入随时间变化会产生一个不易觉察到的偏差。因为当收入增加时，人们可用来攒钱的资源更多，所以参与者更有可能在收入非常高的月份注册。如果收入降低到长期的均值，注册时填报月收入较高的人，其个人发展账户储蓄率将降低。同样，当人们碰巧在收入非常低的月份注册，会因此提高他们的均值，这样就会产生看似更高的个人发展账户储蓄率。第六，如果人们预期未来收入增加，他们更有可能注册，因为这会减少将来攒钱的预期成本。所以，美国梦示范项目或许招募了一些处于发展上升期的穷人参与者。在这种情况下，注册时的收入要低于随后月份的收入，所以以注册收入计算的个人发展账户储蓄率要高于按照所有参与月份平均收入计算的个人发展账户储蓄率。在美国梦示范项目运营的大部分期间，经济迅速发展，所以此效应发生重要作用。总之，这六种偏差来源会掩盖收入与储蓄之间本来存在的正向关系。因此，估计分析所得出的正向关系很弱，可以部分地（或全部地）通过这些测量问题得以解释。

在制度特征方面，理论表明收入之外的外部变量产生了重要影响，并且资产建设在一定程度上是"涉及明确的关系、规定、激励和补贴等的制度化机制的结果"（Sherraden,1991,p.116）。换言之，个人发展账户储蓄结果不仅取决于参与者特征（如收入），也取决于项目特征（如配款上限）。例如，配款率越高会增加成为"储户"的可能性，并且必修理财教育的课时越长也会增加月个人发展账户净储蓄(第六章)。参与者很明显地将配款上限转变为储蓄目标,努力实现目标,最终其个人发展账户净储蓄增加。除了参与者特征产生的效应,这些制度设计因素也影响个人发展账户储蓄结果。

在美国梦示范项目中,制度因素可能会掩盖删失和测量问题。如果制度效应对于最穷的人影响最大,它可以解释收入(和公共救助)与个人发展账户储蓄结果之间的微弱关系。例如,将配款上限转变为储蓄目标对比较贫穷者影响更大,因为如果没有目标,他们更不可能打算将个人发展账户"最大化"。同样,较穷的参与者从理财教育受益更大,因为它缩小了由收入差异引起的储蓄差异。

对于美国梦示范项目中的个人发展账户来说,收入与储蓄结果并没有强联系。这表明个人发展账户政策不需要只定位于"有工作的穷人"或"稳定的穷人"。即使非常贫困的人也能在美国梦示范项目中攒钱,主要是因为个人发展账户支持性的制度结构对最贫困的参与者影响最大。

十一、银行账户中的流动资产

(一)是否拥有账户

美国梦示范项目要求参与者填报个人资产和负债。在注册时,38%的参与者同时拥有银行存折账户和支票账户,26%只有支票,12%只有存折,还有23%是没有账户的"非银行客户"(表7.8)。

银行账户的存在之所以与个人发展账户储蓄结果之间发生联系(第六章)主要有三个原因。首先,已有银行账户者也具有一些与攒钱有关、但被回归遗漏的特征,如数学才能以及自如地跟银行打交道。其次,已有流动资产者更容易将资产"重组"进个人发展账户。第三,已有银行账户者更容易向个人发展账户存款,例如通过邮寄支票、利用自动柜员机或网上转账、或在已有账户设置向个人发展账户自动转账。

银行存折比支票要求的管理更少,因此存折所有权只是与增加储蓄相关的遗漏特征的弱标志。霍格斯和李(Hogarth and Lee, 2000)发现只有一个存折储蓄账户的人,虽然与有支票账户者有一些类似,但更类似于"非银行客户"。

回归结果表明：有支票账户参与者的个人发展账户储蓄结果比其他人更好，有存折账户参与者的储蓄结果最差（表7.8）。在第一阶段中，只有支票账户的参与者更有可能成为"储户"，比"非银行账户"参与者高出13个百分点、比只有存折的参与者高出17个百分点，比同时有存折与支票的参与者高出5个百分点（所有成对的比较中 p<0.10）。只有存折的参与者相对于"非银行客户"参与者，其成为"储户"的可能性低5个百分点。

在第二阶段对"储户"月个人发展账户净储蓄的回归中也出现了此种模式。有支票账户者个人发展账户储蓄更高，有存折账户的参与者个人发展账户储蓄较低（虽然并不是所有的成对比较都具有统计显著性）。

那么个人发展账户项目是否应该建议参与者注销存折账户？拥有存折并不会降低个人发展账户储蓄；而是它可能标志着在回归中遗漏的、减少储蓄的特征。要提出政策建议必须要找出这些遗漏特征。而最重要的遗漏因素是"金融经验"。支票之所以不同于存折，就在于它要求具备开具支票的能力。支票有透支的风险，因此要求经常查询余额。那些很难结清支票以及/或者之前被退票的人，会被限制为只能使用存折（不管是否自愿），而不管他们是因为数学问题还是因为余额较低时疏忽大意造成透支。虽然个人发展账户项目可以指导参与者查询余额，这也只是"金融经验"的一个方面，而且在个人发展账户中攒钱并不直接依赖于结算支票的能力。相反，对于那些有支票账户、经验更为丰富的参与者来说，可以降低理财教育的要求，以为经验不太丰富的参与者接受一般理财教育腾出更多资源。比如，个人发展账户项目要求每人参加三到五小时的课程，而有支票者可以选择跳过最后的一到两堂课。

"非银行账户"或者有存折不会完全排除在个人发展账户攒钱。如果不控制回归中其他因素，约有34%的"非银行客户"成为"储户"，并且他们月个人发展账户净储蓄为9.43美元。同样，只有存折的参与者中42%成为"储户"，他们月个人发展账户净储蓄为11.29美元。

表 7.8　美国梦示范项目参与者中，储蓄结果与支票和
银行存折储蓄账户之间的关系

独立变量	概率（"储户"） 均值	△ %pts.	p 值	个人发展账户净储蓄/月 均值	△ $	p 值
存折与支票账户						
同时存在	0.38			0.45		
只有支票账户	0.26	+4.6	0.23	0.30	+2.44	0.04
只有存折账户	0.12	−12.8	0.01	0.10	−2.13	0.16
非银行客户（无存折、无支票）	0.23	−8.0	0.06	0.15	+0.85	0.58
存折储蓄余额（美元）						
0~400 美元（样条）	94	+0.049	0.01	113	+0.0133	0.01
400~3,000 美元（样条）	134	−0.007	0.03	175	+0.0012	0.19
支票余额（美元）						
0~1,500 美元（样条）	198	+0.012	0.01	260	−0.0007	0.62
1,500~3,000 美元（样条）	21	−0.010	0.33	29	+0.0016	0.50

注：所有的回归估计来自于同一个两阶段"Heckit"型选择设定。第一阶段是针对成为"储户"可能性的 Probit 分析（n=2,350，k=104）。第二阶段是针对"储户"月个人发展账户净储蓄的普通最小二乘法（n=1,232，k=111）。均值取自没有缺省值的观察项。

（二）余额

与账户的存在一样，账户余额也与个人发展账户储蓄发生联系，主要通过提供"重组"的资产以及/或者标志着与储蓄联系的遗漏特征的存在。为了允许非线性关系，回归中两个阶段都把存折和支票中的余额设定为两段样条。

存折。存折平均余额为 266 美元（超过了表 7.8 中平均样条值的总和，因为第二段样条被设定为最高 3,000 美元），并且中值为 0。对于有存折者来说，平均余额是 545 美元。在控制了回归中其他因素之后，0 到 400 美元余额中，每提高 100 美元，成为"储户"的可能性增加 4.9 个百分点（p=0.01）。鉴于 52% 的参与者为"储户"，这是一个很大的效应。如果余额超过 400 美元，每增加 100 美元，成为"储户"的可能性减少 0.7 个百分点。理论没有解释其中的原因，但是有可能余额较高的参与者早已为购买某一资产（如住房）而攒钱，他们不愿意为了获得配款而必须完成所有项目要求，最终离开美国梦示范项目。

在针对"储户"的第二阶段回归中，存折余额越高，月个人发展

账户储蓄越高。余额在 0 到 400 美元之间，每提高 100 美元，月个人发展账户净储蓄会增加 1.33 美元（很大的关系），而对更高的余额来说，每增加 100 美元，月个人发展账户净储蓄增加 12 美分。对有存折的参与者来说，余额越高，标志着更高的金融经验和/或更大的"重组"能力。

存折的存在也降低了个人发展账户储蓄结果，但是（对大多数存折拥有者来说），存折余额越高，储蓄结果越好。哪一种联系更强呢？在有存折的参与者中，58%为"储户"，平均月个人发展账户净储蓄为 28.83 美元。如果这些参与者没有存折，"储户"所占比例仍然会是 58%，但参与者平均月个人发展账户净储蓄会减少大约一美元，降至 27.71 美元。

支票。在美国梦示范项目中，平均支票余额是 254 美元（余额为正数的人为 391 美元），中值为 50 美元。与存折余额相比，支票余额越高，首先提高了成为"储户"可能性（从 0 到 1,500 美元的余额，每增加 100 美元可能性增加 1.2 个百分点），随后会降低（p=0.33，表 7.8）。对于"储户"来说，支票余额与月个人发展账户净储蓄之间的关系不具有统计显著性。

在控制了特定类型银行账户的存在之后，存折中的 1 美元与支票中的 1 美元相比，和个人发展账户储蓄结果之间的联系更强。这反映了"心理账户"的作用（Thaler and Shefrin，1981）。参与者可能把存折余额看做是"储蓄"，而在心理上把支票账户余额专门用于支付各种开支。如果为支票余额"辩护"一下的话，它们不像存折余额一样，不能用来"重组"进个人发展账户中。此外，支票余额比存折余额的起伏要大得多，所以对支票余额的测量要取决于注册的具体日期。这种测量干扰往往会掩盖与个人发展账户储蓄结果的联系。

如果只有存折余额可用来"重组"，如果非流动资产无法进行重组，那么同时考虑到配款上限的话，美国梦示范项目中个人发展账户净储蓄由重组而来的比例不超过 20%。

十二、非流动资产

穷人所持有的财产大部分表现为非流动资产形式，主要为人力资本、住房和汽车。在美国梦示范项目中，16%的参与者有自己的住房，64%有汽车，2%有土地或地产，13%有金融投资（主要为固定退休账户），11%有小企业资产（表7.9）。平均来说，非流动资产总值为12,900美元（对非流动资产非零的参与者而言，为19,000美元），其中63%为住房，23%为汽车。

回归估计了个人发展账户储蓄结果与某种非流动资产类型指标之间的联系。虽然参与者难以准确计算住房、汽车和小企业的价值（Goodman and Ittner, 1992），但他们可以准确填报是否拥有某种非流动资产类型。

像银行账户的存在一样，非流动资产的存在标志着回归中遗漏的、同时与资产所有权以及增加储蓄有关的特征存在。例如，过去曾经为买房或买车攒钱的人，具有一些增加储蓄，但美国梦示范项目数据中没有记录的特质。

几乎没有参与者卖掉非流动资产，然后将其收益"重组"进个人发展账户。然而，有一些人确实将非流动资产进行了"重组"（Schreiner et al., 2001）。例如，参与者推迟维修住房或维修汽车，而挪出一部分资源存到个人发展账户中。同样，相对于没有美国梦示范项目时，他们向个人退休账户缴费更少，而将资金存入到个人发展账户中。

非流动资产也可以减少开支并因此为个人发展账户腾出资源（Sherraden, 1991）。例如，汽车可以减少（或增加）持续的交通成本。同样，房主可能会有更多（或更少）的自由现金流，当然这取决于房屋抵押贷款的分期付款是否比租房花费少。

最后，购买非流动资产如住房或汽车，通常需要借款，而贷款机构则要仔细审查申请者以确定他们信誉的可靠性。因此抵押贷款借贷的存在本身就表明了贷款机构的判断，即参与者愿意并且有能力在未来几年或几十年里每月偿还分期付款。贷款机构在一定程度上基于回归中遗漏的、与攒钱意愿及能力有关的特征来仔细审查信誉的可靠性。

（一）住房

住房是一项大宗的、要么全有要么全无的购买活动，要求为首付与手续费进行攒钱。因此，房主具有回归中遗漏的、能增加储蓄的特征。住房所有权也能减少开支（至少从长期来看，对于具有一定质量水平的住房而言的确如此），这就使可用来攒钱的现金更多。此外，维修房屋是一个"容易的"配款用途，在大多数情况下与大多数房主联系密切。

表 7.9 美国梦示范项目参与者中，储蓄结果与是否拥有住房、汽车、土地或地产、金融投资以及小企业之间的关系

独立变量	概率（"储户"）			个人发展账户净储蓄/月		
	均值	Δ %pts.	p 值	均值	Δ $	p 值
住房所有权						
租赁	0.84			0.78		
有住房，有抵押贷款	0.12	+9.5	0.04	0.17	+1.55	0.20
有住房，还清债务	0.04	+9.4	0.62	0.05	+6.17	0.01
汽车所有权						
无	0.36			0.26		
有车，有贷款	0.24	+4.0	0.26	0.26	−0.88	0.46
有车，还清债务	0.40	+11.3	0.01	0.48	+0.71	0.54
土地或地产所有权						
无	0.98			0.97		
有，有抵押贷款	0.01	+55.4	0.07	0.01	−3.66	0.57
有，还清债务	0.01	+68.0	0.02	0.02	−6.33	0.40
金融投资						
无	0.87			0.84		
有	0.13	+12.8	0.01	0.16	−0.49	0.69
小企业所有权						
无	0.89			0.86		
有	0.11	−0.6	0.91	0.14	+2.24	0.11

注：所有的回归估计来自于同一个两阶段"Heckit"型选择设定。第一阶段是针对成为"储户"可能性的 Probit（n=2,350，k=104）。第二阶段是针对"储户"月个人发展账户净储蓄的常规最小二乘法（n=1,232，k=111）。均值取自没有缺省值的观察项。

如果保持回归中其他特征不变，有抵押贷款的房主比租房者成为"储户"的可能性高 9.5 个百分点（p=0.04，表 7.9）。这是一个巨大的效应。对于已经还清债务、没有抵押贷款的房主来说，成为"储户"的可能性与租房者在统计上相同。

在"储户"中，有抵押贷款的房主，月个人发展账户净储蓄比租房者略高（1.55美元，p=0.20），而比没有借贷或已还清债务的房主高不少（6.17美元，p=0.01）。这也证明了在还清抵押贷款之前，住房所有权不会增加可利用的资源。

如果不控制其他因素的话，租房者比房主攒钱更少。尤其是，租房者中有48%成为"储户"而且租房者平均月个人发展账户净储蓄为14.83美元（相比之下，房主分别为76%和26.68美元）。这些差别要大于以回归为基础的关系，表明有房者更可能具备与储蓄有正向关系的特征，这些特征有的已包含在回归中，有的被遗漏。但是仍然有很多租房者在个人发展账户中攒下了钱，并且作为最普遍的规划用途，住房所有权也是他们最重要的攒钱目标。

个人发展账户项目也希望格外关注租房者。他们往往为买房攒钱，但是这是一个特别"困难"的配款用途。另外，他们攒钱经验更少，而且他们通常具有一些与降低储蓄结果相联系的特征。

（二）汽车

美国梦示范项目参与者中约有64%拥有汽车，并且他们中的2/3没有贷款或已还清债务（表7.9）。买汽车要攒够汽车全款，或者只攒够首付之后再借款。所以，通过回归中遗漏的、能引起储蓄并与信誉可靠性和汽车所有权相关的特征，汽车与个人发展账户储蓄发生联系。汽车也能拓宽参与者找工作的地理范围，或者减少存款和参加理财教育的交通成本等，增加了可利用的资源。最后，汽车也会减少可利用资源，因为像住房一样，包含必需的持续的资金流出，主要用于偿还借贷、税收、驾照、保险、维修和燃料等。

在回归中，有贷款的车主比没有车的参与者成为"储户"的可能性高4个百分点，但是这一关系并没有统计显著性（p=0.26）。然而，没有贷款或已还清债务车主成为"储户"的可能性高11个百分点（这是一个巨大的效应，p=0.01）。不论汽车所有权和回归中遗漏特征之间的关系如何，很明显，汽车还款的存在以及其对可用资源的影响更占主导。在第二阶段对"储户"的回归中，汽车所有权在统计上与月个人发展账户净储蓄没有关系。

如果不控制其他因素，无车的参与者攒钱更少，但这并不妨碍他们在个人发展账户中攒钱。无车的参与者中约有40%成为"储户"，月个人发展账户净储蓄为10.68美元。

鉴于美国梦示范项目参与者中约有1/4正在偿还汽车贷款，个人发展账户储蓄结果与汽车贷款之间的联系很重要。个人发展账户项目可以面向所有注册者（不仅只针对那些计划买房的参与者）提供一对一的信贷咨询，因为还清汽车贷款或其他借贷（见下面的分析）会削减本来会被攒到个人发展账户的资源。当然，借贷一定要偿还，即使它会阻碍在个人发展账户中攒钱。但是在参与者能够通过减少债务和增加资产来建设净财产之前，项目可以鼓励参与者的个人发展账户一直处于开户状态，并且避免开除余额很低或断断续续存款的参与者。

（三）土地或地产

一小部分参与者（2%）拥有除住房之外的土地或地产。这一选定群体（即有房地产的低收入成员）与回归中遗漏的、能提高个人发展账户储蓄结果的因素之间有强正向关系。在第一阶段回归中，有土地或地产的参与者（有抵押贷款借贷或者没有）成为"储户"的可能性要高出55至68个百分点（表7.9）。然而，在第二阶段中，有土地或者地产的"储户"月个人发展账户净储蓄水平没有明显提高。

（四）金融投资

参与者中约有13%拥有除存折或支票账户之外的金融投资，主要是个人退休账户或401（k）计划。虽然很难直接从这些固定账户中进行重组，但是它们的存在起到代理作用，即作为回归中遗漏的支持攒钱的特征（如金融经验或未来取向）的代理。此外，拥有金融投资的参与者会把部分原本可以在个人退休账户中攒钱的资源"重组"进个人发展账户，尤其是当他们有资格获得针对退休储蓄的配款时。

拥有金融投资的参与者成为"储户"的可能性要高出13个百分点（p=0.01，表7.9）。这是资产所有权与个人发展账户储蓄结果之间的另一个巨大关系。

因为金融投资与"储户"月个人发展账户净储蓄之间没有关系，金融投资的存在并不代表"重组"而是金融经验。这也意味着个人发展账户项目可以尝试将理财教育资源定位于攒钱和资产建设经验较少的注册者中。

（五）小企业

美国梦示范项目参与者中大约有 11% 拥有商业资产，通过他们填报的商业资产、商业负债或自雇收入表明，有 19% 涉及到自雇行业。

对自雇者而言，其收入和开支更不稳定，这就提供了攒钱的预防性动机。（不稳定的现金流也导致无配款取款。）自雇者同样也有更多的理由来攒钱，因为他们可以为其他人无法得到的一项资产（即小企业本身）进行投资。最后，小企业是一个"容易的"配款用途，因为很多穷人都在打零工（Losby et al., 2002；Edin and Lein, 1997），并且几乎任何一种自雇活动（不管其规模或形式）都能利用适合小额有配款取款的小型耐用物品。然而，小企业主需要的投资也提高了将资源绑定到个人发展账户中的机会成本（Edgcomb and Klein, 2004）。

回归中，小企业所有权与成为"储户"的可能性之间没有联系（表7.9）。在"储户"中，小企业主的月个人发展账户净储蓄高 2.24 美元（$p=0.11$），对比所有"储户"的平均月个人发展账户净储蓄 29.08 美元，增长了 8%。（把"小企业主"定义为任何从事自雇者，便消除了这一联系。）

在米尔斯等看来（Mills et al., 2004），个人发展账户似乎只提高了白人在小企业方面的结果，而没有提高非裔美国人在此方面的结果。若将种族的相互作用添加到此处的回归中，结果表明小企业主在成为"储户"的可能性上并没有种族间的差异，但是非裔美国人"储户"（由于预防性动机）比白人"储户"每月多攒约 5 美元。

十三、负债

负债（借贷）是资产的对立物。**净财产**是指资产减去负债，所以降低负债（还清借贷）能增加净财产，并且也是攒钱的一种形式。

在美国梦示范项目中，17% 的参与者注册时有学生贷款，18% 有非正式借贷，28% 有拖欠的家庭（住户）账单，18% 有拖欠的医疗账单，还有 33% 有信用卡借贷（表 7.10）。平均来看，总负债为 9,800 美元（对于那些借贷非零的参与者来说为 13,900 美元），这其中有 47% 是住房抵押贷款，15% 是汽车贷款，还有 15% 是学生贷款。

与非流动资产一样，相对于未偿还的余额，参与者会更准确地填报存在某种类型的负债。因此回归中只包括某种类型负债是否存在的指标。

借贷的存在也与更差的个人发展账户储蓄结果相联系，因为借贷服务减少了可用以攒钱的资源。而且，每月对借贷（除了向家人或朋友的借贷）的分期付款也在金融啄食顺序（financial pecking order）上列在首位。在低收入和/或高开支月份，必须在个人发展账户存款之前先偿还借贷。借贷的存在也标志着目光短浅、没有耐心及其他回归中遗漏的降低储蓄的因素。

借贷也与更好的个人发展账户储蓄结果相联系。例如借贷标志着其信誉可靠，因而有能力将贷款"重组"进个人发展账户。除此之外，信誉可靠也与增加储蓄结果、但在回归中遗漏的特征相关。最后，参与者可通过推迟支付家庭（住户）账单、更多的使用信用卡以及延缓住房抵押贷款或汽车贷款的提前还款等，利用借贷将资源"重组"进个人发展账户中。

借贷是否标志着抑制或帮助储蓄的遗漏因素，主要取决于借贷的来源和用途。通常认为，从银行借款用于资产投资（如住房、汽车或高等教育）是正向的结果，而认为从非银行贷款机构中借款用于消费（通过信用卡或拖欠账单）更有可能是负向的结果。

例如，之前的讨论表明，有房有车者（不管这些资产是否有贷款）一般来说其个人发展账户储蓄结果更好。仍然在偿还房屋贷款或汽车贷款的参与者，通常其个人发展账户储蓄结果比还清债务者要差，但是即使负债累累的资产所有者也比没有资产的人攒钱更多。所以，对房屋或汽车的"投资性"贷款与遗漏的、能提高个人发展账户储蓄结果的特征相联系。

为人力资本资产而偿还的学生贷款也是"投资性"借贷。与此相一致，回归中学生贷款的存在与更好的个人发展账户储蓄结果相联系，虽然这一估计没有统计显著性（表7.10）。

来自于家人和朋友的借款、拖欠的家庭（住户）和医疗账单以及信用卡更有可能用于消费。与此相一致，虽然只有对信用卡借贷的估计有统计显著性（$p=0.01$），但是"消费性"借贷降低了成为"储户"的可能性。参与者中有1/3在注册有未还清的信用卡借贷，成为"储户"

的可能性要低 5 个百分点。

表 7.10 美国梦示范项目参与者中，储蓄结果与学生贷款借贷、来自家人或朋友的非正式借款、拖欠家庭（住户）账单、拖欠医疗账单以及信用卡借贷之间的关系

	概率（"储户"）			个人发展账户净储蓄/月		
独立变量	均值	△ %pts.	p 值	均值	△ $	p 值
学生贷款						
否	0.83			0.84		
是	0.17	+3.4	0.34	0.16	+1.41	0.22
来自家人或朋友的非正式借款						
否	0.82			0.82		
是	0.18	−3.7	0.27	0.18	+2.24	0.03
拖欠家庭（住户）账单形式的借贷						
否	0.72			0.75		
是	0.28	−1.2	0.68	0.25	−1.97	0.03
拖欠医疗账单形式的借贷						
否	0.82			0.84		
是	0.18	−4.2	0.22	0.16	−1.40	0.21
信用卡借贷						
否	0.67			0.67		
是	0.33	−4.7	0.10	0.33	+3.7	0.68

注：所有的回归估计来自于同一个两阶段"Heckit"型选择设定。第一阶段是针对成为"储户"可能性的 Probit 分析（n=2,350，k=104）。第二阶段是针对"储户"月个人发展账户净储蓄的常规最小二乘法（n=1,232，k=111）。均值取自没有缺省值的观察项。

在对"储户"的回归中，有拖欠住房和医疗账单的参与者，月个人发展账户净储蓄减少 1.5 到 2 美元。而信用卡借贷与个人发展账户储蓄水平无关。出人意料的是，有家人或朋友非正式贷款的参与者，月个人发展账户净储蓄增加了 2.24 美元。可能非正式债务标志着信誉可靠或社会网络很强，并因此标志着有能力借款来"重组"进个人发展账户。然而，总的来说，"消费性"借贷通常与更差的个人发展账户储蓄结果相联系。

总之，"投资性"借贷与更好的个人发展账户储蓄结果相联系。"消

费性"借贷妨碍攒钱但并不是完全排除攒钱，尤其是有"消费性"借贷的参与者每月个人发展账户净储蓄为 16.66 美元，并有 52% 成为"储户"。这与美国梦示范项目总体情况差不多相同，表明"消费性"债务人有可能具备提高个人发展账户储户的相关特征（不论回归中遗漏或已经包含）。最弱势的参与者无法得到"消费性"借贷，这反而有助于（或推动）其攒钱；而较为强势的参与者可以得到"消费性"贷款，这反而不利于其攒钱。

如果没有借贷拖累，资产建设会更容易，但这并不是不可能的，美国梦示范项目也表明，即使负债累累的穷人也能攒钱。从拥有个人发展账户开始起步可以产生社会和心理效应，帮助参与者重新赶上一般生活水平。虽然一对一的信用咨询对大多数参与者来说是一个好主意，但是"信用修复"也不应该成为参与的先决条件。相反，即使在参与者偿还债务的时候也应该允许他们注册并鼓励他们攒钱。理财教育也有助于参与者理解借贷的成本并扭转积累的方向。

十四、保险承保范围

在美国梦示范项目开始之后，个人发展账户管理信息系统才增加关于保险的问题，所以 62% 的参与者没有这方面的数据。在有数据的参与者中，61% 有健康保险（包括医疗补助或医疗保险），39% 有人寿保险（表 7.11）。

保险与攒钱之间的联系是模糊的（第四章）。首先，保险费会消耗资源；另一方面，保险赔付又会增加资源，虽然保险赔付不能列入计划，而且根据定义保险赔付对应的是消极事件的发生，而消极事件对攒钱的效应会使保险赔付的效应消失殆尽。其次，保险承保范围标志着与攒钱相联系但是被回归遗漏特征。例如，购买人寿保险的人具有异乎寻常的远见和未来取向。另一方面，人们购买保险是因为他们知道一些保险公司所不知道的事情（如处于生病早期或者转到危险职业等）。这些风险因素以及伴随它们而来的预期寿命的缩短也可能影响攒钱。第三也是最后一点，保险减少了灾难性事件费用所带来的风险并因此抑制了预防性动机。另一方面，人寿保险也标志着一种强烈的遗赠动机，这种特点也与更高的储蓄结果相联系。

表 7.11 美国梦示范项目参与者中，储蓄结果与人寿保险与医疗保险承保范围之间的关系

独立变量	概率（"储户"）			个人发展账户净储蓄/月		
	均值	△ %pts.	p 值	均值	△ $	p 值
健康保险						
否	0.39			0.33		
是	0.61	+6.1	0.18	0.67	+0.09	0.95
人寿保险						
否	0.61			0.59		
是	0.39	-8.1	0.08	0.41	+0.81	0.57

注：所有的回归估计来自于同一个两阶段"Heckit"型选择设定。第一阶段是针对成为"储户"可能性的 Probit 分析（n=2,350，k=104）。第二阶段是针对"储户"月个人发展账户净储蓄的常规最小二乘法（n=1,232，k=111）。均值取自没有缺省值的观察项。

如果回归中其他因素不变，有健康保险的参与者成为"储户"的可能性高出 6 个百分点，虽然 p 值为 0.18。对于"储户"来说，健康保险与月个人发展账户净储蓄水平无关。

有人寿保险的参与者，成为"储户"的可能性要下降 8 个百分点（p=0.08）。与健康保险一样，人寿保险与"储户"的月个人发展账户净储蓄亦无关。

鉴于大部分参与者的保险数据缺失，这些结果并没有太大意涵。作为一种推测，健康保险可以消除各种开支带来的冲击，有助于参与者避免进行无配款取款。

十五、注册特征

回归控制了三种遗漏的、与攒钱和注册背景相关的特征（表 7.12）。

（一）与主办组织以前的联系

美国梦示范项目参与者既是项目选择也是自愿选择。因为主办组织会邀请其最投入的或最成功的服务对象来注册个人发展账户，所以与主办组织以前的联系与增加储蓄的遗漏特征有关。对这一部分人来

说，只有接受过非个人发展账户服务的参与者才会与主办组织之前有过联系。所以接受这些服务标志着一些与更低储蓄相联系的遗漏特征。因此，与主办组织以前有过联系可能产生积极的净效应，也可能是消极的。

在回归中，虽然 p 值为 0.20，但与主办者以前有联系的参与者成为"储户"的可能性降低了 4 个百分点。与"储户"月个人发展账户净储蓄之间的联系没有统计显著性。这多少可以证明与其他个人发展账户参与者相比，即使是对服务组织最投入的服务对象，他们也有一些遗漏的、与降低储蓄相联系的特征。

（二）由合作组织转介

像与主办者之前有联系的参与者一样，由合作组织转介的参与者也很有可能是很投入的服务对象。然而，他们与非转介而来的参与者之间有几处不同，影响储蓄并且被回归所遗漏。

由合作组织转介的参与者成为"储户"的可能性更低（5 个百分点），虽然 p 值为 0.13 也未达到统计显著性。与"储户"月个人发展账户净储蓄之间的联系也无统计显著性。像之前的分析一样，这多少可以证明，与没有社会服务经验的参与者相比，即使是社会服务十分优秀的服务对象也有降低储蓄的遗漏特征。

（三）在最后六个月内注册

为了在美国梦示范项目截止日期之前实现注册目标，一些项目会在 1999 年 12 月 31 日之前最后的六个月内加快注册。例如，1999 年 12 月有 300 人注册。（在截止日期之后，有 102 人注册。）

表 7.12　美国梦示范项目参与者中，储蓄结果与注册时的背景之间的关系

独立变量	概率（"储户"）			个人发展账户净储蓄 / 月		
	均值	△ %pts.	p 值	均值	△ $	p 值
与个人发展账户主办组织之前的关系						
否	0.70			0.73		
是	0.41	−3.8	0.20	0.41	−0.47	0.61
由合作组织转介						

（续表）

| | 概率（"储户"） ||| 个人发展账户净储蓄/月 |||
独立变量	均值	△ %pts.	p 值	均值	△ $	p 值
否	0.70			0.73		
是	0.30	−5.3	0.13	0.27	−0.91	0.42
在最后六个月注册						
否	0.58			0.61		
是	0.42	−3.7	0.29	0.39	−2.47	0.04

注：所有的回归估计来自于同一个两阶段"Heckit"型选择设定。第一阶段是针对成为"储户"可能性的 Probit 分析模型（n=2,350, k=104）。第二阶段是针对"储户"月个人发展账户净储蓄的常规最小二乘法（n=1,232, k=111）。均值取自没有缺省值的观察项。

最后注册的这部分人，具有回归中遗漏的、能降低储蓄的特征，主要有三个原因。首先，在 1999 年 9 月之后，一些项目收紧了收入上限，从贫困线的 200% 到 150%。其次，预期储蓄结果较高的参与者或许一听说个人发展账户之后就立即进行注册，并且这种预期也与回归中遗漏的、影响个人发展账户储蓄结果的特征存在正相关。第三，项目在早期阶段对参与者的筛查更多，而在注册截止日期之前急于实现目标则筛查减少。

在回归中，于 1999 年最后六个月内注册的 42% 的参与者，成为"储户"的可能性低 4 个百分点（表 7.12）。此估计与预期一致但并不具有统计显著性（p=0.29）。对于"储户"来说，最后注册的这一部分人月个人发展账户净储蓄减少 2.50 美元（p=0.04）。总之，最后注册的这一部分人确实有回归中遗漏的、减少储蓄的特征。

十六、针对有风险参与者的记分卡

以上描述的针对成为"储户"的可能性所进行的 Probit 回归是十分庞大的（估计了 106 种关系）和复杂的（利用了累积正态概率函数）。对于个人发展账户工作人员而言，这并非是一个实用的工具，因为他们为了更有效地、有针对性地提供援助，希望能快速地评估新注册者成为"储户"的可能性。

可用一种简单的记分卡作为替代,该记分卡主要是以一些容易收集的参与者特征为基础(Schreiner et al., 2004; Schreiner, 2002d)。采用此工具时,项目工作人员会迅速地按照一个简短的问题清单询问注册者,在纸上或者在电子表格中计算分数,并将参与者分配到一个援助序列。这一记分卡可使项目为高风险参与者提供更多援助,并减少对低风险参与者的援助,因此在不增加成本的情况下提高个人发展账户储蓄结果(Schreiner and Sherraden, 2005)。

一个小小的记分卡是否能准确识别有风险的参与者?表 7.13 就是一个基于美国梦示范项目数据的记分卡示例。在参与者回答了十个简单问题后,项目工作人员将每个问题的分数加总,得出一个从 0(最不可能成为"储户")到 100(最有可能成为"储户")的分数。

为了示范记分卡的使用,假定一个新注册者为女性(+4 分),没有结婚(0),25 岁(+6),没有大学学位(0),并且只有一个余额为 250 美元(0)的存折(+26)。参与者有住房(+11),有其他的金融投资(+6),有信用卡借贷(-5 分),并计划为高等教育在个人发展账户中攒钱(0)。将每个问题的分数加总后得出总分为 48。

这种简单的记分卡根据成为"储户"的可能性对参与者进行分类。也就是说,得分为 48 分的参与者并不是指有 48% 的可能性成为"储户",而是指此参与者比分数低于 48 的参与者更有可能成为"储户"。

表 7.14 显示了通过对分数十等分之后,美国梦示范项目参与者成为"储户"的可能性。如果这一简单的记分卡有用,那么得分低的参与者成为"储户"的可能性应该更低,事实证明确实如此。例如,处于分数十等分序列最低端的(分数从 0 到 16)参与者,成为"储户"的可能性为 22%,而处于分数十等分序列最高端的(分数从 54 到 100)参与者可能性为 85%。虽然在中间的几个十等分有一些非单调性(non-monotonicity),但成为"储户"的可能性在总体上是随着分数增加而增加的。

表 7.13 基于成为"储户"的可能性,将新注册者分配到援助序列的简单记分卡

问题	得分 否	得分 是
1. 参与者是女性吗?	0	+4
2. 你结婚了吗?	0	+9
3. 你多大年龄?		
a. 18 岁或以下	0	+12
b. 19~22 岁	0	0
c. 23~35 岁	0	+6
d. 36 岁或以上	0	+13
4. 你有 2 年大专学位或是 4 年大学学位吗?	0	+9
5. 你有支票账户还是有银行存折储蓄账户?		
a. 二者都有	0	+40
b. 只有支票账户	0	+37
c. 只有储蓄账户	0	+26
d. 二者都没有	0	+20
6. 你的存折储蓄账户有 500 美元或者更多的余额吗?	0	+8
7. 你有自己的住房吗?	0	+11
8. 除了支票账户或储蓄账户之外,你还有其他金融投资吗?	0	+6
9. 你有信用卡借贷或拖欠家庭(住户)账单、拖欠医疗账单吗?	0	−5
10. 你计划利用个人发展账户买房吗?	0	−15

注:与最不可能成为"储户"对应的最低分是 0。与最有可能成为"储户"对应的最高分是 100。

表 7.14 由简单的、10 个问题组成的记分卡所得出的分数十等分序列下,在美国梦示范项目中成为"储户"的可能性

分数	案例	案例比例(%)	"储户"	"储户"可能性(%)
0~16	236	10.0	52	22.0
17~22	243	10.3	75	30.9
23~27	242	10.3	100	41.3
28~31	227	9.7	115	50.7
32~35	229	9.7	144	62.9
36~38	225	9.6	119	52.9
39~42	231	9.8	148	64.1

（续表）

分数	案例	案例比例（%）	"储户"	"储户"可能性（%）
43~47	260	11.1	129	49.6
48~53	226	9.6	165	73.0
54~100	231	9.8	196	84.8
总计	2,350	100.0	1,243	52.9

个人发展账户项目如何利用这个简单记分卡来将援助定位呢？假定一个项目设置了三种援助序列："密集"、"定期"和"很少"。假定参与者与美国梦示范项目参与者类似，并假定"定期"类别与美国梦示范项目中提供的服务类似，那么把得分在 0~22（最低的两个十等分序列）的注册者放到"密集"援助序列，就意味着为在"定期"服务下、成为"储户"可能性为 27% 的群体提供额外服务。将得分为 48~100（最高的两个十等分序列）的参与者放到"很少"援助序列，则会减少为在"定期"服务下、成为"储户"可能性为 79% 的群体提供服务。将处于中间六个十等分序列的参与者放到"定期"援助类别，他们成为"储户"的可能性为 53%，与全部美国梦示范项目 52% 的平均值相接近。

这个简单的、只有十个问题的记分卡显示了个人发展账户项目如何迅速地并且低成本地将新注册者分配到合适的服务类别中。这将会把资源集中于有风险的参与者，同时也会减少用于无论如何都会成为"储户"的参与者身上的资源。

十七、本章小结

参与者特征确实对美国梦示范项目中的个人发展账户储蓄产生重要影响。然而，没有任何一个单独的特征（或特征群）会彻底排除（或保证）攒钱。例如，在回归中，领取福利者、"不工作"者和收入很低的参与者等群体都在个人发展账户中攒钱较少。然而，如果不控制回归中其他因素而只看群体的平均数，这些群体中一些人确实在个人发展账户中攒下了钱。所以，尽管还有一定的空间来为特殊群体提供更多支持并且/或者调整个人发展账户设计来适应特殊情况，但是很多穷人（不管其特征如何）在个人发展账户中攒下了钱。如果不让所有群体都有机会参与个人发展账户，就会排除一些人，而对这些人来说，如果有参加个人发展账户的机会，他们也会攒钱。

这里所讨论的回归估计暗示着可以对个人发展账户的设计进行一些改进。例如，计划买房（最"困难"的配款用途）的参与者最不可能成为"储户"，而计划维修住房（"容易"的配款用途）的参与者最有可能成为"储户"，其他规划用途处于这两个极端之间。个人发展账户项目可以针对为"困难"用途做规划的参与者提供更多援助，或者至少可以反复告诉这些参与者他们可以自由改变计划并且为一个"更容易"的用途进行有配款取款（例如，针对罗斯个人退休账户中的退休储蓄）。

沿着上述同样思路，不同类型配款用途与参与者的关系随着年龄而发生改变。例如，高等教育对年轻人来说是最重要的用途，而买房又是与大学学龄阶段参与者最相关的用途。随着年龄增加，买房、高等教育、小企业所有权和退休储蓄的重要性逐渐增加。对于在某一特定时间点的特定参与者来说，可能只有一种或两种配款用途有意义。通过扩展（以一种合理的方式，见第五章）配款用途类型和通过让参与者在尽可能长的时期内攒钱，个人发展账户项目能够增强个人发展账户与参与者的关系。

这些分析否定了将个人发展账户资格限制于"有工作的穷人"或者其他相对强势群体的观点。例如，虽然已婚参与者比没有结婚的参与者的个人发展账户储蓄结果更好，但是如果回归中其他因素不变时，单亲母亲却比没有结婚的男女的储蓄结果更好。同样，女性比男性攒钱更多，这主要因为她们有更强的预防性动机。此外，虽然"没有工作的"参与者比"有工作的"参与者在个人发展账户中攒钱少，但是收入水平本身与个人发展账户储蓄结果之间的关系并不强。显而易见，相对于经济学理论所进行的预测，收入是储蓄结果的一个比较微弱的原因，即使对穷人而言也是如此。

如果在注册时已经拥有资产的话，参与者的个人发展账户储蓄结果更好。他们不仅能够将现有资产"重组"进个人发展账户，而且也具有增加储蓄，但在回归中遗漏的特征，如金融经验或未来取向等。例如，参与者的人力资本越高（大学学位相对于高中文凭，高中文凭相对于没有文凭），在个人发展账户中攒钱越多。同样，有支票账户参与者比只有存折储蓄账户参与者攒钱更多。

有非流动资产（如住房、汽车或金融投资）的参与者，其个人发展账户储蓄结果在平均水平之上。借贷也很重要。对高等教育、住房或汽车等"投资性"借贷提高了储蓄结果，但是"消费性"借贷（由拖欠账单和信用卡产生）却降低了储蓄结果。为解决这一情况，个人发展账户项目可以在注册后不久针对有消费性借贷或者没有非流动资产、支票账户的参与者，提供一对一的咨询。

美国社会对待不同种族/民族的方式不同，所以不同种族/民族的社会资本不同。经过几个世纪直到今天，这种情况直接或间接地导致了贫富差距，并产生了种族/民族与影响储蓄结果特征（不论这些特征是否被包含在回归中）之间的联系。虽然个人发展账户降低了白人平均净财产与非裔美国人平均净财产的比率，但却增加了绝对差距。这些联系并非因为个人发展账户项目偏袒或者歧视有色人种，而是因为社会整体的歧视在不同种族之间产生了不同的特征分布。

个人发展账户储蓄结果与之前资产所有权状况之间的关系有什么政策意涵？个人发展账户项目不能加快成长速度，不能在没有结婚的参与者中间当红娘，也不能改变性别或种族/民族。然而，资产所有权却标志着政策可以影响的遗漏因素的存在。

例如，个人发展账户项目可以通过理财教育增加"金融经验"和"未来取向"。因为有些配款用途更为困难，并且因为一些参与者开始时处于较为弱势的地位，项目可以为参与者提供一对一咨询，允许参与者按自己的速度（比较理想的是终生）攒钱，并提醒参与者可以改变规划用途。如果已婚参与者攒钱更多是因为其配偶帮助他们持之以恒，那么项目可以为没有结婚的参与者分配一个"攒钱搭档"以提供缺失的支持。如果印第安人和非裔美国人月个人发展账户净储蓄更低是因为历史教育他们：他们的资产将会被盗窃或者其储蓄会被别人诈骗，那么项目就必须投入额外努力来表明个人发展账户是安全的并且配款是真实的（Page-Adams，2002）。

当然，了解参与者特征与个人发展账户储蓄结果之间的联系并不等于了解了如何改变参与者特征。在讨论与遗漏特征的关系时，甚至这些遗漏特征究竟是什么都是不确定的。这里的政策推断是基于理论和来自美国梦示范项目的证据，但是它们并不能说明任何特定调整（如针对某些群体提供更多理财教育）的收益是否会大于成本，也不能说明一个项目如何将服务落到实处。非实验性的、定量的研究能指出联系，并且利用理论表明可能的回应以及其效应的方向，但是它不能确定效益和成本的规模。

调整个人发展账户设计以提供更多和更好的服务需要较高的成本。不论政策检验的结果如何，控制成本的一种方式就是利用简单记分卡来定位于处于高风险中的参与者。

第八章　迈向包容性的以资产为基础的政策

　　本书对美国梦示范项目的研究表明，穷人能够在个人发展账户中攒钱和积累资产。对美国梦示范项目 2,350 名参与者来说，月个人发展账户净储蓄为 16.60 美元。这是否是一笔数额较大的储蓄？我们认为确实如此。在美国梦示范项目运行期间，每个参与者个人发展账户净储蓄平均为 558 美元（中值为 302 美元）。在注册时，银行存折储蓄账户与支票账户中的平均余额为 555 美元（中值为 125 美元）。如果大部分个人发展账户储蓄是"新"的，那么美国梦示范项目参与者极大地增加了他们的金融资产。而且，参与者称他们将其个人发展账户储蓄看作是一笔大额的款项（Sherraden et al., 2003a and 2003b）。占参与者 52% 的"储户"（个人发展账户净储蓄为 100 美元或以上），月个人发展账户净储蓄为 29.08 美元，在项目运行期间，个人发展账户净储蓄则达 997 美元。当平均配款率为 1.88：1 时，"储户"在个人发展账户中以每月约 84 美元或每年 1000 美元的速度积累资产。很多"储户"利用这些资金去买房、支付高等教育学费或资助小企业。这些事实表明，很多美国梦示范项目参与者认为在个人发展账户中攒钱是有价值的。

　　美国梦示范项目表明，穷人（即使非常贫困）攒钱与资产积累的可能性是不能被否认的。虽然储蓄结果与参与者的特征相联系，但没有任何单一特征（如收入非常低或是领取福利等）能彻底排除攒钱。这也反驳了以下假设：即认为穷人或者一部分穷人即使有机会进入结构性、有补贴储蓄政策也不会攒钱。而且，个人发展账户设计的制度方面与储蓄结果之间的关系很强，表明政策有极大潜力（不管是好还是坏）来影响穷人的储蓄与资产积累。资产建设以长期改善穷人福祉为目标，因此，认识到穷人能够攒钱而且政策对其储蓄结果有很大的影响，这是非常令人鼓舞的。

美国梦示范项目同时示范了一个概念（穷人资产建设）以及一个机制（以个人发展账户形式的有配款储蓄）。因为这些概念与机制是崭新的，并且因为美国梦示范项目的数据是独一无二的，所以这一针对美国梦示范项目进行的研究丰富了穷人攒钱的经验性知识，阐明了（对穷人与非穷人）的储蓄理论，并为政策提供借鉴。

在本书的最后一章里，我们强调本书的要点及其意义，尤其关注具有包容性的以资产为基础政策设计的经验。

一、美国梦示范项目的储蓄结果

据我们所知，这是由有补贴储蓄项目（不管是对穷人还是非穷人）月度银行结算单得出的唯一一份数据。这一数据使我们能进行非常全面的分析，同时也提出了几个崭新的衡量储蓄结果的方法。

（一）"储户"

美国梦示范项目参与者大约有 52% 是"储户"，其个人发展账户净储蓄在 100 美元或以上。其他 48% 的参与者中的大多数都在一段时间内攒钱并持有个人发展账户余额，但是他们最终的个人发展账户净储蓄低于 100 美元。

进入个人发展账户的机会是否增加了参与者的总体储蓄？个人发展账户管理信息系统的数据不能直接回答这个问题。然而，对个人退休账户与 401（k）计划的研究都一致发现，来自低收入群体的缴费比起其他群体缴费更能代表"新"储蓄而非"重组"的资产（Benjamin，2003；Engelhardt，2001；Engen and Gale，2000；Bernheim，1997；Skinner，1997；Joines and Manegold，1991；Venti and Wise，1986）。谢若登（Sherraden，1991）指出穷人不太可能重组资产，主要因为他们现有资产很少。

在美国梦示范项目中，参与者同时通过"新"储蓄与"重组"资产来进行存款。莫尔等（Moore et al.，2001 and 2000）发现被调查的大多数美国梦示范项目参与者通过承担更多家务劳动（如减少外出就餐或更为精心地选购食品）来获得"新"储蓄。同时，大约有 1/3 参与者称他们在劳动力市场中延长工作时间以增加收入。许多参与者也转换资产：1/3 参与者称个人发展账户降低了以其他方式攒钱的可能性，20% 参与者称他们利用借贷来为个人发展账户提供资金，17% 的人称他们减少了对非个人发展账户资产的维护。总之，个人发展账户存款来自于一种"新"储蓄与"重组"资产的混合，但是二者的比例无从知晓。不管怎样，"储户"可能比在没有个人发展账户的情况下攒钱更多。在注册时，"储户"在银行存折账户与支票账户中的平均余额为 675 美元（中值为 220 美元），而平均个人发展账户净储蓄为 1,004 美元（中值为 753 美元）。

（二）非"储户"参与者

如果 52% 的美国梦示范项目参与者是"储户"，那么 48%（约一半）的参与者不是"储户"。这是否意味着只有很少一部分穷人才能在个人发展账户中攒钱？它确实表明攒钱对一些穷人来说是困难的，即使在个人发展账户支持性制度结构背景下亦是如此。攒钱从来都不是容易的，尤其对穷人来说更为如此，而且参与者不可能百分之百地成为"储户"。然而，政策与个人发展账户设计仍然对成为"储户"的可能性有很多的启示（见第六章与以下论述）。

尤其要说明的一点是，一项具有永久的、普遍参与机会的政策将使成为"储户"的可能性最大化。如果有足够时间，几乎每个人都能在个人发展账户中攒钱与建设资产。永久的、普遍的机会也将避免参与者在迁移时必须通过无配款取款而注销他们的个人发展账户。（本书的分析排除了那些因为迁移被迫注销个人发展账户的美国梦示范项目注册者。）

而且，美国梦示范项目一部分参与者，因为余额太低或没有定期存款而被强制性开除退出（具体比例未知），因为项目希望能为其他人留出机会。如果他们有更多时间，至少这部分被"开除"者中有一些人将成为"储户"。如果个人发展账户的目标是长期改善福祉，那么严格地取消那些攒钱极其困难者的机会几乎没有意义。并不是所有人都能在同样的时期内攒相同数量的钱，但这并不意味着那些攒钱极其困难的人不应该有机会进入有补贴储蓄政策。要帮助那些攒钱极其困难的人，项目可以利用统计监测工具（profiling）在注册后及时识别处于风险中的参与者来给予有针对性的援助（Schreiner and Sherraden, 2005）。

（三）存款频率

美国梦示范项目参与者在个人发展账户开户后每两个月存一次款。"储户"在一年里有 7 个月进行存款。经常存钱的参与者，储蓄结果更好，但是还不清楚因果关系的方向。而且，几乎没有可以用来比较这些数字的基准（benchmarks）。在个人退休账户中，大多数缴费者一年存一两次款。在 401(k)计划中，缴费者在每一支付周期存一次款，但是这些一般是雇主所提供的直接存款。在美国梦示范项目中，6% 的参与者为个人发展账户设置了自动转账。正如在第六章所讨论的，很多人缺少使用自动转账的机会。因此，有意识选择每隔一个月"亲自"拿现金存款，也代表了参与者承担了一定的义务，而有补贴储蓄政策中大多数参与者都不具备（或者至少不强制要求）这种义务。

（四）来自于税收退款的储蓄

在美国梦示范项目中，存款在税季明显增加，主要因为个人发展账户参与者将他们税收退款中的一部分攒起来（很多来自于所挣收入税收抵免）。政策可以推动来自于税收退款的储蓄，例如可以允许人们可以明确地将这些退款通过支票进行拆分以及通过直接存款分散到多个账户中。

（五）总存款

美国梦示范项目参与者在有资格进行可获得配款存款的 33.6 个月中，平均开户时间为 26.0 个月。在有资格进行可获得配款存款的月份中，总存款平均为 34.47 美元（在个人发展账户开户期间这一数值为 44.63 美元）。除去没有存款的月份，每月平均总存款为 88.59 美元。总存款之所以超出个人发展账户净储蓄，因为它们忽略了无配款取款。正如以下所讨论的，政策如果减少不必要的无配款取款，将缩小净储蓄与总存款之间的鸿沟。总体来看，美国梦示范项目参与者中 99.4% 至少存过一次款。

（六）个人发展账户净储蓄

个人发展账户净储蓄是指总存款减去无配款取款，再减去超出配款上限的总存款。个人发展账户净储蓄是对美国梦示范项目储蓄结果的一个最重要的测量指标，不仅代表了在数据截止日期之前已获得配款的资金，也代表了之后可以获得配款的资金。每个参与者个人发展账户净储蓄平均为 558 美元（对"储户"来说为 1,004 美元）。

月个人发展账户净储蓄是指个人发展账户净储蓄除以有资格进行可获得配款存款的月份，为 16.60 美元（对"储户"来说是 29.08 美元）。在平均配款率（由参与者层面个人发展账户净储蓄进行加权）为 1.88∶1 时，美国梦示范项目参与者在个人发展账户以平均每月 48 美元或每年 576 美元的速度积累资产。这些数据表明穷人能够在个人发展账户中攒钱并建设资产。

（七）配款资格的使用

能够获得配款的每 1 美元中，参与者大约攒下 42 美分。假设平均配款率（由参与者层面的配款资格进行加权）是 1.85∶1，并且平均配款上限是 1,329 美元，参与者个人发展账户净储蓄平均是 771 美元，因此配款中有 1,426 美元"被搁置"。大多数未使用的配款资格主要是由个人发展账户净储蓄不足 100 美元的参与者造成；在"储户"中，个人发展账户净储蓄是配款上限的 69%。美国梦示范项目参与者中约 1/5（1/3"储户"）的储蓄达到配款上限，使其个人发展账户"最大化"。

那么瓶子是半空还是半满？如果是半空的话，留下这么多的配款资金"被搁置"，意味着一些穷人无法攒太多钱，或者不愿意做出努力。如果是半满的话，42% 配款资金的使用标志着穷人能为攒钱做出额外的努力。比较来看，1997 年，401（k）计划中约 5% 的参与者（个人退休账户中大约 5% 的有资格者）使其资格达到最大值（Gale, Iwry and Orszag, 2004）。因此，19/20（95%）的非穷人参与者将来自于有补贴储蓄政策的资金（雇主配款与税收减免）搁置起来。在美国梦示范项目中，4/5（80%）的参与者有此种情况。从这个意义上来说，穷人与非穷人没什么太大不同，只不过是穷人更有可能"最大化"利用他们的有补贴储蓄计划。

（八）个人发展账户储蓄率

参与者约将其家庭（住户）月收入的 1.1% 转换成个人发展账户净储蓄。令人惊奇的是，个人发展账户储蓄率随收入增加而降低。谢若登、施赖纳与贝弗利（Sherraden, Schreiner and Beverly, 2003）认为个人发展账户的制度效应要比收入增加带来的经济效应更强。而且，参与者越穷，这些制度效应越强。虽然，穷人攒钱毫无疑问更为困难，但他们也能从攒钱中收获更多，并且从进入促进攒钱制度的机会中获益更多。

（九）资产积累

在美国梦示范项目中，与个人发展账户净储蓄相对应的配款（实际的以及潜在的）为每个参与者平均 1,049 美元。因此，如果所有的个人发展账户净储蓄都以有配款取款的形式使用，个人发展账户中的总资产积累（个人发展账户净储蓄加上配款）将是每个参与者平均 1,609 美元。在"储户"中，个人发展账户中的资产积累平均为 2,900 美元。

这些资产是否足以产生影响？在注册时，美国梦示范项目参与者在银行存折与支票账户中的平均流动资产为 555 美元（中值为 125 美元）。非流动资产中值（主要是住房与汽车）为 1,588 美元，借贷中值为 1,510 美元，净财产中值为 200 美元，因此，对比注册时资产或净财产，个人发展账户中的资产积累是巨大的。对非穷人来说，几百美元甚至几千美元似乎不足以产生影响（Bernstein, 2005）。但美国梦示范项目参与者确实利用个人发展账户去购买资产，期望这些资产有高额回报，并成为生命历程中具有显著意义的重要阶段。他们也认为资产积累改善了他们的世界观（Sherraden et al., 2003a and 2003b）。重要的不仅是积累的数额，而且在于资产的存在。

（十）美元–年度移动

如果储蓄是随时间推移移动资源，那么与储蓄联系最密切的测量方式是美元–年度移动。美国梦示范项目参与者随时间推移平均移动了 1,090 美元–年度（"储户"是 1,810 美元），相当于在有资格进行可获得配款存款的年度中，每年 362 美元–年度（"储户"为 597）。与其他对储蓄结果的测量不同，这一新的测量表明，即使没有成为"储户"的参与者（即个人发展账户净储蓄少于 100 美元）仍然随时间推移移动了资源（平均 296 美元–年度）。

（十一）无配款取款

在设计上，美国梦示范项目对无配款取款几乎没有什么限制，降低了参与者因为攒钱太多而伤害自己的风险。约 64% 的参与者从可获得配款的余额中进行过无配款取款，转走了约 37% 本来可以在某一时刻获得配款的余额。对进行无配款取款的参与者来说，平均次数是 4.1

次，取出的平均数额为 504 美元。如果这些余额的平均配款率为 1.77：1，这些参与者损失的潜在配款约为 892 美元。考虑到个人发展账户提供配款与支持性制度背景，无配款取款的规模与频率是很令人吃惊的，并且再次表明了穷人资产建设的困难性。

从发展的视角来看，许多无配款取款是无害的。其中约一半少于 100 美元，可能用于偿还账单或类似的短期生存需求。而且，进行过有配款取款的参与者中，大约一半随后进行了无配款取款，可能是在购买了可获得配款的资产之后，"清空"少量"未用完"的资金。最后，注册时有 23% 的参与者是"非银行客户"，因此他们的个人发展账户或许是他们唯一的账户。这些参与者也许从一开始就没打算将他们所有个人发展账户存款都进行有配款取款。

其他一些无配款取款毫无疑问是因为经济压力。对穷人来说，紧急情况是生活中不可争辩的事实，因此对无配款取款进行严格的限制，其后果更多的是阻止攒钱而不是减少无配款取款。如果参与者担心参与后在紧急情况下取钱会有麻烦，他们会对是否进行存款犹豫不决。同时，许多参与者意识到，较为适度的限制可以帮助他们抵制不明智的无配款取款。个人发展账户设计的挑战是在义务与流动性之间达到一个良好的平衡。虽然这里的分析强调了其中所涉及的权衡，但是无法给出确切答案。

项目可以考虑在提供个人发展账户同时提供第二个储蓄账户，这个账户明确标明是用于"紧急情况"。预期以后可能进行无配款取款的参与者可以"在个人发展账户中做出一些让步"，即将一些资金放在"紧急情况"账户中，一些放在个人发展账户。如果发生紧急情况，那么他们可以从"紧急情况"账户中取钱，而不涉及任何关于个人发展账户的取款限制。如果紧急状况从未发生，那么将"紧急情况"资金转入个人发展账户非常容易。即使参与者在两个账户中攒的钱并不比在单独一个个人发展账户中多，但仅仅是第二个"紧急情况"账户的存在，如果能帮助参与者将个人发展账户视为长期攒钱工具，鼓励他们即使担心以后需要取出来，但仍能在当前进行存款，那么将帮助维持个人发展账户余额。

在美国梦示范项目中，对无配款取款的适度限制与成为"储户"

相联系。独立资产法项目点与参与者共同持有个人发展账户，因此工作人员必须在所有无配款取款上签字。工作人员往往马上满足要求，但是需要对无配款取款进行讨论，这会使参与者更加仔细地斟酌无配款取款是否符合他们自身长期最佳利益。需要工作人员许可也产生出了一个事实上的"等待期"。相反，非独立资产法项目点中的个人发展账户参与者能直接到其存款机构，花几分钟就取出钱来。

最后，一些参与者发现，考虑到他们生命周期的阶段以及其目前拥有资产的情况，可考虑的配款用途与其关系不大。如果个人发展账户能够为罗斯个人退休账户的退休储蓄或529大学储蓄计划的高等教育"转款"(rollovers)也提供配款，那么将减少无配款取款。

（十二）有配款取款

到数据收集截止日期，美国梦示范项目参与者中约31%进行过有配款取款。（在大多数美国梦示范项目中，在数据收集截止日期之后，仍然有几个月可以进行有配款取款或无配款取款。）有配款取款的平均配款率是1.81∶1。进行过有配款取款的参与者平均进行2.6次有配款取款，总价值为921美元。对这一群体来说，个人发展账户中平均总资产积累（有配款取款加上配款）约为2,600美元。到数据收集截止时，"储户"中约41%（约为所有参与者的21%）尚未进行过有配款取款。美国梦示范项目为有配款取款设立了截止日期，因为其资助具有时间限制。然而，从发展的角度来看，允许参与者充分准备好之后再进行有配款取款会更好。

（十三）配款用途

有配款取款最常见的用途是买房（27%），其次是小企业（23%）、住房维修（20%）、高等教育（19%）、退休储蓄（8%）以及职业培训（2%）。在尚未进行有配款取款的"储户"中，52%计划买房，21%用于小企业，4%计划维修住房，16%用于高等教育，5%为退休做规划以及2%用于职业培训。为买房攒钱的参与者攒钱时间更长，数额也更大，反映了这部分参与者希望尽可能多的攒首付以及买房过程的漫长与复杂性。相反，为维修住房进行有配款取款非常快。

虽然美国梦示范项目所有参与者中有8%为退休储蓄进行有配款取款，但14个项目中只有4个提供此配款用途。在这4个项目的参与者中，20% 为退休储蓄进行有配款取款。可以预料的是，这一有配款取款在老年参与者中更为普遍，数额也更大。同样，为住房所有权所进行的有配款取款，在租房者中比已有住房者更普遍；为高等教育进行的有配款取款在年轻参与者中更普遍；为小企业进行有配款取款在自雇参与者中更为普遍。通常，不同配款用途与参与者之间的相关性随既定参与者在生命周期中的阶段以及现有资产所有权状况而发生变化。

个人发展账户应该为哪些用途提供配款？个人发展账户不同于财产审查现金转移支付（如有需要家庭临时救助、食品券与医疗救助），个人发展账户主要强调攒钱与资产积累而非即时消费。（正因为如此，个人发展账户是财产审查收入支持的补充而非替代。）个人发展账户实现这一目标的方法之一，主要是通过将有配款取款限定在具有较高个人与社会效应的非流动的、生产性资产。如果配款用途满足这些标准，同时，如果它能使穷人进入到之前限定在非穷人的储蓄补贴中，那么它将被视作是公平的并受到公共支持的可能性也会比较大。

通过这些规范性标准，个人发展账户应为初次购房者买房、高等教育和职业培训以及小企业者这三种"基础性"用途提供配款。而且，个人发展账户也应该为退休储蓄、买汽车、买计算机以及那些没有机会得到集体医疗保险者的医疗支出提供配款。非穷人已经有机会获得所有这些资产（除汽车与计算机）的补贴。虽然美国梦示范项目中 14 个项目都为这三种"基础性"用途提供配款，但只有少数项目为退休储蓄提供配款，没有一个项目为买汽车、买计算机或医疗支出提供配款。美国梦示范项目中一些项目为维修住房提供配款，但这一用途不太符合这里提出的标准。偿还借贷不符合配款用途的标准。

最后还有一些考虑。如果目标是提高资产建设政策的包含性，将配款限制在少数不可能引起政治反对的资产中，将会加快发展。在这一意义上，最好的办法是买房、高等教育与小企业这三种"基础性"用途，或许退休储蓄也可以。

（十四）小结：储蓄结果

美国梦示范项目中的个人发展账户参与者月个人发展账户净储蓄为 16.60 美元，或每年 200 美元，约相当于他们收入的 1%。他们每隔一个月存一次钱，每年积累将近 600 美元。参与者中约一半是"储户"，其个人发展账户净储蓄为 100 美元或以上。配款率平均约为 2∶1，而且许多"储户"利用个人发展账户投资住房、高等教育与小企业。

美国梦示范项目着手证明穷人能够在个人发展账户中攒钱并建设资产，从这一视角出发，这些储蓄结果是令人鼓舞的。然而，许多重要问题仍未解答。美国梦示范项目参与者是否比在没有个人发展账户的情况下攒钱更多？如果个人发展账户提供给所有人或所有穷人将会怎样？如果个人发展账户是永久性的，储蓄结果如何变化？

既然我们知道穷人能在个人发展账户中攒钱并建设资产，我们可以着手解决下一轮的问题。美国梦示范项目同样揭示出储蓄结果与个人发展账户设计以及参与者特征之间的联系，这也是我们接下来进入的主题。

二、项目特征与储蓄结果

项目（制度）特征与储蓄结果之间的关系之所以重要，因为个人发展账户设计由政策所设定。以下所讨论的估计关系来自于控制了一系列项目与参与者特征之后的两阶段回归分析。第一阶段考察所有参与者成为"储户"的可能性。第二阶段考察"储户"月个人发展账户净储蓄。总之，项目特征与美国梦示范项目中的储蓄结果之间的关系很强，表明政策设计在穷人如何攒钱与建设资产这一问题上有很多启示。

（一）配款率

个人发展账户的一个主要特征是其配款率。美国梦示范项目与其他质性证据（Sherraden et al., 2003a and 2003b；Kempson, McKay and Collard, 2003）表明，配款吸引人们参与个人发展账户。这些提出的量化估计表明，配款率越高，成为"储户"可能性越大。如果这一关系更多的是因果关系而非相关关系（我们认为如此），那么增加有配款储蓄政策包容性的一种方法就是提高配款率。

对"储户"来说，配款率越高，月个人发展账户净储蓄水平越低。这与假设是一致的，即美国梦示范项目参与者为固定目标攒钱，配款率越高，他们以较低的储蓄便能达到这一目标。因此，提高配款率的话,更多参与者将成为"储户",从而提高了政策的包容性,但它同样也降低了"储户"平均储蓄水平。同时考虑这两个效应,配款率越高,增加了每个参与者的资产积累。接下来的政策问题是,扩大包容性与提高资产积累能否值得高配款率与"储户"更低平均储蓄的代价?

在研究方法上,配款率的估计用一个两阶段回归来说明。单一阶段的回归将发现在配款率与参与者月个人发展账户净储蓄之间没有联系。与那些涉及配款率与储蓄结果不同要素之间的各种(有时是相反的)联系并且是细致入微的政策建议不同,单一阶段的回归将得出配款率根本不发生作用的结论。

(二)配款上限(储蓄目标)

配款上限限制了有资格获得配款的个人发展账户储蓄额度。美国梦示范项目的参与者看起来把这种限制转化为一种目的或攒钱目标,因为配款上限每增加了1美元,月个人发展账户净储蓄便增加57美分。即使控制了将个人发展账户净储蓄从配款上限开始的删失,仍然存在这一巨大的联系。很明显,许多参与者努力使其个人发展账户"最大化",因为他们认为配款上限代表了他们"应该"攒钱的额度。配款上限越高,攒钱努力增加。如果这一估计更多代表的是因果关系而非相关关系,那么在有补贴储蓄政策中增加储蓄的一种方法便是增加配款上限。

当然,这一估计只适用于美国梦示范项目在配款上限范围内发生的变化;将年度上限提高到超过1,000美元左右时,可能会出现递减效应。在既定配款率下,上限提高也意味着项目成本增加。实际上,高配款上限通常与低配款率组合在一起,反之亦然。对于美国梦示范项目中配款率/配额上限之间的组合,低配款率加上高配款上限减少了"储户",但是月个人发展账户净储蓄增加("储户"平均值以及参与者平均值都如此)。成本更低,而且每个参与者平均月资产积累几乎不变。虽然无法知道最佳的配款率/配款上限组合,但美国梦示范项目表明,对一些排列与组合,在成本、包容性目标以及储蓄与资产积累目标之间存在此消彼长的关系。

(三)配款上限结构

因为在美国梦示范项目中,配款上限结构在项目内部几乎没有变动,数据几乎不能解释个人发展账户设计的这一特征。然而,理论表明一种"混合"的年度/存期结构会增加长期储蓄结果,既给参与者一些避免拖延的年度理由,又允许他们灵活的将未使用的配款资格转入下一年度。这样的混合结构并不是没有先例。

(四)有资格进行可获得配款存款的月份数

与针对非穷人的有补贴储蓄政策不同,美国梦示范项目为可获得配款的存款与有配款取款都设定了截止日期(时间上限)。理论预测,时间上限越长,"储户"越多,主要因为参与者有更多的攒钱机会,美国梦示范项目证实了这一预测。例如,一个在最初两年里没攒多少钱的参与者,但在第三年攒很多。当时间上限为两年时,这个参与者不具备"储户"的资格。因此,包容性目标最好延长资格期。同时(也是由理论预测而来),美国梦示范项目时间上限越长,"储户"月个人发展账户净储蓄越低;因为他们有更多的时间来实现攒钱目标。我们预测永久性的机会将进一步降低月个人发展账户净储蓄,但将鼓励在穷人中间形成资产建设的社会规范,同时增加了终生的攒钱与资产积累。

个人发展账户最初建议一种普遍的、永久性账户,在出生时开户,对穷人提供更多补贴(Sherraden, 1991)。在这一意义上,个人发展账户决不意味着成为与个人退休账户或者401(k)计划不同的、具有结束日期的短期项目。实际上,个人发展账户有时间限制是因为它们作为示范项目得到资助(Edward and Mason, 2003)。然而,如果目标是提高穷人的长期福祉,那么在示范中常见的许多做法,比如为有配款取款设立截止日期,或开除储蓄较低、不定期存款的参与者,只会适得其反。毕竟,个人退休账户、529大学储蓄计划与401(k)计划并不会因为参与者攒的数额较少、停止缴费或者他们几十年后才开户并启动等原因,开除参与者或暂停税收减免。(美国双重资产建设政策对穷人设定的限制多于非穷人,这可作为另一个例子。)从发展视角看,更好的设计是允许参与者随心所欲地在任何一段时期内攒钱与维持个人发展账户余额。一些参与者可能喜欢攒几年钱而不进行有配款取款,有时定期存款,有时不存款,有时在紧急情况下进行无配款取款。但每一个人都将有一个账户,随时可以得到,并且有周期结算单,不管余额是多少,都会善意地提醒攒钱的可能性与建设资产的潜力。

（五）自动转账的使用

为个人发展账户设定自动转账的美国梦示范项目参与者成为"储户"的可能性更大。这表明推动使用自动转账能对有补贴资产建设政策的包容性产生巨大影响。例如，国税局与雇主可以允许纳税人与雇员通过支票拆分其退款与工资，以直接存款的形式转入多个账户中。目前已经具备这种技术能力，国税局与雇主要做的主要是提供一种使用的机会。因为推动自动转账比推动其他促进攒钱的个人发展账户设计特征（如工作人员支持或理财教育）要更简单并且成本更少，政策如果要提高穷人攒钱与资产积累的话，这是一个不错的选择。

（六）理财教育

强制理财教育是美国梦示范项目个人发展账户的一个主要特点。在10小时内，每增加1小时的理财教育，月个人发展账户净储蓄显著增加（约每小时1美元）；但是之后时间的增加与个人发展账户净储蓄没有联系。对政策来说，这不仅说明理财教育是重要的，而且其成本可以通过限制要求的时数得以控制，同时又不会带来效益急剧的变动。课程的满意度与质量也很重要，但是数据里没有记录这一信息。

（七）对无配款取款的限制

来自美国梦示范项目独立资产法项目点的数据表明，对无配款取款的限制有助于参与者成为"储户"，但是这种限制最理想的力度与形式还不可知。一方面，参与者乐于将"丝织手铐"作为阻止不理智取款的手段。另一方面，参与者有时确实需要进行无配款取款，而且指望通过无配款取款走出困境的想法在一开始时便有可能阻止他们在个人发展账户中存款。我们认为，适度的、非正式的限制可能会平衡两种愿望。正如在独立资产法项目点中，参与者和项目共同持有个人发展账户，但是项目往往立即就在取款要求上签字同意。

（八）项目的总体特征

个人发展账户的设计特征与美国梦示范项目的储蓄结果之间的关系很强。这一制度途径是有用的，因为它为政策提供了直接经验。想要更多的"储户"？增加配额率、延长时间上限、推动使用自动转账以及对无配款取款进行适度限制。想要增加月个人发展账户净储蓄？降低配款率、提高配款上限并且要求一定时数的理财教育。总体来看，主要的经验是政策在穷人攒钱与建设资产方面有很大影响。

尽管美国梦示范项目表明制度很重要,但是施赖纳等人(Schreiner, et al., 2001)与贝弗利和谢若登(Beverly and Sherraden, 1991)等人早已提出攒钱的制度理论,指出政策不仅需要了解制度与储蓄结果之间的联系,还要了解这些联系背后的原因。通常,确定因果性是最主要的挑战。在缺乏随机试验的情况下,理论(以及控制了一系列因素的回归分析)是从相关关系中梳理出因果关系最好的指导。本书使用理论与回归来讨论个人发展账户的制度结构特征如何影响储蓄结果,但是结论仍然是尝试性的,并且是不完整的。虽然本书的研究能帮助政策制定者,指明他们应从何处入手,但仍然给他们留下了很多难题。

个人发展账户设计的影响在不同参与者之间存在差异。例如,相对于其他人,理财教育对不太擅于理财的人帮助更大。在了解到这一点后,我们再看储蓄结果与参与者特征之间的关系。改变政策比改变人更容易,但是了解不同的人如何对政策做出回应将能提供一些经验来使个人发展账户设计更具包容性。

三、参与者特征与储蓄结果

美国梦示范项目参与者并不是有资格参与个人发展账户群体的随机样本;他们既是项目选择的(他们符合项目规定的资格标准)又是自愿选择的(他们自愿选择参与)。换言之,项目以特定群体为目标,目标群体中那些希望净收益最大化的人最有可能注册。这意味着本书中所描述的储蓄结果只能推论那些具备个人发展账户资格,并且(如果他们有这种选择)选择在个人发展账户注册的参与者的情况。

与美国一般低收入人口相比,个人发展账户参与者更为弱势,因为他们更可能是女性、非裔美国人或从未结婚者。然而,个人发展账户参与者又较为优势,因为他们受教育更多、更多人有工作并且有银行账户的情况更多。因此,美国梦参与者通常并非"穷人中最穷的"(那些没有工作、没受过教育或没有银行账户者),他们也不是"穷人中最富的"(已婚的白人男性)。这些模式反映出各项目明确定位于"有工作的穷人"以及主办组织之前的服务对象基础。

虽然储蓄结果确实随参与者特征变动（回归中其他因素保持不变时），但没有特征彻底抑制攒钱，特别是单亲母亲、失业者、领取福利者以及收入非常低的参与者都在美国梦示范项目中攒钱和建设资产。这表明，如果认为穷人即使有机会也不会攒钱而将穷人从有补贴储蓄政策中排除的话，事实上并不具备合理性。

（一）性别、婚姻状况与家庭（住户）构成

美国梦示范项目中 4/5 是女性。在女性中，85% 是没有结婚的。在没有结婚的女性中，79% 有孩子。从美国梦示范项目整体来看，52% 的参与者是单亲母亲（有孩子的没有结婚的女性）。

在回归分析中其他因素保持不变时，女性比男性更可能成为"储户"。将婚姻状况与家庭（住户）构成一起考察，已婚参与者（不管有没有孩子）最有可能成为"储户"，其次是单亲母亲。从未结婚者或离异没有孩子者最不可能成为"储户"。

总之，这些估计表明女性与单亲母亲比男性、离异者与没有孩子的参与者更可能成为"储户"。从包容性视角看，女性与单亲母亲在穷人中占据相当大比例，她们能在个人发展账户中攒钱是令人鼓舞的。个人发展账户设计能否能够（或应该）稍加改进以从其他群体中吸引更多的"储户"仍然是一个有待研究的问题。

（二）年龄

回归中其他因素不变的情况下，在 13~20 岁之间成为"储户"的可能性(以及"储户"月个人发展账户净储蓄水平）随年龄增长逐渐降低，而在 20 岁之后则逐渐上升。很明显，不管是因为个人发展账户设计中的某些因素（如可以获得配款的资产类型）在不同年龄与参与者的关系不同，以及／或者因为攒钱通常随年龄变动，在个人发展账户中攒钱与参与者的关系在生命周期不同阶段发生变动。无论如何，如果个人发展账户政策希望包容更多的年轻人，需要寻求某些方式，使为高等教育进行攒钱与他们的关系更为密切，或者为一些回报更快的资产（如汽车或计算机）提供配款。因为儿童和青年人往往收入非常低，政策也应为他们提供更高的配款，或者像教育、创业与首付储蓄项目以及英国儿童信托基金一样，来自于第三方的存款（不同于配款）不是与参与者的储蓄联系在一起，而是与一些重要事件的完成（如出生、

升学或高中毕业）联系起来。对年长的参与者，个人发展账户政策可以为退休储蓄提供配款，因为随年龄增长，退休储蓄与参与者的关系越来越密切。

（三）种族/民族

美国梦示范项目参与者中，47%是非裔美国人，37%是白人，9%是西班牙裔，3%是印第安人，2%是亚裔美国人，3%为"其他"。虽然所有群体的月个人发展账户净储蓄至少为11.76美元，而且"储户"的比例至少是44%，但是在不同群体之间仍然存在差异。在回归分析中，亚裔美国人最有可能成为"储户"，其次是"其他"民族，然后是西班牙裔。白人、非裔美国人以及印第安人最不可能成为"储户"。在月个人发展账户净储蓄方面，亚裔美国人与"其他"民族攒钱最多，其次是白人与西班牙裔。非裔美国人与印第安人比其他群体攒钱要少。

当然，这些差异并非因为种族/民族本身，而是由于一系列同时与民族/种族以及攒钱原因相关的社会特征所引起的。如果回归分析非常完美地将所有遗漏特征都包含进来，那么攒钱与种族/民族之间将没有任何联系。

个人发展账户缩小了净财产比率上的种族鸿沟，但是扩大了净财产均值的绝对差异。储蓄结果上的种族/民族差异令人担忧。由于资产建设潜能很不均衡，因此产生了不平等的储蓄结果。到目前为止，没有人提出过具体方式来推动非裔美国人与印第安人的个人发展账户储蓄结果（Sherraden，1999b是个例外）。当然，可以为这些群体中的参与者提供更高的配款率以及/或者更高的配款上限，或者他们可以参加额外的理财教育以及/或者来自个人发展账户工作人员的一对一咨询与支持。但是这种通过种族/民族的明确定位往往会引发争议（在我们看来这些争议是不公平的），因此在公共政策中较为罕见。然而，正如康利（Conley，1999）所指出，任何泛泛地以穷人为目标群体（不管其民族/种族）的政策，很可能其主要受益者是非裔美国人（与印第安人）。根据格林斯坦－韦斯与谢若登（Grinstein-Weiss and Sherraden，2004）的观点，未来应探索个人发展账户的制度特征是否以及如何与种族/民族发生相互作用。这可能导致个人发展账户设计上一些简单的调整，使非裔美国人与印第安人收益更大，并因此帮助平衡储蓄结果。

（四）教育

大多数美国梦示范项目参与者（61%）曾上过某类大学，21%的参与者有2年或4年的大学学位。在没有上过任何大学的39%的参与者中，大约有38%（占所有参与者的15%）没有读完高中。鉴于他们都是低收入者，美国梦示范项目的参与者受教育程度是较高的。

有4年学位的参与者更有可能成为"储户"。在"储户"中，他们的月个人发展账户净储蓄也更高。这具有一定意义，如果4年的学位与增加储蓄的遗漏特征（之前存在的一些使其成功上大学的特征以及大学中形成的特征，比如技能、知识与习惯等）二者之间没有关系的话，这反而是令人惊奇的。教育与储蓄结果之间的这一联系可以突出理财教育的潜在收益，尤其是对那些教育经验很少的参与者更是如此。

尽管如此，所有教育水平下的参与者都在美国梦示范项目中攒钱与积累资产。例如，没读完高中的参与者中42%的人成为"储户"，并且这一群体的月个人发展账户净储蓄为12.19美元。同时，在没有4年大学学位的参与者中，在储蓄结果上没有与教育程度相对应的差异。

（五）就业

美国梦示范项目参与者中约89%有工作并且/或者是学生，78%从事全职或半职工作。有工作的学生最有可能成为"储户"，其次是那些从事全职或半职工作的参与者。没有工作的学生、家务劳动者（包括退休与残障）以及失业者不太可能成为"储户"。

在月个人发展账户净储蓄水平上，当回归分析其他因素不变时，有工作的学生攒钱最多，家务劳动者、没有工作的以及全职就业者（很令人奇怪）攒钱最少。或许学生受到即刻具有显著性的、可分的配款用途（高等教育）所驱动，同时有工作的学生有更多的资金可用来在个人发展账户中存款。

虽然美国梦示范项目中的储蓄结果随就业状况变动，但是没有工作并不能完全排除攒钱：没有工作的参与者月个人发展账户净储蓄为12.68美元，其中48%成为"储户"。从定位于某一特定群体的政策立场来看，表明许多个人发展账户项目以及其他一些项目强调"有工作的家人"其实是多余的,并且会伤害包容性,因为它们直接限制个人发展账户进入机会以及间接传递一种信息,即"没有工作"的穷人不能或不应该攒钱。

(六)领取福利者

美国梦示范项目的参与者中约有45%曾在注册时或在注册之前领取过某种形式财产审查公共救助("福利")。除了领取食品券的参与者月个人发展账户净储蓄较低之外,领取福利本身与储蓄结果无关。

领取福利并不是同时导致领取福利与低储蓄的一些遗漏特征的代理因素。换句话说,在考虑回归分析中收入、现有资产、人口统计学特征以及其他因素之后,领取福利者储蓄减少的原因没有什么不同。在注册时领取有需要家庭临时救助的参与者中约有38%成为"储户",这些参与者的月个人发展账户净储蓄是10.85美元。即使是领取福利者也在美国梦示范项目中攒钱。政策不能假设他们即使有机会也不会在有补贴结构中攒钱而排除他们。

(七)收入

美国梦示范项目中个人发展账户参与者是穷人。平均收入是联邦贫困线的127%(中值是107%),参与者中约20%低于贫困线的50%。

经济理论表明,至少在一定范围内的收入增加,应该提高储蓄。而且,来自"不连续收入"的钱,比"经常性收入"攒下来的更多(Sherraden,Schreiner and Beverly,2003)。虽然收入增加后会提高储蓄,但这种关系很弱。例如,"不连续收入"在0~2,000美元之间每增加100美元,成为"储户"可能性增加0.7个百分点,"储户"的月个人发展账户净储蓄增加18美分。虽然这些联系是正向的,但是很小。事实上,收入越高,个人发展账户储蓄占收入的比率越低。

为什么收入本身与储蓄的关系如此微弱?可从制度因素、删失带来的偏差以及测量误差几个方面进行解释。然而,我们推测制度因素作用最大,尤其是对那些最穷的人,例如,我们认为收入很低的人受理财教育以及将配款上限转化为储蓄目标的影响更大。像单亲母亲、没有工作者以及领取福利者一样,收入很低的人在美国梦示范项目中攒钱。例如,低于贫困线50%的参与者中有48%成为"储户",这部分参与者月个人发展账户净储蓄为14.91美元。虽然迄今为止一些个人发展账户项目以"有工作的穷人"或"稳定穷人"为目标,但是美国梦示范项目表明,以资产基础的政策应能包括所有收入范围的个体,甚至收入处于最底层的人。

（八）资产所有权

一般来看,资产所有权与美国梦示范项目中更好的储蓄结果相联系。这背后至少有三个因素。第一,资产所有权代表同时增加之前储蓄与个人发展账户储蓄的遗漏因素。例如,有支票账户或金融投资的人有更多金融经验,因此更能充分认识到在个人发展账户中攒钱的收益。第二,资产所有权标志着能获得更多资产以"重组"到个人发展账户。第三,资产所有权直接推动个人发展账户储蓄。例如,通过邮件（或通过自动转账）进行存款对拥有支票账户的参与者来说更为简单。同样,对有汽车的参与者来说,到存款机构进行存款更容易。

银行账户。 不管有支票账户的参与者是否同时有银行存折账户,他们更可能成为"储户",并且月个人发展账户净储蓄更高。对拥有银行存折账户的参与者来说则恰恰相反。因为支票账户不同于银行存折账户之处在于需要查询余额以避免透支,因此支票账户拥有情况代表金融经验。对政策来说,主要的经验是,要推动穷人储蓄（尤其是那些之前没有支票账户或"非银行客户"者）需要将理财教育作为核心部分。

在考察账户价值时,银行存折余额越高（最高 400 美元）,成为"储户"的可能性增加,并且月个人发展账户净储蓄增加,虽然这种关系很小（在 400 美元以上急速下降）。支票余额的增加（最高 1,500 美元）,成为"储户"的可能性增加,但与月个人发展账户净储蓄无关。通常,流动资产与"储户"个人发展账户净储蓄之间的关系很弱,表明美国梦示范项目的参与者从其现有账户中重组到个人发展账户的资产很少。

总之,账户所有权似乎比账户余额更加重要。一方面,因为对是否拥有账户的测量更为准确。另一方面,账户的存在比账户余额更有力代表了那些与攒钱有关的遗漏因素。

"非银行客户"或只有银行存折账户并没有彻底排除在个人发展账户中攒钱。在"非银行客户"中,34% 成为"储户",并且月个人发展账户净储蓄为 9.43 美元。同样,那些只有存折储蓄账户的参与者中

42%成为"储户",月个人发展账户净储蓄为 11.29 美元。虽然这些群体比其他群体的储蓄结果要差一些,但是其中很多参与者都在个人发展账户中攒钱。

非银行资产。拥有住房、土地或地产以及/或者金融投资的参与者更有可能成为"储户"。而且拥有汽车或小企业的"储户",月个人发展账户净储蓄更高。因为这些资产是非流动的,参与者不可能将它们重组到个人发展账户,即便是流动资产他们也很少进行重组。相反,这些关系部分反映出拥有更多金融经验所产生的间接效应。在注册时便拥有某种资产的参与者一定是在之前攒下了某些东西,他们拥有一些同时产生之前储蓄和有助于在个人发展账户中攒钱的遗漏特征。而且,资产所有权通过减少现金支出(更多可用来攒钱的资源)与交易成本(使存款更容易,参见 Sherraden, 1991 and 1989)来直接推动攒钱。

美国梦示范项目参与者中约 13% 的人申报其在注册时没有任何资产(银行存折或支票账户、住房、汽车、土地或地产、金融投资或小企业)。在"资产很少"者中,25% 成为"储户",月个人发展账户净储蓄为 7.05 美元。虽然这些参与者的平均储蓄结果都比较差,但是一些人仍然是攒钱了,并且他们攒下的很明显全是"新"的储蓄。个人发展账户项目可以在注册时简单明了地找出"资产很少"者,之后为他们提供额外的支持。

(九)借贷

通常,美国梦示范项目中有借贷的参与者,其储蓄结果更差。例如那些已经还清贷款的车主比那些仍需偿还贷款的车主更可能成为"储户"。同样,有信用卡借贷的参与者成为"储户"的可能性更低(令人惊讶的是,没有借贷的房主成为"储户"的可能性也很低)。其他类型借贷的存在与成为"储户"无关。

"储户"中,在回归中其他因素不变时,已偿清贷款的房主与车主月个人发展账户净储蓄较高。同样,逾期家庭(住户)账单与较低的月个人发展账户净储蓄相联系。(这一模式唯一的例外是非正式借款的存在,其与较高的月个人发展账户净储蓄相联系。)

虽然借贷使攒钱更为困难,但并未彻底排除在美国梦示范项目中攒钱。针对房主与车主的估计值是最大的，他们已经表现出某些攒钱的能力与意愿（否则他们不会已经完成首付）。在穷人付清住房与汽车贷款之前，拒绝他们参与个人发展账户将无法改善穷人的福祉。（非穷人不管是否有借贷都能在个人退休账户与401（k）计划中攒钱，而且对房屋抵押利息与学生贷款利息的税收退款是要求有借贷的。）虽然，在一些情况下（尤其是在为买房进行有配款取款之前）"信用修复"是必需的，但是不管是否有借贷，攒钱都是可能的。参与个人发展账户同样可以有助于减少借贷，因为理财教育揭示了借贷的代价，并且正向的资产积累激发了希望和更大的能力来在借贷的深渊中找到希望与方向。

（十）保险承保范围

美国梦示范项目大约2/3的参与者有健康保险，42%有人寿保险。有健康保险的参与者，成为"储户"的可能性更大，人寿保险与成为"储户"的可能性联系不大。对"储户"来说，保险承保范围与个人发展账户净储蓄无关。我们不想做太多此类估计，因为一半以上的参与者有缺省值，而且估计并不能完全符合理论框架。如果健康保险减缓了因疾病造成的冲击，它有助于参与者在个人发展账户中持续攒钱。在这种情况下，普遍的健康保险有助于包容性的资产建设。人寿保险的存在与一些遗漏特征相联系，如"未来取向"等同样提高储蓄结果的特征，因此人寿保险导致成为"储户"可能性降低的原因并不清楚。唯一的一种可能是，它标志着储蓄主要以人寿保险现金价值的形式存在，因此减少了可用来在个人发展账户中攒钱的资源。

（十一）规划用途

参与者在注册时便已规划未来有某一规划用途，表明了关于他们对自己攒钱的一些期望。在这一意义上，规划用途代表着关于攒钱原因的遗漏特征。

如果参与者计划用于维修住房，最可能成为"储户"，其次是退休储蓄、高等教育、小企业，最后是买房。这一模式为：可分的、不需要大的生活变动并且需要较少储蓄的配款用途与成为"储户"更高的可能性相联系。尤其是买房要求最持久的攒钱（并且信用记录最好）。因此，那些开始时计划买房的参与者也面临一种风险，即发现他们无法跟上这一目标所要求付出的攒钱努力的速度与时间长度时，买房的计划因此受挫并最终攒钱很少。

在月个人发展账户净储蓄方面，那些计划维修住房的"储户"仍然是攒钱最多，其次是为退休储蓄与买房做规划的参与者，而计划高等教育与小企业的"储户"攒钱最少。

从包容性的角度来看，政策经验是：一些配款用途不需要大量储蓄也能"实现"（例如，向罗斯个人退休账户或529大学储蓄计划的"转款"）。而且，应该允许参与者改变计划，因为起初定位较高的参与者之后比计划攒钱要少。如果有更多的选项，那些灰心丧气的参与者更不可能完全放弃。

（十二）总结：参与者特征与储蓄结果

本部分提出了两个主要的内容。第一，在美国梦示范项目中，许多参与者特征与储蓄结果相联系。这些估计的联系表明储蓄结果如何随参与者特征的变化而发生边际（at the margin）变动（回归分析中其他因素不变时）。

第二点是平均来看（on average），由特定特征所界定的群体中，许多美国梦示范项目参与者在个人发展账户攒钱并建设资产。这包含了几个攒钱的意愿与能力都曾受到质疑的群体：单亲母亲、非裔美国人与印第安人、高中未毕业者、未就业者、领取福利者、低收入者、"非银行客户"以及负债者。

总之，虽然一些参与者特征降低（或增加）了储蓄结果（第一点），但是没有哪一种特征成为个人发展账户储蓄的"死亡（或生命）之吻"（第二点）。许多参与者（与项目）特征与储蓄结果相联系，但是没有任何一个单一特征发挥主导作用。同样，大多数参与者具有混合特征，这些特征同时与更好或更差的储蓄结果相联系。

美国梦示范项目的数据驳斥了这样一种假设，即将特定群体从有补贴储蓄政策中排除并不会对他们造成伤害，因为在任何情况下他们都不会攒钱。在美国梦示范项目中，所有类型的参与者都攒下了钱。因此，通过年龄、就业、领取福利、收入或其他参与者特征来限制进入机会并不能像普遍的机会一样，提高长期福祉。对他们来说，穷人似乎已经做好了被包容到政策中的准备，而且有可能他们为此一直都做好了准备。问题是政策是否准备好了将他们包容进来。

美国梦示范项目表明个人发展账户是一项能够触及最穷与最弱势者的资产建设政策。然而，最支持穷人攒钱的项目设计，也是一项随参与者特征变动的设计，仍无法进行具体描述。我们怀疑最简便、最便宜且最有效的两条政策路径是自动签约（在实现普遍性进入机会之后，为每个人提供一个账户）与自动转账。

最后，参与者特征与储蓄结果之间的联系并不意味着有补贴储蓄政策应排除某些群体。相反，统计监测工具能够利用这些联系来找出处于风险中的参与者，以接受额外的、有针对性的支持（Schreiner and Sherraden, 2005）。同样，需要一些研究来检验各种个人发展账户设计特征与参与者特征之间是否以及如何发生相互作用，进而对储蓄结果产生影响。在个人发展账户设计方面，很可能一种类型并不适合所有情况。

四、政策议题

我们接下来了解一些包容性的、以资产为基础政策讨论中经常会提到的一些议题。这些议题在一定程度上是由处于连续统两端的人所推动的。一方担心个人发展账户做得不够，而另一方期待个人发展账户能做所有的事情。像其他介入一样，个人发展账户如果有效，对一些人会产生积极效应，但是他们不可能对所有人都是无所不能的。

第一，个人发展账户并不是"灵丹妙药"。它们旨在支持穷人攒钱与资产积累。这是一个重要的目标，但并非唯一目标。对生存（以及医疗保健、教育与其他维度福祉）的支持同样重要。资产建设之所以重要，是因为它促进发展，而且因为这是一件公共政策同样能做得很好的事情（Sherraden, 1991）。但资产建设并不能解决所有的问题。

第二，自愿参与和选择是重要的。有一种担心认为，进入个人发展账户的机会将伤害最穷的人，因为几乎没有资源可用来攒钱，他们攒钱将导致困境。毕竟，攒钱确实意味着延迟消费，因此至少在短期，攒钱的人会降低消费，并且在其他因素不变时，会恶化暂时处境。储户选择进行短期的牺牲，因为他们期望这会改善他们的长期福祉。当然，有些人也可能过度攒钱，参与者可能会错误的高估了储蓄的收益并且／或者低估了成本。无论如何，在个人发展账户中攒钱都是自愿的；没有人被迫参与，并且在任何情况下，无配款取款都是可能的。个人发展账户提供了机会，但并未强加义务。

第三，个人发展账户并非是针对所有人的。在美国梦示范项目中，大约有一半的参与者其个人发展账户净储蓄少于100美元。人们应该自己决定是否攒钱以及攒多少钱。没有人希望处于生存边缘的穷人来放弃当务之急而为长期目标攒钱。个人发展账户管理信息系统数据没有显示对非"储户"的影响。最为可能的是，不管正向还是负向的影响都是很微小的。或许参与使这些人对攒钱更加失去信心，或者他们学到了（从理财教育中）一些将改善他们未来储蓄结果的经验。

第四，个人发展账户确实是适合一些人的。在美国梦示范项目中，来自所有群体的参与者，不管多么贫穷或弱势，确实都攒下了钱。目前没有人知道到底多穷的人无法在个人发展账户中攒钱。在非工业化国家，当有机会进入到支持性制度时，即使赤贫者也能够而且确实攒钱（至少为短期用途）（Robinson, 2001; Rutherfood, 2000）。在这一意义上，个人发展账户为穷人提供了机会进入与非穷人享有的类似的支持性储蓄制度。个人发展账户帮助穷人攒钱，但并不强迫他们攒钱。这符合桑斯坦与塞勒（Sunstein and Thaler, 2003）提出的"自由主义家长制"的观点，因为没有强制而"自由主义"，而"家长制"则因为其试图帮助人们做出一些自愿的、只有具备较高自律性才能做出的选择（Benartzi and Thaler, 2004）。关键是选择。如果有进入机会，一些人在个人发展账户中攒钱，其他人缺乏能力或意愿。但是一些人没有攒钱的事实不能成为限制其他愿意且有能力者机会的理由。

第五，个人发展账户以长期发展为目标，并且不同配款用途与参与者的关系随生命周期以及现有资产所有权的情况而变动。因此，如果有一系列的配款用途而非只有一两个，更多的人会发现个人账户有用而且很普遍。在政治约束下，即个人发展账户必须被视为公平的以及第五章中所提出的标准，个人发展账户应该为一系列用途提供配款。

第六，大幅度扩展用途并非是改善包容性资产建设政策的最佳方式。因为个人发展账户是一种向穷人转移资源的政治可行方式，许多穷人支持者有时希望将个人发展账户与他们特定事业联系起来。这可称为**个人发展账户与某某**，如"个人发展账户与小企业"、"个人发展账户与残障者"或"个人发展账户与无家可归者"。虽然将个人发展账户定位于具体弱势群体（如无家可归或残障者，与现有的大多定位于优势群体的以资产为基础的政策相反）几乎没有政治风险，但是草率的扩展配款用途也会有政治风险（例如，为买食物或偿还债务提供配款）。如果个人发展账户背离了理由充分且在政治上站得住脚的用途，那么它们就会有被认为是免费赠品的风险，即未提高攒钱与资产积累而只转移资源。向穷人附加较少条件却转移了较多资源，不管这种做法的公平与效率的理由是什么，个人发展账户并非是这样一种方式。扩展有配款用途会削弱政治支持，也可能会背离攒钱与资产积累的基本目标。

第七，个人发展账户不应该替代收入支持。一些穷人支持者担心个人发展账户将从最低生活标准的现金支持中转移资金。（一些人担心，即时浮现穷人能攒钱的想法，也是走向废除财产审查现金救助的下坡路。）当然，向个人发展账户分配 1 美元便无法向别处分配 1 美元。然而，我们没有直接证据表明，向个人发展账户提供资金已经取代了为传统福利提供的资金支持。从有需要家庭临时救助款项为个人发展账户拨款的州，也只是从已经为创新或临时困难用途专门划拨的款项中拨款。正如谢若登（Sherraden，1991，p294）写道，现金救助是"绝对必需的"。收入支持旨在短期维持人们生活，而个人发展账户旨在长期帮助人们发展。这些目标是互相补充而且不需要相互权衡。

五、迈向包容性的以资产为基础的政策

摆脱贫困通常需要进行资产积累。美国已经有许多补贴储蓄的政策，但它们往往将穷人排除在外，因为它们依据现有财产并通过税收减免来运作。个人发展账户是一项新的政策提议，旨在帮助穷人建设资产而没有这些要求。在本书研究基础之上，穷人攒钱的可能性必须予以考虑。个人发展账户具有激发至少一部分穷人攒钱与资产积累的潜力。

这一研究由我们的信念所推动，即美国与其他地方应重新构想

以资产为基础的政策。目前的政策是高度累退的，给予富人的要比给予穷人的多（并且通常排除穷人）。更为公平的、更加有利于发展的政策应以累进性补贴为主要特征并包含所有人。作为指导性原则，资产建设政策应在最低限度内为每个家庭（住户）提供相等的资金数额（Sherraden，2001b）。

在谢若登（Sherraden，1991）与塞得曼（Seidman，2001）之后，伍、施文克以及巴克霍尔兹（Woo，Schweke and Buchholz，2004）估计2003年联邦政府在这些政策上的支出约为3,350亿美元。他们分析了支出最大的类别，指出"超过1/3的补贴流向了那些年收入超过100万美元、最富裕的1%的美国人。相反，不足5%的补贴流向了最底层60%的纳税人"（p.1）。霍华德（Howard，1997，pp.8-9）有类似观点："仍然有一种误解，即美国社会项目主要使穷人受益……（社会支出）绝大部分流向了收入在平均水平之上的公民手中。"

例如，美国在2003年为住房所有权提供了超过1,000亿美元的补贴（Woo，Schweke and Buchholz，2004）。一个有100万美元抵押贷款的富人能领取20,000美元或更多的年度补贴，而穷人除非拥有住房、有抵押贷款或纳税义务（tax liability）否则什么也得不到。将住房补贴与收入、借贷、资产与税率联系起来，其理论依据更多是政治与管理上的权宜之计而非效率、公平与包容性发展的原则。目前的政策类似于将所有无法得到抵押利息退款者的税收集中起来，紧接着为一些最富有者送去20,000美元的支票，而成百上千万的穷人收不到任何支票。除了公平性的考虑，现有政策也是低效的，产生了对闲置住房过度投资的"巨无霸豪宅（McMansion）"现象。确实，推广住房所有权是公共资金合法的用途，但这并非现行政策的重要任务。大多数房屋补贴流入了最富有的一半家庭（住户），确切的说是那些即使没有补贴也能买房的人。因此，补贴主要支持了最富有的一半家庭（住户）在住房上的奢华并增加了消费，而不是提高住房所有权的比率。从公平与效率两方面，人们认为公共资源要提升公共利益，因此这种对公共资源的使用是不明智的。

如果政策旨在支持住房所有权，那么如果将大部分补贴集中用在效应最大化之处，也就是说最贫穷的一半家庭（住户）（或个人）的话，将更公平和有效。至少,最贫穷的一半家庭(住户)应得到一半的补贴。为什么应将此作为政策导向呢?除了效率之外,优秀政府的一个重要原则是公共补贴的**公正性**。健康的民主制需要平等对待每个人的合理的尝试(除非有充分否定此做法的理由)。对资产建设平等提供补贴是迈向这一方向的一步。这样一项政策将推动底层社会住房所有权并且增加所有阶层对政府公正性的感知。最终,这将增强国家的经济与公民活力。

公平性与优秀政府也表明资产建设补贴应该是透明的(正如在个人发展账户中一样)。虽然有一些关于征税适当范围与累进性的争论比较合理,但如果税收政策不仅在名义的税率上,而且在有效税率上(实际上某人支付的数量)是透明的,那么公共利益能更好的实现。进一步来说,税收收益如房屋抵押利息退款与个人退休账户和 401(k)计划的延期缴费应作为**支出**而非较低征税水平来提出并讨论。如果不算做支出的话,这种税收收益会潜移默化地颠覆整个税收结构的本意。

其他以资产为基础的政策(如退休、教育和医疗保健等)可以与此类似。而且,最低限度的标准是穷人至少在现金收益上是相等的。再以住房为例来说明,如果政府要为住房所有权每年提供 1,000 亿美元补贴,那么这些补贴应该平等地分配,例如 1 亿(住户)每户得到 1,000 美元。

这一点如何实现?毕竟许多人,尤其是穷人并没有住房,而且许多人并不想拥有住房。那么他们如何能获得针对住房所有权的补贴?同样,如果他们永远不会上大学,如何能获得对高等教育的补贴?或者当他们没有 401(k)账户如何获得退休补贴?

一种方法是建立一项普遍的、永久的个人资产建设账户政策。这项政策可以称为个人发展账户、普遍的 401(k)计划或普遍的节约储蓄计划;重要的是具有普遍的、永久性的结构,为包容性的、以资产为基础的政策提供政策框架。如果有这样一项政策,每个人都拥有一个账户来接收上面所提到的每年 1,000 美元的住房所有权补贴(并且/或者更大的还未划拨的"资产建设补贴"专款)。不管人们是否拥有住房、上大学或有一些其他退休账户,他们都获得补贴。在一段时间内余额将逐渐增加并且能用来获得一些关键的资产,例如在本书中讨论的在个人发展账户背景下可以实现的资产。即使一个人从未买房或上大学，余额也可用于其他资产建设目标。

　　以资产为基础的政策在实现资产政策的包容性和平等性之前还有很长的路要走，而且在增加对最贫困者的补贴以实现累进性之前仍要不断深化。虽然美国梦示范项目并没有为永久性或普遍性项目做出示范，但它确实示范了累进性。美国梦示范项目表明穷人（不管他们什么特征）能够在个人发展账户中攒钱并积累资产。最后，美国梦示范项目表明个人发展账户的制度结构特征与储蓄结果之间的联系，为包容性的、以资产为基础的政策提供了经验。

参考文献

Aaron, H.J. (2000) "Seeing Through the Fog—Policymaking with Uncertain Forecasts," *Journal of Policy Analysis and Management*, Vol. 19, No. 2, pp. 193–206.

Ackerman, B.; and Alstott, A. (1999) *The Stakeholder Society*. New Haven, CT: Yale University Press, ISBN 0–300–07826–9.

Adams, D.W. (1995) "Transaction Costs in Decentralized Rural Financial Markets," pp. 249–265 in D.U. Deininger and C. Maguire (eds.) *Agriculture in Liberalizing Economies: Changing Roles for Governments*, Washington, DC: World Bank, ISBN 0–8213–3354–2.

Adams, D.W. (1978) "Mobilizing Household Savings through Rural Financial Markets," *Economic Development and Cultural Change*, Vol. 26, No. 3, pp. 547–560.

Adams, D.W.; and Fitchett, D.A. (1992) *Informal Finance in Low-Income Countries*, Boulder, CO: Westview Press, ISBN 0–8133–1504–2.

Adams, D.W.; and Von Pischke, J.D. (1992) "Microenterprise Credit Programs: Déjà Vu," *World Development*, Vol. 20, No. 10, pp. 1463–1470.

Agarwal, S.; Liu, C.; and Mielnicki, L. (2003) "Exemption Laws, Consumer Delinquency, and Bankruptcy Behavior: An Empirical Analysis of Credit-Card Data," *Quarterly Review of Economics and Finance*, Vol. 43, pp. 273–289.

Ainslie, G. (1984) "Behavioural Economics II: Motivated, Involuntary Behavior," *Social Science Information*, Vol. 23, No. 1, pp. 47–78.

Altonji, J.G.; and Doraszelski, U. (2001) "The Role of Permanent Income and Demographics in Black/White Differences in Wealth," National Bureau of Economic Research Working Paper No. 8473, http://www.nber/org/papers/w8473.

Ameriks, J.; Caplin, A.; and Leahy, J. (2002) "Wealth Accumulation and the Propensity to Plan," NBER Working Paper No. 8920, http://www.nber.org/papers/w8920.

Anderson, S.; and Baland, J.-M. (2002) "The Economics of RoSCAs and Intrahousehold Resource Allocation," *Quarterly Journal of Economics*, Vol. 117, No. 3, pp. 963–995.

Andrews, E.S. (1992) "The Growth and Distribution of 401(k) Plans," pp. 149–176 in John A. Turner and Daniel J. Beller (eds.) *Trends in Pensions 1992*, Pension and Welfare Benefits Administration: U.S. Department of Labor, ISBN 0–16–035936–8.

Angeletos, G.-M.; Laibson, D.; Repetto, A.; Tobacman, J.; and Weinberg, S. (2001) "The Hyperbolic Consumption Model: Calibration, Simulation, and Empirical Evaluation," *Journal of Economic Perspectives*, Vol. 15, No. 3, pp. 47–68.

Ardener, S.; and Burman, S. (1995) *Money-Go-Rounds: The Importance of Rotating Savings and Credit Associations For Women*, Oxford: Berg, ISBN 1–85973–170–8.

Aronson, R.L. (1991) *Self-Employment: A Labor-Market Perspective*, Ithaca, NY: ILR Press, ISBN 0–87546–175–1.

Arrow, K.J. (1998) "What Has Economics to Say About Racial Discrimination?" *Journal of Economic Perspectives*, Vol. 12, No. 2, pp. 91–100.

Ashraf, N.; Gons, N.; Karlan, D.S.; and W. Yin. (2003) "A Review of Commitment Savings Products in Developing Countries," Manila: Asian Development Bank,

http://www.adb.org/Documents/ERD/Working_Papers/wp045.pdf.
Åstebro, T.; and Bernhardt, I. (2003) "Start-Up Financing, Owner Characteristics, and Survival," *Journal of Economics and Business*, Vol. 55, pp. 303–319.
Atkinson, A.B. (1992) "Measuring Inequality and Differing Social Judgements," *Research on Economic Inequality*, Vol. 3, pp. 29–56.
Attanasio, O.P.; and DeLeire, T. (2002) "The Effect of Individual Retirement Accounts on Household Consumption and National Saving," *Economic Journal*, Vol. 112, pp. 504–538.
Attanasio, O.P.; and Székely, M. (1999) "An Asset-Based Approach to the Analysis of Poverty in Latin America," Washington, DC: Inter-American Development Bank, http://www.iadb.org/res/publications/pubfiles/pubR-376.pdf.
Ayres, I.; and Siegelman, P. (1995) "Race and Gender Discrimination in Bargaining for a New Car," *American Economic Review*, Vol. 85, pp. 304–321.
Badu, Y.A.; Daniels, K.N.; and Salandro, D.P. (1999) "An Empirical Analysis of Differences in Black and White Asset and Liability Combinations," *Financial Services Review*, Vol. 8, pp. 129–147.
Bailey, J.; Curley, J.; Grinstein-Weiss, M.; and Edwards, K. (2004) "Individual Development Account Initiatives in Rural Areas: Challenges and Opportunities for Policy Development and Implementation," Center for Social Development, Washington University in St. Louis.
Bailey, J.M.; and Preston, K. (2003) *Swept Away: Chronic Hardship and Fresh Promise on the Rural Great Plains*, Lyons, NE: Center for Rural Affairs, http://www.cfra.org/pdf/Swept_Away.pdf.
Balkin, S. (1989) *Self-Employment and Low-Income People*, New York: Praeger, ISBN 0–275–92807–1.
Bardach, E. (2002) "Educating the Client: An Introduction," *Journal of Policy Analysis and Management*, Vol. 21, No. 1, pp. 115–117.
Barrow, L.; and McGranahan, L. (2000) "The Effects of the Earned Income Credit on the Seasonality of Household Expenditures," *National Tax Journal*, Vol. 53, No. 4, Part 2, pp. 1211–1243.
Bassett, W.F.; Fleming, M.J.; and Rodrigues, A.P. (1998) "How Workers Use 401(k) Plans: The Participation, Contribution, and Withdrawal Decisions," *National Tax Journal*, Vol. 51, No. 2, pp. 263–289.
Bates, T. (1997) *Race, Self-Employment, and Upward Mobility: An Illusive American Dream*, Baltimore, MD: Johns Hopkins University Press, ISBN 0–8018–5798–8.
Bates, T. (1996) "The Financial Needs of Black-Owned Businesses," *Journal of Developmental Entrepreneurship*, Vol. 1, No. 1, pp. 1–15.
Bayer, P. J.; Bernheim, B.D.; and Scholz, J. K. (1996) "The Effects of Financial Education in the Workplace: Evidence from a Survey of Employers," National Bureau of Economic Research Working Paper No. 5655, http://www.nber.org/papers/w5655.
Becker, G.S. (1995) "Habits, Addictions, and Traditions," pp. 218–237 in Ramon Febrero and Pedro S. Schwartz (eds.) *The Essence of Becker*, Stanford, CA: Hoover Institution Press, ISBN 0–817–99342–8.
Becker, G.S.; and Mulligan, C.B. (1997) "The Endogenous Determination of Time Preference," *Quarterly Journal of Economics*, Vol. 112, No. 3, pp. 729–758.
Benartzi, S.; and Thaler, R. (2002) "How Much Is Investor Autonomy Worth?" *Journal of Finance*, Vol. 57, No. 4, pp. 1593–1616.
Benartzi, S.; and Thaler, R. (2004) "Save More Tomorrow™: Using Behavioral Economics to Increase Employee Saving," *Journal of Political Economy*, Vol. 112, No. S1, pp. S164–S187.
Benjamin, D.J. (2003) "Does 401(k) Eligibility Increase Saving? Evidence from Propensity-Score Sub-Classification," *Journal of Public Economics*, Vol. 87, pp. 1259–1290.

Berger, A.N.; and G.F. Udell. (1998) "The Economics of Small-Business Finance: The Roles of Private Equity and Debt Markets in the Financial-Growth Cycle," *Journal of Banking and Finance*, Vol. 22, pp. 613–673.

Bernheim, B.D. (1994) "Personal Saving, Information, and Economic Literacy: New Directions for Public Policy," pp. 53–78 in *Tax Policy for Economic Growth in the 1990s*, Washington, DC: American Council for Capital Formation, ISBN 1-884-03201-X.

Bernheim, B.D. (1995) "Do Households Appreciate Their Financial Vulnerabilities? An Analysis of Actions, Perceptions, and Public Policy," pp. 3–46 in *Tax Policy and Economic Growth*, Washington, DC: American Council for Capital Formation, ISBN 1-884032-03-6.

Bernheim, B.D. (1997) "Rethinking Savings Incentives," pp. 259–311 in A.J. Auerbach (ed.) *Fiscal Policy: Lessons from Economic Research*, Cambridge, MA: MIT Press, ISBN 0-262-01160-3.

Bernheim, B.D. (1998) "Financial Illiteracy, Education, and Retirement Saving," pp. 38–68 in O.S. Mitchell and S.J. Schieber (eds.) *Living with Defined-Contribution Pensions: Remaking Responsibility for Retirement*, Philadelphia: University of Pennsylvania Press, ISBN 0-8122-3439-1.

Bernheim, B.D. (2002) "Taxation and Saving," pp. 1173–1249 in A. Auerback and M. Feldstein (eds.) *Handbook of Public Economics*, Volume 3, North-Holland, ISBN 0-444-82314-X.

Bernheim, B.D.; and Garrett, D.M. (2003) "The Effects of Financial Education in the Workplace: Evidence from a Survey of Households," *Journal of Public Economics*, Vol. 87, pp. 1487–1519.

Bernheim, B.D.; Garrett, D.M.; and Maki, D.M. (2001) "Education and Saving: The Long-Term Effects of High-School Financial-Curriculum Mandates," *Journal of Public Economics*, Vol. 80, pp. 435–465.

Bernheim, B.D.; and Scholz, J.K. (1993) "Private Saving and Public Policy," *Tax Policy and the Economy*, Vol. 7, pp. 73–110.

Bernstein, J. (2003) "Savings Incentives for the Poor: Why the Scale Doesn't Match the Promise," *American Prospect*, Vol. 14, No. 5, pp. A14–A15.

Bernstein, J. (2005). "Critical Questions in Asset-Based Policy," pp. 351-359 in M. Sherraden (ed.) *Inclusion in the American Dream: Assets, Poverty, and Public Policy*, New York: Oxford University Press, ISBN 0-19-516819-4

Bertrand, M.; and Mullainathan, S. (2003) "Are Emily and Greg More Employable than Lakisha and Jamal? A Field Experiment on Labor Market Discrimination," National Bureau of Economic Research Working Paper No. 9873, http://www.nber.org/papers/w9873.

Berube, Alan; Kim, Anne; Forman, Benjamin; and Megan Burns. (2002) "The Price of Paying Taxes: How Tax Preparation and Refund-Loan Fees Erode the Benefits of the EITC," Survey Series, Center on Urban and Metropolitan Policy, The Brookings Institution and the Progressive Policy Institute, www.brookings.edu/dybdocroot/es/urban/publications/berubekimeitc.pdf.

Besley, T. (1992) "Savings, Credit, and Insurance," pp. 2125–2207 in T.N. Srinivasan and J. Behrman (eds.), *Handbook of Development Economics, Volume III A*, Amsterdam: Elsevier, ISBN 0-444-88481-5.

Besley, T., and Kanbur, M.R. (1993) "The Principles of Targeting," pp. 67–90 in Michael Lipton and Jacques Van der Gaag (eds.), *Including the Poor*, Washington, DC: World Bank, ISBN 0-8213-2674-0.

Beverly, S.G. (2004) "Best Practices in Financial Education: Implementation and Performance Measurement," manuscript, University of Kansas School of Social

Welfare, sbeverly@ku.edu.
Beverly, S.G. (1999) "Automobile Ownership and Labor Market Outcomes for Welfare Recipients," Center for Social Development, Washington University in Saint Louis, sbeverly@ku.edu.
Beverly, S.G. (1997) "How Can the Poor Save? Theory and Evidence on Saving in Low-Income Households," Center for Social Development Working Paper 97-3, Washington University in Saint Louis, http://gwbweb.wustl.edu/csd/Publications/1997/wp97-3.pdf.
Beverly, S.G.; and Burkhalter, E. (2004) "Improving the Financial Literacy and Practices of Youth," manuscript, University of Kansas Social of Social Welfare, sbeverly@ku.edu.
Beverly, S.G.; McBride, A.M.; and Schreiner, M. (2003) "A Framework of Asset-Accumulation Strategies," *Journal of Family and Economic Issues*, Vol. 24, No. 2, pp. 143–156.
Beverly, S.G.; Romich, J.L.; and Tescher, J. (2003) "Linking Tax Refunds and Low-Cost Bank Accounts: A Social Development Strategy for Low-Income Families?" *Social Development Issues*, Vol. 25, No. 1-2, pp. 235–246.
Beverly, S.G.; and Sherraden, M. (1999) "Institutional Determinants of Savings: Implications for Low-Income Households and Public Policy," *Journal of Socio-Economics*, Vol. 28, No. 4, pp. 457–473.
Beverly, S.G.; Tescher, J.; and Marzahl, D. (2000) "Low-Cost Bank Accounts and the EITC: How Financial Institutions Can Reach the Unbanked and Facilitate Saving," Center for Social Development, Washington University in Saint Louis, http://gwbweb.wustl.edu/csd/Publications/2000/wp00-19.pdf.
Birch, D.L. (1979) "The Job Generation Process," MIT Program on Neighborhood and Regional Change.
Bird, E.J.; Hagstrom, P.A.; and Wild, R. (1997) "Credit Cards and the Poor," Institute for Research on Poverty Discussion Paper No. 1148–97, http://www.ssc.wisc.edu/irp/pubs/dp114897.pdf.
Black, H.; Schweitzer, R.L.; and Mandell, L. (1978) "Discrimination in Mortgage Lending," *American Economic Review*, Vol. 68, No. 2, pp. 186–191.
Black, S.; and Morgan, D.P. (1998) "Risk and the Democratization of Credit Cards," manuscript, Federal Reserve Bank of New York, www.ny.frb.org/rmaghome/rsch_pap/9815.htm.
Blanchflower, D.G. (2000) "Self-employment in OECD countries," *Labour Economics*, Vol. 7, pp. 471–505.
Blanchflower, D.G.; Levine, P.B.; and Zimmerman, D.J. (1998) "Discrimination in the Small-business Credit Market," National Bureau of Economic Research Working Paper No. 6840, http://www.nber.org/papers/w6840.
Blanchflower, D.G.; and Oswald, A.J. (1998) "What Makes an Entrepreneur?" *Journal of Labor Economics*, Vol. 16, No. 1, pp. 26–68.
Blau, F.D.; and Graham, J.W. (1990) "Black-White Differences in Wealth and Asset Composition," *Quarterly Journal of Economics*, Vol. 105, No. 2, pp. 321–339.
Blinder, A.S. (1973) "Wage Discrimination: Reduced Form and Structural Estimates," *Journal of Human Resources*, Vol. 8, No. 3, pp. 436–455.
Bonnen, J.T.; and Schweikhardt, D.B. (1999) "Getting from Economic Analysis to Policy Advice," *Review of Agricultural Economics*, Vol. 20, No. 2, pp. 584–600.
Borleis, M.W.; and Wedell, K.K. (1994) "How to Spark Employee Interest with Employer Matching Contributions: A Sure-Fire Way to Increase 401(k) Participation," *Profit Sharing*, Vol. 42, No. 1, pp. 7–10, 16.
Boshara, R.; Scanlon, E.; and Page-Adams, D. (1998) *Building Assets for Stronger Families, Better Neighborhoods, and Realizing the American Dream*, Washington, DC: Corporation for Enterprise Development.

Boshara, R.; and Sherraden, M. (2004) "Status of Asset Building Worldwide," New American Foundation, http://www.assetbuilding.org/AssetBuilding/Download_Docs/Doc_File_891_1.pdf.

Bowles, S.; and Gintis, H. (2002) "The Inheritance of Inequality," *Journal of Economic Perspectives*, Vol. 16, No. 3, pp. 3–30.

Brieman, L. (2001) "Statistical Modeling: Two Cultures," *Statistical Science*, Vol. 16, No. 3, pp. 199–231.

Browning, M.; and Collado, M.D. (2001) "The Response of Expenditures to Anticipated Income Changes: Panel Data Estimates," *American Economic Review*, Vol. 91, No. 3, pp. 681–692.

Browning, M.; and Lusardi, A. (1996) "Household Saving: Micro Theories and Micro Facts," *Journal of Economic Literature*, Vol. 34, pp. 1797–1855.

Burtless, G. (1995) "The Case of Randomized Field Trials in Economic and Policy Research," *Journal of Economic Perspectives*, Vol. 9, No. 2, pp. 63–84.

Bush, G.W. (2000) "New Prosperity Initiative," speech in Cleveland, Ohio, April 11, http://www.georgewbush.com/speeches/newprosperity.asp.

Caner, A. (2003) "Savings of Entrepreneurs," Working Paper No. 390, The Levy Economics Institute, Bard College, http://www.levy.org/pubs/wp/390.pdf.

Carney, S.; and Gale, W.G. (2001) "Asset Accumulation in Low-Income Households," pp. 165–205 in T.M. Shapiro and E.N. Wolff (eds.) *Assets for the Poor: The Benefits of Spreading Asset Ownership*, New York, NY: Russell Sage Foundation, ISBN 0-87154-949-2.

Carroll, C.D.; and Samwick, A.A. (1998) "How Important Is Precautionary Saving?" *Review of Economics and Statistics*, Vol. 80, No. 3, pp. 410–419.

Carroll, C.D.; and Samwick, A.A. (1997) "The Nature of Precautionary Wealth," *Journal of Monetary Economics*, Vol. 40, No. 1, pp. 41–71.

Caskey, J.P. (2002) "Bringing Unbanked Households into the Banking System," *Capital Xchange*, Center on Urban and Metropolitan Policy, The Brookings Institution, http://www.brookings.edu/es/urban/CapitalXchange/caskey.pdf.

Caskey, J.P. (2001) "Can Lower-Income Households Increase Savings with Financial-Management Education?" *Cascade*, Federal Reserve Bank of Philadelphia, No. 46.

Caskey, J.P. (1997) "Beyond Cash-and-Carry: Financial Savings, Financial Services, and Low-Income Households in Two Communities," report to the Consumer Federation of America.

Caskey, J.P. (1994) *Fringe Banking: Check-Cashing Outlets, Pawnshops, and the Poor*, New York: Russell Sage Foundation, ISBN 0-87154-180-7.

Cavalluzzo, J.S.; and L.C. Cavalluzzo. (1998) "Market Structure and Discrimination: The Case of Small Business," *Journal of Money, Credit, and Banking*, Vol. 30, No. 4, pp. 771–792.

Chang, A.E. (1996) "Tax Policy, Lump-Sum Distributions, and Household Saving," *National Tax Journal*, Vol. 49, No. 2, pp. 235–252.

Cheng, L.-C. (2003) "Developing Family Development Accounts in Taipei: Policy Innovation from Income to Assets," Center for Social Development Working Paper No. 03–09, Washington University in Saint Louis, http://gwbweb.wustl.edu/csd/.

Chiteji, N.S.; and Hamilton, D. (2002) "Family Connections and the Black-White Wealth Gap among the Middle Class," *Review of Black Political Economy*, Vol. 30, No. 1, pp. 9–28.

Chiteji, N.S.; and Hamilton, D. (2000) "Family Matters: Kin Networks and Asset Accumulation," manuscript, Skidmore College, nchiteji@skidmore.edu.

Choi, J.J.; Laibson, D.; and Madrian, B.C. (2004) "Plan Design and 401(k) Savings

Outcomes," National Bureau of Economic Research Working Paper No. 1086, http://www.nber.org/papers/w10486.
Choi, J.J.; Laibson, D.; Madrian, B.C.; and Metrick, A. (2003) "Optimal Defaults," *American Economic Review*, Vol. 93, No. 2, pp. 180–185.
Clancy, M.M. (2003) "College Savings Plans and Individual Development Accounts: Potential for Partnership," Center for Social Development, Washington University in Saint Louis, http://gwbweb.wustl.edu/csd/.
Clancy, M.M. (1996) "IDA Education and Communication," manuscript, George Warren Brown School of Social Work, Washington University in Saint Louis.
Clancy, M.M. (1995) "Low-Wage Employees' Participation and Saving in 401(k) Plans," manuscript, George Warren Brown School of Social Work, Washington University in Saint Louis.
Clancy, M.M.; Orszag, P.; and Sherraden, M. (2004) "State College Savings Plans: A Platform for Inclusive Policy?" Center for Social Development, Washington University in Saint Louis, http://gwbweb.wustl.edu/csd/.
Clancy, M.M.; and Sherraden, M. (2003) "The Potential for Inclusion in 529 Savings Plans: Report on a Survey of States," Research Report, Center for Social Development, Washington University in Saint Louis, http://gwbweb.wustl.edu/csd/.
Clark, P.; Kays, A.; Zandniapour, L.; Soto, E.; and Doyle, K. (1999) *Microenterprise and the Poor: Findings from the Self-Employment Learning Project Five-Year Study of Microentrepreneurs*, Washington, DC: Aspen Institute, ISBN 0–89843–260–X.
Clark, R.L.; Goodfellow, G.P.; Schieber, S.J.; and Warwick, D. (2000) "Making the Most of 401(k) Plans: Who's Choosing What and Why?" pp. 95–138 in O.S. Mitchell, P.B. Hammond, and A.M. Rappaport (eds.) *Forecasting Retirement Needs and Retirement Wealth*, Philadelphia: University of Pennsylvania Press, ISBN 0–8122–3529–0.
Clark, R.L.; and Schieber, S.J. (1998) "Factors Affecting Participation Rates and Contribution Levels in 401(k) Plans," pp. 69–97 in O.S. Mitchell and S.J. Schieber (eds.) *Living with Defined Contribution Pensions: Remaking Responsibility for Retirement*, Philadelphia: University of Pennsylvania Press, ISBN 0–8122–3439–1.
Clinton, W.J. (1999) "State of the Union Address," Washington, DC: U.S. Executive Office of the President.
Conley, D. (1999) *Being Black, Living in the Red: Race, Wealth, and Social Policy in America*, Berkeley, CA: University of California Press, ISBN 0–520–21672–5.
Cowger, C.D. (1984) "Statistical Significance Tests: Scientific Ritualism or Scientific Method?" *Social Service Review*, Vol. 58, pp. 358–372.
Cunningham, C.R.; and Engelhardt, G.V. (2002) "Federal Tax Policy, Employer Matching, and 401(k) Saving: Evidence from HRS W-2 Records," *National Tax Journal*, Vol. 55, No. 3, pp. 617–645.
Curley, J.; and M. Grinstein-Weiss. (2003) "A Comparative Analysis of Rural and Urban Saving Performance in Individual Development Accounts," *Social Development Issues*, Vol. 25, Nos. 1–2, pp. 89–105.
Curley, J., and Sherraden, M. (2000) "Policy Lessons from Children's Allowances for Children's Savings Accounts," *Child Welfare*, Vol. 79, No. 6, pp. 661–687.
Darity, W.A., Jr.; and Mason, P.L. (1998) "Evidence on Discrimination in Employment: Codes of Color, Codes of Gender," *Journal of Economic Perspectives*, Vol. 12, No. 2, pp. 63–90.
Dawes, R.M. (1979) "The Robust Beauty of Improper Linear Models in Decision Making," *American Psychologist*, Vol. 34, No. 7, pp. 571–582.
Deaton, A. (1992a) "Household Saving in LDCs: Credit Markets, Insurance and Welfare," *Scandinavian Journal of Economics*, Vol. 94, No. 2, pp. 253–273.
Deaton, A. (1992b) *Understanding Consumption*, Oxford: Clarendon Press, ISBN

0-19-828824-7.
Deaton, A. (1997) *The Analysis of Household Surveys: A Microeconometric Approach to Development Policy,* Baltimore, MD: Johns Hopkins University Press, ISBN 0-8018-5254-4.
Dercon, S. (1998) "Wealth, Risk and Activity Choice: Cattle in Western Tanzania," *Journal of Development Economics,* Vol. 55, pp. 1-42.
Dercon, S. (1996) "Risk, Crop Choice and Savings: Evidence from Tanzania," *Economic Development and Cultural Change,* Vol. 44, No. 3, pp. 487-513.
Dewald, W.G.; Thursby, J.G.; and Anderson, R.G. (1986) "Replication in Empirical Economics: The Journal of Money, Credit and Banking Project," *American Economic Review,* Vol. 76, No. 4, pp. 587-602.
Dietrich, J. (2003) "Under-Specified Models and Detection of Discrimination in Mortgage Lending," Economic and Policy Analysis Working Paper No. 2003-2, Office of the Comptroller of the Currency, http://www.occ.treas.gov/ftp/workpaper/wp2003-2.pdf.
Dowla, A.; and Alamgir, D. (2003) "From Microcredit to Microfinance: Evolution of Savings Products by MFIs in Bangladesh," *Journal of International Development,* Vol. 15, No. 8, pp. 969-988.
DuBois, W.E.B. (1970) *The Souls of Black Folk,* Greenwich, CT: Fawcett Publications (originally published in 1903).
Dunham, C. (2000) "Financial Service Usage Patterns of the Poor: Financial Cost Considerations," manuscript, Washington, DC: Office of the Comptroller of the Currency.
Dynarski, S. (2002) "The Behavioral and Distribution Implications of Aid for College," *American Economic Review,* Vol. 92, No. 2, pp. 279-285.
Easterly, W. (2003) "Can Foreign Aid Buy Growth?" *Journal of Economic Perspectives,* Vol. 17, No. 3, pp. 23-48.
Eberts, R.W. (2001) "Targeting Welfare-to-Work Services Using Statistical Tools," *Employment Research,* Vol. 8, No. 4, pp. 1-3.
Edgcomb, E.; and Klein, J. (2004) "Opening Opportunities, Building Ownership: Fulfilling the Promise of Microenterprise in the United States," manuscript, Aspen Institute.
Edgcomb, E.; and Thetford, T. (2004) "The Informal Economy: Making It in Rural America," Washington, DC: Aspen Institute, ISBN 0-89843-401-7.
Edgcomb, E.; and Armington, M.M. (2003) "The Informal Economy: Latino Enterprises at the Margins," Washington, DC: Aspen Institute, ISBN 0-89843-383-5.
Edin, K. (2001) "More Than Money: The Role of Assets in the Survival Strategies and Material Well-Being of the Poor," pp. 206-231 in T.M. Shapiro and E.N. Wolff (eds.) *Assets and the Poor: The Benefits of Spreading Asset Ownership,* New York, NY: Russell Sage, ISBN 0-87154-949-2.
Edin, K.; and Lein, L. (1997) *Making Ends Meet: How Single Mothers Survive Welfare and Low-Wage Work,* New York, NY: Russell Sage, ISBN 0-8175-4229-3.
Edwards, K.; and Mason, L.M. (2003) "State Policy Trends for Individual Development Accounts in the United States: 1993-2003," *Social Development Issues,* Vol. 25, No. 1-2, pp. 118-129.
Emshoff, J.G.; Courtenay-Quirk, C.; Broomfield, K.; and Jones, C. (2002) "Atlanta Individual Development Account (IDA) Pilot Program, Final Report," report to the United Way of Metropolitan Atlanta.
Engelhardt, G.V. (2001) "Have 401(k)s Raised Household Saving? Evidence from the Health and Retirement Study," Aging Studies Program Paper No. 24, Center for Policy Research, Syracuse University, http://www-cpr.maxwell.syr.edu/agpapser/

pdf/age24.pdf.
Engelhardt, G.V. (1996) "Tax Subsidies and Household Saving: Evidence from Canada," *Quarterly Journal of Economics*, Vol. 111, pp. 1237–68.
Engelhardt, G.V. (1993) *Down Payments, Tax Policy, and Household Saving*, unpublished Ph.D. dissertation, Massachusetts Institute of Technology.
Engelhardt, G.V.; and Kumar, A. (2003) "Understanding the Impact of Employer Matching on 401(k) Saving," Research Dialogue No. 76, TIAA-CREF Institute.
Engen, E.M.; and Gale, W.G. (2000) "The Effects of 401(k) Plans on Household Wealth: Differences across Earnings Groups," National Bureau of Economic Research Working Paper No. 8032, http://www.nber.org/papers/w8032.
Engen, E.M.; Gale, W.G.; and Scholz, J.K. (1996) "The Illusory Effects of Saving Incentives on Saving," *Journal of Economic Perspectives*, Vol. 10, No. 4, pp. 113–138.
Esser, H. (1993) "The Rationality of Everyday Behavior: A Rational Choice Reconstruction of the Theory of Action by Alfred Schütz," *Rationality and Society*, Vol. 5, No. 1, pp. 7–31.
Evans, D.S.; and Jovanovic, B. (1989) "An Estimated Model of Entrepreneurial Choice under Liquidity Constraints," *Journal of Political Economy*, Vol. 97, No. 4, pp. 808–827.
Evans, D.S.; and Leighton, L.S. (1989) "Some Empirical Aspects of Entrepreneurship," *American Economic Review*, Vol. 79, No. 3, pp. 519–535.
Even, W.E.; and Macpherson, D.A. (2003) "Determinants and Effects of Employer Matching Contributions in 401(k) Plans," http://econwpa.wustl.edu:8089/eps/lab/papers/0405/0405001.pdf.
Even, W.E.; and Macpherson, D.A. (1997) "Factors Influencing Participation and Contribution Levels in 401(k) Plans," Economics Working Paper No. 98–05–01, Florida State University.
Even, W.E.; and MacPherson, D.A. (1994) "Why Did Male Pension Coverage Decline in the 1980s?" *Industrial and Labor Relations Review*, Vol. 47, No. 3, pp. 439–453.
Feagan, J.R. (2000) "Documenting the Costs of Slavery, Segregation, and Contemporary Discrimination: Are Compensation and Reparations in Order for African Americans?" paper presented at the Inclusion in Asset Building: Research and Policy Symposium, Center for Social Development, Washington University in Saint Louis, Sept. 21–23, gwbweb.wustl.edu/csd/Publications/2000/wp00-10.pdf.
Feenberg, D.; and Skinner, J. (1989) "Sources of IRA Saving," pp. 25–46 in L. H. Summers (ed.) *Tax Policy and the Economy*, Vol. 3, ISBN 0–262–06126–0.
Feldstein, M. (1995) "College Scholarship Rules and Private Saving," *American Economic Review*, Vol. 85, No. 3, pp. 552–556.
Finlayson, J.; and Peacock, K. (2003) "Gauging the Economic Contribution of Large and Small Businesses: A Reassessment," *Policy Perspectives*, Business Council of British Columbia, Vol. 10, No. 4, http://www.bcbc.com/archive/ppv10n4.pdf.
Fitzgerald, F.S. (1925) *The Great Gatsby*, New York, NY: Charles Scribner's Sons.
Frank, R.H. (1999) *Luxury Fever: Why Money Fails to Satisfy in an Era of Excess*, New York, NY: Free Press, ISBN 0–684–84234–3.
Frederick, S.; Loewenstein, G.; and O'Donoghue, T. (2002) "Time Discounting and Time Preference: A Critical Review," *Journal of Economic Literature*, Vol. XL, pp. 351–401.
Friedman, J.H. (1991) "Multivariate Adaptive Regression Splines," *Annals of Statistics*, Vol. 19, March, pp. 1–141.
Friedman, R. (1988) *The Safety Net as Ladder: Transfer Payments and Economic Development*, Washington, DC: Council of State Policy and Planning Agencies, ISBN 0–934842–42–6.

Gale, W.G; Iwry, J.M.; and Orszag, P.R. (2004) "The Saver's Credit: Issues and Options," The Brookings Institution, http://www.brookings.edu/dybdocroot/views/papers/gale/20040419.pdf.

Gale, W.G.; and Scholz, J.K. (1994) "IRAs and Household Saving," *American Economic Review*, Vol. 84, No. 5, pp. 1233–1260.

Galenson, M. (1972) "Do Blacks Save More?" *American Economic Review*, Vol. 62, No. 1/2, pp. 211–216.

Galster, G.C. (1990) "Racial Discrimination in Housing Markets during the 1980s: A Review of the Audit Evidence," *Journal of Planning and Education Research*, Vol. 9, No. 3, pp. 165–175.

Garfinkle, I.; Manski, C.F.; and Michalopoulos, C. (1992) "Micro Experiments and Macro Effects," pp. 253–273 in C.F. Manski and I. Garfinkle (eds.) *Evaluating Welfare and Training Programs*, Cambridge, MA: Harvard University Press, ISBN 0–674–27017–7.

Gates, J. (1998) *The Ownership Solution: Toward a Shared Capitalism for the Twenty-First Century*. Reading, MA: Addison-Wesley, ISBN 0–738–20131–6.

General Accounting Office. (1997) "401(k) Pension Plans: Loan Provision Enhance Participation But May Affect Income Security for Some," GAO/HEHS–98–5.

Gersovitz, M. (1988) "Saving and Development," pp. 382–424 in H. Chenery and T.N. Srinivasan (eds.), *Handbook of Development Economics*, Amsterdam: Elsevier, ISBN 0–444–70337–3.

Gokhale, J.; Kotlikoff, L.J.; and Warshawsky, M.J. (2001) "Life-Cycle Saving, Limits on Contributions to DC Pension Plans, and Lifetime Tax Benefits," National Bureau of Economic Research Working Paper No. 8170, http://www.nber.org/papers/w8170.

Goldberg, F.; and Cohen, J. (2000) "The Universal Piggy Bank: Designing and Implementing a System of Savings Accounts for Children," Paper presented at the Inclusion in Asset Building: Research and Policy Symposium, Center for Social Development, Washington University in Saint Louis, Sept. 21–23, http://gwbweb.wustl.edu/csd/Publications/2000/PolicyReport-Goldberg.pdf.

Goodman, J.L.; and Ittner, J.B. (1992) "The Accuracy of Home Owner's Estimates of House Value," *Journal of Housing Economics*, Vol. 2, pp. 339–357.

Green, R.K.; and White, M.J. (1997) "Measuring the Benefits of Homeowning: Effects on Children," *Journal of Urban Economics*, Vol. 41, pp. 441–461.

Greenberg, M. (1999) "Developing Policies to Support Microenterprise in the TANF Structure: A Guide to the Law," Washington, DC: Aspen Institute, ISBN 0–89843–273–1.

Greene, W.H. (1993) *Econometric Analysis: Second Edition*. New York, NY: Macmillan, ISBN 0–02–346391–0.

Grinstein-Weiss, M.; and Sherraden, M. (2004) "Racial Differences in Savings Outcomes in Individual Development Accounts," Center for Social Development Working Paper No. 04-04, Washington University in Saint Louis, http://gwbweb.wustl.edu/csd/Publications/2004/WP04-04.pdf.

Grinstein-Weiss, M.; Zhan, M.; and Sherraden, M. (2004) "Saving Performance in Individual Development Accounts: Does Marital Status Matter?" Center for Social Development Working Paper No. 04–01, Washington University in Saint Louis, http://gwbweb.wustl.edu/csd/Publications/2004/WP04-01.pdf.

Grinstein-Weiss, M.; and Curley, J. (2002) "Individual Development Accounts in Rural Communities: Implications for Research," pp. 328–340 in T.L. Scales and C.L. Streeter (eds.) *Rural Social Work: Building and Sustaining Community Assets*, Pacific Grove, CA: Brooks/Cole, ISBN 0–534–62163–5.

Gruber, J.; and Yelowitz, A. (1999) "Public Health Insurance and Private Savings,"

Journal of Political Economy, Vol. 107, No. 6, Part 1, pp. 1249–1274.
Gugerty, M.K. (2003) "You Can't Save Alone: Testing Theories of Rotating Savings and Credit Associations in Kenya," University of Washington, http://www.international.ucla.edu/CMS/files/gugerty_roscas.doc.
Hamermesh, D.S.; and Biddle, J.E. (1993) "Beauty and the Labor Markets," National Bureau of Economic Research Working Paper No. 4518, Cambridge, MA.
Hand, D.J.; and Adams, N.M. (2000) "Defining attributes for scorecard construction in credit scoring," *Journal of Applied Statistics*, Vol. 27, No. 5, pp. 527–540.
Hand, D.J.; Blunt, G.; Kelly, M.G.; and Adams, N.M. (2000) "Data Mining for Fun and Profit," *Statistical Science*, Vol. 15, No. 2, pp. 111–131.
Haruf, K. (1999) *Plainsong*, New York: Vintage Books, ISBN 0-375-705-856.
Haveman, R. (1988) *Starting Even: An Equal Opportunity Program to Combat the Nation's New Poverty*, New York, NY: Simon and Schuster, ISBN 0-671-66762-9.
Heckman, J.J. (1976) "The common structure of statistical models of truncation, sample selection and limited dependent variables and a simple estimator for such models," *Annals of Economic and Social Measurement*, Vol. 5, No. 4, pp. 475–492.
Heckman, J.J. (1979) "Sample-selection bias as a specification error," *Econometrica*, Vol. 47, No. 1, pp. 153–161.
Heckman, J.J. (1998) "Detecting Discrimination," *Journal of Economic Perspectives*, Vol. 12, No. 2, pp. 101–116.
Hinterlong, J.; and Johnson, E. (2000) "Integrating Best Practice Guidelines with Technology: Shaping Policies for Family Economic Development," paper presented at the Annual Meeting of the Council on Social Work Education.
Hirad, A.; and Zorn, P.M. (2001) "A Little Knowledge is a Good Thing: Empirical Evidence of the Effectiveness of Pre-Purchase Homeownership Counseling," Freddie Mac, http://www.freddiemac.com/corporate/reports/pdf/homebuyers_study.pdf.
H.M. Treasury. (2003) "Detailed Proposals for the Child Trust Fund," London, http://www.hm-treasury.gov.uk/media/C7914/child_trust_fund_proposals_284.pdf.
H.M. Treasury. (2001) "Savings and Assets for All," The Modernisation of Britain's Tax and Benefit System, No. 8, London.
Hoch, S.J.; and Loewenstein, G.F. (1991) "Time-inconsistent Preferences and Consumer Self-Control," *Journal of Consumer Research*, Vol. 17, pp. 492–507.
Hogarth, J.M., and Lee, J. (2000) "Banking Relationships of Low-to-Moderate Income Households: Evidence from the 1995 and 1998 Surveys of Consumer Finances," Paper presented at the Inclusion in Asset Building: Research and Policy Symposium, Center for Social Development, Washington University in Saint Louis, Sept. 21-23, http://gwbweb.wustl.edu/csd/Publications/2000/wp00-13.pdf.
Hogarth, J.M.; and O'Donnell, K.H. (1999) "Banking Relationships of Lower-Income Families and the Government Trend toward Electronic Payment," *Federal Reserve Bulletin*, July, pp. 459–473.
Hogarth, J.M.; and Swanson, J. (1995) "Using Adult-Education Principles in Financial Education for Low-Income Audiences," *Family Economics and Resource Management Biennial*, pp. 139–146.
Holden, S.; and VanDerhei, J. (2001) "401(k) Plan Asset Allocation, Account Balances, and Loan Activity in 2000," *Investment Company Institute Perspective*, Vol. 7, No. 5, pp. 1–27, http://www.ici.org/pdf/per07-05.pdf.
Holtz-Eakin, D.; Joulfaian, D.; and Rosen, H.S. (1994) "Sticking It Out: Entrepreneurial Survival and Liquidity Constraints," *Journal of Political Economy*, Vol. 102, No. 1, pp. 53–75.
Howard, C. (1997) *The Hidden Welfare State: Tax Expenditures and Social Policy in the United States*. Princeton, NJ: Princeton University Press, ISBN 0-691-02646-7.
Hubbard, R.G.; and Skinner, J.S. (1996) "Assessing the Effectiveness of Saving Incentives," *Journal of Economic Perspectives*, Vol. 10, No. 4, pp. 73–90.
Hubbard, R.G.; Skinner, J.S.; and Zeldes, S.P. (1995) "Precautionary Savings and Social

Insurance," *Journal of Political Economy*, Vol. 103, No. 2, pp. 360–399.
Hubbard, R.G.; Skinner, J.S.; and Zeldes, S.P. (1994) "Expanding the Life-Cycle Model: Precautionary Saving and Public Policy," *American Economic Review*, Vol. 84, No. 2, pp. 174–179.
Huberman, G.; Iyengar, S.; and Jiang, W. (2003) "Defined-Contribution Pension Plans: Determinants of Participation and Contribution Rates," Columbia Business School.
Hurley, J.F. (2002) *The Best Way to Save for College: A Complete Guide to 529 Plans*, Pittsford, NY: BonaCom, ISBN 0–9670322–6–1.
Hurst, E.; and Ziliak, J.P. (2004) "Do Welfare Asset Limits Affect Household Saving? Evidence from Welfare Reform," National Bureau of Economic Research Working Paper No. 10487, http://www.nber.org/w10487.
Ippolito, R. (1997) *Pension Plans and Employee Performance: Evidence, Analysis, and Policy*, Chicago: University of Chicago Press, ISBN 0–226–384551.
Iskander, M. (2003) "Evaluating Your IDA Investment: Three Tough Questions to Ask Grant Recipients," manuscript, Yale Law School.
Jacob, K.; Hudson, S.; and Bush, M. (2000) *Tools for Survival: An Analysis of Financial-Literacy Programs for Lower-Income Families*, Chicago, IL: Woodstock Institute, http://woodstockinst.org/document/toolsforsurvival.pdf.
Johnson, C. (2000) "Welfare Reform and Asset Accumulation: First We Need a Bed and a Car," *Wisconsin Law Review*, Vol. 6, pp. 1221–1290.
Johnson, E.; Hinterlong, J.; and M. Sherraden. (2001) "Strategies for Creating MIS Technology to Improve Social Work Practice and Research," *Journal of Technology for the Human Services*, Vol. 18, No. 3/4, pp. 5–22.
Johnson, E.; Ssewamala, F.; Sherraden, Ma.; and McBride, A.M. (2003) "Programs that Promote Asset-Accumulation and Economic Justice: Implications for Social Work," paper presented at the Council on Social Work Education Annual Conference, February 27 to March 3.
Joines, D.H.; and Manegold, J.H. (1991) "IRAs and Saving: Evidence from a Panel of Taxpayers," Research Working Paper No. 91–05, Federal Reserve Bank of Kansas City.
Joulfaian, D.; and Richardson, D. (2001) "Who Takes Advantage of Tax-Deferred Savings Programs? Evidence from Federal Income-Tax Data," *National Tax Journal*, Vol. 54, No. 3, pp. 669–688.
Kafer, K. (2004) "Refocusing Higher Education Aid on Those Who Need It," Backgrounder No. 1753, Washington, DC: Heritage Foundation, http://www.heritage.org/research/education/bg1753.cfm.
Kahneman, D.; and Tversky, A. (1979) "Prospect Theory: An Analysis of Decision under Risk," *Econometrica*, Vol. 47, No. 2, pp. 263–291.
Kasarda, J.D. (1995) "Industrial Restructuring and the Changing Location of Jobs"; pp. 215–267 in R. Farley (ed.) *State of the Union: America in the 1990s, Volume One: Economic Issues*. New York, NY: Russell Sage Foundation, ISBN 0–87154–240–4.
Katz Reid, C. (2004) "Achieving the American Dream? A Longitudinal Analysis of Homeownership Experiences of Low-Income Households," Center for Studies in Demography and Ecology Working Paper 04–04, University of Washington.
Kempson, E.; McKay, S.; and Collard, S. (2003) "Evaluation of the CFLI and Saving Gateway Pilot Projects," Personal Finance Research Centre, University of Bristol, http://www.ggy.bris.ac.uk/research/pfrc/publications/SG_report_Oct03.pdf.
Kennedy, P. (1998) *A Guide to Econometrics, Fourth Edition*. Cambridge, MA: MIT Press, ISBN 0–262–11235–3.
Kessler, G. (2000) "Gore to detail retirement savings plan," *Washington Post*, June 19,

p. A01.

Kim, A.S. (2002) "Taken for a Ride: Subprime Lenders, Automobiles, and the Working Poor," Policy Report, Washington, DC: Progressive Policy Institute, www.ppionline.org/ppi_ci.cfm?knlgAreaID=114&subsecID=143 &contentID=251014.

King, G. (1986) "How Not to Lie with Statistics: Avoiding Common Mistakes in Quantitative Political Science," *American Journal of Political Science*, Vol. 30, pp. 666–687.

King, M. (1985) "The Economics of Saving: A Survey of Recent Contributions," pp. 227–295 in K.J. Arrow and S. Honkapohja (eds.) *Frontiers of Economics*, Oxford: Basil Blackwell, ISBN 0-63-1134-085.

Kingston, P.W. (1994) "Having a Stake in the System: The Sociopolitical Ramifications of Business and Home Ownership," *Social Science Quarterly*, Vol. 75, No. 3, pp. 679–686.

Kosanovich, W.T.; and Fleck, H. (2001) "Final Report: Comprehensive Assessment of Self-Employment Assistance Programs," DTI Associates, Inc. and Madonna Yost Opinion Research for the U.S. Department of Labor.

Ladd, H.F. (1998) "Evidence on Discrimination in Mortgage Lending," *Journal of Economic Perspectives*, Vol. 12, No. 2, pp. 41–62.

Lazear, D. (1999) "Implementation and Outcomes of an Individual Development Account Project," Center for Social Development, Washington University in Saint Louis, http://gwbweb.wustl.edu/csd/Publications/1999/researchreportlazear.pdf.

Levenson, A.R.; and Maloney, W.F. (1996) "The Informal Sector, Firm Dynamics, and Institutional Participation," Milken Institute for Job and Capital Formation Working Paper 96-3.

Lewis, E.M. (1990) *An Introduction to Credit Scoring*, San Rafael: Athena Press, ISBN 99-956-4223-9.

Lewis, O. (1966) *La Vida: A Puerto Rican Family in the Culture of Poverty—San Juan and New York*, New York, NY: Random House, ISBN 0-39-4450-469.

Lindley, J.T.; Selby, E.B., Jr.; and Jackson, J.D. (1984) "Racial Discrimination in the Provision of Financial Services," *American Economic Review*, Vol. 74, No. 4, pp. 735–741.

Lipton, M.; and Ravallion, M. (1995) "Poverty and Policy," pp. 2553–2657 in J. Behrman and T.N. Srinivasan (eds.) *Handbook of Development Economics, Volume IIIB*, Amsterdam: Elsevier, ISBN 0-444-82302-6.

Littlefield, E.; Morduch, J.; and Hashemi, S. (2003) "Is Microfinance an Effective Strategy to Reach the Millennium Development Goals?" Focus Note No. 24, Washington, DC; Consultative Group to Assist the Poorest, http://www.cgap.org/assets/images/FOCUS24_MDGs.pdf.

Long, M. (2003) "The impact of asset-tested college financial aid on household savings," *Journal of Public Economics*, Vol. 88, pp. 63–88.

Losby, J.L.; Kingslow, M.E.; and Else, J.F. (2003) "The Informal Economy: Experiences of African Americans," Washington, DC: Aspen Institute, ISBN 0-89843-384-3.

Losby, J.L.; Else, J.F.; Kingslow, M.E.; Edgcomb, E.L.; Malm, E.T.; and Kao, V. (2002) "Informal Economy Literature Review," Washington, DC: Aspen Institute, http://fieldus.org/li/pdf/InformalEconomy.pdf.

Loury, G.C. (1998) "Discrimination in the Post-Civil Rights Era: Beyond Market Interactions," *Journal of Economic Perspectives*, Vol. 12, No. 2, pp. 117–126.

Lovie, A.D.; and Lovie, P. (1986) "The Flat Maximum Effect and Linear Scoring Models for Prediction," *Journal of Forecasting*, Vol. 5, pp. 159–168.

Lusardi, A. (2000) "Explaining Why So Many Households Do Not Save," manuscript. University of Chicago, http://harrisschool.uchicago.edu/pdf/wp_00_1.pdf.

Madrian, B.C.; and Shea, D.F. (2001) "The Power of Suggestion: Inertia in 401(k) Participation and Savings Behavior," *Quarterly Journal of Economics*, Vol. 116, No. 4, pp. 1149–1187.

Maital, S. (1986) "Prometheus Rebound: On Welfare-Improving Constraints," *Eastern Economic Journal*, Vol. 12, No. 3, pp. 337–344.

Maital, S.; and Maital, S.L. (1994) "Is the Future What It Used To Be? A Behavioral Theory of the Decline of Saving in the West," *Journal of Socio-Economics*, Vol. 23, No. 1/2, pp. 1–32.

Manski, C.F. (1995) "Learning about Social Programs from Experiments with Random Assignment of Treatments," Institute for Research on Poverty Discussion Paper No. 1061-95, http://www.ssc.wisc.edu/irp/pubs/dp106195.pdf.

Massey, D.S.; and Denton, N.A. (1994) *American Apartheid: Segregation and the Making of the Underclass*, Cambridge, MA: Harvard University Press, ISBN 0–67–401821–4.

Massey, D.S.; and Lundy, G. (1998) "Use of Black English and Racial Discrimination in Urban Housing Markets: New Methods and Findings," Population Studies Center, University of Pennsylvania, http://www.ksg.harvard.edu/inequality/Seminar/Papers/Massey.PDF.

McBride, A.M.; Sherraden, M.S.; Johnson, E. and Ssewamala, F. (2003) "How Do Poor People Save Money? Implications for Social Work," poster presented at Society for Social Work and Research Annual Conference, Washington, DC, January 16.

McBride, A.M.; Lombe, M.; and Beverly, S.G. (2003) "The Effects of Individual Development Account Programs: Perceptions of Participants," *Social Development Issues*, Vol. 25, Nos. 1–2, pp. 59–73.

McCloskey, D.N. (1985) "The Loss Function Has Been Mislaid: The Rhetoric of Significance Tests," *American Economic Review*, Vol. 75, No. 2, pp. 201–205.

McCullough, B.D.; and Vinod, H.D. (2003) "Verifying the Solution from a Nonlinear Solver: A Case Study," *American Economic Review*, Vol. 93, No. 3, pp. 873–892.

Meyer, R.L.; and Nagarajan, G. (1992) "An Assessment of the Role of Informal Finance in the Development Process," pp. 644–654 in G.H. Peters and B.F. Stanton (eds.) *Sustainable Agricultural Development: The Role of International Cooperation*, Dartmouth, ISBN 1–855–21272–2.

Miller, D.J. (2003) "Everything You Own Belongs to the Land: Land, Community, and History in Tillery, North Carolina," Center for Social Development Working Paper No. 03–22, Washington University in Saint Louis, http://gwbweb.wustl.edu/csd/Publications/2003/WP03-22.pdf.

Milligan, K. (2002) "Tax Preferences for Education Saving: Are RESPs Effective?" Commentary No. 174, C.D. Howe Institute.

Milligan, K. (2003) "How Do Contribution Limits Affect Contributions to Tax-Preferred Savings Accounts?" *Journal of Public Economics*, Vol. 87, pp. 253–281.

Mills, G.; Patterson, R.; Orr, L.; and DeMarco, D. (2004) "Evaluation of the American Dream Demonstration: Final Evaluation Report," Cambridge, MA: Abt Associates.

Miranda, M.J.; and Fackler, P.L. (2002) *Applied Computational Economics and Finance*, Cambridge, MA: MIT Press, ISBN 0-262-13420-9.

Mischel, W. (1977) "The Interaction of Person and Situation," pp. 333–352 in D. Magnusson and N. S. Endler (eds.) *Personality at the Crossroads: Current Issues in Interactional Psychology*, Hillsdale, NJ: Lawrence Erlbaum Associates, ISBN 0–470–99135–6.

Moffitt, R. (1986) "Work Incentives in the AFDC System: An Analysis of the 1981 Reforms," *American Economic Review*, Vol. 76, No. 2, pp. 219–223.

Moffitt, R. (1990) "The Econometrics of Kinked Budget Constraints," *Journal of Eco-*

nomic Perspectives, Vol. 4, No. 2, pp. 119–139.

Moffitt, R. (1991) "Program Evaluation with Non-Experimental Data," *Evaluation Review*, Vol. 15, No. 3, pp. 291–314.

Montgomery, M.; Johnson, T.; and S. Faisal. (2000) "Who Succeeds at Starting a Business? Evidence from the Washington Self-Employment Demonstration," Grinnell College, http://web.grinnell.edu/individuals/montgome/Start%20Business.PDF.

Moore, A.; Beverly, S.; Sherraden, M.; Sherraden, M.; Johnson, L.; and Schreiner, M. (2000) "How Do Low-Income Individuals Save, Deposit, and Maintain Financial Assets?" Paper presented at the Inclusion in Asset Building: Research and Policy Symposium, Center for Social Development, Washington University in Saint Louis, Sept. 21–23.

Moore, A.; Beverly, S.; Schreiner, M.; Sherraden, M.; Lombe, M.; Cho, E. Y.; Johnson, L.; and Vonderlack, R. (2001) "Saving, IDA Programs, and the Effects of IDAs: A Survey of Participants," Center for Social Development, Washington University in Saint Louis, http://gwbweb.wustl.edu/csd/Publications/2001/shortsurveyreport.pdf.

Morris, G.A.; and Meyer, R.L. (1993) "Women and Financial Services in Developing Countries: A Review of the Literature," Economics and Sociology Occasional Paper No. 2056, The Ohio State University.

Mullainathan, S.; and Thaler, R.H. (2000) "Behavioral Economics," National Bureau of Economic Research Working Paper No. 7948, http://www.nber.org/papers/w7948.

Munnell, A.H.; Sundén, A.; and Taylor, C. (2002) "What Determines 401(k) Participation and Contributions?" *Social Security Bulletin*, Vol. 64, No. 3, pp. 64–75.

Munnell, A.H.; Tootell, G.M.B.; Browne, L.E.; and McEneaney, J. (1996) "Mortgage Lending in Boston: Interpreting HMDA Data," *American Economic Review*, Vol. 86, No. 1, pp. 25–53.

Neumark, D.; and Powers, E. (1998). "The Effect of Means-Tested Income Support for the Elderly on Pre-Retirement Saving: Evidence from the SSI Program in the United States," *Journal of Public Economics*, Vol. 68, No. 2, pp. 181–206.

Ng, G.T. (2001) "Costs of IDAs and Other Capital-Development Programs," Center for Social Development Working Paper No. 01–8, Washington University in Saint Louis, http://gwbweb.wustl.edu/csd/Publications/2001/wp01-8.pdf.

Oaxaca, R. (1973) "Male-Female Wage Differentials in Urban Labor Markets," *International Economic Review*, Vol. 14, No. 3, pp. 693–709.

Oliver, M.L.; and Shapiro, T.M. (1995) *Black Wealth/White Wealth: A New Perspective on Racial Inequality*, New York: Routledge, ISBN 0–415–91375–6.

Olney, M.L. (1998) "When Your Word Is Not Enough: Race, Collateral, and Household Credit," *Journal of Economic History*, Vol. 58, No. 2, pp. 408–431.

Ong, P.M. (1996) "Work and Automobile Ownership among Welfare Recipients," *Social Work Research*, Vol. 20, No. 4, pp. 255–262.

Orme, J.G.; and Reis, J. (1991) "Multiple Regression with Missing Data," *Journal of Social Service Research*, Vol. 15, No. 1/2, pp. 61–91.

Orr, L.L. (1999) *Social Experiments: Evaluating Public Programs with Experimental Methods*, Thousand Oaks, CA: Sage, ISBN 0-7619-1294-0.

Orszag, P.R. (2001) "Asset Tests and Low Saving Rates among Lower-Income Families," Center on Budget and Policy Priorities, http://www.cbpp.org/4-13-01wel.pdf.

Orszag, P.R.; and Hall, M.G. (2003) "The Saver's Credit," Tax Policy Center, The Brookings Institution, http://www.taxpolicycenter.org/taxfacts.

Orszag, P.R.; and Greenstein, R. (2004) "Progressivity and Government Incentives to Save," Building Assets, Building Credit Working Paper No. 04–16, Joint Center for Housing Studies, Harvard University, http://www.jchs.harvard.edu/publications/finance/babc/babc_04-16.pdf.

Owens, J.V.; and Wisniwiski, S.B. (1999) "Microsavings: What We Can Learn from

Informal Savings Schemes," manuscript.
Page-Adams, D. (2002) "Design, Implementation, and Administration of Individual Development Account Programs," Research Report, Center for Social Development, Washington University in Saint Louis, http://gwbweb.wustl.edu/csd/Publications/2002/PageAdamsResearchReport2002.pdf.
Papke, L.E. (1995) "Participation in and Contributions to 401(k) Pension Plans," *Journal of Human Resources*, Vol. 30, pp. 311–325.
Papke, L.E.; and Poterba, J.M. (1995) "Survey Evidence on Employer Match Rates and Employee Saving Behavior in 401(k) Plans," *Economics Letters*, Vol. 49, pp. 313–317.
Plotnick, R.D.; and Deppman, L. (1999) "Using Benefit-Cost Analysis to Assess Child-Abuse Prevention and Intervention Programs," *Child Welfare*, Vol. 78, No. 3, pp. 381–407.
Poterba, J.M.; Venti, S.F.; and Wise, D.A. (1995) "Lump-Sum Distributions from Retirement Savings Plans: Receipt and Utilization," National Bureau of Economic Research Working Paper No. 5298, http://www.nber.org/papers/w5298.
Poterba, J.M.; Venti, S.F.; and Wise, D.A. (1996) "How Retirement Saving Programs Increase Saving," *Journal of Economic Perspectives*, Vol. 10, No. 4, pp. 91–112.
Powers, E. T. (1998) "Does Means-Testing Welfare Discourage Saving? Evidence from a Change in AFDC Policy in the United States," *Journal of Public Economics*, Vol. 68, pp. 33–53.
Prelec, D.; and Loewenstein, G. (1998) "The Red and the Black: Mental Accounting of Savings and Debt," *Marketing Science*, Vol. 17, No. 1, pp. 4–28.
Pritchett, L. (2002) "It Pays to be Ignorant: A Simple Political Economy of Rigorous Program Evaluation," *Journal of Policy Reform*, Vol. 5, No. 4, pp. 251–269.
Pudney, S. (1989) *Modeling Individual Choice: The Econometrics of Corners, Kinks, and Holes*, Cambridge, MA: Basil Blackwell, ISBN 0-631-14589-3.
Pyle, D. (1999) *Data Preparation for Data Mining*, San Francisco: Morgan Kaufmann, ISBN 1-55860-529-0.
Ramsey, F.P. (1929) "A Mathematical Theory of Saving," *Economic Journal*, 38(152), pp. 543–559.
Ravaillon, M. (2001) "The Mystery of the Vanishing Benefits: An Introduction to Impact Evaluation," *World Bank Economic Review*, Vol. 15, No. 1, pp. 115–140.
Richardson, P. (1995) "401(k) Education Coming of Age," *Institutional Investor*, Vol. 29, No. 9, pp. 2–13.
Robinson, M.S. (2001) *The Microfinance Revolution: Sustainable Finance for the Poor*, Washington, DC: World Bank, ISBN 0–8213–4524–9.
Robinson, M.S. (1994) "Savings Mobilization and Microenterprise Finance: The Indonesian Experience," pp. 27–54 in María Otero and Elisabeth Rhyne (eds.) *The New World of Microenterprise Finance*, West Hartford: Kumarian, ISBN 1-56549-031-2.
Romich, J.L.; and Weisner, T. (1999) "How Families View and Use the EITC: Advance-Payment Versus Lump-Sum Delivery," *National Tax Journal*, Vol. 53, No. 4, Part 2, pp. 1245–1264.
Rossi, P.H. (1987) "The Iron Law of Evaluation and Other Metallic Rules," pp. 3–20 in J.L. Miller and M. Lewis (eds.) *Research in Social Problems and Social Policy*, Vol. 4, ISBN 0–89232–560–7.
Royse, D. (1991) *Research Methods in Social Work*, Chicago: Nelson-Hall, ISBN 0-8304-1210-7.
Rutherford, S. (2000) *The Poor and Their Money*. Delhi: Oxford University Press, ISBN 0-195-65255-X.
Sawhill, I.V. (1988) "Poverty in the U.S.: Why is it so Persistent?" *Journal of Economic Literature*, Vol. 26, pp. 1073–1119.

Scanlon, E. (1996) "Homeownership and its Impacts: Implications for Housing Policy For Low-Income Families," Center for Social Development Working Paper No. 96-2, Washington University in Saint Louis.

Schreiner, M. (1999a) "Self-Employment, Microenterprise, and the Poorest Americans," *Social Service Review*, Vol. 73, No. 4, pp. 496–523.

Schreiner, M. (1999b) "Lessons for Microenterprise Programs from a Fresh Look at the Unemployment Insurance Self-employment Demonstration," *Evaluation Review*, Vol. 23, No. 5, pp. 503–526.

Schreiner, M. (2000a) "A Framework for Financial Benefit-Cost Analysis of Individual Development Accounts at the Experimental Site of the American Dream Demonstration," Center for Social Development, Washington University in Saint Louis, http://gwbweb.wustl.edu/csd/Publications/2000/researchdesignschreiner.pdf.

Schreiner, M. (2000b) "Resources Used in 1998 and 1999 to Produce Individual Development Accounts in the Experimental Program of the American Dream Demonstration at the Community Action Project of Tulsa County," Center for Social Development, Washington University in Saint Louis, http://gwbweb.wustl.edu/csd/Publications/2000/researchreportschreiner.pdf.

Schreiner, M. (2002a) "What Do Individual Development Accounts Cost? The First Three Years at CAPTC," Center for Social Development, Washington University in Saint Louis.

Schreiner, M. (2002b) "Data from the American Dream Demonstration Collected by the Management Information System for Individual Development Accounts Through December 31, 2001," Data Documentation, Center for Social Development, Washington University in Saint Louis.

Schreiner, M. (2002c) "Evaluation and Microenterprise Programs," *Journal of Microfinance*, Vol. 4, No. 2, pp. 67–91.

Schreiner, M. (2002d) "Scoring: The Next Breakthrough in Microfinance?" Occasional Paper No. 7, Washington, DC Consultative Group to Assist the Poorest, http://www.cgap.org/html/p-occasional-papers07.html.

Schreiner, M. (2004a) "Program Costs for Individual Development Accounts: Final Figures from CAPTC in Tulsa," Center for Social Development, Washington University in Saint Louis, http://www.microfinance.com/English/Papers/IDA_Costs_98_03.pdf.

Schreiner, M. (2004b) "Support for Microenterprise as Asset-Building: Concepts, Good Practices, and Measurement," Center for Social Development, Washington University in Saint Louis, http://www.microfinance.com/English/Papers/Microenterprise_as_Asset_Building.pdf.

Schreiner, M. (2004c) "Measuring Saving," Center for Social Development, Washington University in Saint Louis, http://www.microfinance.com/English/Papers/Measuring_Saving.pdf.

Schreiner, M. (2004d) "Match Rates, Individual Development Accounts, and Savings by the Poor," Center for Social Development, Washington University in St. Louis, http://www.microfinance.com/English/Papers/Match Rates.pdf..

Schreiner, M.; Sherraden, M.; Clancy, M.; Johnson, L.; Curley, J.; Zhan, M.; Beverly, S.; and Grinstein-Weiss, M. (2005) "Assets and the Poor: Evidence from Individual Development Accounts" pp. 185-215 in M. Sherraden (ed.) *Inclusion in the American Dream: Assets, Poverty, and Public Policy*, New York, NY: Oxford University Press, ISBN 0-19-516819-4.

Schreiner, M.; Matul, M.; Pawlak, E.; and Kline, S. (2004) "The Power of Prizma's Poverty Scorecard: Lessons for Microfinance," Saint Louis, MO: Microfinance Risk Management.

Schreiner, M.; and Sherraden, M. (2005) "Drop-Out from Individual Development Accounts: Prediction and Prevention," *Financial Services Review*, Vol. 14, No. 1,

pp. 31-54.
Schreiner, M.; Ng, G.T.; and M. Sherraden. (2003) "Cost-Effectiveness in Social Work Practice: A Framework with Application to Individual Development Accounts," Center for Social Development, Washington University in Saint Louis.
Schreiner, M.; and G. Woller. (2003) "Microenterprise in the First and Third Worlds," *World Development*, Vol. 31, No. 9, pp. 1567–1580.
Schreiner, M.; Clancy, M.; and M. Sherraden. (2002) *Saving Performance in the American Dream Demonstration: Final Report*, Center for Social Development, Washington University in Saint Louis, http://gwbweb.wustl.edu/csd/Publications/2002/ADDreport2002.pdf.
Schreiner, M.; and J. Morduch. (2002) "Opportunities and Challenges for Microfinance in the United States," pp. 19–61 in J. Carr and Z.-Y. Tong (eds.) *Replicating Microfinance in the United States*, Washington, DC: Woodrow Wilson Center Press, ISBN 1-930365-10-1.
Schreiner, M.; Sherraden, M.; Clancy, M.; Johnson, L.; Curley, J.; Grinstein-Weiss, M.; Zhan, M.; and S. Beverly. (2001) *Savings and Asset Accumulation in Individual Development Accounts*, Center for Social Development, Washington University in Saint Louis, http://gwbweb.wustl.edu/csd/Publications/2001/ADDreport2001/index.htm.
Schwartz, S. (2001) "'A Feather in the Scales of Our Difficulties': The Problems and Prospects of IDAs," manuscript, Carleton University.
Seidman, L.S. (2001) "Assets and the Tax Code," pp. 324–356 in T.M. Shapiro and E.N. Wolff (eds.) *Assets and the Poor: The Benefits of Spreading Asset Ownership*, New York, NY: Russell Sage, ISBN 0-87154-949-2.
Sen, A.K. (1999) *Commodities and Capabilities*, Oxford: Oxford University Press, ISBN 0-1956-50-387.
Sen, A.K. (1985) *Commodities and Capabilities*, Amsterdam: North-Holland, ISBN 0-444-877-304
Servon, L.J.; and Bates, T. (1998) "Microenterprise as an Exit Route from Poverty: Recommendations for Programs and Policy Makers," *Journal of Urban Affairs*, Vol. 20, No. 4, pp. 419–441.
Shapiro, T.M; and E.N. Wolff. (2001) *Assets for the Poor: The Benefits of Spreading Asset Ownership*, New York, NY: Russell Sage Foundation, ISBN 0-87154-949-2.
Shefrin, H.M.; and Thaler, R.H. (1988) "The Behavioral Life-Cycle Hypothesis," *Economic Journal*, Vol. 26, pp. 609–643.
Sherraden, M. S.; McBride, A.M.; Hanson, S.; and Johnson, L. (2004) "The Meaning of Savings in Low-Income Households: Evidence from Individual Development Accounts," Center for Social Development, Washington University in Saint Louis.
Sherraden, M. S.; Williams, T; McBride, A.M.; Ssewamala, F. (2003a) "Creating Hope for the Future: Building Assets in Low-Income Households," presented at Society for Social Work and Research Annual Conference, Washington, DC, January 17.
Sherraden, M. S.; Williams, T; McBride, A.M.; Ssewamala, F. (2003b) "Overcoming Poverty: Supported Savings as a Household Development Strategy," Center for Social Development Working Paper No. 04–13, Washington University in Saint Louis, http://gwbweb.wustl.edu/csd/Publications/2004/WP04-13.pdf.
Sherraden, M.S.; Moore, A.; and Hong, P. (2000) "Savers Speak: Case Studies of IDA Participants," presentation at Society for Social Work Research, Charleston, South Carolina, January 31.
Sherraden, M. (1988) "Rethinking Social Welfare: Toward Assets," *Social Policy*, Vol. 18, No. 3, pp. 37–43.
Sherraden, M. (1989) "Poverty and Transaction Costs," manuscript, Washington Uni-

versity in Saint Louis, sherrad@wustl.edu.
Sherraden, M. (1991) *Assets and the Poor: A New American Welfare Policy*. Armonk, NY: M.E. Sharpe, ISBN 0–87332–618–0.
Sherraden, M. (1997) "Social Security in the 21st Century," pp. 121–140 in J. Midgley and M. Sherraden (eds.) *Alternatives to Social Security in the 21st Century: An International Inquiry*, Westport, CT: Auburn House, ISBN 0-865-6924-59.
Sherraden, M. (1999a) "Key Questions in Asset-Building Research, Revised," Center for Social Development, Washington University in Saint Louis.
Sherraden, M. (1999b) "Building Assets among African-American Males," pp. 315–331 in L.E. Davis (ed.), *Working with African-American Males: A Guide to Practice*, Thousand Oaks, CA: Sage, ISBN 0–7619–0471–9.
Sherraden, M. (2000) "On Costs and the Future of Individual Development Accounts," Center for Social Development, Washington University in Saint Louis, http://gwbweb.wustl.edu/csd/Publications/2000/perspectivesherradenoct2000.pdf.
Sherraden, M. (2001a) "Asset-Building Policy and Programs for the Poor," pp. 302–323 in T.M. Shapiro and E.N. Wolff (eds.) *Assets for the Poor: The Benefits of Spreading Asset Ownership*, New York, NY: Russell Sage Foundation, ISBN 0–87154–949–2.
Sherraden, M. (2001b) "Assets and the Poor: Implications for Individual Accounts and Social Security," Testimony to the President's Commission on Social Security, Washington, DC, October 18, http://gwbweb.wustl.edu/csd/Publications/2001/Sherraden_testimony.pdf.
Sherraden, M. (2003). "Individual Accounts in Social Security: Can They Be Progressive?" *International Journal of Social Welfare*, Vol. 12, No. 2, pp. 97–107.
Sherraden, M. (2005) *Inclusion in the American Dream: Assets, Poverty, and Public Policy*, New York, NY: Oxford University Press, ISBN 0-19-516819-4.
Sherraden, M.; and Barr, M.S. (2004) "Institutions and Inclusion in Saving Policy," Building Assets, Building Credit Working Paper No. 04–15, Joint Center for Housing Studies, Harvard University, http://www.jchs.harvard.edu/publications/finance/babc/babc_04-15.pdf.
Sherraden, M; Schreiner, M.; and S. Beverly. (2003) "Income and Saving Performance in Individual Development Accounts," *Economic Development Quarterly*, Vol. 17, No. 1, pp. 95–112.
Sherraden, M.; Johnson, L.; Clancy, M.; Beverly, S.; Schreiner, M.; Zhan, M.; and Curley, J. (2000) *Savings Patterns in IDA programs—Down Payments on the American Dream Policy Demonstration*. Center for Social Development, Washington University in Saint Louis, http://gwbweb.wustl.edu/csd/Publications/2000/ADDreport2000/index.htm.
Sherraden, M.; Page-Adams, D.; Johnson, L.; Scanlon, E.; Curley, J.; Zhan, M.; Bady, F.; and Hinterlong, J. (1999) *Down Payments on the American Dream Policy Demonstration*, Start-Up Evaluation Report, Center for Social Development, Washington University in Saint Louis, http://gwbweb.wustl.edu/csd/Publications/1999/Startup_ADDreport/index.htm.
Sherraden, M.; Page-Adams, D.; Emerson, S.; Beverly, S.; Scanlon, E.; Cheng, L.-C.; Sherraden, M. S.; and Edwards, K. (1995) *IDA Evaluation Handbook: A Practical Guide and Tools for Evaluation of Pioneering IDA Projects*, Center for Social Development, Washington University in Saint Louis, http://gwbweb.wustl.edu/csd/Publications/1995/IDA_Evaluation_Handbook.pdf.
Skinner, J.S. (1997) "Comment," pp. 331–338 in Alan J. Auerbach (ed.) *Fiscal Policy: Lessons from Economic Research*, Cambridge, MA: MIT Press, ISBN 0–262–01160–3.

Slemrod, J. (2003) "Thanatology and Economics: The Behavioral Economics of Death," *American Economic Review*, Vol. 93, No. 2, pp. 371–375.

Smeeding, T.M. (2000) "The EITC and USAs/IDAs: Maybe a Marriage Made in Heaven?" Center for Social Development Working Paper 00–18, Washington University in Saint Louis, http://gwbweb.wustl.edu/csd/Publications/2000/wp00-18.pdf.

Smeeding, T.M.; Phillips, K.R.; and O'Conner, M. (2000) "The EITC: Expectation, Knowledge, Use, and Economic and Social Mobility," *National Tax Journal*, Vol. 53, pp. 1187–1209.

Smith, P. (1979) "Splines as a Useful and Convenient Statistical Tool," *American Statistician*, Vol. 33, No. 2, pp. 57–62.

Smyth, D.J. (1993) "Toward a Theory of Saving," pp. 47–107 in J.H. Gapenski (ed.) *The Economics of Saving*, Boston: Kluwer, ISBN 0–7923–9256–6.

Souleles, N.S. (1999) "The Response of Household Consumption to Income-Tax Refunds," *American Economic Review*, Vol. 89, No. 4, pp. 947–958.

Spalter-Roth, R.M.; Hartmann, H.I.; and Shaw, L.B. (1993) "Exploring the Characteristics of Self-Employment and Part-Time Work among Women," Washington, DC: Institute For Women's Policy Research.

Ssewamala, F.M. (2003) *Savings for Microenterprise in Individual Development Accounts: Factors Related to Performance*, unpublished Ph.D. dissertation, Washington University in Saint Louis.

Ssewamala, F.M.; and Sherraden, M. (2004). "Integrating Savings Into Microenterprise Programs for the Poor: Do Institutions Matter?" Center for Social Development Working Paper No. 04–05, Washington University in Saint Louis, http://gwbweb.wustl.edu/csd/Publications/2004/WP04-05.pdf.

Stoesz, D.; and Saunders, D. (1999) "Welfare Capitalism: A New Approach to Poverty Policy?" *Social Service Review*, Vol. 73, No. 3, pp. 380–400.

Suits, D.B.; Mason, A.; and Chan, L. (1978) "Spline Functions Fitted by Standard Regression Methods," *Review of Economics and Statistics*, Vol. 60, No. 1, pp. 132–139.

Taylor, M. (1999) "Survival of the Fittest? An Analysis of Self-Employment Duration in Britain," *Economic Journal*, Vol. 109, pp. C140–C155.

Thaler, R.H. (1990) "Saving, Fungibility, and Mental Accounts," *Journal of Economic Perspectives*, Vol. 4, No. 1, pp. 193–205.

Thaler, R.H. (1992) "How to Get Real People to Save," pp. 143–159 in M.H. Kosters (ed.) *Personal Saving, Consumption, and Tax Policy*, Washington, DC: American Enterprise Institute, ISBN 0–8447–7015–9.

Thaler, R.H. (1994) "Psychology and Savings Policies," *American Economic Review*, Vol. 84, No. 2, pp. 186–192.

Thaler, R.H. (2000) "From *Homo Economicus* to *Homo Sapiens*," *Journal of Economic Perspectives*, Vol. 14, No. 1, pp. 133–141.

Thaler, R.H.; and Shefrin, H.M. (1981) "An Economic Theory of Self-Control," *Journal of Political Economy*, Vol. 89, No. 2, pp. 392–406.

Thaler, R.H.; and Sunstein, C.R. (2003) "Libertarian Paternalism," *American Economic Review*, Vol. 93, No. 2, pp. 175–179.

VanDerhei, J.; and Copeland, C. (2001) "A Behavioral Model for Predicting Employee Contributions to 401(k) Plans: Preliminary Results," *North American Actuarial Journal*, Vol. 5, No. 1, pp. 80–94.

Varian, H.R. (2004) "Analyzing the Marriage Gap," *New York Times*, July 29, p. C2.

Venti, S.F.; and Wise, D.A. (1986) "Tax-Deferred Accounts, Constrained Choice, and Estimation of Individual Saving," *Review of Economic Studies*, Vol. 53, No. 4, pp. 579–601.

Vonderlack, R.M.; and Schreiner, M. (2002) "Women, Microfinance, and Savings: Lessons and Proposals," *Development in Practice*, Vol. 12, No. 5, pp. 602–612.

Wainer, H. (1976) "Estimating Coefficients in Linear Models: It Don't Make No Nevermind," *Psychological Bulletin*, Vol. 83, pp. 213–217.
Wayne, L. (1999) "U.S.A. Accounts Are New Volley in Retirement Savings Debate," *New York Times*, Jan. 24, p. 4.
Williams, T.R. (2003) "Asset-Building Policy as a Response to Wealth Inequality: Drawing Implications from the Homestead Act," *Social Development Issues*, Vol. 25, No. 1–2, pp. 47–58.
Wolff, E.N. (2004) "Changes in Household Wealth in the 1980s and 1990s in the United States," Levy Economics Institute Working Paper No. 407, http://www.levy.org/2/bin/datastore/pubs/files/wp/407.pdf.
Wolff, E.N. (1998) "Recent Trends in the Size Distribution of Household Wealth," *Journal of Economic Perspectives*, Vol. 12, No. 3, pp. 131–150.
Woo, L.G.; Schweke, F.W.; and Buchholz, D.E. (2004) "Hidden in Plan Sight: A Look at the $335 Billion Federal Asset-Building Budget," Washington, DC: Corporation for Enterprise Development, http://content.knowledgeplex.org/kp2/cache/kp/24095.pdf.
Yinger, J. (1998) "Evidence on Discrimination in Consumer Markets," *Journal of Economic Perspectives*, Vol. 12, No. 2, pp. 23–40.
Yinger, J. (1986) "Measuring Racial Discrimination with Fair Housing Audits: Caught in the Act," *American Economic Review*, Vol. 76, pp. 881–893.
Zhan, M. (2003) "Savings Outcomes of Single Mothers in Individual Development Accounts," *Social Development Issues*, Vol. 25, Nos. 1–2, pp. 74–88.
Zhan, M.; Sherraden, M.; and Schreiner, M. (2004) "Welfare Recipiency and Savings Outcomes in Individual Development Accounts," *Social Work Research*, Vol. 28, No. 3, pp. 165-181.
Zhan, M.; and Schreiner, M. (2004) "Saving for Post-Secondary Education in Individual Development Accounts," Center for Social Development Working Paper No. 01–11, Wasington University in Saint Louis, http://gwbweb.wustl.edu/csd/Publications/2004/WP04-11.pdf.
Ziliak, J.P. (2003) "Income Transfers and Assets of the Poor," *Review of Economics and Statistics*, Vol. 85, No. 1, pp. 63–76.

索　引

1995 Survey of Consumer Finances（1995年消费者金融调查），100
401(K) plans（401（K）计划），16，51
 a priori choices and 401 (k) plans（优先选择与401（K）计划），32
 annual match caps and（年度配款上限和），52，281
 as a share of income（占收入比例），281
 deadlines and IDA policy（截止日期与个人发展账户政策），143-144
 deposit frequency and（存频次和），303
 excess balances and（超出的余额和），134
 inclusive asset-based policy and（包容的以资产为基础的政策和），3-4
 income from public transfers and（来自于公共转移支付的收入），39
 loans and（贷款和），244
 match rates（配款率），207
 non-IDA savings and（非个人发展账户储蓄和），237-238
 non-poor and（非穷人和），53
 penalties and（罚款和），60
 study of savings in（对储蓄的研究），265
 tax breaks and（税收减免和），30
 unmatched withdrawls and retirement savings（无配款取款与退休储蓄），141
 workplace financial education and（工作场所理财教育），241
529 College Savings Accounts（529大学储蓄账户）
 linking IDAs with（将个人发展账户与其联系起来），268
 match funds and（配款基金和），70
 roll-overs（转款），311
 financial aid and（金融支持和），183
 unmatched withdrawls and retirement savings（无配款取款与退休储蓄），141
Aaron, H. J., policy research and（阿伦，H. J.，政策研究），197
Account ownership and savings outcomes（账户所有权与储蓄结果），102-105
Ackerman, B.（阿克曼，B.）
 asset accumulation in IDAs（个人发展账户中的资产积累），153
 IDA movement and（个人发展账户运动和），18
Adams, D. W.（亚当斯，D. W.）
 automatic transfers and（自动转账和），57
 business loans and（商业贷款和），113
 low-cost withdrawls and（低成本取款和），59
 net IDA savings（个人发展账户净储蓄），149
Adams, N. M., net IDA savings and（亚当斯，N. M.，个人发展账户净储蓄和），195
Adults, ADD participants and（成年人，美国梦示范项目参与者和），88
ADVOCAP, IDA Programs（社区行动倡导项目，个人发展账户项目），70-71
Agarwal, S., car purchases（阿加瓦尔，S.，汽车购买），181
Age（年龄）
 ADD participants and（美国梦示范项目参与者和），84-85
 participant characteristics and（参与者特征和），265-268
 savings outcomes（储蓄结果），318-319
Aid for Families with Dependent Children(AFDC)（未成年儿童家庭补助（简称AFDC）），94，279
Ainslie, G.（安斯利，G.）
 behavioral theory and（行为理论和），223
 monthly deposits and（月存款和），34
Alamgir, D., women and spending patterns（阿拉

索 引 369

姆格，D., 女性与支出模式），257
Alstott, A.（奥尔斯托，A.）
 asset accumulation in IDAs（个人发展账户中的资产积累），153
 IDA movement and（个人发展账户运动），18
 Alternatives Federal Credit Union（替代联邦信用合作社），263
 IDA Programs and（个人发展账户项目和），72
Altonji, J. G., wealth gaps and（奥尔顿吉，J. G., 贫富差距和），268
American Dream Demonstration（美国梦示范项目）
 Assets for Independence Act (AFIA) and（独立资产法（简称 AFIA）），49-50
 Cumulative enrollments in（累计注册），83
 demographics of participants（参与者人口统计特征），84-86
 enrollment of participants（参与者注册），82
 enrollments by month and（每月注册人数），82
 financial education and（理财教育），55-56, 238-244
 gross deposits in ADD（美国梦示范项目总存款），129
 history of（历史），6-7
 host organizations, programs, and sites（主办组织、项目与项目点），46-48, 70-80
 IDA Design and（个人发展账户设计和），50-63
 inclusion of everyone and（包容所有人和），1
 key findings in（主要发现），7-9
 Management Information System for Individual Development Accounts（个人发展账户管理信息系统），63
 matchable uses in（配款用途），48
 overall results and implications（总体结果与意涵），11-13
 participant characteristics and（参与者特征和），8, 48-49, 317
 policy implications and（政策意涵和），9-11
 regression analysis and（回归分析），8
 research goals for（研究目的），45-46
 saving outcomes in（储蓄结果），306-313
Americks, J.（阿梅里克，J.）
 financial education and（理财教育和），56, 235
 unrestricted savings subsidies（不受限制的储蓄补贴），188
Anderson, R. G.., low-quality data and（安德森，R. G., 低质量数据和），69
Anderson, S., monthly deposits and（安德森，S., 月存款和），34
Andrews, E. S., match rates（安德鲁，E. S., 配款率和），208, 211
Angeletos, G. M.（安杰利托斯，G. M.）
 behavioral theory and（行为理论和），223
 short-term costs and（短期成本和），60
 unmatched withdrawls and IDA design（无配款取款与个人发展账户设计），141-143
Annual match caps, IDA Design（年度配款上限，个人发展账户设计），51-52
Ardener, S., gender and（阿登纳，S., 性别和），84
Armington, M. M.,informal income and（阿明顿,M. M., 非正式收入和），68
Aronson, R. L., small-business ownership and（阿伦森，R. L., 小企业所有权和），85
Arrow, K. J., discrimination and（阿罗，K. J., 歧视和），207
Ashraf, N.（阿什雷夫，N.）
 monthly deposits and（月存款和），34
 saving policy and（储蓄政策和），245
 Striking balance between plans and（在计划之间达成平衡和），61
Asset accumulation（资产积累）
 definition of（定义），19
 income from public transfers and（公共转移支付收入和），39
 savings outcomes（储蓄结果），309
Asset effects（资产效应），6
 feedback theory of（反馈理论），25-27
 theory of asset effects（资产效应理论），20-27
Asset ownership, IDA participants and（资产所有权，个人发展账户参与者和），96-111, 321-323
Asset shifting and reshuffling, participants in ADD（资产转移与重组，美国梦示范项目参与者），106-107
Asset subsidies, political economy of asset subsidies and（资产补贴，资产补贴的政治经济学和），38-40
Asset-based policy（以资产为基础的政策）
 participant characteristics and savings outcomes（参与者特征与储蓄结果），317
 program characteristics and savings outcomes（项目特征与储蓄结果），313-314

toward inclusion in（迈向包容性），305-306
toward inclusive asset-based policy（迈向包容的以资产为基础的政策），327-329
Asset-building, retirement savings and（资产建设，退休储蓄和），185-187
Asset-specific financial education（特定资产理财教育），239
Assets, subsidies for assets and（资产，资产补贴和），29
Assets for Independence Act (AFIA)（独立资产法）（简称 AFIA），18，49-50，245
Atkinson, A. B., greater equality and well-being（阿特金森，A. B.，更大程度的平等与福祉），42
Attanasio, O. P.（阿塔纳西奥，O. P.）
 asset accumulation in non-industrialized countries（非工业化国家的资产积累），18
 asset subsidies and（资产补贴和），40
Automatic transfers（自动转账）
IDA Design（个人发展账户设计），56-61，56
savings outcomes and（储蓄结果和），315-316
Automatic transfers（自动转账），227-229
Awareness, financial education and（意识，理财教育和），235-236
Ayers, I., racial wealth gaps and（艾尔，I，种族贫富差距和），272

Badu, Y. A.（巴杜，Y. A.）
 ADD participants and race（美国梦示范项目参与者与种族），85
 wealth gaps and（贫富差距和），269
Bailey, J.M., small business in rural areas（贝利，J. M.，农村地区的小企业），263
Baland, J. M., monthly deposits and（巴兰德，J. M.，月存款和），34
Balkin, S.（巴尔金，S.）
 microenterprise and（小企业和），175
 small-business owners and（小企业主和），90
Bank accounts（银行账户）
 ADD participants and（美国梦示范项目参与者和），322
 liquid assets in（流动资产），284-289
 participants in ADD（美国梦示范项目参与者），102
Bardach, E., policy research and（巴达克，E.，政策研究和），197
Barr, M. S., reshuffling assets and（巴尔，M. S.，重组资产和），187

Barrow, L.（巴罗，L.）
 Earned Income Tax Credit（所挣收入税收抵免），130-131
 excess balances and（超出的余额和），136
Bassett, W. F.（巴希特，W. F.）
 401(k)plans and IRA participation（401（k）计划与个人退休账户参与者），128
 match rates（配款率），208
Bates, T.（贝茨，T.）
 matched withdrawls（有配款取款），140
 self-employment and（自雇和），271
 small business operations and（小企业运营和），29，90
Bay Area IDA Collaborative, IDA Programs（湾区个人发展账户合作组织，个人发展账户项目），72-73
Bayer, P. J.（拜尔，P. J.）
 financial education and（理财教育和），56
 match rates（配款率），207-208
 retirement seminars and（退休研讨班和），238
 workplace financial education and（工作场所理财教育和），241
Becker, G. S.（贝克尔，G. S.）
 automatic transfers and（自动转账和），57
 financial education and（理财教育和），236
Behavioral strategies, saving strategies and（行为策略，攒钱策略和），237
Benartzi, S.（贝纳茨，S.）
 "liberatarian paternalism" and（"自由主义家长制"和），326
 behavioral theory and match caps（行为理论与配款上限），219
 Striking balance between plans and（在计划之间达成平衡和），61
Benjamin, D. J.（本杰明，D. J.）
 omitted characteristics and（遗漏特征和），195-197
 "reshuffled" assets and（"重组"资产和），306
 subsidized savings and（有补贴储蓄和），186
Berger, A. N., small business operations and（伯杰，A. N.，小企业运营和），29
Bernheim, B. D.（伯恩海姆，B. D.）
 asset accumulation in non-industrialized countries（非工业化国家的资产积累），18
 automatic transfers and（自动转账和），57
 behavioral theories of saving（攒钱的行为理论），32

behavioral theory and match caps（行为理论与配款上限），218，219
depreciation and（贬值和），40
financial education and（理财教育和），56，234-236，273
match caps and（配款上限和），54
match rates（配款率），207-208
"reshuffled" assets and（"重组"资产和），306
retirement planning and（退休规划和），185
retirement savings and（退休储蓄和），186
retirement seminars and（退休研讨班和），238
saving strategies and（攒钱策略和），233
shifting assets into IDAs（向个人发展账户转移资产），100
unmatched withdrawls and（无配款取款和），142
workplace financial education and（工作场所理财教育和），241

Bernstein, J.（伯恩斯坦，J.）
asset accumulation in IDAs（个人发展账户中的资产积累），153
business loans and（企业贷款和），115
poverty and IDAs（贫困与个人发展账户），41

Bertrand, M., employer discrimination and（伯特兰，M.，雇员歧视和），272

Berube, Alan, Earned Income Tax Credit（贝鲁布，艾伦，所挣收入税收抵免），130

Besley, T.（贝斯利，T.）
asset accumulation in non-industrialized countries（非工业化国家的资产积累），18
financial education and（理财教育和），235

Beverly, S.G.（贝弗利，S.G.）
asset accumulation and（资产积累和），60
automatic transfers and（自动转账和），57
behavioral theories of saving（攒钱的行为理论），32
car purchases（汽车购买），181
case studies of participants（参与者个案研究），46
Earned Income Tax Credit（所挣收入税收抵免），131
"envelop budgeting" and（包裹预算和），223
financial education and（理财教育和），234-235
IDA saving rates（个人发展账户储蓄率），309
IDAs and improved outlook on life（个人发展账户与改进对生活的看法），153
income and IDA savings outcomes（收入与个人发展账户储蓄结果），282
institutional features of IDAs（个人发展账户制度特征），156
institutional theory of saving and（攒钱的制度理论和），317
links between income and saving（收入与储蓄之间的关系），91
saving strategies and（攒钱策略和），237
unmatched withdrawls and（无配款取款和），142

Biddle, J. E., social importance of physical beauty（比德尔，J. E.，人体外在美的社会重要性），24

Birch, D. L., small business and job creation（伯奇，D. L.，小企业与创造就业岗位），184

Bird, E. J.（伯德，E. J.）
credit card debt（信用卡借贷），115
financial education and（理财教育和），56

Black, H., discrimination and（布莱克，H.，歧视和），275

Black, S., credit card debt（布莱克，S.，信用卡借贷），114

Blakin, S., matched withdrawls,（布莱金，S.，有配款取款），140

Blanchflower, D. G.（布兰奇弗劳尔，D. G.）
labor-market discrimination and（劳动力市场歧视和），271
self-employment and（自雇和），94
small-business ownership and（小企业所有权和），85

Blau, F. D.（布劳，F. D.）
ADD participants and race（美国梦示范项目参与者与种族），85
wealth gaps and（贫富差距和），268-269

Blinder, A. S.（布林德，A. S.）
non-audit regression studies and（非审计回归研究和），274
regression studies and discrimination（回归研究与歧视），259

Bonnen, J. T., policy research and（邦南，J. T.，政策研究和），197

Borleis, M. W., case studies and 401 (k) plans,（博莱斯，M. W.，个案研究与401（k）计划），237

Boshara, R.（博沙拉，R.）
home ownership and（住房所有权和），179
post-secondary education（高等教育），183

Bowles, S.（鲍尔斯，S.）

inheritances and（遗赠和），38
inter vivos transfers of education（教育在生者之间的转移），272
Breiman, L., omitted characteristics（布赖曼，L., 遗漏特征），195
Browning, M.（布朗宁，M.）
　asset accumulation in non-industrialized countries（非工业化国家的资产积累），18
　Earned Income Tax Credit（所挣收入税收抵免），130
Buchholz, D. E., cost to federal government and（巴克霍尔茨，D. E., 联邦政府的成本和），328
Burkhalter, E., financial education and（伯克哈尔特，E., 理财教育和），235
Burman, S., gender and（伯曼，S., 性别和），84
Burtless, G., randomization and（伯特莱斯，G., 随机化和），196
Buch, George W., IDA proposals and（布什，乔治·W，个人发展账户提议和），18
Bush, M., financial education and（布什，M., 理财教育和），235
Business capital（商业资本），184-185
Business loans, participants in ADD（商业贷款，个人发展账户参与者），115

Caner, A., business owners and saving（坎瑟，A., 企业主与攒钱），254
Capital Area Asset Building Corporation (CAAB)（首都地区资产建设社团）（简称CAAB），73-74
　financial education and（理财教育和），241
Caplin, A.（卡普林，A.）
　financial education and（理财教育），56,235
　unrestricted savings subsidies（不受限制的储蓄补贴），188
Car loans, participants in ADD（汽车贷款，美国梦示范项目参与者），114
Carney, S.（卡尼，S.）
　ADD participants and race（美国梦示范项目参与者与种族），85
　receipt of public assistance and（领取公共救助和），95-98
　wealth gaps and（贫富差距和），268
Carroll, C. D., regularity of income and saving（卡罗尔，C. D., 收入与攒钱的定期性），91
Cars（汽车），181
　illiquid assets and（非流动资产和），290-291

participants in ADD（美国梦示范项目参与者），105
Caskey, J. P.（卡斯基，J.P.）
　automatic transfers and（自动转账和），57-58
　behavioral theories of saving（攒钱的行为理论），32
　check-cashing fees and（支票兑现费用和），97
　financial education and（理财教育和），235
　receipt of public assistance and（领取公共救助和），94-96
　unmatched withdrawls and（无配款取款和），142
Cavalluzzo, J. S., labor-market discrimination and（卡瓦卢佐，J.S., 劳动力市场歧视和），271
Cavalluzzo, L. C., labor-market discrimination and（卡瓦卢佐，L.C., 劳动力市场歧视和），271
Censoring（删失）
　IDA savings outcomes（个人发展账户储蓄结果），282
　match rates（配款率），209
　two-step heckit（两阶段Heckit法），201
Central Vermont Community Action Council, Inc.（佛蒙特州中部社区行动委员会公司），74-75，263
Chan, L.（陈，L）
　polynomials and（多项式和），204
　splines and regression（样条与回归），243
Chang, A. E., research on 401(k) plans（对401（k）计划的研究），200
Checkbooks, average balances in（支票，平均余额），287-288
Checking accounts, participants in ADD（支票账户，美国梦示范项目参与者），88
Cheng, L.C., asset-based saving policies in Taiwan（郑丽珍，台湾以资产为基础的储蓄政策），46
Child Trust Fund（儿童信托基金），19
Children, ADD participants and（儿童，美国梦示范项目参与者和），88
Chiteji, N. S.（契特吉，N. S.）
　ADD participants and race（美国梦示范项目参与者与种族），86
　unmatched withdrawls（无配款取款），139
Choi, J.J.（乔伊，J.J）
　behavioral theory and match caps（行为理论与配款上限），218-219
　institutional aspects of 401 (k) plans（401（k）计划的制度特征），249

索引　373

institutional aspects of IDAs（个人发展账户的制度特征），191
loans and 401(k) plans（贷款与401（k）计划），245
match caps and（配款上限和），54
match rates（配款率），211
Clancy, M.M.（克兰西，M. M.）
　529 College Savings Account（529大学储蓄账户），70
　529 College Savings Plans（529大学储蓄计划），268
　College Savings Accounts（大学储蓄账户），29
　costs of financial education（理财教育的成本），239
　danger of overdrafts and（透支风险和），58
　financial education and（理财教育和），11，236
　good-practice guidelines and（优秀实务指南和），51
　monitoring of saving outcomes（对储蓄结果的监测），46
　Saving Performance in the American Dream Demonstration（美国梦示范项目的储蓄成就），7
　unmatched withdrawls and retirement savings（无配款取款与退休储蓄），141
Clark, R.L.（克拉克，R. L.）
　401 (k) plans and IRA participation（401（k）计划与个人退休账户参与者），128
　match rates（配款率），207，211
　self-employment and（自雇和），94
Clinton, W.J., matched-savings programs（克林顿，W. J.，有配款储蓄项目），18
Cohen, J.（科恩，J.）
　asset-building policy and（资产建设政策和），16
　match funds and（配款基金和），70
Collado, M.D., Earned Income Tax Credit（克拉多，M. D.，所挣收入税收抵免），130
Collard, S.（科勒德，S.）
　asset-based saving policies in Great Britain（英国以资产为基础的储蓄政策），46
　cutting back on spending strategies（缩减支出策略），107
　match rates and（配款率和），313
　personal banking and（个人银行业务和），58
　restrictions on unmatched withdrawls and（对无配款取款的限制和），60
　Savings Gateway and（储蓄通道和），19，57

College Savings Accounts（大学储蓄账户），29
　tax breaks and（税收减免和），30
Community Action Project of Tulsa County (CAPTC)（塔尔萨社区行动计划），（简称CAPTC），75-76
　ADD participants and（美国梦示范项目参与者和），255
　CAPTC programs（塔尔萨社区行动计划项目），47-48
　financial education and（理财教育和），241
　omitted characteristics and specific programs（遗漏特征与特定项目），247
　time frames and（时间框架和），62
Computers, purchase of（计算机，购买），181-182
Conley, D.（康利，D.）
　ADD participants and race（美国梦示范项目参与者与种族），85
　asset-building support and minorities（资产建设支持与少数族裔），259
　boosting IDA savings outcomes and（提高个人发展账户储蓄结果和），319
　IDA movement and（个人发展账户运动和），18
Consumption-based view of wellbeing（以消费为基础的福祉观），15
Control groups, definition of（控制组，定义），105
Convertibility, matched withdrawals（可转换性，有配款取款），161
Copeland, C.（科普兰，C.）
　401 (k) savings rates and,（401（k）储蓄率和），281
　match rates（配款率），209，211
Coverdell Education Savings Accounts, financial aid and（科弗代尔教育储蓄账户，金融支持和），209，211
Cowger, C.D., statistical significance and（考格，C. D.，统计显著性和），205
Credit card debt（信用卡借贷）
　participants in ADD（美国梦示范项目参与者），116
Cross-tab analysis, match rate（列联表分析，配款率），208-211
Cross-tabs（列联表）
　gender and（性别和），194
　match rates and（配款率和），194
　savings outcome and（储蓄结果和），193-195
Culture, institutional aspects of（文化，制度特征），

31
Cunningham, C.R., match rates.（坎宁安，C. R.，配款率），207
Curley, J.（柯斯利，J.）
　　education and job training（教育与职业培训），28
　　location of residence and（居住地点和），81，86
　　participant characteristics and（参与者特征和），81
Curly, J., single-step analysis and（柯利，J.，单阶段分析和），200

Daniels, K. N.（丹尼尔斯，K. N.）
　　ADD participants and race（美国梦示范项目参与者与种族），85
　　wealth gaps and（贫富差距和），269
Darity, W.A.（达里提，W. A.）
　　discrimination and（歧视和），207
　　labor-market discrimination and（劳动力市场歧视和），271
Dawers, R.M., regression analysis and（道斯, R. M., 回归分析和），202
Deaton, A.（迪顿，A.）
　　asset accumulation in non-industrialized countries（非工业化国家的资产积累），18
　　assets lost to theft or destruction（因盗窃或破坏的资产损失），271
　　household composition and（家庭（住户）构成和），260
　　income variation and（收入变动和），283
　　measurement errors and（测量误差和），68
　　regularity of income and saving（收入与攒钱的定期性），91
　　substitution effect and（替代效应和），54
Debts（借贷）
　　ADD participants and（美国梦示范项目参与者），323
　　business loans and（商业贷款和），112
　　car loans and（汽车贷款和），112
　　credit-card debts and（信用卡借贷和），113-114
　　family and friends debt（家人或朋友借贷），113
　　home mortgages and（住房抵押贷款和），110
　　household bills and（家庭（住户）账单和），113
　　liabilities and（负债和），292-295
　　medical bills and（医疗账单和），113
　　mortgages and（抵押贷款和），113

participants in ADD and（美国梦示范项目参与者和），108-110
paying down general debts（偿还一般借贷），187
student loans and（学生贷款和），112
DeLeire, T., asset subsidies and（德莱里，T., 资产补贴和），40
Demographics, participant characteristics and（人口统计特征，参与者特征和），83-84
Deposit frequency, savings outcomes and（存款频率，储蓄结果和），133-134
Deppman, L., estimates for eligibles and（德普曼，L., 对有资格者的评估和），49
Depreciation, retirement and,（贬值，退休和），40
Dercon, S., regularity of income and saving（德康，S., 收入与储蓄的定期性），91
Dewald, W.G., low-quality data and,（德瓦尔德，W. G., 低质量数据），69
Dietrich, J., regression studies and discrimination,259（迪特里奇，J., 回归研究与歧视），259
Discrimination（歧视）
　　non-audit regression studies and（非审计回归研究和），274-276
　　regression studies and（回归研究和），259
Dissaving, definition of（动用储蓄，定义），19
Divisibility, matched withdrawls and（可分性, 有配款取款和），159
Dollar-years moved, definition of（美元－年度移动，定义），151
Dollar-years moved（美元－年度移动），309-310
Doraszelski,U., wealth gaps and（多拉塞尔斯基,U., 贫富差距和），268
Double-dipping, subsidies and（双重优惠，补贴和），177
Dowla, A., women and spending patterns（道勒,A., 女性与支出模式），257
DuBois, W.E.B., slavery and（杜波依斯，W. E. B., 奴隶制和），271
Dunham, C., automatic transfers and（邓纳姆，C., 自动转账和），58
Dynarski, S., post-secondary education（戴纳斯基，S., 高等教育），183

Earned Income Tax Credit（所挣收入税收抵免），130
　　behavioral strategies and（行为策略和），237

索 引 375

lump-sum deposits and（一次性支付存款和），52
Earnings, definition of（劳动所得，定义）39
East Bay Asian Local Development Corporation（东海湾亚裔地方发展公司），72
Easterly, W., policy research and（伊斯特利，W.，政策研究和），197
Eberts, R.W., two-step heckit and（埃伯茨，R. W.，两阶段 Heckit 法和），200
Economic theory（经济理论）
　"hybrid" annual/lifetime structure（"混合"年度/存期结构），314
　links between income and saving（收入与储蓄之间的联系），91
　match-cap theory（配款上限理论），222-224
Edgcomb, E.（埃奇库姆，E.）
　informal income and（非正式收入和），68
　self-employment and（自雇和），292
　short waits between deposits and（存款之间的短暂等待期和），254
　small business in rural areas（农村地区的小企业），263
Edin, K.（埃丁，K.）
　asset ownership and（资产所有权和），97-100
　informal income and（非正式收入和），68
　self-employment and（自雇和），292
　understating income and（低报收入和），283
　working odd jobs and（打零工和），95
Education（教育），182-183
　ADD participants and（美国梦示范项目参与者和），319-320
　financial education（理财教育）55-56, 233-238
　IDA savings outcomes（个人发展账户储蓄结果），32,277
　participants in ADD（美国梦示范项目参与者），89-95
　post-secondary education（高等教育），183
Edwards, K.（爱德华，K.）
　deadlines and IDA programs（截止日期与个人发展账户项目），144
　IDA legislation and（个人发展账户立法和），18
　time-limited IDAs and（有时间限制的个人发展账户），315
Else, J. F., informal income and（埃尔斯，J. F.，非正式收入和），68
Employment（就业）

ADD participants and（美国梦示范项目参与者和），320
IDA savings outcomes（个人发展账户储蓄结果），277-279
Emshoff, J.G., community level assessments and（埃姆肖夫，J. G.，社区层面的评估和），46
Engelhardt, G. V.（恩格尔哈特，G. V.）
　asset subsidies and（资产补贴和），40
　deposits from new savings and（以新储蓄来存款和），97
　match rates（配款率），207,211
　match-eligible assets（有资格获得配款的资产），226
　"reshuffled" assets and（"重组"资产和），306
　shifting assets into IDAs（向个人发展账户转移资产），100
　tax breaks and（税收减免和），186
Engen, E.M.（恩金，E. M.）
　deposits from new savings and（以新储蓄来存款和），97
　"reshuffled" assets and（"重组"资产和），306
　retirement savings and（退休储蓄和），186
　shifting assets into IDAs（向个人发展账户转移资产），100
Esser, H., feedback theory of asset effects and（埃瑟，H.，资产效应的反馈理论和），25
Estimated associations, financial education and（估计的关系，理财教育和），243
Ethnicity（种族）
　ADD participants and（美国梦示范项目参与者和），85
　monthly net IDA savings and（月个人发展账户净储蓄和），274
　participant characteristics and（参与者特征和），268-277
　savings outcomes（储蓄结果），318-319
　wealth gaps and（贫富差距和），268-273
Evans, D.S., small-business owners and（埃文斯，D. S.，小企业主和），85，90
Even, W.E., match rates（埃文，W. E.，配款率），207, 209, 211
Excess balances, savings outcomes and（超出的余额，储蓄结果和），134-136

Fackler, P. L., polynomials and（法克勒，P. L.，多

项式和），204
Fairness, matched withdrawals and（公平性，有配款取款和），177
Faisal, S., small-business owners and（费索，S.，小企业主和），90
Feagan, J. R., theft and murder by governments,（费甘，J. R.，政府实施的盗窃与谋杀），39, 271
Feenberg, D., reshuffling existing assets（芬伯格，D.，重组现有资产），230
Feldstein, M.（费尔德斯坦，M.）
　asset limits and（资产限制和），37
　financial aid and（金融支持和），183
Financial capital, matched assets and（金融资本，有配款资产和），185
Financial education（理财教育），55-56, 233-238
　asset-specific and（特定资产与），239
　costs of（成本），239-240
　estimated associations and（估计的关系），243
　goals of（目的），235-237
　IDA programs and（个人发展账户项目和），32, 238-244
　non-IDA savings and（非个人发展账户储蓄和），237-238
　regression estimates and（回归估计和），240-244
　saving strategies and（攒钱策略和），237
　savings outcomes and（储蓄结果和），316
Financial investments, illiquid assets and（金融投资，非流动资产和），291-292
Financial literacy, financial education and（金融知识，理财教育和），235
Financial sayings, stages of（金融储蓄，阶段），125-127
Finlayson, J., small business and job creation（芬利森，J.，小企业与创造工作岗位），184
Fitchett, D. A., family debt and（菲切特，D. A.，家庭借贷和），113
Fixed-goal effect, match rates and（固定目标效应，配款率和），54-55
Fleck, H., microenterprise and（弗莱克，H.，小企业和），175
Fleming, M. J.（弗莱明，M. J.）
　401 (k) plans and IRA participation（401（k）计划与个人退休账户参与），128
　match rates（配款率），208
Food Stamps（食品券），2, 16, 36, 279
　IDAs and（个人发展账户和），312

Foundation Communities, IDA Programs（基金会共同体，个人发展账户项目），74
Frank, R. H., pervasive asset subsidies and（弗兰克，R. H.，普遍的资产补贴和），40
Freddie Mac affordable-lending program（房地美经济适用房借贷项目），239
Frederick, S.（弗雷德里克，S.）
　behavioral theory and（行为理论和），223
　expectations of future well-being（对未来福祉的预期），22
　financial education and（理财教育和），236
　short-term costs and（短期成本和），60
Friedman, J. H.（弗雷德曼，J. H.）
　polynomials and（多项式和），204
　splines and regression（样条与回归），243
　The Safety Net as Ladder（《作为阶梯的安全网》），18
Friedman, R., safety net as ladder（弗雷德曼，R.，作为阶梯的安全网），263
Future orientation, financial education and（未来取向，理财教育和），236-237

G. I. Bill（退伍军人权利法案），29
Gale, W. G.（盖尔，W. G.）
　ADD participants and race（美国梦示范项目参与者与种族），85
　deposits from new savings and（以新储蓄来存款），97
　match eligibility（配款资格），309
　receipt of public assistance and（领取公共救助和），94-96
　"reshuffled" assets and（"重组"资产和），306
　retirement savings and（退休储蓄和），186
　shifting assets into IDAs（向个人发展账户转移资产），100
　wealth gaps and（贫富差距和），268
Galenson, M., wealth gaps and（加伦森，M.，贫富差距和），268
Galster, G. C., racial wealth gaps and（高尔斯特，G. C.，种族贫富差距和），272
Garfinkle, I., use-it-or-lose-it incentives（加芬克尔，I.，使用或放弃激励），233
Garrett, D. M.（加勒特，D. M.）
　education and 401 (k) plans（教育与401（k）计划），238
　financial education and（理财教育和），56, 238, 273

Gates, J., IDA movement and（盖茨，J.，个人发展账户运动和），18
Gender（性别）
  ADD participants and（个人发展账户参与者和），84
  cross-tab analysis（列联表分析），194
  participant characteristics and（参与者特征和），256-263
  race and gender as asset（作为资产的种族与性别），20
  savings outcomes（储蓄结果），318-319
  women and spending patterns（女性与支出模式），257
General Accounting Office（美国审计署）
  loans and 401(k) plans（贷款与401(k)计划），244-245
  match rates（配款率），207-208
  removing deposits via loans and（通过贷款转移存款和），59
Gersovitz, M., asset accumulation in non-industrialized countries（格肖维茨，M.，非工业化国家的资产积累），18
Gilbert, Neil, asset-based view of well-being and（吉尔伯特，尼尔，以资产为基础的福祉观和），36
Gintis, H.（金提斯，H.）
  inheritances and（遗产和），38
  inter vivos transfers of education（教育在生者之间的转移），272
Gokhale, J.（戈克黑尔，J.）
  annual caps and（年度上限和），226
  employer defined-contribution plans（雇主固定缴费计划），219
Goldberg, F.（哥德堡，F.）
  asset-building policy and（资产建设政策和），16
  match funds and（配款基金和），70
Goodman, J. L., illiquid assets and（古德曼，J. L.，非流动资产和），288
Graham, J. W.（格雷厄姆，J. W.）
  ADD participants and race（美国梦示范项目参与者与种族），85
  wealth gaps and（贫富差距和），268-269
Green, R. K., home ownership and（格林，R. K.，住房所有权和），179
Greenberg, M., receipt of public assistance and（格林伯格，M.，领取公共救助和），94-96
Greene, W. H.（格林，W. H.）

  "delta method" and（"角形法"和），212
  omitted characteristics and（遗漏特征和），195-197
  "pair-wise deletion" and（"成对删除"和），202
  two-step heckit and（两阶段Heckit法和），200
Greenstein, R., subsidized savings and（格林斯坦，R.，有补贴储蓄和），186
Grinstein-Weiss M.（格林斯坦－韦斯，M.）
  location of residence and（居住地点和），81, 86
  marriage and asset accumulation（婚姻与资产积累），261
  participant characteristics and（参与者特征和），81
  race and institutional characteristics of IDAs（种族与个人发展账户制度特征），319
  single-step analysis and（单阶段分析和），200
Gross deposits（总存款）
  deadlines and（截止日期和），132
  definition of（定义），130
  savings outcomes（储蓄结果），308
Gruber, J., receipt of public assistance and（格鲁伯，J.，领取公共救助和），94-96
Gugerty, M. K., women and spending patterns（古格蒂，M. K.，女性与支出模式），257

H. M. Treasury（英国H. M.财政部）
  asset-based saving policies in Great Britain（英国以资产为基础的储蓄政策），46
  Child Trust Fund（儿童信托基金），19
Hagstrom, P. A.（哈格斯特罗姆，P. A.）
  credit card debt（信用卡借贷），115
  financial education and（理财教育和），56
Hall, M. G.（霍尔，M. G.）
  retirement savings and（退休储蓄和），186
  unmatched withdrawls and retirement savings（无配款取款与退休储蓄和），141
Hamilton, D.（汉密尔顿，D.）
  ADD participants and race（美国梦示范项目参与者与种族），86
  unmatched withdrawls（无配款取款），139
Hammermesh, D. S., social importance of physical beauty（哈姆梅什，D. S.，人体外在美的社会重要性），24
Hand, D. J.（汉德，D. J.）
  data quality and（数据质量和），69
  net IDA savings and（个人发展账户净储蓄

和），195
Hartmann, H. I., self-employment and（哈特曼，H. J.,自雇和），94
Haruf, K. ,Plainsong（哈鲁夫，K., ），4
Hashemi, S., gender and（哈希米，S.,性别和），84
Haveman, R., fairness and（哈夫曼，R.,公平性和），177
Health care, social impacts of（健康保健，社会效应），183-184
Health-insurance coverage, participants in ADD（健康保险承保范围，美国梦示范项目参与者），115-116
Heart of America, financial education and（美国家庭服务中心，理财教育和），241
Heart of America Family Services (HAFS)（美国家庭服务中心）（简称 HAFS），76-77
Heckman, J. J.（赫克曼，J. J.）
　regression studies and discrimination（回归研究与歧视），259
　two-step heckit and（两阶段 Heckit 法和），
Hinterlong, J.（欣特朗，J.）
　data management-information system,（数据管理信息系统），63
　Management Information System for Individual Devel（个人发展账户管理信息系统），6
Hirad, A., Freddie Mac affordable-lending program（海勒德，A.,房地美经济适用房借贷项目），239
Hoch, S. J., monthly deposits and（霍克，S. J.,月存款和），34
Hogarth, J. M.（霍格思，J. M.）
　1995 Survey of Consumer Finances（1995 年消费者金融调查），100
　asset limits and（资产限制和），37
　automatic transfers and（自动转账和），58
　bank-account ownership（银行账户所有权），102
　financial education and（理财教育和），236
　financial education for low-income people（低收入者理财教育），240
　passbook savings accounts（存折储蓄账户），100, 284
　receipt of public assistance and（领取公共救助和），94-96
Holden, S.（霍尔登，S.）
　loans and 401 (k) plans（贷款与 401（k）计划），245
　removing deposits via loans and（通过贷款转移存款），59
Holtz-Eakin, D., small-business owners and（霍尔茨－埃金，D.,小企业主和），90
Home moitgages（住房抵押贷款）
　participants in ADD（美国梦示范项目参与者），114
　tax breaks and（税收减免和），30
Home ownership（住房所有权）
　illiquid assets and（非流动资产），289
　matched uses and（配款用途），178-179
　participants in ADD（美国梦示范项目参与者），105
　subsidies for（补贴），2
Homestead Act（宅地法）29, 39, 271
Hong, A., case studies of participants（洪，A.,参与者个案研究），46
Host and partner organizations（主办与合作组织），118-119
Household bills, participants in ADD（家庭（住户）账单，美国梦示范项目参与者），115-116
Household composition（家庭（住户）构成）
　ADD participants and（美国梦示范项目参与者和），86-89
　mutiple IDA participants in（多个个人发展账户参与者），260-261
　participant characteristics and（参与者特征和），256-263
　savings outcomes（储蓄结果），318-319
Household type, ADD participants and（家庭（住户）类型，美国梦示范项目参与者和），88
Howard, C.（霍华德，C.）
　asset building and（资产建设和），185
　policy benefits to above-average incomes（平均水平以上收入的政策收益），328
　subsidies for assets and（资产补贴），29
Hubbard, R. G.（哈伯德，R. G.）
　asset accumulation in non-industrialized countries（非工业化国家的资产积累），18
　asset limits and（资产限制和），37
　receipt of public assistance and（领取公共救助和），94-96
　retirement planning and（退休计划和），185
　Roth IRAs（罗斯个人退休账户），161
Huberman, G.（休伯曼，G.）
　401 (k) savings rates and（401（k）储蓄率和），

281

　　behavioral theory and match caps（行为理论与配款上限），218

　　match rates and participation（配款率与参与），217

　　study of savings in（对储蓄的研究），265

　　women and 401 (k) plans（女性与 401（k）计划），257

Hudson, S., financial education and（赫德森，S., 理财教育和），235

Hurley, J. F., financial aid and（赫尔利，J. F., 金融支持和），183

Hurst, E.（赫斯特，E.）

　　asset limits and（资产限制和），37

　　car purchases（汽车购买），181

　　receipt of public assistance and（领取公共救助和），94-96

IDA Design（个人发展账户设计）

　　annual match caps（年度配款上限），51-52

　　automatic transfers（自动转账），56-61

　　caveats on measures and（对测量的说明和），61-62

　　caveats on the time frame（对时间框架的说明），62

　　fixed-goal effect and（固定目标效应和），54-55

　　lifetime match caps（存期配款上限），52-53

　　match rates and（配款率和），54-55

　　monthly deposit targets and（月存款目标和），53-54

　　time caps and（时间上限和），50-51

　　total match caps（总配款上限），51-53

　　waiting period and（等待期和），56

IDA Programs（个人发展账户项目）

　　ADVOCAP（社区行动倡导项目的简称），70-71

　　Alternatives Federal Credit Union（替代联邦信用合作社），72

　　Bay Area IDA Collaborative（湾区个人发展账户合作组织），72-73

　　Capital Area Asset Building Corporation (CAAB)（首都地区资产建设社团）（简称 CAAB），73-74

　　Central Vermont Community Action Council, Inc.(CVCAC)（佛蒙特州中部社区行动委员会公司）（简称 CVCAC），74-75

　　Community Action Project of Tulsa County (CAPTC)（塔尔萨社区行动计划）（简称 CAPTC），75-76

　　Foundation Communities（基金会共同体），74

　　Heart of America Family Services (HAFS)（美国家庭服务中心）（简称 HAFS），76-77

　　host organizations and（主办组织和），70-80

　　Mercy Corps（美慈公司），77

　　Mountain Association for Community Economic Development (MACED)（社区经济发展高山协会）（简称 MACED），78

　　Near Eastside IDA Program（近东区个人发展账户项目），78-79

　　omitted characteristics and specific programs（遗漏特征与特定项目），247

　　organizational types of hosts（主办组织类型），71

　　Shorebank（海滨银行），79

　　types of funding partners（资助伙伴类型），71

　　Women's Self-Employment Project (WSEP)（女性自雇计划）（简称 WSEP），79-80

IDA saving rates（个人发展账户储蓄率）

　　definition of（定义），155

　　savings outcomes（储蓄结果），309

IDA savings outcomes（个人发展账户储蓄结果）

　　net IDA savings（个人发展账户净储蓄），147-149

　　overview of（概述）251-252

Illiquid assets（非流动资产），288-292

Illiquid resources（非流动资源），35

Income（收入）

　　IDA participants and（个人发展账户参与者和），321

　　participant characteristics and（参与者特征和），281-284

Income effect, match rates and（收入效应，配款率和），55

Individual Development Accounts (IDAs), see also IDAs（个人发展账户）（简称 IDAs），亦见 IDAs

　　asset accumulation by the poor（穷人的资产积累），28-36

　　assets, development and public policy（资产、发展与公共政策），2-3

comparison to other means-tested programs（与其他财产审查项目的对比）, 36-38
definition of（定义）, 1
economic appreciation and（经济增值和）, 176
financial education and（理财教育和）, 32
IDA Design and（个人发展账户设计和）, 50-63
inclusive asset-based policy and（包容的以资产为基础的政策和）, 3
institutional aspects of（制度特征）, 32
key findings in ADD（美国梦示范项目的主要发现）, 7-9
matched uses and（配款用途和）, 1
most common uses for（最普遍的用途）, 16
"new" saving and（"新"储蓄）和, 35, 107
overall results and implications（总体结果与意涵）, 11-13
policy topics and（政策议题和）, 325-327
political economy of asset subsidies and（资产补贴的政治经济学和）, 38-40
racial wealth gaps and（种族贫富差距和）, 276-277
regression analysis and（回归分析和）, 192-207
safety of（安全）, 42
setting social patterns and（创建社会模式和）, 32-36
theory of saving and asset accumulation in（储蓄与资产积累理论）, 5-6
theory of saving and asset building（储蓄与资产建设理论）, 15-43
Individual Retirement Accounts (IRAs)（个人退休账户）(简称 IRAs), 16
annual match caps and（年度配款上限和）, 52
excess balances and（超出的余额和）, 134
Inheritances, asset accumulation and（遗产，资产积累和）, 38-39
Institutional characteristics, savings outcomes and（制度特征，储蓄结果和）, 9
Institutional theory, structure of IDAs and（制度理论，个人发展账户结构和）, 5
Institutions, definition of（制度，定义）, 30
Insurance coverage（保险承保范围）, 115-116, 295-297
ADD participants and（美国梦示范项目参与者和）, 323-324
host organizations and（主办组织和）, 103
Inter vivos transfers（生者之间的转移）, 39
Intermittent income, participants in ADD and（不连续收入，美国梦示范项目参与者和）, 93-95
Ippolito, R., match rates（伊波利托，R., 配款率）, 208
IRAs（个人退休账户）
asset accumulation and（资产积累和）, 30
deadlines and IDA policy（截止日期与个人发展账户政策）, 143-144
deposit frequency and（存款频率和）, 307
match eligibility（配款资格）, 309
penalties and（罚款和）, 60
Roth IRAs（罗斯个人退休账户）, 47
Ithaca Housing Authority's Family Self-Sufficiency Program（伊萨卡住房局的家庭自足项目）, 72
Ittner, J. B., illiquid assets and（伊特纳，J. B., 非流动资产和）, 288
Iwry, J. M., match eligibility（伊夫里，J. M., 配款资格）, 309
Iyengar, S.（延加，S.）
401(k) savings rates and（401（k）储蓄率和）, 281
behavioral theory and match caps（行为理论与配款上限）, 218
match rates and participation（配款率和参与）, 217
study of savings in（对储蓄的研究）, 265
women and 401(k) plans（女性与401（k）计划）, 257

Jackson, J. D., discrimination and（杰克逊，J. D., 歧视和）, 275
Jacob, K., financial education and（雅各布，K., 理财教育和）, 235
Jiang, W.（姜，W.）
401(k) savings rates and（401（k）储蓄率和）, 281
behavioral theory and match caps（行为理论与配款上限）, 218
match rates and participation（配款率和参与）, 217

study of savings in（对储蓄的研究），265
women and 401(k) plans（女性与401（k）计划），257
Johnson, C.（约翰逊，C.）
　　computer purchases（计算机购买），181-182
　　purchase of household durables（购买家庭（住户）耐用品），182
　　starvation and（挨饿和），41
Johnson, E.（约翰逊，E.）
　　financial education and（理财教育和），234
　　financial education costs and low-income people（理财教育成本与低收入人群），240
　　Management Information System for Individual Devel（个人发展账户管理信息系统），6
　　match eligibility and（配款资格和），219
　　match rates（配款率），208
Johnson, F., data management-information systems（约翰逊，F.，数据管理信息系统），63
Johnson, T., small-business owners and（约翰逊，F.，小企业主和），90
Joines, D. H.（乔因斯，D. H.）
　　deposits from new savings and（以新储蓄来存款和），97
　　"reshuffled" assets and（"重组"资产和），306
　　subsidized savings and（有补贴储蓄和），187
Joulfaian, D.（乔尔费安，D.）
　　small-business owners and（小企业主和），90
　　tax breaks and（税收减免和），186
Jovanovic, B., small-business owners and（约瓦诺维克，B.，小企业主和），90

Kafer, K., financial aid and（卡夫，K.，金融支持和），183
Kahneman, D., roadblocks to saving and（卡尼曼，D.，攒钱的障碍和），17
Kanbur, M. R., financial education and（坎伯，M. R.，理财教育和），235
Kasarda, J. D.（卡萨达，J. D.）
　　asset ownership and（资产所有权和），97-100
　　car purchases（汽车购买），97，181
Katz Reid, C.（卡茨–里德，C.）
　　African Americans and home ownership（非裔美国人与住房所有权），2
　　appreciation and（增值和），271
　　home ownership and（住房所有权和），179

Kempson, E.（肯普森，E.）
　　asset-based saving policies in Great Britain（英国以资产为基础的储蓄政策），46
　　cutting back on spending strategies（削减支出策略），107
　　match rates and（配款率），313
　　personal banking and（个人银行业务和），58
　　restrictions on unmatched withdrawls and（对无配款取款的限制和），60
　　Savings Gateway and（储蓄通道），19，57
Kennedy, P., omitted characteristics and（肯尼迪，P.，遗漏特征和），195-197
Kessler, G., IDA proposals and（凯斯勒，G.，个人发展账户提议和），18
Kick-outs, deadlines and IDA policy（开除，截止日期与个人发展账户政策），143-144
Kim, A. S.（金，A. S.）
　　asset ownership and（资产所有权和），97-100
　　car purchases（汽车购买），97，181
King, G., sampling variations and（金，G.，抽样变异和），206
Kingslow, M. E., informal income and（金斯洛，M. E.，非正式收入和），68
Kingston, P. W., home ownership and（金斯顿，P. W.，住房所有权和），179
Klein, J.（克莱因，J.）
　　self-employment and（自雇和），292
　　short waits between deposits and（存款之间的短暂等待期和），254
Kosanovich, W. T., microenterprise and（科桑维奇，W. T.，小企业和），175
Kotlikoff, L. J.（考特里克夫，L. J.）
　　annual caps and（年度上限和），226
　　employer defined-contribution plan（雇主固定缴费计划），219
Kumar, A., match rates（库默，A.，配款率），211
Ladd, H. F.（拉德，H. F.）
　　discrimination and（歧视和），207
　　discrimination in housing markets（住房市场中的歧视），271
Laibson, D.（莱布森，D.）
　　behavioral theory and match caps（行为理论与配款上限），219
　　institutional aspects of 401 (k) plans（401（k）计划的制度特征），249

institutional aspects of IDAs(个人发展账户的制度特征),191
match caps and(配款上限和),54
match, rates(配款率),211
Land, illiquid assets and(土地,非流动资产和),291
Land mortgages, participants in ADD(土地抵押贷款,美国梦示范项目参与者),113
Land ownership, participants in ADD(土地所有权,美国梦示范项目参与者),104
Lazera, D., ADVOCAP and(拉奇尔,D. J.,社区行动倡导项目和),71
Leahy, J.(莱希,J)
 financial education and(理财教育和),56,235
 unrestricted savings subsidies(不受限制的储蓄补贴),199
Lee, J.(李,J.)
 asset limits and(资产限制和),37
 automatic transfers and(自动转账和),58
 financial education and(理财教育和),236
 账户所有权 and(拥有存折和),284
 passbook savings accounts(存折储蓄账户),100
Leighton, L. S., small-business ownership and(莱顿,L. S.,小企业所有权和),85
Lein, L.(莱因,L.)
 informal income and(非正式收入和),68
 self-employment and(自雇和),292
 understating income and(低报收入和),283
 working odd jobs and(打零工和),95
Levenson, A. R., family debt and(利文森,A. R.,家庭借贷和),113
Levine, P. B., labor-market discrimination and(莱文,P. B.,劳动力市场歧视和),271
Lewis, O.(刘易斯,O.)
 feedback effects and(反馈效应和),26
 missing data and(缺省数据和),202
 short-term time horizon and(短期投资期限和),2
Life insurance coverage, participants in ADD(人寿保险承保范围,美国梦示范项目参与者),115-116
Life-cycle stages, matched withdrawals(生命周期阶段,有配款取款),161
Lifetime match caps(存期配款上限),52-53
 gross deposits and(总存款和),132

Lindley, J. T., discrimination and(林德利,J. T.,歧视和),275
Lipton, M., asset accumulation in non-industrialized countries(利普顿,M.,非工业化国家的资产积累),18
Liquid assets in bank accounts(银行账户中的流动资产),284-289
Liquid resources(流动资源),35
Littlefield, E., gender and(利德菲尔德,E.,性别和),84
Liu, C., car purchases(刘,C.,汽车购买),181
Location of residence(居住地点)
 ADD participants and(美国梦示范项目参与者和),86
 participant characteristics and(参与者特征和),263-265
Loewenstein, G.(洛温斯坦,G.)
 behavioral theory and(行为理论和),223
 expectations of future well-being(对未来福祉的预期),22
 financial education and(理财教育和),236
 monthly deposits and(月存款和),34
 short-term costs and(短期成本和),60
 unmatched withdrawls and(无配款取款和),142
Lombe, M., IDAs and improved outlook on life,(洛姆,M.,个人发展账户与改进对生活的看法),153
Long, M., financial aid and(朗,M.,金融支持和),183
Losby, J. L.(洛斯比,J. L.)
 informal income and(非正式收入和),68
 self-employment and(自雇和),292
 working odd jobs and(打零工和),95
Loury, G. C.(劳里,G. C.)
 discrimination and(歧视和),207
 regression studies and discrimination(回归研究与歧视),259
Lovie, A. D., regression analysis and(洛维,A. D.,回归分析和),202
Low resources relative to subsistence(与维持最低生活标准相对应的资源匮乏),28-29
Low savers(低储户),150
Lundy, G., racial wealth gaps and(伦迪,G.,种族贫富差距和),272
Lusardi, A.(卢萨尔蒂,A.)
 asset accumulation in non-industrialized

countries（非工业化国家的资产积累），18
behavioral theory and match caps（行为理论与配款上限），219
financial education and（理财教育），56，234-235
Macpherson, D. A., match rates（麦克弗森，D. A., 配款率），207，209，211
Madrian, B. C.（马德里安，B. C.）
 401 (k) plans and IRA participation（401 (k) 计划与个人退休账户参与），128
 behavioral theory and match caps（行为理论与配款上限），219
 institutional aspects of 401 (k) plans（401 (k) 计划的制度特征），249
 institutional aspects of IDAs（个人发展账户的制度特征），191
 match caps and（配款上限和），54
 match rates（配款率），211
Maital, S.（马伊塔尔，S.）
 behavioral theory and（行为理论和），223
 debt and（借贷和），109
 monthly deposits and（月存款和），33
 out of reach assets and（无法接触到的资产和），59
 unmatched withdrawls and IDA design（无配款取款与个人发展账户设计），141-143
Maital, S. L., monthly deposits and（马伊塔尔，S. L, 月存款和），33
Maki, D. M., financial education and（梅基，D. M., 理财教育和），56，238，273
Maloney, W. F., family debt and（马洛尼，W. F., 家庭借贷和），113
Management Information System for Individual Development Accounts (MIS IDA)（个人发展账户管理信息系统）（简称 MIS IDA），6，63
 insurance coverage and（保险承保范围和），295-297
 data quality and（数据质量和），68-70
 IDA-Design and cash-flow data（个人发展账户设计与现金流数据），67
 participant characteristics collected in（收集的参与者特征），65-66
 program characteristics collected in（收集的项目特征），64
Mandell, L., discrimination and（曼德尔，L., 歧视和），275

Manegold, J. H.（曼戈尔德，J. H.）
 deposits from new savings and（以新储蓄来存款和），97
 "reshuffled" assets and（"重组"资产和），306
 subsidized savings and（有补贴储蓄和），187
Manski, C. F.（曼斯基，C. F.）
 randomization and（随机化和），104，196
 use-it-or-lose-it incentives（使用或放弃激励），233
Marital status（婚姻状况）
 ADD participants and（美国梦示范项目参与者和），86-87
 participant characteristics and（参与者特征和），256-263
 savings outcomes（储蓄结果），318-319
Marzahl, D., Earned Income Tax Credit（马萨克, D., 所挣收入税收抵免），131
Mason, A.（梅森，A.）
 polynomials and（多项式和），204
 splines and regression（样条与回归），243
Mason, L. M.（梅森，L. M.）
 deadlines and IDA programs（截止日期与个人发展账户项目），144
 IDA legislation and（个人发展账户立法和），18
 time-limited IDAs and（有时间限制的个人发展账户），315
Mason, P. L.（梅森，P. L.）
 discrimination and（歧视和），207
 labor-market discrimination and（劳动力市场歧视），271
Massey, D. S.（马西，D. S.）
 assets lost to theft or destruction（盗窃或破坏产生的资产损失），271
 racial wealth gaps and（种族贫富差距和），272
Match caps（配款上限）
 gross deposits and（总存款和），131
 net IDA savings and（个人发展账户净储蓄和），156
Match caps (Savings Target)（配款上限）（储蓄目标），217-222
 IDA savings and（个人发展账户储蓄和），314
Match caps in ADD（美国梦示范项目的配款上限），224-227

Match eligibility（配款资格），308-309
Match rates（配款率）
　　401 (k) plans（401（k）计划），207
　　cross-tab analysis（列联表分析），194
　　cross-tab analysis（列联表分析），208-211
　　fixed-goal effect and（固定目标效应和），54-55
　　IDA Design and（个人发展账户设计和），54-55
　　importance of（重要性），208
　　income effect and（收入效应和），55
　　policy implications and（政策意涵和），215-217
　　program characteristics and savings outcomes（项目特征与储蓄结果和），313-314
　　regression results and（回归结果和），211-215
Match-cap structure（配款上限结构），222-227
　　gross deposits and（总存款和），133
　　within-program variation and（项目内部的变动），314
Match-eligible balances（有资格获得配款的余额），146-147
Matchable deposits（可获得配款的存款），229-233
　　months eligible to make matchable deposit（有资格进行可获得配款存款的月份），315
Matched uses, savings outcomes and（配款用途，储蓄结果和），311-312
Matched withdrawals（有配款取款）
　　access to matches for specific uses（获得特定配款用途的机会），164-166
　　changes from planned to actual use（从规划到实际用途的改变），172-175
　　complexity of asset purchases（资产购买的复杂性），160
　　complicating factors and（复杂的因素和），158-163
　　convertibility and（可转换性和），161
　　distribution by use and（在不同用途上的分布和），163-175
　　divisibility and（可分性和），159
　　evaluating possible matched uses（对可能的配款用途进行的评估），178-190
　　existing asset accumulation and（现有资产积累和），161
　　existing wealth and matched uses（现有财产与配款用途），166-170

fairness and（公正性和），177
life-cycle stages（生命周期阶段），161
multiple withdrawals for multiple uses（为多种用途进行多次取款），172
non-convertibility（非转换性），177
per participant with a matched withdrawal（进行过有配款取款参与者平均值），170-172
planned use of matched withdrawals（有配款取款的规划用途），253-256
post-purchase commitments（购后义务），160
savings outcomes（储蓄结果），144-146, 311
standards for evaluating potential matched uses（评估潜在配款用途的标准），176-177
statistics for（统计），163-164
tangibility（有形性），162
uses of（用途），158-175
McBride, A. M.（麦克布赖德，A. M.）
　　asset accumulation and（资产积累和），60
　　automatic transfers and（自动转账和），57
　　case studies of participants（参与者个案研究），46
　　"Envelop budgeting"（"包裹预算"），223
　　IDAs and improved outlook on life（个人发展账户与改进对生活的看法），153
　　saving strategies and（攒钱策略和），237
McCloskey, D. N., statistical significance and（麦克洛斯基，D. N.，统计显著性和），205
McCullough, B. D., low-quality data and（麦卡洛，B. D.，低质量数据和），69
MeGranahan, L.（麦格拉纳汉，L.）
　　Earned Income Tax Credit（所挣收入税收抵免），130-131
　　excess balances and（超出的余额），136
MeKay, S.（麦凯，S.）
　　asset-based saving policies in Great Britain（英国以资产为基础的储蓄政策），46
　　cutting back on spending strategies（削减支出策略），107
　　match rates and（配款率和），313
　　personal banking and（个人银行业务和），58
　　restrictions on unmatched withdrawls and（对无配款取款的限制和），60
　　Savings Gateway and（储蓄通道和），19, 57
Measures of saving in subsidized accounts（对有补贴账户储蓄的测量），128-158
Medicaid（医疗补助），2
　　IDAs and（个人发展账户和），312

索引　385

Medical bills, participants in ADD（医疗账单，美国梦示范项目参与者），116
Mercy Corps（美慈公司）
　IDA Programs（个人发展账户项目），77
　omitted characteristics and specific programs（遗漏特征与特定项目），247
Meyer, R. L.（迈耶，R. L.）
　family debt and（家庭借贷和），113
　gender and（性别和），84
Michalopoulos, C., use-it-or-lose-it incentives（米哈洛普洛斯，C.，使用或放弃激励），233
Mielnicki, L., car purchases（米尔尼基，L.，汽车购买），181
Miller, D. J., assets lost to theft or destruction（米勒，D. J.，因盗窃或者破坏造成的资产损失），271
Milligan, K.（米利根，K.）
　asset-building accounts（资产建设账户），227
　behavioral theory and match caps（行为理论与配额上限），219
　effects of match caps and（配额上限的效应和），54
　individual savings accounts（个人储蓄账户），187
　match caps and（配额上限和），54
　unmatched withdrawls and（无配款取款和），142
Mills, G.（米尔斯，G.）
　racial wealth gaps and（种族贫富差距和），276
　small business outcomes（小企业结果），292
Miranda, M. J., polynomials and（米兰达，M. J.，多项式和），204
Mischel, W.（米歇尔，W.）
　institutional aspects of culture（文化的制度特征），31
　non-poor world views and（非穷人世界观和），21
　positive reinforcement and（积极强化和），33
Missing values, two-step heckit（缺省值，两阶段Heckit法），202
Moffitt, R.（莫菲特，R.）
　401 (k) plans and match caps（401（k）计划与配款上限），219
　control groups and（控制组和），105
　means-tested transfers and（财产审查转移支付和），42
　receipt of public assistance and（领取公共救助和），94-96
　welfare and（福利和），279
Montgomery, M., small-business owners and（蒙哥马利，M.，小企业主和），90
Monthly deposit targets, IDA Design and（月存款目标，个人发展账户设计和），53-54
Moore, A.（穆尔，A.）
　asset shifting and（资产转移和），104, 107-108
　case studies of participants（参与者个案研究），46, 106-107
　financial education classes and（理财教育课程和），243
　financial education costs and low-income people（理财教育成本与低收入人群），240
　match rates（配款率），208
　"mental accounts" and（"心理账户"和），37
　reshuffled assets and（重组资产和），110-111, 306
　restrictions on unmatched withdrawls and（对无配款取款的限制和），60
　survey of participants（参与者调查），106
　unmatched withdrawls and IDA design（无配款取款与个人发展账户设计），141-143
Morduch, J.（莫多克，J.）
　business loans and（商业贷款和），112
　gender and（性别和），84
　small-business owners and（小企业主和），90
Morgan, D. P., credit card debt（摩根，D. P.，信用卡借贷），114
Morris, G. A., gender and（莫里斯，G. A.，性别和），84
Mountain Association for Community Economic Development (MACED)（社区经济发展高山协会）（简称 MACED），78, 263
Mullainathan, S.（穆莱纳桑，S.）
　employer discrimination and（雇主歧视和），272
　roadblocks to saving and（攒钱的障碍和），17
Mulligan, C. B., financial education and（马利根，C. B.，理财教育和），236
Multiple participants in households, ADD participants and（家庭（住户）中多个参与者，美国梦示范项目参与者和），88-89
Munnell, A. H.（芒内尔，A. H.），211

401 (k) plans and IRA（401（k）计划与个人退休账户参与者），128
　participation（参与），128
　discrimination in housing markets（住房市场中的歧视），271
　match rates（配款率），208，211

Nagarajan, G., family debt and（纳贾拉简，G.，家庭借贷和），113
Near Eastside IDA Program（近东区个人发展账户项目），78-79
　match caps in ADD（美国梦示范项目的配款上限），224
Net IDA savings（个人发展账户净储蓄），147-149
　savings outcomes（储蓄结果），308
Net worth（净财产）
　liabilities and（负债和），292-295
　participants in ADD and（美国梦示范项目参与者和），114-115
Neumark, D., receipt of public assistance and（纽马克，D.，领取公共救助和），94-96
Ng, G. T., experimental-design component of ADD and（恩，G. T.，美国梦示范项目的实验性设计部分和），41
Non-bank assets, ADD participants and（非银行资产，美国梦示范项目参与者和），322
Non-convertibility, matched withdrawals（非转换性，有配款取款），177

Oaxaca, R.（瓦萨卡，R.）
　non-audit regression studies and（非审计回归研究和），275
　regression studies and discrimination（回归研究与歧视），259
O'Conner, M., Earned Income Tax Credit,（奥康纳，M.，所挣收入税收抵兑）131
O'Donnell, K. H.（奥康奈，K. H.）
　1995 Survey of Consumer Finances（1995年消费者金融调查），100
　automatic transfers and（自动转账和），58
　bank-account ownership（银行账户所有权），102
　receipt of public assistance and（领取公共救助和），94-96
O'Donoghue, T.（奥多诺休，T.）
　behavioral theory and（行为理论和），223

expectations of future well-being（未来福祉预期），22
　financial education and（理财教育和），236
　short-term costs and（短期成本和），60
Oliver, M. L.（奥利弗，M. L.）
　access to savings institutions（进入攒钱制度的机会），271
　ADD participants and race（美国梦示范项目参与者与种族），85
　African Americans and home ownership（非裔美国人与住房所有权），2
　IDA movement and（个人发展账户运动和），18
　regression studies and discrimination（回归研究与歧视），259
Olney, M. L.（奥尔尼，M. L.）
　ADD participants and race（美国梦示范项目参与者与种族），85
　wealth gaps and（贫富差距和），269
Ong, P. M., car purchases（王，P. M.，汽车购买），181
Orme, J. G. modified, zero-order regression and（奥姆，J. G.，修正的零阶回归和），202
Orr, L. L., randomiation and（奥尔，L. L.，随机化和），196
Orszag, P. R.（欧尔萨格，P. R.）
　529 College Savings Plans（529大学储蓄计划），268
　asset limits and（资产限制和），37
　match eligibility（配款资格），309
　receipt of public assistance and（领取公共救助和），94-96
　retirement savings and（退休储蓄和），186
　unmatched withdrawls and retirement savings（无配款取款与退休储蓄），141
Oswald, A. J., small-business ownership and（奥斯帕瓦德，A. J.，小企业所有权和），85
Owens, J. V., monthly deposits and（欧文斯，J. V.，月存款和），34

P-value, statistical significance and（P值，统计显著性和），205
Page-Adams, D.（佩奇–亚当斯，D.）
　home ownership and（住房所有权和），179
　program start-up amd implementation（项目启动与实施），46
　safety of IDAs and（个人发展账户的安全和），

303

Papke, L. E., match rates（帕普克，L. E.，配款率），208，211
Participant, definition of（参与者，定义），82
Participant characteristics（参与者特征）
    age and（年龄和），84-85，265-268
    asset shifting and reshuffling and（资产转移与重组），104
    asset ownership and（资产所有权和），96-111
    assets by class and（资产种类和），98
    bank-account ownership and（银行账户所有权账户和），99-100
    business loans and（商业贷款和），112
    car loans and（汽车贷款和），112
    checking accounts and（支票账户和），99
    children and（儿童和），88
    credit-card debts and（信用卡借贷和），113-114
    cumulative enrollments and（累计注册和），83
    debts and（借贷和），108-110
    demographics and（人口统计特征和），83-84
    distribution of net worth and（净财产分布和），114
    education and employment（教育与就业），89-94
    enrollment and（注册和），82，297-299
    family and friends debt（家人与朋友借贷），113
    findings and（发现和），8
    gender and（性别和），84，256-263
    home mortgages and（住房抵押贷款和），110
    home ownership and（住房所有权和），102-103
    household bills and（家庭（住户）账单和），113
    household composition and（家庭（住户）构成和），86-89
    illiquid assets and（非流动资产和），103，288-292
    impact of IDAs on net worth（个人发展账户对净财产的影响），105-108
    income and poverty level（收入与贫困水平），90-94，281-284
    insurance coverage and（保险覆盖范围和），115-116，295-297
    liabilities and（负债和），292-295
    liquid assets in bank accounts（银行账户流动资产），284-288
    location of residence and（居住地点和），86，262-265
    marital status and（婚姻状况和），86-87
    medical bills and（医疗账单和），113
    model based on assumptions and（假设模型和），104
    mortgages and（抵押贷款和），113
    overview of（概述），251-252
    passbook savings accounts and（存折储蓄账户和），99
    planned use of matched withdrawls（有配款取款规划用途），253-256
    public assistance and（公共救助和），279-281
    race and（种族和），85-86，268-277
    receipt of public assistance and（领取公共救助和），94-96
    relationship with partner organizations（与合作组织的关系），116-117
    saving outcomes and（储蓄结果和），101
    scorecard for at-risk participants（针对有风险参与者的记分卡），299-301
    single mothers versus low-income population（单亲母亲与低收入人群），120-122
    small business ownership and（小企业所有权和），89-90，103
    student loans and（学生贷款和），112
    survey of participants and（参与者调查和），106-107
    total illiquid assets and（非流动资产总值和），103，288-292
    total liquid assets and（流动资产总值和），99
    versus low-income population（与低收入人群对比），117-120
Participants in ADD（美国梦示范项目参与者）
    account ownership and savings outcomes（账户所有权与储蓄结果），99-101
    asset ownership and（资产所有权和），96-111
    asset shifting and reshuffling（资产转移与重组），104
    assets by class（资产种类），98
    bank-account ownership（银行账户所有权），99-100
    "Bankedness" and low-income population（"银行客户"与低收入群体），100
    business loans（商业贷款），112

car loans(汽车贷款), 112
checking accounts and(支票账户和), 99
credit card debt(信用卡借贷), 113-114
debts and(借贷和), 108-110
distribution of net worth and(净财产分布和), 114
education and employment(教育与就业), 89-94
family and friends debt(家人与朋友借贷), 113
federal family-size adjusted poverty guidelines(联邦政府按照家庭规模调整的贫困线), 91
home mortgages(住房抵押贷款), 110
home ownership(住房所有权), 102-103
host and partner organizations(主办与合作组织), 116-117
household bills(家庭(住户)账单), 113
income per month by source(不同来源月收入), 92
insurance coverage and(保险承保范围和), 115-116, 295-297
intermittent income and(不连续收入和), 93-95
land ownership(土地所有权), 103
medical bills(医疗账单), 113
net worth and(净财产和), 114-115
passbook savings accounts(存折储蓄账户), 99-102
property mortgages(地产抵押贷款), 113
public assistance at enrollment(注册时公共救助情况), 96
receipt of public assistance and(领取公共救助和), 94-96
single mothers versus low-income population(单亲母亲与低收入人群), 120-122
small business ownership(小企业所有权), 89-90, 103
student loans(学生贷款和), 112
survey of participants and(参与者调查和), 106-107
total liquid assets(流动资产总值), 99
total illiquid assets and(固定资产总和), 103, 288-292
versus general low-income population(与一般低收入人群对比), 117-120
Partner organizations(合作组织), 116-117

Passbook savings accounts, participants in ADD(存折储蓄账户,美国梦示范项目参与者), 99-102
Passbooks, average balances in(存折,平均余额), 287
Peacock, K., small business and job creation(皮科克,K.,,小企业与创造工作岗位), 184
Personal impact, matched assets and(个人效应,有配款资产和), 178
Phillips, K. R., Earned Income Tax Credit(菲利普斯,K. R.,所挣收入税收抵免), 131
Planned Use, ADD participants and(规划用途,美国梦示范项目参与者和), 324
Planned use of matched withdrawals(有配款取款的规划用途), 253-256
Plotnick, R. D., estimates for eligible and(普洛特尼克,R. D.,对有资格者的估计和), 49
Policy(政策)
    disincentives for the poor and(对穷人的抑制和), 2
    financial education and(理财教育和), 243-244
    inclusive asset-based policy and(包容的以资产为基础的政策和), 3-4
    policy implications and(政策意涵和), 9-11
    toward inclusion in asset-based policy(迈向以资产为基础政策的包容性), 305-306
    toward inclusive asset-based policy(迈向包容的以资产为基础的政策), 327-329
Policy topics, Individual Development Accounts (IDAs) and(政策议题,个人发展账户和)(简称IDA), 325-326
Political feasibility, matched assets and(政治可行性,有配款资产和), 178
Polynomials, two-step heckit and(多项式,两阶段Heckit法和), 204
Post-secondary education(高等教育), 183
Poterba, J. M.(波特巴,J. M.)
    match rates(配款率), 208
    research on 401(k) plans(对401(k)计划的研究), 200
    retirement savings and(退休储蓄和), 186
Poverty(贫困)
    asset accumulation by the poor(穷人的资产积累), 28-36
    assets and the poor(资产与穷人), 17-19
    Can the poor save in IDAs?(穷人能在个

人发展账户中攒钱吗？）4-5
 ederal family-size adjusted poverty guidelines（联邦政府按照家庭规模调整的贫困线），91
 model of why poverty exists（贫困存在的原因模型），19-20
 roadblocks to saving and（攒钱的障碍和），17
 tax breaks and（税收减免和），30
 toward inclusive asset-based policy（迈向包容的以资产为基础的政策），327-329
 views about saving and（储蓄观和），30-36
Powers, E. T.（鲍尔斯，E. T.）
 asset limits and（资产限制和），37
 receipt of public assistance and（领取公共救助和），94-96
 welfare and（福利和），279
Prelec, D.（普雷勒克，D.）
 expectations of future well-being（对未来福祉的预期），22
 unmatched withdrawls and（无配款取款和），142
 use-it-or-lose-it incentives（使用或放弃的激励），223
Preston, K., small business in rural areas（普雷斯顿，K.，农村地区的小企业），263
Pritchett, L., new policy proposals and（普里切特，L.，新政策提议和），41
Productivity, matched assets and（生产力，有配款资产和），177
Property（地产）
 illiquid assets and（非流动资产和），291
 participants in ADD（美国梦示范项目参与者），106
Property mortgages, participants in ADD（地产抵押贷款，美国梦示范项目参与者），115
Psychological strategies, saving strategies and（心理学策略，攒钱策略和），237
Public assistance, receipt of public assistance and（公共救助，领取公共救助和），94-96
Public assistance（公共救助），279-281
Pudney, S., 401(k) planned and match caps（帕德尼，S., 401（k）计划与配款上限），219
Pyle, D., data quality and（派尔，D.，数据质量和），69

Race（种族）
 ADD participants and（美国梦示范项目参与者和），85
 monthly net IDA savings and（月个人发展账户净储蓄和），274
 participant characteristics and（参与者特征和），268-277
 race and gender as assets（作为资产的种族与性别），20
 savings outcomes（储蓄结果），318-319
 wealth gaps and（贫富差距和），268-273
Ramsey, F. P., financial education and（拉姆齐，F. P.，理财教育和），236
Ravaillon, M.（拉韦林，M.）
 asset accumulation in non-industrialized countries（非工业化国家的资产积累），28
 estimates for eligibles and（对有资格者的估计和），49
Recurrent income（经常性收入），91-92
Regression analysis（回归分析），252-253
 analytical strategy and statistical models（分析策略与统计模式），192-201
 findings and（发现和），8
 "modified zero-order regression" and（"修正的零阶回归"和），202
 omitted characteristics and（遗漏特征和），195-197
 regression results and（回归结果和），211-215
 savings outcome and（储蓄结果和），193-195
 statistical significance（统计显著性），204-207
 two-step heckit（两阶段Heckit法），199-204
 two-way causation and（双向因果关系和），197-199
Regression estimates（回归估计），240-244
Reis, J., modified zero-order regression and（赖斯，J.，修正的零阶回归和），202
Restrictions on unmatched withdrawals, savings outcomes and（对无配款取款的限制，储蓄结果和），316
Restrictions on withdrawals (AFIA Rules)（取款限制）（独立资产法规则），244-247
Retirement accounts, tax breaks and（退休账户，税收减免和），2
Retirement savings（退休储蓄），185-187
Richardson, D., tax breaks and（理查森，D.，税收减免和），186
Richardson, P., case studies and 401(k) plans（理查森，P.，个案研究与401（k）计划），237
Robinson, M. S.（鲁宾逊，M. S.）
 access to supportive institutions（进入支持性制度的机会），326

low-cost withdrawls and（低成本取款和），59
net IDA savings（个人发展账户净储蓄），149
Rodrigues, A. P.（罗德里格斯，A. P.）
　　401(k) plans and IRA participation（401 (k)计划与个人退休账户参与），128
　　match rates（配款率），208
Romich, J. L., Earned Income Tax Credit（罗米奇，J.L.，所挣收入税收抵免），131
Rosen, H. S., small-business owners and（罗森，H. S.，小企业主和），90
Rossi, P. H., Iron Law of Program Evaluation（罗西，P. H.，项目评估铁律），191
Roth IRAs（罗斯个人退休账户），30，47，161，254，311
　　financial aid and（金融支持和），183
　　unmatched withdrawls and retirement savings（无配款取款与退休储蓄），141
Royse, D., randomization and（罗伊斯，D.，随机化和），104
Rutherford, S.（拉瑟福德，S.）
　　access to supportive institutions（进入支持性制度的机会），326
　　asset accumulation in non-industrialized countries（非工业化国家的资产积累），18
　　low-cost withdrawls and（低成本取款和），59
　　monthly deposits and（月存款和），34
　　net IDA savings（个人发展账户净储蓄），149

Safety Net as Ladder, The（《作为阶梯的安全网》），18
Salandro, D. P.（萨兰卓；D.P.）
　　ADD participants and race（美国梦示范项目参与者与种族），85
　　wealth gaps and（贫富差距和），269
Samwick, A. A., regularity of income and saving（赛姆维克，A. A.，收入与攒钱的定期性），91
Saunders, D., IDA movement and（桑德斯，D.，个人发展账户运动和），18
Savers（储户）
　　cross-tabs and（列联表和），193-195
　　paiticpants who were not savers（非储户参与者），306-307
　　percentages of（百分比），306
　　race/ethnicity and（种族/民族和），273-274
　　use of automatic transfers and（自动转账的使用和），315-316

Saver's Tax Credit, tax breaks and(储户税收退税，税收减免和），186
Saving, definition of（储蓄，定义），19
Saving outcomes, saving from tax refunds and（储蓄结果，来自于税收退款的储蓄），307
　　Saving Patterns in IDA Programs（《个人发展账户项目的储蓄模式》），7
Saving Performance in the American Dream Demonstration（美国梦示范项目中的储蓄成就），7
Savings and Asset Accumulation in IDAs（个人发展账户中的储蓄与资产积累），7
Savings for Working Families Act（劳动家庭储蓄法），18
Savings outcomes（储蓄结果）
　　age and（年龄和），318
　　asset accumulation（资产积累），309
　　automatic transfers and（自动转账和），227-229
　　benchmarks and net IDA savings（基准与个人发展账户净储蓄），155-157
　　deadlines and IDA policy（截止日期与个人发展账户政策），143-144
　　deposit frequency and（存款频率和），133-134，307
　　dollar-years moved（美元－年度移动），151-152，309-310
　　evaluating possible matched uses（对可能的配款用途进行的评估），178-190
　　excess balances and（超出的余额和），134-136
　　fairness and（公平性和），177
　　framework for（框架），125-128
　　gender（性别），318
　　gross deposits and（总存款和），130-132，308
　　gross deposits in ADD（美国梦示范项目的总存款），129
　　household composition（家庭（住户）构成），318
　　IDA saving rates（个人发展账户储蓄率），309
　　institutional characteristics and（制度特征和），9
　　marital status（婚姻状况），318
　　match eligibility（配款资格），308-309
　　match-eligible balances（有资格获得配款的余额），146-147

索 引 391

matched uses and（配款用途和），311-312
matched withdrawals（有配款取款），144-146，311
measures of saving in subsidized accounts（对有补贴账户中储蓄的测量），128-158
months eligible to make matchable deposits（有资格进行可获得配款存款的月份），315
Net IDA savings（个人发展账户净储蓄），147-149，308
overall assessment of matched uses（对配款用途的总体评价），188-190
overview and（概述和），123-125
participant characteristics and savings outcomes（参与者特征与储蓄结果），317
planned use of matched withdrawals（有配款取款的规划用途），253-256
policy implications and（政策意涵和），9-11
proposed matched uses（提议的配款用途），175-176
race and（种族和），318-319
regression analysis and（回归分析和），252-253
restrictions on unmatched withdrawals（对无配款取款的限制），316
savers in（储户），150-151
scorecard for at-risk participants（针对有风险参与者的积分卡），299-301
stages of financial savings（金融储蓄的阶段），125-127
summary of measures and（测量方法总结和），157-158，313
summary of saving and asset accumulation（储蓄与资产积累总结），152-155
two example saving patterns（两种典型的储蓄模式），127
unmatched withdrawls and（无配款取款和），137-144，310-311
unmatched withdrawls and IDA design（无配款取款与个人发展账户设计），141-143
unmatched withdrawls for retirement savings（对退休储蓄的无配款取款），140-141
use of automatic transfers and（自动转账的使用和），315-316
uses of matched withdrawls and（有配款取款用途），158-175
Sawhill, I. V., understanding of poverty and（索希尔，I. V.，对贫困的了解和），17

Scanlon, E., home ownership and（斯坎伦，E.，住房所有权和），179
Schieber, S. J.（希伯，S. J.）
 401 (k) plans and IRA participation（401（k）计划与个人退休账户参与），128
 match rates（配款率），207
Scholz, J. K.（肖尔茨，J. K.）
 asset subsidies and（资产补贴和），40
 financial education and（理财教育和），56
 match rates（配款率），207-208
 retirement savings and（退休储蓄和），186
 retirement seminars and（退休研讨班和），238
 workplace financial education and（工作场所理财教育和），241
Schreiner, M.（施赖纳，M.）
 analytical assumptions and（分析假设和），196
 asset accumulation and（资产积累和），60
 asset shifting and（资产转移和），107
 automatic transfers and（自动转账和），57
 business loans and（商业贷款和），115
 CAPTC programs and（塔尔萨社区行动计划项目和），48
 censoring and regression（删失与回归），214
 censoring and two-way causation（删失与双向因果关系），220
 contemplation of resources and（对资源的精打细算和），158
 control groups and（控制组和），105
 danger of overdrafts and（透支的风和），58
 data errors and（数据误差和），70
 debts and（借贷和），109，112
 depressed measured income and（降低所测量的收入和）156
 "envelop budgeting" and（"包裹预算"和），223
 experimental-design component of ADD and（美国梦示范项目实验性设计部分和），41
 financial education and（理财教育和），11
 financial education costs and low-income people（理财教育成本与低收入人群），240
 gender and（性别和），84
 good-practice guidelines and（优秀实务指南和），51
 IDA program costs（个人发展账户项目成本），233
 IDA saving rates（个人发展账户储蓄率），309

illiquid assets and（非流动资产和），288
income and IDA savings outcomes（收入与个人发展账户储蓄结果），282
institutional theory of saving and（攒钱的制度理论和），317
links between income and saving（收入与储蓄之间的关系），91
match rates and（配款率和），209
matched withdrawls and（有配款取款和），140
measures of financial savings and（对金融储蓄的测量和），125
monitoring of saving outcomes（对储蓄结果的监测），46
omitted characteristics（遗漏特征），195
penalties for unmatched withdrawls and（对无配款取款的罚款和），59
regression analysis and（回归分析和），202，211
regressions and censoring（回归与删失），283
reshuffles IDA savings（重组个人发展账户储蓄），217
Saving Performance in the American Dream Demonstration（美国梦示范项目的储蓄成就），7
saving strategies and（攒钱策略和），237
Savings and Asset Accumulation in IDAs（个人发展账户中的储蓄与资产积累），7
scorecard for at-risk participants（针对有风险参与者的记分卡），299
shifting assets into IDAs（向个人发展账户转移资产），100
single-step analysis and（单阶段分析和），200
small business operations and（小企业运营和），29，90
statistical profiling and（统计监测工具和），307，325
subsidized savings and（有补贴储蓄和），186
unmatched withdrawls and IDA design（无配款取款与个人发展账户设计），141-143
women and spending patterns（女性与支出模式），257
Schutz, Alfred., sociological theory of（舒茨-艾尔弗雷德，社会学理论和），25
Schwartz, S., subsistence paradigm and（施瓦茨，S.，最低生活标准范式和），41
Schweikhardt, D. B., policy research and（施魏克哈特，D. B.，政策研究和），197
Schweitzer, R. L., discrimination and（施韦策，R. L.，歧视和），275
Schweke, F. W., cost to federal government and（施韦克，F. W.，联邦政府的成本和），328
Scorecard for at-risk participants（针对有风险参与者的记分卡），299-301
Seidman, L. S.（塞德曼，L. S.）
　asset building and（资产建设和），185
　cost to federal government and（联邦政府的成本和），328
　subsidies for assets and（资产补贴和），29
Selby, E. B., discrimination and（塞尔比，E. B.，歧视和），275
Sen, A. K.（森，A. K.）
　"capabilities" and（"能力"和），2
　consumption-based view of well-being（以消费为基础的福利观），15
Servon, L. J., small-business owners and（塞尔文，L. J.，小企业主和），90
Shapiro, T. M.（夏皮罗，T. M.）
　access to savings institutions（进入攒钱制度的机会），271
　ADD participants and race（美国梦示范项目参与者与种族），85
　African Americans and home ownership（非裔美国人与住房所有权），2
　IDA movement and（个人发展账户运动和），18
　regression studies and discrimination（回归研究与歧视），259
Shaw, L. B., self-employment and（肖，L. B.，自雇和），94
Shea, D. F.（谢伊，D. F.）
　401 (k) plans and IRA participation（401 (k) 计划与个人退休账户参与），128
　"power of suggestion" and IDA Design（"建议的力量"与个人发展账户设计），219
Shefrin, H. M.（舍夫林，H. M.）
　Consumption binges and（消费狂欢和），52
　"mental accounting" and（"心理账户"和），287
　"mental accounts" and（"心理账户"和），37
　unmatched withdrawls and IDA design（无配款取款与个人发展账户设计），141-143
　use-it-or-lose-it incentives（使用或放弃激励），223

索 引

Sherraden, M. S.（谢若登，M. S.）
- 401(k) plans and（401（k）计划和），51
- 529 College Savings Plans（529大学储蓄计划），268
- ADD participants and race（美国梦示范项目参与者与种族），86
- asset accumulation in non-industrialized countries（非工业化国家的资产积累），18
- asset building and public policy（资产建设与公共政策），208，326
- "asset effects" and（"资产效应"和），6，158
- asset ownership and（资产所有权和），98-100，322
- asset-building policy and（资产建设政策和），16
- Assets and the Poor（《资产与穷人》），36
- automatic transfers and（自动转账和），57
- behavioral theories of saving（攒钱的行为理论），32
- boosting IDA savings outcomes and（推动个人发展账户储蓄结果和），319
- cash assistance and（现金救助和），327
- college scholarships and poor children（大学奖学金与贫困儿童），23
- cost to federal government and（联邦政府的成本和），328
- danger of overdrafts and（透支风险和），58
- data management-information systems（数据管理信息系统），63
- deadlines and IDA programs（截止日期与个人发展账户项目），144
- debts and（借贷和），109
- education and job training（教育与职业培训），28
- fairness and（公平性和），177
- financial education and（理财教育和），11，234，236，240
- "grand welfare state" and（"大福利国家"和），185
- higher match rates and（较高配款率和），62
- home ownership and（住房所有权和），179
- IDA saving rates（个人发展账户储蓄率），309
- IDAs and improved outlook on life（个人发展账户与改进对生活的看法），153
- IDAs and inclusion（个人发展账户与包容性），217
- illiquid assets and（非流动资产和），288
- inclusive asset-based policy and（包容的以资产为基础的政策和），3-4
- income and IDA savings outcomes（收入与个人发展账户储蓄结果和），282
- income-based policy and（收入为基础的政策和），41
- income-tested public transfer programs and（收入审查公共转移支付项目和），36
- institutional features of IDAs（个人发展账户的制度特征），156，284
- institutional theory of saving and（攒钱的制度理论和），317
- joy of home ownership and（住房所有权的快乐和），25
- less inclusive public policy and（不太具有包容性的公共政策），3
- links between income and saving（收入与储蓄之间的联系），91
- Management Information System for Individual Devel（个人发展账户管理信息系统），6
- marriage and asset accumulation（婚姻与资产积累），261
- match caps and（配款上限和），54
- match eligibility and（配款资格和），219
- match rates and（配款率和），313
- matched withdrawals（有配款取款），233
- "mental accounts" and（"心理账户"和），37
- microenterprise and（小企业和），175
- monitoring of saving outcomes（对储蓄结果的监测），46
- "new" IDA savings and（个人发展账户"新"储蓄和），305
- participant characteristics and（参与者特征和），81
- post-secondary education（高等教育），183
- race and gender as assets（作为资产的种族与性别），20，81
- reducing expenses and（减少支出和），97
- research on ADD（对美国梦示范项目的研究），45
- "reshuffled" assets and（"重组"资产和），187，306
- restrictions on unmatched withdrawals（对无配款取款的限制），245
- Saving Patterns in IDA Programs（个人发展账

户项目的储蓄模式）, 7
Saving Performance in the American Dream Demonstration（美国梦示范项目的储蓄成就）, 7
saving transfers in forms and（以某种形式将转移支付攒起来和）, 42-43
scorecard for at-risk participants（针对有风险参与者的记分卡）, 299
shift to asset-based policy and（向资产为基础政策的转变和）, 4
shifting assets into IDAs（向个人发展账户转移资产）, 100
short time caps in ADD（美国梦示范项目较短的时间上限）, 256
simplicity of programs and（项目的简易性和）, 53
single-step analysis and（单阶段分析和）, 200
slavery and（奴隶制和）, 271
Start-Up Evaluation Report（启动评估报告）7
statistical profiling and（统计监测工具和）, 307, 325
subsidies for assets and（资产补贴和）, 29
Survey of Income and Program Participation（收入与项目参与调查）, 118
survey of participants（参与者调查）, 107
theory of asset effects（资产效应理论）, 20-27
universal permanent accounts（普遍的、永久性账户）, 315
unmatched withdrawls and retirement savings（无配款取款与退休储蓄）, 141-142
unrestricted savings subsidies（不受限制的储蓄补贴）, 188
Shorebank（海滨银行）
　IDA Programs（个人发展账户项目）, 79
　match caps in ADD（美国梦示范项目的配款上限）, 224
Siegelman, P., racial wealth gaps and（西格尔曼, P., 种族贫富差距和）, 272
Single mothers, ADD participants and（单亲母亲, 美国梦示范项目参与者和）, 88, 120-122
Skinner, J. S.（斯金纳, J. S.）
　asset accumulation in non-industrialized countries（非工业化国家的资产积累）, 18
　asset limits and（资产限制和）, 37
　receipt of public assistance and（领取公共救助和）, 94-96

"reshuffled" assets and（"重组"资产和）, 306
reshuffling existing assets（重组现有资产）, 230
retirement planning and（退休计划和）, 185
Roth IRAs（罗斯个人退休账户）, 161
subsidized savings and（有补贴储蓄和）, 186
Slemrod, J., retirement savings and（斯莱默德, J., 退休储蓄和）, 185
Small business ownership（小企业所有权）
　debt and（借贷和）, 113
　illiquid assets and（非流动资产和）, 292
　participants in ADD（美国梦示范项目参与者）, 89-90, 105
Smeeding, T. M., Earned Income Tax Credit（斯密丁, T. M., 所挣收入税收抵免）, 131
Smith, P.（史密斯, P.）
　polynomials and（多项式和）, 204
　splines and regression（样条与回归）, 243
Smyth, D. J., substitution effect and（史密斯, D. J., 替代效应和）, 54
Social impact, matched assets and（社会效应, 有配款资产和）, 178
Souleles, N. S., Earned Income Tax Credit（苏勒雷斯, N. S., 所挣收入税收抵免）, 130
Spalter-Roth, R. M.,self-employment and（斯巴尔特－罗斯, R. M., 自雇和）, 94
Splines（样条）
　polynomials and（多项式和）, 204
　regression and（回归和）, 243
　two-step heckit（两阶段 Heckit）, 202
Ssewamala, F. M.（休厄梅拉, F.M.）
　participant characteristics and（参与者特征和）, 81
　single-step analysis and（单阶段分析和）, 200
　small-business owners and（小企业主和）, 90
Start Up Evaluation Report（启动评估报告）, 7
Statistical significance（统计显著性）, 204-207
Stoesz, D., IDA movement and（斯托兹, D., 个人发展账户运动和）, 18
Student loans（学生贷款）
　participants in ADD（美国梦示范项目参与者）, 114
　tax breaks and（税收减免和）, 30
Subsidies（补贴）
　double-dipping and（双重优惠和）, 177
　subsidies for assets and（资产补贴和）, 29

索引 395

Substitution effect, match rates and（替代效应，配款率和），54
Suit, D. B.（苏利特，D. B.）
　polynomials and（多项式和），204
　splines and regression（样条与回归），243
Sunden, A.（桑登，A.）
　401 (k) plans and IRA participation（401（k）计划与个人退休账户参与），128
　match rates（配款率），208，211
Sunstein, C. R.（桑斯坦，C. R.）
　a priori choices and 401 (k) plans（优先选择与401（k）计划），32
　behavioral theory and match caps（行为理论与配款上限），218
　Canadian program and（加拿大项目和），54
　"liberatarian paternalism" and（"自由主义家长制"与），60，326
　unmatched withdrawls and（无配款取款和），142
　views about saving and（储蓄观念和），31
Swanson, J., financial education for low-income people（斯旺森，J., 低收入人群的理财教育），240
Szekely, M., asset accumulation in non-industrialized countries（石基理，M., 非工业化国家的资产积累），18

Tangibility, matched withdrawals（有形性，有配款取款），162
Tax breaks（税收减免）
　asset accumulation and（资产积累和），30
　retirement accounts and（退休账户和），2
Tax refunds, saving from tax refunds and（税收退款，来自于税收退款的储蓄和），307
Taylor, C.（泰勒，C.）
　401 (k) plans and IRA participation（401（k）计划与个人退休账户参与），128
　match rates（配款率），208，211
Taylor, M., small-business owners and（泰勒，M., 小企业主和），90
Teenagers, savings outcomes and（青少年，储蓄结果和），266
Temporary Assistance for Needy Families（TANF）（有需要家庭临时救助）（简称TANF），2，36，94，279
　IDAs and（个人发展账户和），312
Tescher, J., Earned Income Tax Credit（特彻，J.,

所挣收入税收抵免），131
Thaler, R. H.（塞勒，R. H.）
　a priori choices and 401(k) plans（优先选择与401（k）计划），32
　automatic transfers and（自动转账和），57
　behavioral theory and match caps（行为理论与配款上限），218-219
　Canadian program and（加拿大项目和），54
　"consumption binges" and（"消费狂欢"和），52
　financial education and（理财教育和），273
　institutions and worldviews（制度与世界观），31
　"liberatarian paternalism" and（"自由主义家长制"和），60，326
　"mental accounting" and（"心理账户"和），37，287
　monthly deposits and（月存款和），33
　roadblocks to saving and（攒钱障碍和），17
　Striking balance between plans and（在计划之间达成平衡和），61
　unmatched withdrawls and IDA design（无配款取款与个人发展账户设计），141-143
　unrestricted savings subsidies（不受限制的储蓄补贴），188
　use-it-or-lose-it incentives（使用或放弃激励），223
Theft（盗窃），39
Theory（理论）
　"hybrid" annual/lifetime structure（"混合"年度/存期结构），314
　Match-cap theory（配款上限理论），222-224
Theory of Saving（储蓄理论）
　asset accumulation by the poor（穷人资产积累），28-36
　assets and the poor（资产与穷人），17-19
　bequests of wealth and worldviews（财产与世界观的遗赠），27
　feedback effects and（反馈效应和），25-27
　IDAs and other means-tested Programs（个人发展账户与其他财产审查项目），36-38
　low resources relative to subsistence（与最低生活标准相对应的资源匮乏），28-29
　model of why poverty exists（贫困存在的原因模型），19-20
　psychological effects and（心理效应和），22-24

social and political effects（社会与政治效应），24
views about saving and（储蓄观念和），30-36
Why Not Assets?（为什么不积累资产？），40-42
Theford, T.,small business in rural areas（赛福德，农村地区的小企业），263
Thrift Savings Plan（节俭储蓄计划），3
Thursby, J. G., low-quality data and（瑟斯比，J. G.，低质量数据和），69
Time caps（时间上限），129
  IDA Design and（个人发展账户设计和），50-51
  months eligible to make matchable deposits（有资格进行可获得配款存款的月份），315
Total assets, participants in ADD（资产总值，美国梦示范项目参与者），106
Total illiquid assets, participants in ADD（非流动资产总值，美国梦示范项目参与者），106
Total liquid assets, participants in ADD（流动资产总值，美国梦示范项目参与者），102
Total match caps, IDA Design（总配款上限，个人发展账户设计），51-53
Tversky, A., roadblocks to saving and（特韦尔斯基，A.，攒钱障碍），17
Two-step heckit, regression analysis（两阶段Heckit法，回归分析），199-204
Two-way causation（双向因果关系）
  financial education and（理财教育和），241
  regression analysis and（回归分析和），197-199

U. S.Census Bureau, Survey of Income and Program Participation（美国人口普查局，收入与项目参与调查），119
Udell, G. F., small business operations And（尤德尔，G. F.，小企业运营和），29
Unmatched withdrawals（无配款取款）
  restrictions on unmatched withdrawals（对无配款取款的限制），316
  savings outcomes（储蓄结果），310-311
Unmatched withdrawls（无配款取款）
  informal limits on（非正式限制），35
  retirement savings and（退休储蓄和），140-141
  savings outcomes and（储蓄结果和），137-144

Unobserved characteristics（未观察到的特征），195-197
Use-it-or-lose-it incentives（使用或放弃激励），233-234

Van Derhei, J.（范德海，J.）
  401(k) savings rates and（401（k）储蓄率和），281
  loans and 401(k) plans（贷款与401（k）计划），245
  match rates（配款率），209，211
  removing deposits via loans and（通过贷款转移存款和），59
Varian, H. R., marriage and IDA savings（瓦里安，H. R.，婚姻与个人发展账户储蓄），262
Venti, S. F.（文蒂，S. F.）
  research on 401 (k) plans（对401（k）计划的研究），200
  "reshuffled" assets and（"重组"资产和），306
  retirement savings and（退休储蓄和），186
  subsidized savings and（有补贴储蓄和），187
Vinod, H. D., low-quality data and（维诺德，H. D.，低质量数据和），69
Von Pischke, J. D., business loans and（冯皮奇克，J. D.，商业贷款和），112
Vonderlack. R. M.（冯德拉克，R. M.）
  gender and（性别和），84
  women and spending patterns（女性与支出模式），257

Wainer, H., regression analysis and（韦纳，H.，回归分析和），202
Warshawsky, M. J.（沃肖斯基，M. J.）
  annual caps and（年度上限和），226
  employer defined-contribution plans（雇主固定缴费计划），219
Wayne, L., matched-savings programs（韦恩，L.，有配款储蓄项目），18
Wedell, K. K., case studies and 401 (k) plans（韦德尔，K. K.，个案研究与401（k）计划），237
Weisner, T., Earned Income Tax Credit（韦斯纳，T.，所挣收入税收抵免），131
Welfare（福利），2
  ADD participants and（美国梦示范项目参与者和），320-321
  White, M. J., home ownership and（怀特，M. J.，

住房所有权和），179
Wild, R.（怀尔德，R.）
 credit card debt（信用卡借贷），115
 financial education and（理财教育和），56
Williams, T. R., Homestead Act（威廉斯，T. R., 宅地法），29，39，271
Wise, D. A.（怀斯，D. A.）
 research on 401(k) plans（对401(k)计划研究），200
 "reshuffled" assets and（"重组"资产和），306
 retirement savings and（退休储蓄和），186
 subsidized savings and（有补贴储蓄和），187
Wisniwiski, S. B., monthly deposits and（维希涅夫斯基，S. B., 月存款和），34
Wolff, E. N.（沃尔夫，E. N.）
 IDA movement and（个人发展账户运动和），18
 links between income and saving（收入与储蓄之间的联系），91
 wealth gaps and（贫富差距和），268
Woller, G.（沃勒，G.）
 business loans and（商业贷款和），112
 small-business owners and（小企业主和），90
Women's Self-Employment Project (WSEP)（女性自雇计划）（简称 WSEP），79-80，263
Woo, L. G., cost to federal government and（沃，L. G., 联邦政府的成本和），328
Worldview, definition of（世界观，定义），27

Yelowitz, A., receipt of public assistance and（叶洛维茨，A., 领取公共救助和），94-96
Yinger, J.（英杰，J.）

discrimination and（歧视和），207
racial wealth gaps and（种族贫富差距和），272

Zeldes, S. P.（泽尔德兹，S. P.）
 asset accumulation in non-industrialized countries（非工业化国家的资产积累），18
 asset limits and（资产限制和），37
 receipt of public assistance and（领取公共救助和），94-96
 retirement savings and（退休储蓄和），185
 Roth IRAs（罗斯个人退休账户），161
Zhan, M.（展敏）
 marriage and asset accumulation（婚姻与资产积累），261
 participant characteristics and（参与者特征和），81
 single mothers versus low-income population（单亲母亲与低收入人群），81，120
 single-step analysis and（单阶段分析和），200
Ziliak, J. P.（齐利亚克，J. P.）
 asset limits and（资产限制和），37
 car purchases（汽车购买），181
 receipt of public assistance and（领取公共救助和），94-96
 welfare and（福利和），279
Zimmerman, D. J., labor-market discrimination and（齐默尔曼，D. J., 劳动力市场歧视和），271
Zorn, P. M., Freddie Mac affordable-lending program（佐恩，P. M., 房地美经济适用房借贷项目），239

译 后 记

翻译此书的过程，是我人生中难以忘怀的一段经历。2004年，高鉴国教授翻译《资产与穷人》一书，我协助翻译、校对了部分书稿。在参与翻译的过程中，我第一次接触到迈克尔·谢若登教授提出的资产建设理论和个人发展账户，并对这一新的政策理念产生了浓厚的兴趣。2007年，《穷人能攒钱吗》在美国出版，这是一本系统地对美国第一个个人发展账户大规模示范项目进行评估研究的著作，也是对资产建设理论进行系统循证研究的成果。这本书的出版是令人振奋和鼓舞的。当高鉴国教授提出让我承担本书的翻译工作时，我欣然应允，希望能进一步推动资产建设理论及其政策工具在中国发展。

我一直以为，"翻译"就像是"搬运"。但是，当真正开始翻译时，才发现要将作者自己的思想和观点完整地"搬运"到中文的语境中，并且要想在中英文语境下来去自如地进行"搬运"，着实不是一件容易的事情。既需要译者十分耐心、细致地工作，又需要译者有不断求知的欲望和精神。在这本专业性十分强的学术书籍中，作者生动地加入了很多俚语以及深植于美国文化背景的典故，这使原本似乎是"晦涩难懂"的大道理变得更加生动有趣，但这无疑给我带来了阅读和翻译的困难。而如何将专业性很强的学术术语翻译准确，更是一个巨大的挑战。在这一过程中，有着豁然开朗的欢喜，也有不得要领的沮丧。然而，我始终坚信，这本书值得我付出这样的劳动、投入如此的情感。因为它不仅是我自己学术生涯的"资产"，也将是中国资产建设理论发展中的"资产"。

十分幸运的是，在翻译过程中，我得到了很多人的支持和帮助，在此我要表示由衷的感谢！高鉴国教授从该书出版以来便一直关注其中文版的翻译工作，不断与我分享他的翻译经验、帮助解决具体的翻译问题，推动我以较高的学术水准和翻译水平来对待此项工作，并且对书稿进行了校对。他对学术研究的热情投入和负责精神，一直是我学习和努力的榜样。商务印书馆的田文祝老师和李娟编辑也给予我很多宝贵的建议和意见。在准备出版的整个过程中，李娟编辑和她的同事不厌其烦地根据我的修订一遍又一遍地修改清样，他们的耐心和专业精神令我十分感动。美国华盛顿大学（圣路易斯）社会发展研究中心的迈克尔·谢若登教授也对本书的翻译给予了鼓励和支持，在北京开会短暂的相遇期间，他还抽出宝贵的时间与我交流翻译进展。社会发展研究中心的邹莉女士也通过各种方式关注本书的翻译进展，并对我提出的问题给予了细致的回应。通过信件，我与本书的作者就书中的一些翻译进行了交流，他们的耐心解答对我精确把握原文要旨大有裨益。山东建筑大学的赵静老师对书稿的翻译提出了宝贵的修改建议。在此，向各位参与、关注本书翻译和出版的所有人一并表示感谢！

虽然我对这本书投入了很多的精力和热情，但是我深知，由于自己能力的限制，书中仍然有可能存在这样或那样的遗漏甚至是错误，还望大家不吝赐教。

希望本书的出版能进一步推动资产建设理论及个人发展账户政策工具在中国社会政策研究中的发展！

译者
2017 年 6 月于济南

图书在版编目(CIP)数据

穷人能攒钱吗:个人发展账户中的储蓄与资产建设/(美)马克·施赖纳,(美)迈克尔·谢若登著;孙艳艳译.—北京:商务印书馆,2017
ISBN 978-7-100-14982-2

Ⅰ.①穷… Ⅱ.①马… ②迈… ③孙… Ⅲ.①个人账户—资金管理—美国 Ⅳ.①F837.124.8

中国版本图书馆 CIP 数据核字(2017)第 180211 号

权利保留,侵权必究。

穷人能攒钱吗:
个人发展账户中的储蓄与资产建设
〔美〕马克·施赖纳　迈克尔·谢若登　著
孙艳艳　译
高鉴国　校

商 务 印 书 馆 出 版
(北京王府井大街36号　邮政编码100710)
商 务 印 书 馆 发 行
北 京 冠 中 印 刷 厂 印 刷
ISBN 978-7-100-14982-2

2017年6月第1版　　　　开本 787×960　1/16
2017年6月北京第1次印刷　印张 25 3/4
定价:66.00元